셰익스피어 희곡에서 배우는 정의

셰익스피어,
정의를
말하다

셰익스피어, 정의를 말하다

초판 1쇄 펴낸날 | 2012년 6월 20일
초판 2쇄 펴낸날 | 2014년 9월 25일

지은이 | 켄지 요시노
옮긴이 | 김수림
펴낸이 | 조남철
펴낸곳 | (사)한국방송통신대학교출판문화원
　　　　　110-500 서울시 종로구 이화장길 54
　　　　　전화 (02)3668-4764
　　　　　팩스 (02)741-4570
　　　　　출판등록 1982년 6월 7일 제1-491호
　　　　　홈페이지 http://press.knou.ac.kr

출판위원장 | 권수열
편집 | 신경진, 신정숙
마케팅 | 전호선
본문 디자인 | 토틀컴
표지 디자인 | (주)엔터스코리아
인쇄 | 삼성인쇄(주)

ISBN 978-89-20-00994-5　　03300

값 16,500원

※ 잘못 만들어진 책은 바꾸어 드립니다

셰익스피어 희곡에서 배우는 정의

셰익스피어, 정의를 말하다

켄지 요시노 지음 ｜ 김수림 옮김

지식의날개

| 차례 |

| 차례 |

내가 셰익스피어 작품에 대한 글을 써야겠다 결심한 때는 로스쿨 1학년 때였다. 헌법 교수님과 열띤 토론을 마치고 나오던 참이었다. 그날은 '선례구속의 원리'에 대한 수업이 있었다. '선례구속의 원리'는 하나의 판결이 정립된 뒤에는 동일 또는 유사한 사건에서는 먼저 나온 판결의 판단을 따라야 한다는 원리다. 수업 시간에 교수님은 갑자기 생각지도 못한 이야기를 꺼내셨다. 그것은 독창성을 바라보는 법학과 문학의 시각차에 대한 이야기였다. 엄밀히 말해 법학은 독창성을 중시하지 않는다. 판사가 자신의 사건과 본질적으로 동일한 선례를 발견했다면, 그 판사는 실패한 것이 아니라 오히려 성공한 것이라 할 수 있다. 선례의 권위에 기대어 수월하게 판결의 정당성을 얻을 수 있기 때문이다. 교수님은 문학은 정반대라고 하셨다. 이미 존재하는 담론을 반복한 작품은 죽었다 깨어나도 대작의 반열에 들 수 없다는 것이다. 순간 나는 고개를 번쩍 들었다. 어렵사리 작별을 고한 문학도의 삶을 포기하지 않아도 되는 것이 아닐까 하는 생각이 쏜살같이 뇌리를 스쳤다. 로스쿨 신입생 시절 나를 가장 괴롭힌 것은 끝나지 않은 진로 고민이었다. 나는 학부에서 영문학을 전공했다. 그리고 한

때 작가나 영문학 교수가 천직이라 생각했을 정도로 열혈 문학청년이었다. 그런데도 로스쿨을 선택했다. 나 자신이나 내가 생각하는 바를 설파할 최적의 언어인 '힘의 언어'를 배우기로 마음먹었던 것이다. 그때만 해도 '힘의 언어'가 얼마나 제한적이고 딱딱한 소통의 도구인지 잘 몰랐다. 지금 생각해 보면 어떤 환상마저 품고 있었던 것 같다. 프로스페로의 '마법 책' 비스름한 무소불위의 도구를 얻을 줄 알았던 것이다. 하지만 현실은 달랐다.

그러던 차에 법학 교수님의 입에서 흘러나온 '문학'이란 단어가 갈팡질팡하던 초보 법학도를 고민의 늪에 빠뜨린 것이다. 그 다음 몇 주 동안 온통 그 생각뿐이었다. 나는 생각의 가닥을 잡기가 바쁘게 교수님께 면담을 신청했다. 영문학에 대한 미련을 버릴 수 없다는 절절한 고백을 하고, 법학의 선례와 문학의 선례를 비교하는 논문을 교수님과 함께 써 보고 싶다는 엉뚱한 부탁을 드렸다. 문학 작품들이 기념비적 선례를 통해 정당성을 확보하는 방식을 살펴보고 싶다는 구체적인 제안까지 곁들였다.

여기서 고백하자면 나는 셰익스피어의 광팬이다. 연구 대상은 당연히 셰익스피어 작품으로 확정 지었다. 나는 톰 스토파드가 〈햄릿Hamlet〉을 개작한 《로젠크란츠와 길덴스턴은 죽었다 Rosencrantz Guildenstern are Dead》를 집필하는 과정에서 사용한 전략과 에메 세제르가 〈폭풍우The Tempest〉를 개작한 《한 태풍 Une Tempêt》을 집필할 때 사용한 전략을 대조하겠다는 세부 계획도 세웠다. 참고로 스토파드가 〈햄릿〉의 사실관계는 그대로 차용하면서 전체적인 작품의 의미만 변경하는 우회적인 개작을 했다

8

면, 세제르는 〈폭풍우〉의 사실관계까지 대폭 바꿔 버리는 전면적인 개작을 했다.

처음에 교수님은 나를 단념시키려 하셨다. 그는 내가 '변호사처럼 생각하도록' 교육 받고 있다는 사실을 명심해야 한다고 하셨다. 어쩌면 나는 낯선 교육 방식에 당황한 나머지 옛 시절을 그리워했던 것인지도 모른다. 아득한 옛 기억이 다음 단계로 넘어가야 하는 내 발목을 잡고 있던 것만은 분명하다. 교수님이 내 심정을 이해하지 못해 그러셨던 것은 아니다. 그분도 영문학도 출신인만큼 불민한 제자에게 동병상련을 느끼지 않으셨을 리가 없다. 하지만 교수님은 우리가 신세계로 떠나왔다는 사실을 일깨워 주려 하셨다. 그때 교수님이 내게 건넨 간결한 그 한마디를 지금도 똑똑히 기억한다. 법조인이라면 무릇 '가공의 이야기에서 배우는 정의' 대신 '있는 그대로의 정의'를 논해야 한다는 것이다. 물론 교수님은 대화를 나누는 내내 애정 어린 태도셨다. 지금도 그 점에 대해서는 깊은 존경을 표하고 싶다. 이런 고민을 늘어놓는 제자가 내가 처음은 아닌 듯 보였다. 문학도의 삶은 이제 지나간 과거일 뿐이란 사실을 확인했다는 점이 가슴 아팠을 따름이다. 연구실을 나서며 이제 꿈 많은 청년 시절을 뒤로하고 성인의 미래에 집중해야 하는 때가 온 것이라 쓸쓸이 자조했다.

나는 인간은 절대로 가르치기 쉬운 동물이 아니라고 생각한다. 몇 주 후 다시 교수님의 연구실을 찾았다. 교수님의 조언을 곰곰이 생각해 보았으나, 그래도 이 논문을 꼭 쓰고 싶다는 말을 꺼냈다. 교수님은 내게 변함없는 애정을 보여 주셨다. 내 부족한 장광설을 끝까지 경청하신 뒤 그럼 한번 해 보라며 힘을 실어 주셨다. 그리고 그렇게 내 첫 학회지 논문이 태어났다. 법학자로서는 실패한 논문이었다. 로스쿨 신입생의 얕은 법학 지식으로 쓴 논문이니 당연하다. 하지만 소기의 목적은 이루었다고 볼 수 있다. 논문 탈고 후 내겐 법조계에서 활동하면서도 평생 문학에 대한 끈을 놓지 않을 수 있을 것이란 확신이 단단히 자리 잡았으니 말이다.

지난 12년간 법학 교수로 재직하면서 나는 주로 인권과 헌법에 대해 연구했다. '있는 그대로의 정의'에 집중한 것이다. '가공의 이야기에서 배우는 정의'에 대한 탐구는 미루어 두었다. 이후로 법학을 선택한 결정을 후회해 본 적은 단 한 번도 없었다. 오히려 법학과 사랑에 빠지고 말았다고 해야 한다. 한 가지 '법과 문학' 강의는 한 번도 거르지 않았다. 나는 이 강의를 앞서 작별한 과거의 아련한 자취라 여기지 않았다. 그 반대였다. 법학 또한 하나의 이야기를 다루는 학문이란 사실을 지속적으로 상기하는 도구로 이 수업을 사용했다. 입법자, 판사, 원고, 피고 등 각자 맡은 바 배역이 있는 사람들이 등장해서 들려주는 이야기 말이다. 법과 문학을 연구하는 학자인 로버트 커버가 이야기했듯 "모든 헌법 조문에는 대서사시가 담겨 있다. 조문 하나하나에 십계명을 갖고 내려온 모세 같은 사람들의 이야기가 숨어 있는 것이다." 특정 조문이 이 거대한 서사에 편입되어 일정한 형식과 의미를 얻게 된 연원을 알지 못한 상태에서 그 조문을 해석하는 것은 불가능하다.

동료 중 몇몇은 여전히 내 '법과 문학' 수업을 좋게 보아 가벼운, 나쁘게 말하면 수상한 강의로 여긴다. 그리고 대개 법학을 문학적 관점으로 조명해서는 안 된다고 한다. 아주 오래전 교수님께 들었던 말씀과 같은 맥락이다. 그들의 관점에선 법과 문학이 매우 동떨어진 세계다. 리처드 포스너 판사도 비슷한 취지의 명언을 남겼다. "문학의 내용을 원용하여 법적인 결정을 내리는 것은, 농장 운영에 참고하겠다며 《동물 농장》을 숙독하는 것이나 마찬가지다." 그가 그런 말을 했다는 사실이 내게는 한층 더 뼈아프다. 문학 애호가로 정평이 난 이 예리한 필력의 판사마저 문학과 법학은 호혜적 관계가 될 수 없다고 단언한 것이니 말이다.

하지만 학생들은 그렇게 생각하지 않는 것 같다. 최근 내 헌법 수업에 수강 가능 인원의 두 배쯤 되는 학생들이 몰렸다. 하지만 이것은 '법과 문학' 수업에 비하면 아무것도 아니었다. '법과 문학' 수업에 수강 가능 인원의 여섯 배나 되는 학생들이 수강 신청을 하는 초유의 사태가 벌어졌으니 말이다. 학생들은 문학이 그들의 법학 교육을 완성시켜 줄 것이라는 사실을 본능적으로 알고 있다. 그들은 날마다 딱딱한 법학 교과서와 만난다. 고전과 서사의 세계가 눈앞에 아른거리는 것도 무리는 아니다. 그들의 타는 듯한 갈증 속엔 내 옛 모습이 담겨 있다. 그래서 지금 나는 그들 편에 서 있다.

시간이 흘러 '법과 문학' 교양 강좌는 어느덧 '셰익스피어 희곡에서 발견하는 정의'란 새로운 이름을 얻게 되었다. 이 작가 저 작가를 오가는 것이 썩 마음에 들지 않았던 내가 내놓은 고육책 때문이었다. 한 작가에게만 십중해야 한다면 선택은 자명했다. 한 작가가 펼친 글의 장막 아래에만 머물러야 한다면 나는 "불타오르듯 황

금빛 별들을 쪼아 놓은 장엄한 장막"〈햄릿〉,(2.2.267) 아래 머물
길 원했다. 물론 '법과 문학' 강의 경험 덕분에 이런 연구에서 셰익
스피어 작품만큼의 만족감을 주는 작품은 어디에도 없다는 사실을
깨닫게 된 탓도 있다. 셰익스피어의 작품 세계는 삼라만상을 망라
하고 있다. 그곳에는 내가 아는 모든 언어, 내가 만나 본 모든 인간
유형, 내가 해 본 모든 생각이 빠짐없이 담겨 있다.

  그렇다고 내가 사람들이 흔히 말하듯이, 셰익스피어가 변호사였
을 거란 사실 때문에 그의 작품을 토대로 법을 고찰하려는 것은 아
니다. 여담이지만 마크 트웨인도 셰익스피어 변호사설을 주장한
사람 중 하나다. 셰익스피어가 법에 통달한 인물이란 점에는 동의
한다. 하지만 그가 변호사였다는 견해에는 찬동할 수 없다. 그저
세상 모든 것을 두루 잘 알고 있었던 이 천재 작가는 법학에도 조
예가 깊었던 것뿐이다. 프로이트는 셰익스피어가 정신분석학의 중
요한 논제들을 빠짐없이 골고루 다루었다고 확언했다. 정신분석학
의 고지도 넘은 그가 '사회적 정의'의 산이라고 넘지 못할 이유가
있었겠는가?

  나는 여전히 '정의'가 무엇인지 확실하게 알지 못한다. 그리고
왠지 철학보다는 문학에 더 마음이 간다. 저 높은 곳에 있는 추상
적 개념보다 뒤죽박죽이지만 영광스럽고, 특이하지만 고운 나이테
가 느껴지는, 인간의 살아 있는 삶을 사랑하기 때문이다. 아름다운
문학 작품에는 인생의 진리가 담겨 있다고 생각한다. 이런 이유로
이 책에서 나는 이하의 시사성 있는 논제들을 그와 밀접한 관련이
있는 여러 희곡들과 함께 살펴보기로 했다. 첫 타석에는 미국이 아

프가니스탄과 이라크에서 벌인 전쟁을 세웠다. 신뢰할 만한 핵심 권력이 없는 상황에서 생겨난 복수의 순환 고리가 순식간에 과열되는 양상을 살펴보기로 한 것이다. 이 모든 과정을 생생하게 보여주는 처절한 복수 비극 〈티투스 안드로니쿠스^{Titus Andronicus}〉를 통해서 말이다. 이어 〈오셀로^{Othello}〉의 하얀 손수건과 O. J. 심슨의 검정 장갑을 비교해 보았다. 이 두 '시각적 증거'는 다른 모든 유무죄의 증거를 압도한다는 공통점을 갖고 있다. 마지막으로 〈폭풍우〉에서는 절대 권력을 자발적으로 포기하는 통치자에 대해서 살펴보았다. 프로스페로 이전에는 킨킨나투스가 있었고, 이후에는 조지 워싱턴이 있었다. 오늘날 그 누가 기꺼이 이 배역을 맡을 것인지가 문제일 뿐이다.

무엇이든 알고 있던 셰익스피어도 우리에게 완벽한 해답을 제시하진 못한다. 그리고 나는 레오폴드 블룸의 생각에 십분 공감한다. 블룸은 제임스 조이스의 소설 《율리시스^{Ulysses}》의 주인공이다. 블룸은 "실제 삶에서나 공상의 세계에서 어려운 문제에 맞닥뜨렸을 때는 셰익스피어 작품의 상황에 자신을 대입해 보는 것으로 답을 구한 일이 한 번 이상은 있다."라고 했다. 그리고 그는 "철저하게 작품을 검토했는데도 모든 논점에 대한 답을 구할 수 없었기 때문에, 셰익스피어 작품에서는 불완전한 확신밖에 얻을 수 없었다."라는 결론을 내렸다. 셰익스피어도 '미'를 통해 '정의'를 구현하는 것에 대해서는 회의적인 태도를 보였다. "그 힘이 꽃송이 하나보다 강할 것 없는 미가 이 폭력에 대항하여 무슨 항변을 세우랴?"(〈소네트 65〉, 3-4) 〈소네트〉의 한 구절이다.

하지만 셰익스피어가 현대에도 풀지 못한 수많은 정의에 관한 담론들을 이미 그 시절에 고민했고, 자신의 생각을 온 세상에 널리 전했다는 놀라운 사실만은 잊지 말아야 한다. 이것은 비단 나 혼자만의 감상은 아니다. 한번은 이 책을 집필하고 있다는 소식이 흘러 나갔던지, 셰익스피어를 추종하는 세계 각국의 일명 "심판관" (〈리어 왕King Lear〉, 4.2.80)들의 모임이라는 한 비밀 집회에서 갑작스럽게 연락을 받기도 했다. 뉴욕에는 한 달에 한 번 모여서 셰익스피어를 함께 읽는 판사와 변호사들의 모임이 있다. 이들은 십여 년간 이 모임을 계속해 왔고 이제는 셰익스피어의 서른일곱 개 희곡을 전부 두 번째 읽는 것이 끝나 간다고 했다. 또 캐나다의 맥길 로스쿨에서는 "셰익스피어 모의재판"이 열린다. 이 재판의 참가자들은 오직 셰익스피어의 작품만을 선례로 원용할 수 있다. 그리고 마침내 몇 달 전 나는 〈헨리 5세Henry Ⅴ〉에서 헨리 왕의 행보가 갖는 법적인 의미에 대해 자문해 달라는 요청을 받았다. 셰익스피어 시어터 컴퍼니에서 주최하는 모의재판에 쓰일 자료라고 했다. 법조계에 발을 들인 후 이제나저제나 하고 오매불망 기다려 온 연락이었다.

내가 셰익스피어 작품에 천착하는 이유는 또 있다. 셰익스피어 작품은 전 세계 사람들이 함께 논할 수 있는, 더 나아가 이를 토대로 심오한 대화를 나눌 수 있는 유일무이한 작품이다. 중국, 영국, 아르헨티나, 홍콩, 이탈리아, 일본, 그 어느 나라에서도 셰익스피어 작품은 통한다. 게다가 정의에 관한 대화를 촉발시키는 작품도 셰익스피어의 작품뿐이다. 정의에 관한 논의가 이처럼 빈약해진 것은 엄청나게 다양한 사람들이 한데 모여 살고 있는 현대사회에서 우리가 공유할 만한 글월이 없다는 사실 탓도 크다. 다행히 셰익스피어의 작품 세계에는 전 세계의 모든 사람들이 공감할 수 있는 복잡한 세상만사가 다 담겨 있다. 물론 재차 확인하지만 아무리 셰익스피어라도 우리의 "모든 딜레마"에 답해 줄 수야 없을 것이다. 하지만 적어도 '꽃송이' 하나의 항변을 과소평가하지 말라는 그의 가르침을 삶의 방향키로 삼을 수야 있지 않겠는가?

일러두기

1. 외래 인명과 지명은 외래어 표기법에 따라 표기했습니다.
2. 〈베니스의 상인〉은 외래어 표기법에 따르면 〈베네치아의 상인〉이 되지만 이미 널리 알려져 있는 제목인 〈베니스의 상인〉으로 표기했습니다.
3. 셰익스피어 희곡 단편은 〈 〉로 표기, 그 외의 도서는 《 》로 표기했습니다. (단, 헨리아드는 모음집이므로 《 》로 표기했습니다)

아프간전쟁에 대한 미국의 불편한 진실

티투스 안드로니쿠스 ▮ Titus Andronicus

Chapter 01

셰익스피어는 1590년대에 〈티투스 안드로니쿠스〉란 로마 장군의 복수를 그린 비극으로 대중적인 인기를 누렸다. 하지만 비평가들은 이 통탄을 금할 수 없는 희대의 로마 비극을 여러모로 '통탄을 금할 수 없는' 연극이라 여겼다. T. S. 엘리엇은 〈티투스 안드로니쿠스〉를 '사상 최악의 우둔하고 독창성 없는 연극'이라 혹평했고, 해럴드 블룸은 '뮤지컬로라도 만들어 본다면 모를까, 그 자체로는 어떠한 본질적 가치도 없는 연극'이라 단언했다. 〈티투스 안드로니쿠스〉는 셰익스피어가 직접 쓴 작품이 아니라 다른 작가의 작품을 손봐 줬을 뿐이라거나, 젊고 배고픈 시절에 쓴 졸작이 틀림없다는 등 각종 억측도 난무했다. 하지만 〈티투스 안드로니쿠스〉는 셰익스피어가 (조지 필과 공동 저작으로) 쓴 작품인 것만은 확실하다는 것이 요즈음의 중론이다. 여전히 셰익스피어 희곡 중에서 유독 미운 새끼 오리 취급을 받기는 하지만 말이다.

이 골칫덩어리 연극을 변호하기에 앞서 사람들이 〈티투스 안드로니쿠스〉를 혐오하는 이유를 모르는 것은 아니라는 사실을 먼저 밝힌다. 〈티투스 안드로니쿠스〉에서 맨 처음 죽음을 맞는 이는 고트족의 왕자 알라버스다. 신께 제물로 바쳐진 알라버스를 시작으로 로마 장군 티투스의 아들 뮤티우스가 단검에 찔려 목숨을 잃고, 이어 로마 왕자 바시아누스가 살해된다. 티투스의 고명딸 라비니아는 강간을 당해 순결을 잃고 팔다리는 절단 당해 불구가 되며, 티투스의 두 아들 퀸투스와 마르티우스는 참수를 당한다. 고트족의 왕자 데메트리어스와 카이론도 살해당하고, 그들의 어머니인 고트족의 여왕 태모라도 살해된 두 아들의 머리로 구운 파이를 먹은 직후에 살해된다. 이후 라비니아도 살해되고, 티투스도 살해된다. 로마 황제 사투르나이누스도 살해되고, 고트족 아아론은 생매장당한다. 이 몸서리쳐지게 잔혹한 죽음의 행진을 싫어하는 것은 어찌 보면 당연하다. 1955년에 연극 〈티투스 안드로니쿠스〉을 연출했던 연출가 피터 브룩의 말에 따르면 공연에서 잔인한 장면을 보고 기절하는 관객을 병원으로 호송하기 위한 구급차가 극장에 대기하고 있었을 정도였다고 하니 말이다. 이 공연에서 주인공 티투스 역을 맡았던 로렌스 올리비에 경은 공연할 때마다 적어도 세 명은 실신해서 실려 갔다고 증언하기도 했다.

이 피비린내 나는 희곡의 선정성은 셰익스피어 시대 관객들의 시선을 단숨에 사로잡았다. 1594년에 연극 〈티투스 안드로니쿠스〉는 블록버스터급의 흥행을 기록했다. 비평가 조너선 베이트가 '희곡 작가가 단숨에 명성을 얻는 측면에서는 타의 추종을 불허하는 연극'이라 했을 정도였다. 이런 상업적인 성공에도 비평가들은 〈티투스 안드로니쿠스〉는 공개 처형이나 곰 골리기(쇠사슬에 묶인 곰을 향해 개가 덤비게 하는 옛놀이 – 옮긴이)와 마찬가지로 폭력과 피를 사랑하는 대중의 기호에 맞춰 관객몰이를 하는 천박한 연극에 불과하다고 콧방귀를 뀌었다. 콜리지는 '〈티투스 안드로니쿠스〉는 피와 공포가 엉겨 붙은 충격적인 장면으로 저속한 대중을 흥분시키려는 의도가 명백한 연극'이라는 평을 쓰기도 했다. 19세기에는 이런 부정적인 의견이 득세하여, 〈티투스 안드로니쿠스〉는 거의 공연되지 않았다. 혹여 공연을 할 수 있다 하더라도 가족이 함께 보기에 부적절하다고 여긴 부분을 모두 삭제한 공연만 가능했을 뿐이다.

그렇다 하더라도 〈티투스 안드로니쿠스〉가 셰익스피어판 슬래셔 영화(정체 모를 인물이 수많은 살인을 저지르는 끔찍한 내용을 보여 주는 영화−옮긴이)라고 할 수는 없다. 이 연극에는 법치주의의 필요성에 대한 엄중한 경고가 숨어 있기 때문이다. 셰익스피어가 살던 시대에는 치안 유지를 위한 경찰력이 턱없이 부족했다. 그것은 취약한 공권력을 신뢰할 것인지 아니면 자기 손으로 정의를 되찾을 것인지에 대한 선택권을 일반 개인들에게 떠넘기는 것을 의미했다. 열악한 상황에 놓인 개인들은 자연스러운, 심지어는 이성적이라고까지 할 수 있을 충동에 못 이겨 자경단원이 되었다. 많은 현대 학자의 연구 결과에서 볼 수 있듯이, 피를 부르는 앙숙 집안 사이의 대를 이은 다툼은 아이슬란드, 발칸 지역, 이탈리아 등 세계 여러 지역에서 쉽게 찾아볼 수 있는 전근대적인 형태의 정의 구현 방식이었다. 이런 집안 간 반목의 가장 큰 위험은 갈등이 점점 걷잡을 수 없을 정도로 치달아 종국에는 사회 전체를 위협한다는 사실이다.

이에 대한 유일한 해결책은 처벌의 권한을 국가가 독점하는 것을 골자로 하는 법치주의를 확보하는 것이다. 올리버 웬들 홈스 판사

20

는 이렇게 말했다. "사법 절차의 초기 형태는 보복에 기반을 두고 있다는 사실은 널리 알려져 있다. 현대의 학자들은 로마법이 집안 간의 혈투에서 기원했다고 생각했다. 그리고 게르만법 또한 집안 간의 혈투에서 그 연원이 시작되었다는 사실은 모든 권위자가 동의 하는 주지의 사실이다." 〈티투스 안드로니쿠스〉는 복수의 마력을 제압하는 법치주의의 위력을 실감하게 하는 경고다. 사회 전체를 초토화할 수도 있는, 대를 이은 복수혈전을 이보다 극렬하게 표현 해 낼 수는 없을 테니 말이다.

지난 수십 년간 무삭제판 〈티투스 안드로니쿠스〉에 대한 관심이 고조되었다. 굵직한 제작사들이 이 연극을 무대에 올렸고, 그때마 다 어김없이 공전의 히트를 기록했다. "피터 브룩이 제작하고, 로 렌스 올리비에 경이 티투스 역을 맡았던 〈티투스 안드로니쿠스〉은 1950년대에 큰 발자취를 남긴 위대한 연극이다. 그리고 데버러 워 너가 제작하고 브라이언 콕스가 주연을 맡았던 〈티투스 안드로니 쿠스〉는 1980년대에 공연된 셰익스피어 희곡을 바탕으로 한 연극 중 가장 많은 찬사를 받은 작품이었다."라고 비평가 베이트는 말했 다. 1999년에는 줄리 테이모어가 제작한 영화 〈티투스〉가 상영되 기도 했다. 앤서니 홉킨스가 주연한 이 영화 역시 평단의 극찬을 받았다.

〈티투스〉는 현대를 살아가는 우리의 눈에 대영 제국 절정기라 할 수 있다는 빅토리아 시대보다는 파란만장한 엘리자베스 1세 시대에 딱 어울리는 연극으로 보이기도 한다. 우리가 어수선한 시대에나 어울리는 연극에 열광하는 이유는 무엇일까? 그 이유는 자명하다.

우리 시대의 모습이 결정적인 면에서 셰익스피어의 시대, 바로 엘리자베스 1세가 영국을 다스리던 때의 모습과 닮아 있기 때문이다. 허울뿐인 법치주의. 그것이 바로 엘리자베스 1세 시대와 우리 시대가 공유하는 불편한 진실이다. 강력한 정부 없이 시작된 세계화의 물결은 우리를 셰익스피어 시대의 사람들과 같은 처지로 만들어 버렸다. 테러리스트가 탄 비행기가 도심의 마천루로 돌진한다고 생각해 보자. 나약한 국제사법기구의 결정에 복종할 것인가, 자력 구제에 나설 것인가? 선택은 고스란히 우리 몫이다. 이미 말했다시피, 본능에 충실한 선택은 일제히 행동에 나서는 것이다. 앞으로 살펴보겠지만 본능에 쉽게 굴복한 자에게 남는 것은 재앙뿐이다.

셰익스피어의 희곡으로, 그것도 졸작이라 폄하되는 〈티투스 안드로니쿠스〉로 아프가니스탄 전쟁과 이라크 전쟁 같은 미국 최악의 고비를 조명하겠다는 내 의도가 허무맹랑하다고 느껴질 수도 있을 것이다. 하지만 〈티투스〉는 우리에게 새로운 사실을 일깨워 준다. 21세기의 화두인 '테러와의 전쟁'은 근대에 횡행했던 피의 복수와 다를 바가 없다는 사실. 즉 이 두 전쟁의 본질이 전통적 의미의 전쟁이 아닌 '집단 간의 복수혈전'이라는 사실 말이다. 바로 이 점 때문에 〈티투스〉를 졸작이라 단언해서는 안 된다.

〈티투스〉는 법의 울타리를 벗어난 개인의 복수가 순식간에 통제 불능 상태로 치닫는 것에 대한 우려를 극화한 것이라고 할 수 있다. 복수는 갈등을 상쇄하지 못한다. 복수는 거듭된 보복으로 이어질 뿐이다. 보복은 또 다른 보복의 방아쇠를 당기게 하고, 순식간에 선혈이 낭자한 복수의 뫼비우스 띠가 완성된다. 〈티투스〉에서 셰익스피어는 이 죽음의 순환 고리를 정확하게 표현하고 있다.[1] 로마의 장군인 티투스는 고트족 왕자인 알라버스를 죽여 죽은 로마 병사들의 넋을 달랜다. 복수혈전의 시뻘건 막이 열린 것이다. 삽시간에 고트족과 로마인을 한입에 삼켜 버린 복수의 뫼비우스 띠가 완성된다.

셰익스피어의 동시대인들은 사적인 복수에 대해 엇갈리는 태도를 보였다. 그들은 진정한 의미의 경찰력이나 상비군이 없는 사회에 살았다. 당연히 사사로이 복수를 해야만 분이 풀릴 상황이 허다했다. 프랜시스 베이컨 경이 자신의 유명한 저작에서 '야생의 정의'라 했던 그 통쾌한 앙갚음 말이다. 근대 초기에도 사람들은 복수의 본능을 자연스러운 것으로 여겼다. 구약의 탈리오 법칙은 이를 잘 보여 준다. 동해보복법(同害報復法)이라고도 하는 이 법칙은 사적인 복수를 관용하는 것을 넘어 독려하는 것처럼 보인다. '그러나 다른 해가 있으면 갚되 생명은 생명으로, 눈은 눈으로, 이는 이로, 손은 손으로, 발은 발로, 덴 것은 덴 것으로, 상하게 한 것은 상함으로, 때린 것은 때림으로 갚을지니라.'[2]

하지만 엘리자베스 1세 시대의 사람들은 한편으로는 사소한 다툼이 집안 사이의 반목으로까지 번지는 상황을 염려했다. 문학자 프레드슨 보어스는 "두세 명이 벌인 싸움이 전체 집안 간의 다툼으

---

1) 이 책은 '티투스'라는 제목으로 동명의 영화와 셰익스피어 희곡을 통칭하고 있다.
　　－옮긴이
2) 개역개정판, 출애굽기 24장 23절, 24절, 25절

로 번져 먼지와 피밖에 남지 않는 파국으로 치닫는 일이 드물지 않다."라는 말을 남겼다. 이런 일은 명예를 중시하는 귀족 사회에서 특히 자주 발생했는데, 제임스 1세는 피를 부르는 집안 간의 '파벌과 앙숙'을 '고귀한 가문이 잉태한 거대한 불행의 씨앗'이라고 표현하기도 했다.

집안 간의 혈투는 셰익스피어 희곡에도 심심치 않게 등장한다. 한 셰익스피어 전기 작가는 〈로미오와 줄리엣Romeo and Juliet〉의 몬터규 가문과 캐풀렛 가문이 롱가와 댄버스가를 모델로 한 것이라고 주장했다. 롱가와 댄버스가는 유럽에서 둘째가라면 서러울 정도로 견원지간이었다. 이 이름난 두 가문이 벌인 혈투의 역사는 장미전쟁으로 거슬러 올라가야 한다. 장미전쟁 후에 잠시 사그라지는 듯했던 다툼의 불씨는 1954년에 있었던 한 송사 탓에 다시 활활 타올랐다. 치안판사였던 존 댄버스 경이 월터 롱 경의 하인을 강도죄로 기소한 것이었다(〈로미오와 줄리엣〉에서도 하인들 간의 사소한 실랑이 때문에 두 집안의 반목이 심화된다). 월터 경은 고군분투 끝에 하인의 누명을 벗기는 데 성공했다. 하지만 정작 본인은 존 경에 의해 악명 높은 플리트 감옥에 투옥되었다. 그 후, 쉽게 짐작할 수 있듯이 월터 경이 감옥 문을 나서기가 무섭게 곳곳에서 패싸움이 벌어졌다. 월터 경의 형인 헨리는 존 경의 아들인 찰스에게 다음과 같은 내용의 모욕적인 편지를 보내기까지 했다. "어디서든 월터가 네 아비를 만나기만 한다면, 반드시 칼끝을 겨누고 네 아비를 머저리, 개새끼, 천치, 애송이라 욕하며 흠씬 패 줄 것이다." 편지의 내용에 격분한 찰스 댄버스는 동생과 함께 롱가의 남자들을 찾아나섰다. 여관에서 식사하고 있던 헨리 롱과 월터 롱을 발견한 그들은 곤봉으로 가문의 원수들을 후려치기 시작했다. 습격당한 헨리 롱이 칼을 휘둘렀다. 이어 찰스 댄버스의 동생이 들고 있던 총구가 불을 뿜었고, 헨리 롱은 그렇게 흙으로 돌아갔다. 그 누구도 두 가문의 사생결단에 대해 법적인 책임을 묻지 않았다. 다만, 사우샘프턴의 백작 헨리 리오슬리의 중재로 댄버스 가문의 난폭한 형제들은 나라 밖으로 추방당했다. 셰익스피어가 이 떠들썩한 사건을 몰랐을 리가 없다. 그도 그럴 것이 셰익스피어의 걸출한 장시(長詩) 〈비너스와 아도니스Venus and Adonis〉, 〈루크리스의 능욕The Rape of Lucrece〉은 사우샘프턴의 백작에게 바친 헌사다. 그뿐만 아니라 〈소네트Sonnet〉집(集)의 서문 첫머리 2행에서 언급하는 뮤즈 Mr. W. H.가 사우샘프턴의 백작 헨리 리오슬리라는 설도 있다.

어쨌든 이런 집안 사이의 혈투를 막기 위해, 근대 초기의 영국 기독교 윤리학자들은 사사로운 복수를 그만둬야 한다고 설교하기 시작했다. 대니얼 터빌은 1609년에 쓴 글에서 다음과 같이 주장했다. "이제 복수의 갈증을 해갈한 신도들 위에 예루살렘이 새로이 우뚝 섰다. 이제 그들은 동해보복법을 따르지 않는다. (중략) 눈에는 눈이라 해서도, 이에는 이라 해서도 안 될지니라." 터빌의 새로운 예루살렘에 대한 묘사에서 볼 수 있듯이, 구약의 탈리오 법칙은 신약의 사랑과 관용의 원칙에 그 자리를 내주고 말았다. 신약의 로마서에는 다음과 같은 구절이 등장한다. '내 사랑하는 자들아 너희가 친히 원수를 갚지 말고, 하나님의 진노하심에 맡기라 기록되었으되, 원수 갚는 것이 내게 있으니 내가 갚으리라고 주께서 말씀

하시니라.'(로마서 12장 19절) 구약의 출애굽기에 등장했던 탈리오 법칙이 신약의 로마서에서 정면으로 부정된 것이다. 이제 신께서 대신 복수해 주실 테니, 인간은 잠자코 기다려야 하는 달갑지 않은 시절이 도래한 것이다. 이에 대해 보어스는 이렇게 말했다. "엘리자베스 1세 시대에 법을 준수하지 않는 사람들에 대한 최고의 견제책은 바로 종교였습니다. 당시에는 구교도, 신교도 가릴 것 없이 신을 마음 깊이 두려워했으니까요."

아무도 전능하신 하나님의 눈을 피할 수 없었다. 신의 손을 빌린 복수는 반드시 행해졌다. 문제는 꽤 오랜 시간이 걸릴 수도 있다는 사실이었다. 결국 인내심이 부족한 인간을 위해 국왕이나 법원과 같은 신의 대리인이 개입하기 시작했다. 신약에서 신만이 행사할 수 있다고 확언한 바로 그 권한을 행사하기 시작한 것이다. 1257년에 제정된 말브리지(Marlbridge) 법은 법원만이 복수의 권한을 행사할 수 있다고 선언한다. 그 내용은 다음과 같다. '이후로 그 누구도, 본 법원이 허용하지 않는 사사로운 복수나 보복을 할 수 없다.' 하지만 여기서 말하는 법원의 권한이 전지전능한 신의 권한을 대체한 것이라고 보기는 어렵다. 오히려 위임받은 것이라 보는 것이 옳다. 수전 자코비는 이에 대해 다음과 같이 표현했다. "당시의 도덕적인 위계질서는 명백했다. (나약한 인간에게는 너무 더디게 느껴질 수도 있으나 확실한) 신의 정당한 복수, 그리고 (사형, 고문, '정당한 전쟁' 등의) 신께 권한을 부여받은 속세의 대리인에게 허용된 공적인 복수, 마지막으로 (지위고하를 막론하고) 금지된 사적인 복수."

하지만 사법기관에 신의 전유물인 복수의 권한을 위임하는 것으로 문제가 다 해결된 것은 아니었다. 일반인의 감정에 배치되는 무용한 판결이 심심치 않게 등장한 것이다. 이에 들끓는 분을 삭이지 못한 피해자들은 원점으로 되돌아가야 했다. 다시 말해, 다른 쪽뺨도 돌려 대 줄 것인지, 아니면 자신의 불끈 쥔 두 주먹으로 이 사태를 해결해야 하는지에 대한 낯익은 딜레마에 빠져 고민해야 했다. 본능의 부름에 이끌려 '야생의 정의'를 택한 자는 자신과 자신이 속한 집단에 저주를 몰고 왔다. 이 과정을 여실하게 보여 주는 〈티투스〉는 과연 엘리자베스 1세 시대의 대표적인 '복수 비극'이라 할 만하다.

〈티투스〉는 고트족과의 전쟁에서 승리해서 금의환향하는 로마 장군 티투스 안드로니쿠스의 개선 행렬로 시작한다. 10년이나 이어진 고트족과의 처절한 전투는 티투스의 아들 25명 중 무려 21명의 목숨을 앗아갔다. 하지만 끝끝내 승리를 거둔 티투스는 포로들을 이끌고 고향으로 돌아왔다. 포로 행렬에는 고트족의 여왕인 태모라와 그녀의 세 아들, 그리고 무어인 아아론도 끼어 있다. 나중에 알게 되겠지만 아아론은 후에 여왕의 연인이 되는 심복이다.

티투스가 죽은 아들들의 시신을 가족묘에 안치하려고 하자 그의 살아남은 아들 중 가장 나이가 많은 루시우스가 인간 제물을 바쳐야 한다고 주장한다.

고트족 포로 가운데서 가장 신분이 높은 놈을 저에게 넘겨주십시오.

그놈의 팔다리를 잘라서 장작더미 위에 올리고

형제들의 유골을 넣을

속세의 뼈 감옥 앞에서

형제들의 넋을 달래기 위해

그 살을 불에 태워

그들의 영전에 바치겠습니다.

그래야만 망령의 원한이 사라져

우리는 악령의 저주에서 풀려날 것입니다.

(1. 1. 99-104)

이에 따라 정말로 "형제들의 넋을 달래기 위한" 제물이 마련된
다. 로마인들이 "악령" 같은 초자연적인 화를 입지 않도록 말이다.

티투스는 전쟁 포로 중 가장 신분이 높은 남자인 고트족의 왕자
알라버스를 제물로 삼을 것을 제안한다. 이에 태모라 왕비가 아들
의 목숨을 구하기 위해 무릎을 꿇은 채 눈물을 흘리며 애원한다.

자비로운 정복자 로마 시민들이여, 기다려 주십시오.

개선 장군 티투스시여, 제 눈물을,

아들을 위하여 흘리는 어미의 눈물을 가엾게 여겨 주십시오.

장군께서 장군의 아들들을 어여삐 여기신 일이 있다면,

오오, 저에게도 마찬가지로

저의 아들들이 사랑스럽다는 것을 헤아려 주십시오.

우리가 포로가 되어,

이처럼 끌려와서 장군의 개선을 장식하는 것만으로도 충분할 터인데

제 아들까지도 거리에서 살해당해야 한단 말입니까!

나라를 위하여 용감하게 싸운 것도 죄가 됩니까?

오오! 왕과 나라를 위해 싸우는 것이 여러분이 마땅히 가야 할 길이
라면

우리에게도 마찬가지로 그러합니다.

안드로니쿠스 장군, 피로써 무덤을 더럽히지 마십시오.

(1. 1. 107-119)

정의는 모름지기 형평에 뿌리를 내리고 있어야 한다. 태모라의
탄원도 다르지 않다. 한때 고귀했던 이 여인은 형평의 원칙에 기대
어 자식의 목숨을 구하려 애쓴다. "장군께서 장군의 아들들을 어여
삐 여기신 일이 있다면, 오오, 저에게도 마찬가지로 저의 아들들이
사랑스럽다는 것을 헤아려 주십시오."라는 부분을 보면 알 수 있
다. 각 행이 각기 '장군'과 '저'로 시작하는 이 대사로 태모라는 대
화를 나누는 쌍방이 모두 부모라는 연결 고리를 강조한다. 그러면
서 로마 병사들과 고트족 전사들이 모두 전장에서 피를 흘렸으니,
비례성은 이미 충족되었다고 주장한다. 종전 후에 고트족의 목숨
을 빼앗는 것은 도를 넘는 야만 행위라는 것이다.

하지만 티투스는 형평의 지점을 다르게 판단한다. 그의 두 귀에는
복수를 바라는 죽은 동포들의 아우성이 들리는 듯했기 때문이다.

안됐지만, 이해해 주시오.

이들은 당신들 고트족이 죽인 이들의 형제요.

형제들이 살해됐으므로

종교의식을 위한 산 제물을 요구하는 것이오.

당신 아들이 제물로 점지되었으니

당신 아들을 죽여서 바쳐야겠소.

죽어간 자들의 신음하는 망령을 달래기 위해서 말이오.

(1. 1. 124-129)

하지만 우리는 티투스의 판단에 동의할 수 없다. 태모라의 말처럼 그의 판단은 '잔인무도한 종교'(1. 1. 133)에 근거한 것이기 때문이다. 태모라의 아들 카이론도 이렇게 외친다. "스키타이의 야만도 이처럼 심하지는 않았다."(1. 1. 134) 문명의 중심 로마의 시민들이 헤로도토스가 야만족으로 지목했던 고트족이나 스키타이족보다 더 야만적이라고 절규한 것이다. 누가 '문명인'이고 누가 '야만인'이냐 하는 이 논점은 〈티투스〉 전반을 관통한다.

외견상 '문명화된' 로마인들과 '야만적인' 고트족의 날 선 긴장 관계는 새로 즉위한 로마 황제 사투르나이누스가 태모라를 부인으로 맞아들이면서 새로운 국면으로 접어든다. 예부터 변덕스러운 행운의 여신은 주인공들의 운명이 엇갈리는 연극의 단골손님이다. 〈티투스〉의 행운의 여신은 막이 오르자마자 다른 쪽으로 고개를 돌려 버린다. 로마 황제가 결혼을 제의하자 태모라는 "황제께서 저를 왕비로 삼는다면, 저는 젊으신 황제의 보모가 되고 어머니도 되겠나이다."(1. 1. 337)라고 약조했다. 망령이 된 아들을 가슴에 묻은 태모라는 풋내기 황제의 아내이기 이전에 애끓는 모정을 지닌 어머니다. 그녀는 황제 앞에서 안드로니쿠스에게 피의 복수를 할 것을 맹세한다.

> 언젠가는, 저놈의 무리, 저놈의 일족을
> 모조리 죽여 버리겠습니다.
> 사랑하는 내 아들을 살려 달라고 간청했는데도
> 끝내 죽인 저 잔인한 아비와 역심을 품은 아들들을
> 모두 말입니다.
> 일국의 왕비가 거리에서 무릎을 꿇고
> 헛되이 간청을 한 것이,
> 어떤 결과를 가져오는지 알려 주어야겠습니다.
> (1. 1. 455-460)

이 한 장면에서 태모라는 티투스에게 복수할 명분과 기회를 얻는다. 복수의 뫼비우스 띠 위에 올라선 것이다.

태모라의 복수는 주고받기를 거듭할수록 과열되는 이 순환 고리의 전형적인 속성을 그대로 보여 준다. 안드로니쿠스 단 한 명의 손에 아들을 잃은 태모라가 "저놈의 무리, 저놈의 일족을 모조리 죽여 버리겠습니다."(1. 1. 456)라고 다짐하는 대목에서 이를 확인할 수 있다. 동해보복을 허용했던 구약의 탈리오 법칙도 복수 대상의 무차별적인 확대는 경계했다. "눈에는 눈"이라고 선언했던 이 법칙은 등가의 보복을 감행한 자에게만 면죄부를 약속했을 뿐, 더 이상의 피는 원치 않았다. 누군가가 내 눈을 상하게 했다면, 내가 할 수 있는 것은 오지 '눈'을 상하게 하는 것뿐이었다. 모르긴 몰라도, 티투스가 태모라가 제기한 비례성 충족에 대한 주장을 받아들여 그녀의 아들을 살려 주었다면, 태모라는 이 원칙을 고수했을지도 모른다. 그러나 원한에 사무친 어머니는 공공연하게 원칙 파기를 맹세한다.

태모라가 결심한 복수의 확대는 양적인 것이 아니라 질적인 것이었다. 사람들이 〈티투스〉에 경악했던 것은 너무 많은 사람이 죽었기 때문은 아니었다. 〈햄릿〉이나 〈리어 왕King Lear〉을 비롯한 수많은 주옥같은 비극에서도 무대에 널린 시체들을 보는 것은 어려운 일이 아니니 말이다. 〈티투스〉에서 보는 이의 눈살을 찌푸리게 하는 것은 사망자 수가 아니라 복수를 하는 방식이다. 고트족의 인형사(puppetmaster, 꼭두각시를 놀리는 사람-옮긴이)인 아아론은 죽느니만 못한 취급을 당하게 된 로마인들을 보며 뛸 듯이 기뻐한다.

아아론의 음모는 격렬하게 다투는 두 청년을 발견하면서 시작된다. 태모라의 두 아들 카이론과 데메트리어스는 티투스의 아름다운 딸 라비니아를 서로 차지하겠다고 옥신각신했다. 그 모습을 본 아아론은 이들에게 다가가 다음날 열릴 왕실의 사냥 행사에서 그들의 '아름다운 암사슴'을 범할 수 있다고 속살거린다.(1. 1. 617) 이에 두 형제는 크게 기뻐하며 그의 계책을 경청한다. 간교한 아아론은 이 사건에 수많은 사람을 연루시킨다. 일단 교묘한 술책을 부려 라비니아의 남편 바시아누스가 살해되게 한다. 그리고 이미 티투스의 두 아들 퀸투스와 마르티우스를 범인으로 여길 만한 증거도 마련해 놓았다.

사냥 행사 당일에, 라비니아와 바시아누스는 외딴 숲에서 우연히 태모라와 마주친다. 그러자 태모라의 두 아들 데메트리어스와 카이론이 이 갓 결혼한 젊은 부부를 상대로 복수의 칼날을 빼어 들어, 바시아누스를 살해하고 라비니아를 협박하여 강간한다. 이때 라비니아는 태모라에게 자신의 처지에서 생각해 달라고 애원한다. 태모라가 티투스에게 탄원할 때 그랬던 것처럼, 라비니아는 자신과 태모라에게서 두 가지 공통점을 찾아낸다. 먼저, 그녀는 태모라와 자신이 같은 여자라는 사실을 부각시킨다. "오오, 태모라! 당신도 여인의 얼굴을 하고서……."(2. 2. 136) 애걸복걸해도 모자랄 상황에 라비니아는 태모라에 대한 경멸을 숨기지 못한다. 칼자루를 쥔 태모라를 '여인의 얼굴을 한' 마귀쯤으로 표현한 간청이 받아들여질 리 없다. 태모라가 눈썹 하나 까딱하지 않자, 라비니아는 바로 얼마 전까지 포로 신세였던 그녀의 처지를 거론한다. "오, 제가 가르쳐 드리지요. 당신의 목숨을 앗을 수 있었음에도 당신을 죽이지 않고 살려 준 내 아버님을 생각해서라도 잔인하게 굴지 말고 닫힌 귀를 열어 주십시오." 이보다 위험한 호소가 있을까. 이에 태모라가 답한다.

네 아비를 생각하면 자비를 베풀 수가 없구나.
얘들아, 잊지 마라! 너희 형이 산 제물이 되는 것을 막으려
눈물을 흘리며 헛되이 애원하였다.
잔혹한 안드로니쿠스는 내 말을 들은 체도 하지 않았지.
그러니 그년을 끌고 가서 마음대로 해라.
가혹하게 할수록, 어미를 더 위하는 것이란다.
(2. 2. 162-167)

태모라가 티투스의 자비보다는 티투스의 잔혹함을 기억하는 것은 당연한 일이다. 남의 손에 아이를 잃은 어머니는 그자의 목숨, 아니 목숨보다 더한 것을 앗으려 드는 것이 인지상정이다.

이 말을 들은 라비니아는 살려는 의지를 잃는다. "오, 자비로운 황후라 불릴 태모라 여왕이시여! 당신의 손으로 이곳에서 나를 단칼에 죽여 주오!"(2. 2. 168-169) 순결을 목숨보다 중히 여기는 여인의 태도는 셰익스피어의 또 다른 희곡 〈자에는 자로Measure for Measure〉에도 등장한다. 이 희비극에서 이사벨라는 "내 오라비의 목숨은 내 정조보다 오히려 값싼 것입니다."라고 매정하게 말한다.(〈자에는 자로〉, 2. 4. 184) 라비니아는 당시의 사고방식에 충실한 여인일 뿐이다. "내가 원하는 것은 지금 당장 죽여 달라는 것이에요. 그리고 또 한 가지 더, 이것은 차마 여자의 입으로 말할 수도 없는 것이에요. 오, 죽음보다 끔찍한 욕정에서 나를 구해 주세요."(2. 2. 173-175) 하지만 태모라는 복수에 눈이 멀었다. "사랑스러운 내 아들들이 헛수고를 하게 하란 말이냐. 안 될 말이구나. 나는 그들이 네 몸으로 육욕을 채우게 놓아두련다."(2. 2. 179-180)

강간은 무대 밖에서 이루어진다. 이제 무대는 티투스의 두 아들 퀸투스와 마르티우스가 등장하는 장면으로 바뀐다. 아아론은 그들을 바시아누스의 시체를 팽개쳐 놓은 구덩이로 유인한다. 여러 공포 영화에서 확인할 수 있듯이, 공포는 간접적인 통로로 엄습한다. 마르티우스가 구덩이에 빠지고, 퀸투스는 형제에게 이렇게 말한다. "참으로 묘한 기운이 풍기는 구덩이로구나. 무성한 찔레 덤불로 덮여 있고 잎에는 선혈이 맺힌 구덩이가 또 있을까?"(2.2.198-

200) 비평가인 마저리 가버가 말했듯, 여성의 성적인 매력을 탐구하는 데 프로이트의 정신분석을 독파할 필요는 없다. 우리 모두 마르티우스가 바시아누스의 시체를 찾아내기도 전에, 이미 라비니아가 목숨보다 소중하게 여기는 것을 빼앗겼다는 것을 알고 있다.

기구한 운명의 형제는 아아론의 상대가 되지 못한다. 마르티우스를 구덩이에서 끌어올리려고 안간힘을 쓰던 퀸투스마저 구덩이에 빠져 버린다. 이때 아아론의 꾐에 넘어간 황제 사투르나이누스가 그곳에 모습을 드러낸다. 그리고 사투르나이누스가 자신의 동생 바시아누스의 죽음을 알게 된 직후에, 태모라가 등장하고 뒤따라 티투스와 루시우스가 등장한다. 태모라는 아아론이 쓴 날조된 밀서를 지녔다. 편지에는 바시아누스를 묻어야 할 구덩이에 대한 내용과 '시신'을 구덩이에 묻은 '대가'가 딱총나무 아래에 있다는 내용이 쓰여 있다. 아아론이 딱총나무 아래에서 미리 준비해 놓은 돈 자루를 찾아낸다. 사투르나이누스 황제가 이 불운한 형제를 범인으로 확신하기에 충분한 증거다. 티투스 쪽으로 몸을 돌린 황제가 말한다.

네 잔인무도한 개새끼 두 마리가
내 동생의 생명을 앗아갔다.
여봐라! 저놈들을 구덩이에서 끌어내어 옥에 가두어라.
그리하여 전대미문의 엄벌이
생각날 때까지 가두어 두라.
(2. 2. 281-285)

이제 티투스가 태모라 역을 할 차례다. 그는 무릎을 꿇고 눈물을 흘리며 자식의 목숨을 구걸한다. 무대 연출에서도 평행 구조가 유지된다. 1막에서 태모라가 피눈물을 흘리던 장소인 안드로니쿠스 가문의 묘가 '구덩이'로 바뀌었을 뿐이다.

정의를 바로 세우려면, 바로 이 시점에서 법이 그 엄정한 위력을 발휘해 복수의 악순환을 막아야 했다. 로마 최고의 권력자인 사투르나이누스 황제는 능히 이를 해낼 수 있는 최고의 법적 권한이 있었다. 하지만 아둔한 그는 여러모로 성급한 정의의 수호자였다. 그는 정황증거를 바탕으로 일단 죄의 유무를 판단한다. 티투스가 자기 자식들이 범행을 저질렀다는 확실한 증거가 있느냐고 묻자, 황제는 막무가내로 대답한다. "증명이 되었느냐고? 말할 것도 없이 명명백백하지 않느냐."(2. 2. 292) 이어 피의자인 퀸투스와 마르티우스에게서 자신을 변호할 천금 같은 기회를 박탈한다. "저들이 단 한 마디도 내뱉지 못하게 하라. 유죄가 틀림없으니까."(2. 2. 301) 점입가경으로, 즉각 범인들을 사형에 처할 것을 명하기까지 한다. 사형 이상의 엄벌이 없다는 사실에 통탄해하면서 말이다. "죽음보다 더한 벌이 있다면 내 영혼에 맹세코 그들을 그 형벌로 단죄할 터인데."(2. 2. 302-303) "죽음보다 더한 벌"이라는 말이 데메트리어스와 카이론이 라비니아에게 가한 "죽음보다 가혹한 유린"을 연상시킨다.

오, 라비니아! 이어지는 장면은 다음과 같은 지문으로 시작된다. "데메트리어스와 카이론이 라비니아를 데리고 등장. 라비니아는 강간 당한 후 양손과 혀를 잘렸다."(2. 3. sd) 짐작하건대, 간담을 서늘하게 하는 바로 이 장면부터 관객들이 하나둘 기절하기 시작할 것이다. 가련한 라비니아 이야기는 필로멜라의 복수 신화에서 모티프를 따온 것이다. 오비디우스가 기록한 이 신화는 트라키아의 여왕 프로크네의 여동생인 필로멜라에 관한 이야기다. 프로크네의 남편인 테레우스 왕은 필로멜라를 강간한 뒤, 범인이 누구인지 발설할 수 없도록 필로멜라의 혀를 자른다. 하지만 필로멜라는 자신의 사연을 옷감에 수놓아 언니에게 전한다. 분노한 두 자매는 프로크네가 테레우스와 사이에 낳은 아들을 죽이고 그 고기로 요리를 만들어 테레우스에게 먹인다. 식사를 마친 테레우스가 아들을 찾자, 패륜적인 복수를 감행한 프로크네가 엷은 승리의 미소를 띤 채 이렇게 말한다. "당신이 보고 싶어 하는 아이는 지금 당신과 함께 있습니다. 당신 안에 말입니다." 이어 혀는 잘렸어도 손은 온전한 필로멜라가 피가 뚝뚝 떨어지는 아이의 잘린 머리를 강간범을 향해 집어 던진다. 혼비백산하여 먹은 것을 다 게워 낸 테레우스는 검을 집어 들어 단칼에 자매를 죽인다. 그러자 자매를 가엾게 여긴 신들은 그녀들을 새로 변신시킨다. 혀를 잃은 필로멜라는 아름다운 목소리를 지닌 나이팅게일이 되고, 용맹한 프로크네는 위용이 당당한 볏을 머리에 얹은 댕기물떼새가 된다.

우리는 지독하게 끔찍한 이 이야기에서 한 가지 사실을 확인할 수 있다. 바로 이 로마의 신들이 만행을 간과하지 않았다는 사실 말이다. 신들은 홀연히 나타나 시의적절한 끝맺음을 했다. 한 번의 강간에 대한 한 번의 복수. 이것은 탈리오 법칙과 다를 바 없다. 하지만 이 인간적인 신들은 자매를 위한 위로도 잊지 않았다. 필로멜라에게는 목소리를 되찾아 주었고, 프로크네의 정수리를 아름다운 볏으로 치장해 주었다. 복수의 뫼비우스 띠를 끊어 버린 것이다.

아쉽게도 이 이야기에서 깨달음을 얻은 것은 우리만이 아니다. 필로멜라와 프로크네의 이야기를 교훈 삼은 카이론과 데메트리어스는 라비니아의 양손까지 잘라 버린다. 피해자가 범인의 신원을 절대로 발설할 수 없는 완전범죄를 꿈꾸면서 말이다. "자, 그 혀로써 말을 할 수 있다면, 돌아가서 누가 혀를 잘랐고 누가 강간을 했는지 밝혀 보아라."(2. 3. 1-2)라고 데메트리어스가 말한다. 이어 카이론이 맞장구를 친다. "그 손 없는 팔로 글을 쓸 수 있다면 네 사연을 글로 써서 알려 보아라."(2. 3. 3-4) 그들은 그녀의 영혼마저 죽여 버린다.

라비니아의 강간은 이 무시무시한 연극에서도 둘째가라면 서러울 정도로 참혹한 사건이라 할 수 있다. 나는 제자들에게 복수의 순환 고리가 걷잡을 수 없을 만큼 기세등등해진 시점이 언제라고 생각하느냐고 질문을 던진다. 그러면 많은 학생이 라비니아가 강간당하고 혀와 양손을 절단당한 때라고 대답한다. 윤리학자인 마사누스바움은 평생을 통틀어 연극을 보다 고개를 돌린 적은 최근에 시카고에서 공연한 〈티투스〉를 볼 때뿐이었다고 회고하기도 했다.

한편 감독들은 이 장면을 제대로 연출하기 위해 무진 애를 써야 했다. 피터 브룩의 작품에서는 스타일에 지나치게 몰입한 흔적이 보였다. 그가 창조한 라비니아의 입과 팔에서는 피 대신 여러 가닥의 붉은 실이 쏟아져 내렸다. 데버러 워너는 희곡에 좀 더 충실한 해석을 했다. 그녀가 만든 라비니아의 입에서는 말 그대로 검붉은 피가 흘러내렸다. 손이 잘려 둥치만 남은 팔에 피 묻은 붕대가 친친 감겼고, 온몸은 충격으로 굳어 있었다. 오직 라비니아의 눈빛만이 형형했다. 줄리 테이모어의 라비니아는 이 둘을 섞은 듯한 모습이었다. 라비니아의 잘린 손목에서 나뭇가지가 뻗어 나왔고, 입에서는 피가 흘러나왔다. 나는 테이모어가 그리스 신화에 등장하는 다프네 이야기에서 착안하여 이런 해석을 한 것이라 생각한다. 다프네는 아폴론 신을 피해 도망치다가 월계수 나무가 된 님프다. 어쨌든 나뭇가지 덕에 바라보기가 좀 수월해진 것은 사실이다. 하지만 온전한 월계수 나무가 된 다프네와 달리 손목 아랫부분만 나무가 된 라비니아의 모습은 운명의 습격으로부터 영원히 도망칠 수 없는 신세를 대변하는 듯하다.

라비니아의 삼촌 마커스가 그녀를 발견하여 티투스에게 데려간다. 실제 공연 장면에서는 종종 마커스가 자기 몸으로 라비니아를 가려 티투스가 보지 못하게 한 채로 아래의 대사를 하기도 한다. "티투스 형님, 그 늙은 눈으로 울거나, 아니면 그대의 고귀한 심장이 터질지도 모른다는 각오를 하십시오. 늙은 형님에게 치명적인 슬픔을 가지고 왔습니다."(3. 1. 59-61) 티투스는 죽음보다 더한 고통조차 두려워하지 않는다. "내게 치명적이라고? 어디 그것을 좀 보여 주게."(3. 1. 62) 이어서 라비니아가 모습을 드러내고 마커스가 말한다. "형님의 딸이었던 아이입니다."(3. 1. 63) 티투스가 대답한다. "딸이었다고? 아니, 그 아이는 여전히 진정한 내 딸아이네." (3. 1. 64)

〈티투스〉 중반부에 등장하는 이 대사 때문에 나는 티투스를 존경하게 되었다. 라비니아는 계속해서 죽은 사람보다 못한 취급을 받는다. 아아론은 그녀를 '암사슴'이라 이르며 짐승 취급을 하고, 태모라는 물건을 거래하듯 자식들이 애쓴 삯으로 그녀를 넘겨버린다. 데메트리어스와 카이론은 그녀의 순결을 빼앗고 혀와 손을 잘라 냈으며, 라비니아를 사랑하는 삼촌조차 그녀를 죽은 사람으로 여긴다. "형님의 딸이었던 아이입니다."라는 과거 시점의 대사에서 이를 확인할 수 있다. 티투스는 이런 동생의 언급을 책망하는 어조로 정정한다. "딸이었다고? 아니, 그 아이는 여전히 진정한 내 딸이네." 티투스는 전쟁에서 아들을 여럿 잃었다. 그리고 아마 살아 돌아오긴 했지만 불구가 된 아들도 여럿 있었을 것이다. 평온한 시민의 삶을 살아온 호민관 마커스가 죽은 것이나 진배없다고 여기는 상황도, 자신의 딸인 라비니아라면 견뎌 낼 수 있다고 믿을 정도로 담대한 아비인 것이다. 하지만 아버지를 보좌하며 수많은 전장을 누볐던 루시우스마저 여동생의 모습을 보고 좌절한다. "아, 차마 두 눈을 뜨고 볼 수가 없구나."(3. 1. 65) 그러자 티투스가 아들에게 일갈한다. "이 비겁한 놈아! 일어나라! 일어나서 보아라."(3. 1. 66)[3] 그리고 재차 말한다. "더 똑바로 바라보아라." 그리고 동생과 아들을 향해 힘주어 말한다. "그 애는 여전히 내 딸아이야."

---

[3] 이 대사를 통해 티투스는 앞의 세 대사에서는 지켜지지 않았던, 약강격 운율을 회복한다. 약강격 운율이라는 것은 약한 음절 하나에 강한 음절 하나가 따라 나오는 운율을 말한다. 즉 "이 비겁한 놈아! 일어나라! 일어나서 보아라."(3.1.66)란 뜻의 "Faint-hearted boy, arise and look upon her"에서 arise는 강한 음절 and는 약한 음절 look은 강한 음절 upon은 약한 음절 her는 강한 음절로 읽게 되는 운율이다. 이는 영시에 주로 쓰인다. -옮긴이

티투스의 이런 강인함은 아아론이 티투스에게, 손을 잘라서 사투르나이누스 황제에게 바치면 두 아들의 목숨을 살려 줄 것이라고 말하는 대목에서 다시 한 번 빛을 발한다. 티투스는 한 치의 망설임도 없이 손을 잘라 버린다. 비록 아아론의 전갈은 새빨간 거짓이었지만 말이다. 사투르나이누스 황제는 그런 약조를 한 적이 없다. 곧이어 황제의 사자가 머리 둘과 손 하나를 가지고 등장한다. 바로 퀸투스와 마르티우스의 머리와 갓 잘린 티투스의 왼손이다. 조롱이 부족했던지, 설상가상으로 루시우스마저 형제들을 도왔다는 죄목으로 추방당한다.

이제 태모라는 아들의 복수를 완수했다. 아니 그 이상의 악행을 저질렀다. 티투스는 두 아들과 사위를 잃었으며, 살아남은 유일한 아들마저 추방당했다(원작에서 루시우스는 이때 피 끓는 스물다섯이다). 고명딸은 강간당하고 손과 혀가 잘려 불구가 되었으며, 자신도 한 손을 잃었다. 상황이 어찌나 처참한지 참을성 강한 마커스마저 이렇게 말한다. "이제 애통해 말라는 말 따위는 하지 않겠습니다. 형님의 흰머리를 쥐어뜯으십시오. 남은 손 하나도 물어뜯으십시오." (3. 1. 260-262) "이제 이 참혹한 광경이, 우리가 마지막으로 보는 것이 되게 하십시오."(3. 1. 262-263)라고 하며 혈족 모두 함께 생을 마감하자고 한다. 하지만 티투스의 생각은 다르다. "내 두 아들의 머리가 나를 위협하는 이때, 복수의 신은 어디에 있는가? 이 두 머리가 끔찍한 만행을 저지른 놈들의 목을, 자기들처럼 만들어 놓을 때까지는 당신은 결코 행복해질 수 없다고 외치고 있는 것만 같구나." 이 대사는 상황을 다시 희곡의 첫머리로 돌려놓는다. 티투스는 살해된 혈족의 넋을 달래기 위해서 다시 한 번 복수를 해야만 하는 것이다. 하지만 처음에 등장하는 복수와 앞으로 행하려는 복수 간에는 명백한 차이가 있다. 적어도 내가 보기에는 말이다. 희곡의 첫머리에서 나는 야만적인 인간 제물을 허락하는 티투스를 혐오했다. 지금은, 다시 한 번 복수의 각오를 다지는 그가 애처롭다. 아니 나도 복수를 원한다.

복수를 하고 싶은 마음이야 굴뚝같지만 나나 티투스나 지금은 기다려야만 한다. 라비니아를 불구로 만든 범인을 아직 모르기 때문이다. 범인을 색출해 내려고 고심하는 과정에서 아버지와 딸 사이 소통의 통로가 열린다. 1980년대 중반에 라비니아를 연기했던 애나 콜더 마셜이란 여배우는 다음과 같이 말했다. "티투스는 몸서리 처지게 잔혹한 행동을 서슴없이 해 온 사람이었습니다. 그가 사랑이라는 것을 배운 것은, 자신과 딸이 함께 불구가 되고 나서였죠." 그녀가 아버지와 딸이 겪는 불구라는 동병상련에 초점을 맞췄던 것은 옳았다.

본디 티투스는 냉엄한 원칙주의자였다. 1막에서 로마의 지도자가 되어 줄 것을 청하는 이들에게 "로마의 머리로는 늙고 허약한 내 머리보다 나은 것이 어울린다."고 했을 정도였으니까 말이다. 그런 그가 비통한 일련의 사건들로 뜨거운 부정에 눈을 뜨게 된 것이다. 손을 잃어 불구가 된 티투스 자신의 슬픔 때문에 그는 딸이 겪는 형용할 수 없는 고통을 더욱 절절하게 통감한다.

아아론의 비열한 음모가 티투스를 라비니아의 세계로 이끄는 의도치 않은 결과를 빚은 것이다. 손을 돌려받은 티투스는 마커스와 라비니아와 함께 집으로 돌아온다. 마실 것을 들겠냐는 그의 제안에 라비니아가 무언의 몸짓으로 무엇인가를 설명하자, 티투스는 쓰린 가슴을 움켜쥐고 희곡사에 길이 남을 대사를 내뱉는다.

마커스야, 그 애가 말하는 것을 새겨들어라.
나는 저 고민의 몸짓으로 라비니아가 무슨 말을 하고 있는지 알 수 있다.
라비니아는 슬픔 때문에 볼을 타고 흘러내리는
눈물 외에는 마시지 않겠다고 말하고 있구나.
소리없이 울고 있는 라비니아야, 네가 뜻하는 바를 모조리 알아내겠다.
내가 네 몸짓을 완전히 익히고 말겠다.
산중의 노승이 기도법을 잘 알고 있는 것처럼.
한숨을 쉬고, 손목이 잘린 팔을 추켜들고,
눈을 깜박거리고, 고개를 끄덕이고, 무릎을 꿇고, 표정을 바꿀 때마다,
나는 생각해 알파벳으로 이를 옮기고,
끊임없이 연습해, 네가 하고 싶은 말이 무엇인지 반드시 알아내고야 말겠다.
(3. 2. 35-45)

잠깐이든 평생이든 말을 할 수 없는 상대의 의도를 알아채려 노력해 본 일이 있는 사람이라면 누구나 이 대사의 행간에 담겨 있는 사랑을 느낄 수 있을 것이다. 그 대상이 아기든, 노인이든, 환자든, 짐승이든, 아니면 여기서처럼 장애가 있는 사람이든지 간에 말이다. 한 가지 언어를 습득한다는 것은 결코 쉬운 일이 아니다. 그래서 우리는 대개 공통분모가 있는 사람을 만나기를 원한다. 공유한

의사소통의 기재가 없는 경우에는 상대에게 다가갈지 말지부터 결정해야 한다. 티투스는 기꺼이 그 짐을 지겠다고 나선 것이다.

라비니아는 그간 일어난 일을 온갖 몸짓으로 설명하고, 그 의미를 이해하는 이는 티투스뿐이다. 라비니아는 티투스의 손자가 갖고 있던 오비디우스의 책을 가지고 온다. 그리고 손목 아래가 잘려 나간 누추한 팔로 그 책을 들척거린다. 매사에 곧이곧대로인 마커스는 라비니아가 책의 원주인이었던 올케를 그리워하는 마음에 그 책을 들추는 것이라 여긴다. 하지만 티투스는 다르다. 그는 그 누구의 말에도 귀 기울이지 않고, 그저 라비니아의 행동만 유심히 관찰한다.

> 가만히 있어 보아라. 저렇게 부지런히 책장을 넘기고 있지 않느냐.
> 무엇을 찾으려는 것이냐, 얘야.
> 라비니아야, 내가 읽어 주랴?
> 아, 이것은 필로멜라의 가엾은 이야기구나.
> 테레우스가 몹쓸 마음을 먹고 필로멜라를 강간한 이야기야.
> 그래, 네 고통의 뿌리는 강간일지도 모르겠구나.
>
> (4. 1. 45-49)

이제 오비디우스의 이야기에서 따온 색욕에 눈먼 형제의 행각이 만천하에 드러난다. 라비니아는 지팡이를 입에 물고 모래 위에 강간범들의 이름을 쓴다.

내가 〈티투스〉를 셰익스피어가 직접 쓴 작품이 틀림없다고 확신하는 이유는 이 중반부의 전개 때문이다. 이 부분에는 복수의 복잡한 속성이 정확하게 표현되어 있다. 회를 거듭할수록 잔악해지는 복수의 속성이 거세된 세상은 현실 세계엔 존재하지 않는다. 사랑과 복수는 동전의 양면이기 때문이다. 혈족끼리 진한 애정을 품지 않는다면, 자기 혈족을 죽인 사람의 목숨 이상의 것을 취하려는 감정적인 복수 따위는 애초에 성립하기 힘들다. 태모라도 알라버스의 죽음으로 하늘이 무너진 것처럼 느낄 만큼 아들을 사랑했기 때문에, 세계에 종말을 고하려 작정한 듯 복수의 세계로 뛰어들었던 것이다. 사랑은 복수에 불을 지피고, 복수는 사랑에 불을 지핀다. 리처드 포스너 판사도 이에 대해 다음과 같이 말했다. "복수는 소규모 집단, 특히 혈족 집단 내의 소속감을 심어 주고 강화합니다. 참사를 당한 피해자는 죽었거나 힘을 잃어, 혈족이 복수를 해 주지 않는다면 되갚을 길이 없는 경우가 대부분이니까요." 복수는 티투스에게도 딸을 향한 사랑을 일깨워 주었다.

티투스는 적의 의심을 피하기 위해 미친 사람처럼 행동한다. 비운의 왕자 〈햄릿〉을 연상시키는 대목이다. 그는 편지를 매단 화살을 지니고 궁정을 배회하며 뜻 모를 호소를 해 댄다. 그가 연신 하늘로 화살을 쏘아 대자, 광인처럼 행동하는 그를 애처롭게 바라보던 그의 일족들이 함께 일제히 화살을 쏘아 올린다. 화살에 매단 편지에는 하늘 저편 신들의 전당에 살고 있는 로마의 신들, 그중에서도 특히 아스트라이아를 향한 탄원이 담겨 있다. 아스트라이아는 오비디우스의 《변신 이야기Metamorphoses》에 나오는 정의의 여신이다. "아스트라이아 여신마저 대지를 떠나 버렸다."(4. 3. 4)라는 구절에서 알 수 있듯이, 이 여신은 '철의 시대'가 시작되면서 악에 물든 인간에 실망한 나머지, 두 눈을 가린 채 천상으로 떠나 버렸다. 속세의 땅을 떠난 정의의 여신을 애타게 찾던 티투스는 자기 일족에게 정의의 여신이 깊은 바닷속이나 지하에 있을지도 모르니, 투망을 던지고 괭이와 삽으로 땅을 파야 한다는 당부도 덧붙인다.

이 대목에서 셰익스피어가 당대의 통치자인 엘리자베스 1세를 우회적으로 등장시킨 것은 에두른 비판을 하기 위해서였을지도 모른다. 셰익스피어 시대 사람들은 종종 여왕을 아스트라이아 여신에 비유했다. 당시에 엘리자베스 1세는 귀족들 간의 분쟁에 '개입하지 않는 부적절한 처신' 때문에 빈축을 샀다. 아스트라이아 여신마저 대지를 떠나 버렸다는 티투스의 탄원을 통치권자의 침묵에 대한 희곡 작가의 빈정거림으로 해석할 여지가 있는 것이다.

말로는 더 이상 사회질서를 신뢰할 수 없다 하면서도 티투스는 선량한 로마인의 본분을 다한다. 티투스는 신들이 정의를 판가름해 주길 기다리고, 그도 아니면 속세의 대리인들이 대신 복수해 주길 기대한다. 사사로운 복수를 감행하기에 앞서, 자신에게 합법적으로 허용된 구제책부터 검토하는 것이다. 태모라의 아들들이 딸을 강간했다는 사실을 알게 된 티투스는 신들에게 일단 다음과 같은 호소를 한다. "하늘의 지배자이시여, 간악한 범죄가 일어난 것을 듣고 보는 데 그렇게 오랜 시간이 필요하십니까?"(4. 1. 81-.82) 사실 셰익스피어의 후기 작품인 낭만극에서는 로마의 신들이 등장해 사건에 직접 개입하는 일이 많다. 이 인간적인 신들은 신탁을 내려 억울한 자의 앞길을 인도하기도 하고, 가면을 쓰고 지상으로 내려와 무도회에서 춤을 추기도 한다. 하지만 이 작품들은 〈티투스〉가 발표된 때로부터 여러 해가 지난 뒤에 쓴 것들이다. 딱하게 도 아직 라비니아를 나이팅게일로 만들어 줄 때가 아니란 말이다. 자, 그럼 이제 다음은 신의 대리인인 통치권자에게 호소할 차례다. 하지만 티투스는 이내 그런 호소조차 아무 소용없다는 사실을 깨 닫는다. 태모라가 황제를 조종하고 있기 때문이다. "그 어미는 지 금, 사자와 지극히 사이가 좋아. 누워서 함께 놀며 사자를 잠재운 다."(4. 1. 98-99) 그제야 티투스는 자력 구제에 나설 것을 결심한 다. 하지만 사사로운 복수의 시작을 알리는 화살 발사 장면에서조 차 복수는 신의 영역이라는 그의 윤리관이 드러난다.

티투스가 쏘아 올린 화살 중 서너 대가 사투르나이누스 황제의 궁전에 날아와 박힌다. 서서히 다가오는 거대한 위험을 직감한 황 제는 격노한다. 예민한 황제는 티투스의 정신이 온전하다는 것을 직관적으로 알아챈다. 제 발이 저린 황제는 티투스의 아들들은 "국법에 의해"(4. 4. 8) 혹은 "국법에 의거하여"(4. 4. 53) 처형된 것 이라 주장한다. 하지만 그것은 사실이 아니다. 적법한 절차에 의 해서가 아니라 그의 독단적인 명령으로 퀸투스와 마르티우스를 처형했기 때문이다. 사실 이 풋내기 황제는 권력과 법은 상호 교 환이 가능한 것이라는 자신의 불온한 철학을 이미 넌지시 내비쳤 다. 1막에 등장하는 "로마에 법률이 있거나 우리에게 권력이 있는 한"(1. 1. 408) 왕위를 취하겠다는 그의 대사에서 알 수 있다. 배우 이자 법학자인 폴 라필드는 사투르나이누스 황제의 치세를 다음 과 같이 분석했다. "사투르나이누스 황제는 '왕을 기쁘게 하는 것 이 합법이다.(quod principi placuit vigorem legis habet)'란 세속인들이나 신봉할 만한 원칙에 충실한 나머지 형평의 원칙을 폐기했다. 중세 법리학자인 헨리 드 브랙턴이 '법이 왕을 만든다.(lex facti regem)'란 금언으로 정리한 보통법의 대원칙이 폐기된 것이다." 황제의 '정의로, 안 되면 힘으로'란 철학은 마치 부메랑처럼 그대로 되돌아온다. 티투스의 추방된 아들 루시우스가 고트족으로 구성된 군대를 조직해서 로마로 진격하고 있다는 소식이 들려온 것이다. 루시우스의 귀환은 후기 셰익스피어 비극의 주인공인 용장 코리올라누스와 〈아테네의 타이몬Timon of Athens〉에 등장하는 알키비아데스를 떠올리게 한다. 티투스가 미쳤다고 믿는 태모라는 남편을 안심시킨다. 그녀는 감언이설로 티투스를 꼬드겨 정신이 온전치 못한 티투스가 자신을 원수들에게 고통을 안겨 줄 복수신이라 여기게 하겠노라 큰소리를 친다. 이어 티투스를 회유해서 루시우스를 위한 연회를 열도록 할 것이며, 그 연회에서 "거만한 루시우스를 호전적인 고트족으로부터 끌어낼"(4.4.109) 방법을 찾아내겠다고 황제에게 약속한다.

복수신처럼 치장한 태모라는 두 아들을 데리고 티투스의 저택으로 간다. 티투스가 자신을 원수인 고트족의 여왕이 아니라 복수신으로 여기게 하겠다는 계략은 사실 어불성설이다. 하지만 희곡 전반에 걸쳐, 태모라와 아아론은 궤변을 친구 삼은 놀라운 화술로 역경을 극복해 냈다. 이들의 교묘한 화술은 그들을 '야만족'으로 여기는 세간의 시선에 정면으로 배치된다. 야만족이란 뜻의 '바바리안(barbarian)'의 어원인 그리스어 바르바로스(barbaros)는 문명인의 언어인 그리스어가 아닌 이방의 언어를 사용하는 사람들이란 뜻이다. 바르바로스의 '바르'는 바로 이런 이방의 야만족들이 지껄이는 소리를 표현한 의성어다. 하지만 바르바로스 태모라의 혀를 내두르게 하는 화술은 셰익스피어의 다른 희곡에 등장하는 샤일록, 오셀로, 칼리반 같은 언어의 마술사들 못지않다.

그러나 라비니아가 모래 위에 쓴 이름을 똑똑히 기억하고 있는 티투스는 귓가를 간질이는 태모라의 사탕발림에 넘어가지 않는다. 인과응보의 시간이 코앞으로 다가온 것이다. 변장한 태모라와 두 아들이 티투스의 저택 앞에 나타난다. 티투스는 그들이 누구인지 바로 알아본다. "나는 너를 잘 알고 있다, 우리의 거만한 황후, 태모라여. 내 남은 손 하나마저 뺏어가려 왔는가?"(5. 2. 25~27) 태모라가 답한다. "오, 슬픔에 잠겨 있는 티투스! 나는 태모라가 아니다. 태모라는 네 원수이지만, 나는 너의 친구이니라. 나는 지옥에서 온 복수신이다. 밤낮으로 네 마음을 쪼아 먹는 독수리를 달래기 위해 이곳에 온 것이다."(5. 2. 28~31) 티투스는 그렇다면 그 증거로 그녀의 두 아들을 죽이라는 요청을 한다. "당신 옆에 강간과 살인이 서 있소. 이제 나에게 당신이 복수신이라는 것을 증명을 해 주시오. 그들을 칼로 찔러 주시오. 아니면 그들을 당신의 전차바퀴에 묶어 찢어 주시오."(5. 2. 45~47) 자식들의 살해에 어미를 동참시키려는 티투스의 계획은 앞으로 그가 이 두 형제에게 가할 섬뜩한 보복을 예고한다. 태모라가 자신이 대동한 두 남자는 황후의 아들이 아니라고 말한다. "이들은 내 부하들이다. 그래서 나와 함께 온 것이다." 티투스가 그들의 이름이 무엇인지 묻자, 바보 같은 태모라는 티투스가 명명한 이름을 아들들에게 그대로 붙여 버린다. "하나는 강간신이고 또 하나는 학살신이니라."(5. 2. 62) 티투스가 빈정거린다. "세상에, 이렇게 황후의 아들들을 닮았을 수가, 그리고 당신은 황후를 쏙 빼닮고! 인간의 눈이란 얼마나 보잘것없고, 제대로 보지 못하는지." (5. 2. 62-64) 태모라는 티투스에게 연회를 열어 루시우스와 황제를 초대하라는 제안을 한다. 연회에서 원한을 갚을 수 있도록 도와주겠다는 약조도 곁들인다. 티투스는 태모라의 제안을 흔쾌히 받아들인다. 단 "강간신"과 "학살신"을 자신의 저택에 두고 가는 조건으로 말이다. 그들을 전적으로 신뢰하지 못하는 티투스의 태도에 태모라는 오히려 그가 속아 넘어갔다고 확신한다. 안심한 황후는 두 아들을 인질로 맡기는 위험한 거래에 동의하고 만다.

이윽고 연회가 열리고, 사투르나이누스와 태모라가 연회장에 등장한다. 루시우스도 참석했고 티투스는 요리사의 복장을 하고 있다. 티투스는 사투르나이누스 황제에게 파이를 대접하면서, 강간당한 딸을 죽인 백부장 비르기니우스가 옳았는지를 묻는다. 황제는 무심코 잘한 결정이라 답한다. "왜냐하면, 그런 치욕을 받은 딸을 살려 두어서는 안 되기 때문이다. 그녀의 존재가 아비의 슬픔을 되새기게 할 테니까."(5. 3. 40-41) 티투스가 이렇게 화답한다.

충분하고도 강력하고 또 효과적인 이유입니다.
모범이며, 선례이고, 살아 있는 영장입니다.
같은 일을 행해야 하는 가장 비참한 자인 나에게 말입니다.
(라비니아의 베일을 벗긴다.)
라비니아야, 죽어라, 죽어! 죽으면 네 치욕도 죽어 버린다.
네 치욕이 죽으면 이 아비의 슬픔도 죽는다.

(라비니아를 죽인다.)

(5. 3. 42-46)

티투스의 주장은 정당해 보인다. 티투스는 리비우스의 《로마사 Ab Urbe Condjta Libri》에 등장하는 비르기니우스의 사례를 '선례'이자 '영장'으로 삼은 것이다.

소스라치게 놀란 사투르나이누스 황제가 겁에 질린 목소리로 라비니아를 죽인 이유를 묻는다. 티투스는 데메트리어스와 카이론이 "라비니아의 몸을 더럽히고, 혀를 잘라 버렸으니"(5. 3. 56) 책임은 그들에게 있다고 응수한다. 황제가 그들을 데리고 오라 명하자, 티투스는 이렇게 답한다. "아니, 두 사람은 모두 거기 있습니다. 어미가 맛있게 먹은 고기파이가 바로 그들이오. 자기가 낳아서 기른 고기를 먹고 있었던 거요. 정말이요, 정말. 이제 내 칼끝이 얼마나 날카로운지 보시오."(5. 3. 59-62) 이어 번개 같은 동작으로 황후를 살해한다. 오비디우스의 《변신 이야기》와 세네카의 《티에스테스 thyestes》에 나오는 잔혹한 이야기가 한데 뒤섞여 있는 대목이다. 앞서 살펴보았듯이 《변신 이야기》에서는 필로멜라의 강간범인 테레우스가 자기 아들의 고기로 만든 요리를 먹게 된다. 《티에스테스》에선 주인공이 아들의 고기로 구운 파이를 먹는다. 연회장은 순식간에 공포의 도가니가 되어 버린다. 이 고대 신화에서 차용한 잔혹한 복수극은 견디기 힘들 정도로 지독하다. 오죽하면 가버가 이렇게 말했을까. "줄리 테이모어의 영화 〈티투스〉(1999)에서 바로 이 장면을 보고 포유류의 고기를 멀리하게 되었습니다. 평생토록 고기를 즐겨 먹던 제가 말이죠." 법질서가 확립되지 않은 로마에서 따를 수 있는 유일한 선례는 신화였다. 신화는 고트족이나 로마인 모두가 납득할 수 있는 기준을 제공해 주었으니까 말이다.

이제 티투스가 승리했다고 말할 수도 있을 것이다. 내가 아는 한에서 태모라의 혈족은 이제 아무도 남지 않았다. 하지만 티투스가 쟁취한 것은 상처뿐인 승리다. 그는 너무 멀리 가 버렸다. 라비니아를 살해한 순간부터 그를 이해할 수 없었다. 치욕을 씻기 위해 딸의 목숨을 앗은 그 순간부터 말이다. 그리고 자식의 고기를 그 어미에게 먹인 순간 그나마 남아 있던 동정심마저 모두 증발해 버렸다. 포스너는 관객들이 차츰 주인공에 감정이입을 할 수 없게 되는 것은 복수 문학의 보편적인 속성이라고 말했다.

"우리 관객들은 처음에는 복수를 꿈꾸는 자에 대한 무한한 동정심을 품습니다. 그리고 그, 혹은 그녀가 성공하길 빌죠. 하지만 시간이 지날수록 그들의 복수에 무감해집니다. 생생하게 그려진 복수의 화신의 만행을 보며 정나미가 뚝 떨어지는 거죠. 결국 복수 자체에서 느껴지는 선명한 공포를 체감하게 될 뿐입니다."

우리는 '달콤한 복수'라는 현대인의 격언이 복수에 대한 밀턴의 금언을 제멋대로 해석한 것이란 사실을 기억해야 한다.《실낙원》의 저자인 밀턴은 "처음에는 복수가 달콤한 것 같아도, 오래지 않아 그것이 되돌아올 때는 한층 더 쓰다."고 했다. 물론 태모라가 끔찍한 범죄를 서슴없이 저지르는 괴물인 것만은 사실이다. 하지만 이제 괴물이나 진배없어져 버린 티투스의 모습도 별다를 바 없다.

관객들은 이제 티투스도 죽음으로 속죄하기를 바란다. 권선징악의 결말을 확인해야만 안심하는 관객들은 그가 목숨으로 대가를 치렀음을 확인한 후에야 소지품을 챙겨 집으로 돌아간다. 티투스가 날카로운 칼끝으로 태모라의 파란만장한 삶을 종결짓자, 아내를 잃은 사투르나이누스 황제가 티투스를 죽인다. 그리고 루시우스가 아비의 원수 사투르나이누스 황제를 죽인다. 이어 "큰 소동이 벌어진다. 고트족이 높은 곳으로 올라가는 안드로니쿠스 가문의 사람들을 보호한다."란 지문이 나온다. 루시우스가 스스로 황제로 선다. '고트족'이란 외부 세력의 도움을 받아 자국의 질서를 확립한 것이다. 이제 그와 대적할 세력은 전무하다. 고트족을 이끄는 로마인이 고트족의 왕비가 지배하고 있던 로마를 상대로 승리를 거둔 것이다. 야만족과 문명인은 구분할 수 없을 정도로 뒤섞여 버렸다.

이제 새로운 로마의 지배자는 "질서 확립"에 수반되는 사항들을 결정해야 한다. 로마로 돌아오기 전에, 루시우스는 아아론과 그의 아들을 붙잡아 억류해 놓았다. 이 갓난아이는 태모라가 낳은 아아론의 핏줄이다. 아이의 목숨만은 살려 주겠다는 루시우스의 약속에 대한 보답으로, 아아론은 자신의 죄상을 낱낱이 자백한다. 교수대로 쓰일 사다리에 강제로 올라선 아아론은 임시변통으로 마련된 교수대를 범행 일체를 자랑스럽게 자백하는 연단으로 사용한다. 분노에 치를 떨며 그의 이야기를 듣던 루시우스는, 그를 끌어내리라 명한다. 교수형도 그에게는 과분하다는 생각이 들었기 때문이다. 루시우스는 아아론을 가슴께까지 생매장해서 천천히 굶어 죽게 하라는 명을 내린다. 루시우스는 아아론이 죽음보다 더한 고통을 맛보길 원한다. 태모라가 라비니아가 겪길 염원했던,

사투르나이누스가 퀸투스와 마르티우스가 겪길 염원했던, 티투스가 태모라가 겪길 염원했던, 바로 그 잔인한 고통이다.

루시우스는 한발 더 나아가 "누구든지 아아론을 구해 주거나 동정하는 사람은 죽음을 면치 못할 것이니라."(5. 3. 180~181)라는 엄포까지 놓는다. 물론 태모라도 가혹한 운명을 피해 갈 수는 없다.

장례의 의식도 필요 없고, 그 누구도 상복을 입을 필요도 없으며,
고인의 매장을 애도하는 종을 울릴 필요도 없소.
그저 야수와 맹금에게 던져 버리도록 하시오.
평생을 야수같이 살아왔고, 그녀에게 없는 것이 자비이니,
죽어서, 그녀가 받을 것은 맹금이 베푸는 자비요.
(5. 3. 195~199)

이 대사로 〈티투스〉는 막을 내린다.

셰익스피어의 37개 희곡 중 26개 희곡은 마지막 2행의 각운을 맞추는 것으로 끝맺음을 한다. 운율이 맞춰져 있을 뿐 동일한 단어가 등장하지는 않는다.[4] 셰익스피어의 작품 중에서 동일한 단어가 끄트머리에 반복되는 마무리(원문의 마지막 2행에서 반복되는 '자비')를 한 희곡은 〈티투스〉가 유일하다. 왜 유독 〈티투스〉에서만 '자

---

4) 쌍둥이를 소재로 한 셰익스피어 희극 〈실수 희극Comedy of Errors〉의 마지막 2행에서 이러한 운율을 확인할 수 있다. 희곡 맨 끝에서 두 번째 행에서는 brother를 두 번 반복하는 것으로 운율을 맞추고 있고, 마지막 행에서는 끝머리에 another를 써서, 윗줄 마지막의 brother와 각운을 맞추고 있다. 〈We came into the world like brother and brother; And now let's go hand in hand, not one before another.〉(Comedy, 5. 1. 425~426) ―옮긴이

비'라는 동일한 단어를 2행에 연이어 중복 사용했을까? 이 반복은 '자비'라는 단어가 내포하고 있는 진의가 완벽하게 결여된 상황을 역으로 부각시키기 위한 장치라고 할 수 있다. 루시우스는 태모라를 '자비심 없는 여인'으로 단정 지은 후, 그녀에게 맹금이 베푸는 자비만 허용할 것을 선언한다. 자비를 베풀지 않겠다는 뜻이나 다름없다. 게다가 아아론을 '구해 주거나 동정하는 자'도 죽음을 면치 못할 것이라 경고한다. 아아론에게 자비를 베푸는 것이 사형에 처해질 정도의 중죄가 된 것이다.

　나는 〈티투스〉의 마지막 숙제를 루시우스가 잘 풀어나갈지에 대해서는 확신이 서지 않는다. 루시우스는 영예롭게 약속을 지켜 아아론의 자식을 살려 둘지, 아니면 호랑이 새끼의 명줄을 끊어 놓을지 결정해야만 한다. 아마 그는 자신에게 닥쳐올 위험에 대한 우려를 표명할 것이다. 이 아이가 장성하면 온 로마가 그의 아비를 고문해 죽이고, 어미의 시신을 모욕했다는 사실을 알게 될 것이다. 이 갓난아이는 제2의 안티고네^{Antigone5)}가 될 운명을 타고난 것

---

5) 안티고네는 오이디푸스와 그의 어머니이자 아내인 이오카스테 사이의 딸이다. 그녀는 스스로 눈을 찔러 앞을 못 보는 오이디푸스가 거지 행색으로 떠돌 때 언니 이스메네와 함께 길 안내를 했다. 오이디푸스가 죽자 이스메네와 함께 테베로 돌아온 안티고네는 왕위를 놓고 싸우는 두 오빠 폴리네이케스와 에테오클레스를 화해시키려 한다. 그러나 폴리네이케스가 에테오클레스를 공격하여 결국 둘 다 죽게 되었다. 그녀의 외삼촌 크레온이 왕위를 차지하게 되었는데 크레온은 에테오클레스만 성대히 장례를 치러 주고 폴리네이케스의 시체는 짐승의 밥이 되게 했다. 안티고네는 폴리네이케스를 묻어 주려 하다가 크레온에게 붙잡혀 감옥에 갇혔다. 그녀는 크레온이 처형하기 전에 목을 매 죽고 그녀를 사랑한 크레온의 아들 하이몬도 칼로 자신의 배를 찔러 죽었다. 이 사실을 안 크레온의 아내 에우리디케도 자신의 침대에서 자살했다.
　ㅡ옮긴이(출처: 네이버 백과사전)

이다. 〈티투스〉의 마지막 부분 내용은 소포클레스의 희곡 〈안티고네〉의 첫머리와 놀라울 정도로 닮아 있다.

> 하지만 크레온 왕은 폴레네이케스에 대해서는 다음과 같이 명했다.
> 그 누구도 그를 묻어 주거나 애도해서는 안 된다.
> 폴레네이케스는 슬퍼하는 이도 없이, 땅에 묻히지도 못한 채 버려져야 한다.
> 맹금들이 그의 비루한 몸을 덮쳐 축제를 벌이게 하라……

이 갓난아이의 생명은 복수의 순환 고리를 멈출 수도 있고, 계속되게 할 수도 있는 양날의 칼인 것이다. 루시우스가 어떤 결정을 내렸는지는 아무도 모른다.

테러와의 전쟁에 관한 대법원 판례를 가르치는 헌법 수업시간에 내가 항상 학생들에게 보여 주는 슬라이드가 있다. 늘 슬라이드를 꺼내 놓기가 무섭게 학생들은 일대 혼란에 휩싸인다. 이 슬라이드에는 2001년 9월 11일에 일어난 테러로 불길에 휩싸인 세계무역센터 쌍둥이 빌딩의 사진과 테러 관련 각종 통계가 담겨 있다. 이 통계에 따르면 총 사망자 2,819명 중에서 손상 없이 발견된 시신은 289구에 불과했다고 한다. 사건 현장에서는 온전한 시신 대신 1만 9,858개에 이르는 사체 일부가 발견되었다. 몇몇 학생들이 수업시간에 격한 감정을 내보이는 것은 바로 이 바닥에 나뒹구는 사체 일부들을 촬영한 사진들 때문이다. 한 학생은 이런 수업 방식을 '애정이 깃든 소름 끼치는 처사'라고 표현하기도

했다.

차마 눈 뜨고 보기 힘든 광경이라는 점에서, 이 갈가리 찢긴 피해자들의 신체 일부는 라비니아의 잘린 손을 연상시킨다. 여기저기가 잘려 나가고 잔뜩 그을린 사체 일부가 차디찬 땅바닥에 버려져 있는 장면은 인간의 원초적인 감정을 자극한다. 제아무리 이성적이고 냉담한 사람이라 할지라도 마음 깊은 곳에서 복수심이란 뜨거운 감정이 피어오르는 것을 느낄 수 있다. 나는 학생들이 이 참혹한 광경에서 고개를 돌려 버리는 것은 우리의 발길을 아프가니스탄과 이라크로 이끌었던, 이런 원초적 복수의 감정에 동화되길 거부하기 때문이라고 생각한다. 학생들의 이런 반응을 이해하지 못하는 것은 아니다. 하지만 나는 본능적으로 차오르는 이런 감정에 대해 제대로 된 통찰을 하지 않고서는 두 차례에 걸친 이 전쟁의 속성을 완전하게 이해할 수는 없다고 생각한다.

정치학자인 스티븐 홈스는 9·11테러가 일어나기 훨씬 전에 이미 복수의 뫼비우스 띠는 완성되었다는 사실을 지적했다. 그렇기 때문에 이 테러를 '종교적 극단주의'나 '이슬람교 원리주의'의 발로로 치부하는 것은 부적절한 분석이라고 주장했다. 사실 서방 사회에 대한 공격에 가담한 적 없는 종교적 극단주의자들도 꽤 많다. 이와 관련해 홈스는 이 공격 성향의 기저에 있는 동기가 매우 복잡하고 미묘한 특성을 갖고 있다는 전제에서 이렇게 말한다. "하지만, 그중에서도 거듭 수면 위로 부각되는 동기는 미국이 이슬람교도들에게 가한 그간의 실제, 혹은 가공의 위해를 설욕하고자 하는 열망입니다." 홈스는 우리가 이 문제를 종교의 측면이 아닌 복수의 측면에서 고찰할 때 비로소 서방에 대한 복수를 외치는 선동 세력에 대해 좀 더 잘 이해할 수 있다고 믿는다. 우리는 우리 스스로를, 무고한 딸에게 가해진 예기치 못한 공격에 비분강개한 티투스로 여기고 있는지도 모른다. 하지만 테러를 감행한 측은 오히려 앞서 입은 피해에 대한 보복을 하는 태모라의 심정으로 복수를 한 것이다.

다시 말해 우리는 모두 실제 위해가 스스로에게 닥친 시점부터 복수의 논리를 구성한다는 것이다. 거듭된 복수를 부르는 싹은 이미 한참 전에 뿌리를 내렸는데 말이다. 물론 이런 식의 합리화를 하는 것은 아주 당연한 인간 본성의 발현이다. 나 자신도 이 순서를 그대로 밟았으니 말이다. 테러가 있은 뒤, 나는 다른 미국 시민들과 마찬가지로 가슴속에서 용솟음치는 격렬한 분노에 사로잡혔다. 미국이란 나라 전체가 조지 W. 부시 대통령을 중심으로 결집했고, 테러 발생 직후 테러 개입 세력에 대한 무차별적인 보복을 천명한 부시 대통령의 지지율은 며칠 만에 51퍼센트에서 90퍼센트로 치솟았다. 부시 대통령이 아프가니스탄에 대한 지상군 투입을 결정한 9월 12일에 나는 우파를 지지하는 사람들과 함께, 이 불구대천의 원수들에 대항해 일치단결한 미국을 못내 자랑스러워했다. 앞서 살펴보았듯이, 우리가 종종 흘려버리는 사실이지만 복수는 사랑의 밑거름이기도 하다. 우리는 나라에 대한 사랑과 희생된 무고한 생명에 대한 사랑으로 한껏 고양되었다. 나는 오사마 빈 라덴과 그의 측근들을 미국에 건네줄 것을 탈레반 정권에 요구하는 부시 대통령의 대응을 지지했다. 아울러 탈레반 정권을 비롯한 9·11테러의 공모자들에게 은신처를 제공하는 모든 세력을 초토화시키겠다는 명분을 내세운 아프가니스탄 파병도 지지했다.

여기서 하나 확실한 것은 아무리 인지상정이라 자조한들, 우리가 이 과정에서 법치주의 원칙을 무시했다는 것만은 부정할 수 없다는 점이다. 탈레반 정권은 미국 측이 오사마 빈 라덴과 9·11테러의 연관성을 증명할 경우 빈 라덴을 미국에 넘기겠다는 조건을 내걸었다. 부시 대통령은 증거 제시를 거부했다. 더 나아가 "유무죄를 논할 필요가 없습니다. 우리 모두는 그가 유죄라는 것을 알고 있으니까요."라고 힘주어 말하기까지 했다. "증명이 되었느냐고? 말할 것도 없이 명명백백하지 않느냐.(2.2.292) 유죄가 틀림없으니까."(2.2.301) 라는 사투르나이누스 황제의 막무가내 유죄 판정을 그대로 답습한 것이다.

이런 일련의 행보를 통해 부시 행정부는 관련자 모두가 함께 죄의 대가를 치르게 되는 '철천지원수 집단 간 복수'의 속성을 본 사태에 부여한 것이다. 이제 아프가니스탄 사람들은 '테러리스트들을 내놓지 않으면 그들과 생사를 함께해야 할' 운명에 놓인 것이다.

아프가니스탄 전쟁 당시의 상황만 갖고 판단하기가 아무래도 정확하지가 않다면, 이라크 전쟁의 상황도 함께 검토해 보자. 부시 행정부가 이라크 전쟁에서 '원수 집단 간의 복수'를 행하는 기관으로 후퇴했다는 사실은 의심의 여지가 없을 정도로 분명하니 말이다. 부시 행정부가 내세운 이라크 침공 명분 중 하나는 사담 후세인과 알 카에다가 연관되어 있다는 대통령의 주장이었다. 하지만 이후 열린 청문회에서 그러한 연계가 존재하지 않는다는 결정적인 사실이 확인되었다. 게다가 이라크가 대량 살상 무기를 보유하고 있다는 주장도 실체가 없는 것으로 밝혀졌다. 이라크 전쟁은 이런 불분명한 이유보다 훨씬 더 말초적인 그 무엇 때문에 촉발된 것이었다. 이를 가장 잘 보여 주는 것은 아마 이라크 전쟁 지지 이유를 묻는 질문에 대한 헨리 키신저의 솔직한 대답일 것이다. 그는 "우리는 아프가니스탄 전쟁 결과가 성에 차지 않았기 때문에 이라크 전쟁을 벌인 것입니다. 이슬람 근본주의자들과의 충돌에서 이슬람 교도들은 우리를 모욕하려 했습니다. 그러니 우리도 그들에게 모욕감을 안길 필요가 있는 것이지요."라고 말했다.

이라크에 살고 있는 이슬람교도들을 미국의 적으로 간주하는 미국의 공허한 확신은 불길한 예언과도 같은 것이었다. 이라크에 살고 있는 4,000명이 넘는 시민들에게 죗값을 치르라며 득달같은 기세로 달려들기 전에는, 알 카에다의 끄나풀들이 실제로 이라크에 숨어 있는지는 확실치 않았다. 하지만 미국 국가안보회의의 전직 특별고문이었던 리처드 클라크의 말에 따르면 9·11테러 이후 상황은 전혀 원치 않는 방향으로 전개되었다. "이라크에서 벌어진 불필요한 전쟁 탓에, 미국을 뼛속까지 증오하는 이라크인들이 기하급수적으로 느는 역효과가 초래되었습니다. (중략) 부시 대통령은 이라크가 테러와의 전쟁에서 가장 먼저 무찔러야 할 악의 축이라고 거듭 외쳤습니다. 이 주장은 이제 현실이 되고 말았죠." 이렇게 예언은 이루어졌다.

어떤 이는 테러와의 전쟁에서는 옛날 옛적에 횡행했던 혈족 간 복수혈전과 어떠한 유사점도 발견할 수 없다고 생각할지도 모른다. 테러와의 전쟁은 국가 간의 분쟁이고 혈족 간 복수는 씨족 집단 간의 분쟁이니 그럴 법도 하다. 하지만 내가 말하고자 하는 바는, 법치주의의 준수란 측면에서 오늘날의 국가가 씨족 집단과 별다를 바 없는 행보를 보이고 있다는 점이다. 미국은 아프가니스탄이나 이라크를 침공하는 데 유엔(UN)의 승인을 받기 위해 기다리지 않았다. 이는 전혀 놀랍지 않은 일이다. 엘리자베스 1세 시대의 귀족들이 왕권을 신뢰하지 않았던 것처럼, 미국도 국제기구가 미국을 위해 정의를 실현해 줄 것이라는 기대 따위는 품지 않았던 것이다.

바로 여기서 철저히 본능적인 충동이 전혀 납득할 수 없는 결과로 이어지는 비극이 시작된 것이다. 부시 행정부에 대한 내 감정 변화의 추이는 〈티투스〉 관람 당시 감정 변화와 정확하게 일치한다. 처음에 나는 복수의 방아쇠를 당긴 미국에 신의 가호가 깃들기를 기원했다. 하지만 복수의 양상이 과열됨에 따라, 그 의견에 동조할 수 없게 되었다. 그리고 악명 높은 아부 그라이브 교도소의 사진과, 행정부의 고문 사용 허가 문건이 공개된 시점에 이르러서는 부시 행정부에 그야말로 넌덜머리가 났다. '문명화된' 미국과 '야만적인' 적 사이의 경계가 무너진 것이다. 복면이 씌워진 채 온몸에 전극을 붙이고 있는 죄수의 사진. 벌거벗은 죄수들로 쌓은 인간 탑을 촬영한 사진. 성적인 행위를 연상시키는 굴욕적인 자세를 취하고 있는 죄수의 사진. 야만의 증거를 촬영한 이 사진들은 영원히 기억될, 미국이 저지른 인권유린의 비망록이다. 테러리스트들이 인면수심의 괴물인 것만은 사실이다. 하지만 슬프게도 미국 또한 그들과 다를 바 없는 괴물이 되어 버렸다.

2004년 초에 미 연방대법원 판사들은 법치주의 준수를 촉구하는 네 가지 의견을 내놓았다. 이로써 복수의 뫼비우스 띠 위를 질주하던 양국은 잠시 숨을 돌리게 되었다. '함디 대 럼스펠트(Hamdi v. Rumsfeld, 542. U.S. 507)' 사건에 대한 이 의견들 중 첫 번째 의견이 아부 그라이브 수용소에서 일어난 사태들의 법적인 해결에 대해 직접적인 답안을 제시하고 있다는 것이 헌법학계의 중론이다. 헌법이 전쟁 수행의 권한을 행정부에 허여했기 때문에, 일반적으로 법원은 이러한 영역과 관련한 입법 조치와 행정 조치를 유보하는 것이 관행이다. 하지만 함디 사건에서 대법원은 헌법의 전쟁 수행에 대한 권한 부여가, 행정부에 원하는 것은 무엇이든 할 수 있는 "백지 수표"를 끊어 준 것은 아니라는 사실을 확인했다. 이 판결이 있은 뒤 법원은 비슷한 취지의 여러 판결을 통해 테러와의 전쟁으로 구금된 전쟁 포로를 보호하기 위해 보장해야 하는 최소한의 권리 체계를 점진적으로 재정립했다.

구체적인 법원 판결의 내용을 살펴보는 것은 일반 독자들에게는 지루한 일일 수 있다. 그래도 법치주의를 재확립한 이런 일련의 판결들에는 지루함을 무릅쓰고 살펴보아야 할 만큼 중대한 의미가 있다. 이 판결들 덕에 2006년에 존 폴 스티븐스 판사가 확인한 "행정부는 법치주의를 준수할 의무가 있다."라는 대원칙이 다시 바로 선 것이다. 그리고 교도소에 수감되어 있던 수많은 전쟁 포로들도 중립적인 특별 법원에서 자신을 변호할 권리를 갖게 되었다. "로마에 법률이 있거나 우리에게 권력이 있는 한"(1.1.408) 자신에게 무력행사의 권한이 있다는 사투르나이누스 황제의 주장이 기각된 것이다. 권력은 더 이상 법을 대체하는 정당한 무력행사의 근거가 되지 못한다. 힘은 법의 울타리 안에서만 행사할 수 있는 권능인 것이다.

하지만 애석하게도 일국의 법원에서 내놓은 의견은 전 인류를 위한 해답을 제시하지 못한다. 전 인류를 구원할 수 있는 것은 오로지 전 세계적인 차원에서 확립된 법치주의뿐이다. 그러나 이것은 불가능에 가까운 일이다. 게다가 현생 인류가 법적인 구속력이 전 세계에 미치는, 신뢰할 수 있는 체계를 세울 수 있을지도 알 수 없다. 이제 우리는 전 세계를 무대로 엘리자베스 1세 시대 사람들이 국내에서 맞닥뜨렸던 상황과 똑같은 상황에 직면하게 되었다. 사사로운 복수를 원하는 본능의 유혹. 무력한 권력은 언제라도 우리를 시험에 들게 할 수 있다.

〈티투스 안드로니쿠스〉는 본능의 꾐에 놀아난 대가야말로 순식간에 모두를 집어삼키는 복수의 순환 고리라는 사실을 우리 모두에게 상기시킨다. 하지만 단칼에 사태를 해결할 수 있는 명쾌한 대책도 없으니 답답하기만 한 노릇이다. 상대는 테러라는 전형적인 불법행위를 저질렀으니, 미국에만 잘못이 있는 것도 아니지 않은가? 그렇다 해도 '법치'의 요구를 무시한 '테러와의 전쟁'은 참된 의미의 '전쟁'이라는 그럴듯한 이름을 얻을 수 없다. 불온한 '테러와의 전쟁'은 불구대천의 원수들끼리 벌이는 피의 복수에 불과하니까. 복수의 칼부림 끝에 결국 남는 것은 피와 먼지뿐이다.

스캔들에 대처하는 변호사의 자세

베니스의 상인 ┃ The Merchant of Venice

Chapter 02

피비린내가 진동하는 〈티투스 안드로니쿠스〉의 로마와 작별하고 베니스로 떠날 채비를 하다 보니 안도의 한숨이 새어나왔다. 〈베니스의 상인The Merchant of Venice〉의 배경이 된 베니스는 법 집행이 엄정하게 이루어지는 평화롭고 부강한 도시다. 이 낭만적인 물의 도시에 꽃핀 법치주의 덕에 비극 대신 희극이 탄생했으니 역시 법치주의는 인류에 필수불가결하다 하겠다. 하지만 법치주의의 확립이 정의 구현의 필요충분조건은 아니다. 앞으로 살펴보겠지만 〈베니스의 상인〉은 정의 구현의 필요충분조건 중 하나를 충족하지 못했다. 그래서 나는 불손하게도 이 감미로운 희곡을 '문제작'이라 생각한다.

〈베니스의 상인〉은 법에 통달한 자는 이를 남용해서는 안 된다는 사실을 독자들에게 각인시키지 못했다. 우리는 사사로운 복수의 충동을 잠재우기 위해, 모든 무력행사에 대한 독점권을 국가에 이양하는 법치주의에 순응한다. 이는 한편으로는 국가가 권력을 남용할 때는 자기 자신을 제 힘으로 지켜야 한다는 뜻이기도 하다. 하여 우리는 성문법 원칙을 고수하고 일률적인 기준에 따라 법을 적용하는 것으로, 법 적용을 빙자한 국가의 권력 남용을 미연에 방지하고 있다. 말 그대로 '사람에 의한 통치가 아닌, 법에 의한 통치'를 지향하는 것이다. 하지만 강물 전체를 흐리는 미꾸라지 같은 작자는 언제나 있는 법이다. 놀라울 정도로 능수능란한 궤변으로 법리를 조작해 자신의 배만 불리는 약삭빠른 자들이 곳곳에 도사리고 있다. 변호사를 바라보는 사람들의 불신 가득한 눈초리에는 말만 번지르르한 이런 협잡꾼들을 저어하는 마음이 묻어 있다.

〈베니스의 상인〉의 포샤는 능란한 세 치 혀로 법을 자유자재로 다루는 변호사를 대표하는 인물이다. 〈베니스의 상인〉에는 크게 세 가지 법적 장치가 등장한다. 포샤의 아버지가 남긴 유언장, 보증인이 된 안토니오에 대한 샤일록의 채권 증서, 포샤와 바사니오의 혼인 계약이 바로 그것이다. 엄격한 법정 절차를 거친 법률행위임에도, 영악한 포샤는 세 건의 법률행위 모두에서 법을 코에 걸면 코걸이, 귀에 걸면 귀걸이처럼 사용해 자신에게 유리한 결과를 끌어낸다.

평론가들은 일반적으로 4막의 법정 재판 장면만 〈베니스의 상인〉에서 주인공이 겪는 '시험'이라 평한다. 하지만 내 생각은 다르다. 나는 〈베니스의 상인〉의 등장인물들이 총 세 번의 '시험'을 통과하게 된다고 생각한다. 첫 번째는 베니스의 신사 바사니오가 풀어야하는 '세 상자 수수께끼'다. 포샤 아버지의 유언에 따르면, 포샤에게 구혼하는 남성들은 금, 은, 납으로 된 상자 중 하나를 골라야 한다. 정답을 맞힌 자만이 막대한 재산을 상속받는 미녀와 결혼할 수있다. 그리고 포샤는 그 누구에게도 정답을 알려 주어서는 안 된다. 하지만 매력적인 베니스 신사에게 마음을 빼앗긴 포샤는 정답에 대한 힌트를 바사니오에게 넌지시 건넨다.

그 다음은 '살 1파운드에 대한 채권' 시험이다. 구혼의 원정을 떠나는 바사니오를 위해 안토니오는 유대인 고리대금업자 샤일록과 위험천만한 계약을 한다. 계약에 따르면 바사니오가 돈을 갚지 못할 경우 보증을 선 안토니오는 자신의 살 1파운드를 샤일록에게 내놓아야 한다. 바사니오는 포샤의 마음을 사로잡는 데 성공하지만, 샤일록의 돈을 갚는 데는 실패한다. 샤일록은 득달같이 안토니오의 살 1파운드를 요구하고, 이는 법정 재판으로 이어진다. 그리고 '법학 박사' 발타자르로 변장한 채 법정에 들어선 포샤는 기지를 발휘해 안토니오의 목숨을 구한다.

이어 포샤는 새신랑의 정조를 시험한다. 이것이 바로 마지막 '반지' 시험이다. 결혼 직전에 포샤는 바사니오에게 반지를 선물했는데, 바사니오는 무슨 일이 있어도 이 반지를 손에서 빼지 않겠다고 포샤에게 맹세했다. 재판이 끝난 뒤 안토니오가 목숨을 보전하게 된 것이 못내 감사한 바사니오는 발타자르를 찾아 사례하려 한다. 발타자르로 변장한 여인이 바로 자신의 아내라는 사실은 까맣게 모르고 있다. 발타자르이자 포샤인 이 짓궂은 여인은 바사니오의 손에서 반짝이는 사랑의 증표를 자신에게 달라고 한다. 우여곡절 끝에 바사니오는 반지를 포샤에게 내어 준다. 반지 시험을 통과하지 못한 바사니오에게 남은 것은 포샤의 핍박뿐이다. 벨몬테에서 포샤는 인정사정 보지 않고 애꿎은 바사니오를 실컷 골린다.

이 낭만적인 희곡은 베니스 사람들만의 해피엔딩으로 끝을 맺는다. 한쪽 편에게만 만족스럽게 끝맺은 〈베니스의 상인〉에 드러난 법치주의와 변호사의 구실에 대한 관념은 썩 석연치 않다. 그래서인지 현대로 오면서 호의적인 시선으로 샤일록을 묘사한 영화나 연극이 여럿 제작되었다. 패트릭 스튜어트가 샤일록으로 등장한 2001년에 공연된 연극과 알 파치노가 샤일록으로 등장한 2004년 제작된 영화와 2010년 셰익스피어 인 더 파크Shakespeare in the Park6) 공연 등이 그 예다. 하지만 나는 아직까지 이에 상응할 만큼 포샤를 매서운 시각으로 비판한 영화나 연극은 보지 못했다. 그리고 그것이 바로 내가 이 '문제작'의 이면을 들추려 하는 이유다.

극 초반부에서 우리는 포샤를 동정할 수밖에 없다. 막대한 유산을 상속받긴 했지만, 아버지의 독특한 유언 탓에 돈에 눈먼 늑대들의 훌륭한 먹잇감이 되어 버렸기 때문이다. 유언에 따르면, 누구든지 제대로 된 상자를 고르기만 하면 포샤와 결혼할 수 있다. 이 때문에 포샤는 "이것이 바로 돌아가신 아버지의 유언에 얽매인, 살아 있는 딸의 의사란 거야."(1. 2. 23-25)라고 한탄한다. 그녀가 옳다. 셰익스피어가 〈한여름 밤의 꿈A Midsummer Night's Dream〉과 〈아테네의 타이몬〉에서도 묘사했듯이, 근대 초기 영국에서는 종종 딸의 아버지들이 사윗감을 골랐다. 하지만 그렇다고 해도 포샤의 아버지 같은 방식으로 딸을 팔아넘기는 경우는 드물었다. 영원히 돌아올 수 없는 강을 건넌 이 심술궂은 아버지는 자신의 딸을 생면부지의 남자들이 맘껏 덤벼들어 얻어갈 수 있는 상품으로 만들어 버

---

6) 퍼블릭 시어터Public Theater 극단이 주최하는 연극 페스티벌. 해마다 여름에 뉴욕 센트럴파크의 델라코트 극장에서 무료 셰익스피어 공연을 한다. —옮긴이

렸다. 아버지의 실없는 유언으로 거부의 딸 포샤는 "복권 당첨" (1.2.28) 상품 같은 신세로 전락한 것이다.

그나마 다행인 것은 구혼을 하기 위해서는 엄격한 규칙을 준수해야만 한다는 것이다. 모든 구혼자는 상자를 선택하기 전에 세 가지 규칙을 지킬 것을 맹세해야 한다. 첫째, 그들은 자기가 어떤 상자를 골랐는지 발설해서는 안 된다. 둘째, 바른 상자를 고르지 못한 경우 지체 없이 떠나야 한다. 셋째 법칙은 꽤 가혹하다. 구혼자는 실패할 경우 다시는 어떤 처녀에게도 "구혼을 해서는"(2.9.13) 안 된다. 어쨌든 서약을 하고 나야 세 상자 중 하나를 고를 수 있다. 각각 금, 은, 납으로 만든 세 상자의 겉면에는 글귀가 새겨져 있다. 금 상자에는 "나를 택하는 자는 많은 사람이 원하는 것을 얻으리라." (2.7.5), 은 상자에는 "나를 택하는 자는 자신에게 합당한 것을 얻으리라."(2.7.7), 마지막으로 납 상자에는 "나를 택하는 자는 모든 것을 걸고 모험을 하고 내주어야 하노라."(2.7.9)란 글귀가 새겨져 있다. 상자의 재질과 글귀는 구혼자들의 사랑과 결혼에 대한 생각을 알아보기 위한 수수께끼다.

이 세 상자 수수께끼는 작자 미상의 중세 설화 모음집인 《게스타 로마노럼Gesta Romanorum》7)에서 가져온 것이다. 프로이트가 〈베니스의 상인〉에 대한 소고에서 말했듯이, 이런 유형의 시험은 다른 이야기에도 자주 등장한다. 파리스의 선택을 기다리는 세 여신 이야기 같은 그리스 신화나, 왕자의 선택을 기다리는 세 자매가

---

7) 13~14세기에 잉글랜드에서 수집된 민간(통속) 라틴어 설화집 -옮긴이

등장하는 '신데렐라' 같은 동화, 아니면 선택 받길 원하는 세 딸이 등장하는 〈리어 왕〉 같은 셰익스피어 후기 작품들에서도 셋 중 하나를 선택해야 하는 상황은 심심치 않게 발견된다. 재미있는 점은 이런 식의 이야기에는 불변의 법칙이 숨어 있다는 사실이다. 바로 가장 손이 가지 않는 것이 정답이라는 법칙 말이다. 맨 마지막에 입을 뗀 여신, 부뚜막 한구석에 웅크리고 있는 재투성이 소녀, 아버지에게 달콤한 아첨을 하지 않는 딸이 정답이다. 보잘것없어 보이는 것이 옳은 선택이라는 이 불변의 법칙은 셰익스피어가 가장 심혈을 기울여 정교하게 구성한 이 희극에서도 확인할 수 있다.

첫 번째 도전자는 모로코 왕자다. 아아론이나 오셀로 같은 다른 무어인들의 등장 장면에서와 마찬가지로, 셰익스피어는 이 모로코 왕자의 등장과 동시에 그가 다른 인종이라는 사실을 부각시킨다. "내 얼굴 빛깔 때문에 싫다 하지 마오."(2.1.1)가 무어인 왕자의 첫 대사다. 이 검은 왕자는 외모로 판단하지 말아 달라는 자신의 부탁이 무색하게, 번쩍이는 외양에 홀려 금 상자를 고르는 우를 범한다. 금 상자에는 움푹 뚫린 눈구멍에 족자가 꽂힌 해골이 들어 있다. 족자에는 "반짝인다고 모두 금은 아니다. 그건 언제나 들어온 이야기. 오로지 내 외양만 보려고 수많은 자가 그 생명을 팔았다. 황금 무덤 속에도 구더기가 끓는다."(2.7.65–69)라는 말이 적혀 있다. 상자의 재질과 글귀의 암시를 잘못 해석한 모로코 왕자는 르네상스 시대의 무어인에 대한 고정관념을 그대로 형상화한 인물이라 할 수 있다. 그는 유치하고, 성미가 급하고, 모자라다 싶을 정도로 순진하다.

두 번째 도전자는 아라곤 왕자다. 모로코 왕자와 달리 그는 번쩍이는 금 상자에 현혹되지 않는다. 그는 '많은 사람들이 원하는 것'은 얄팍할 뿐이라는 사실을 알고 있다. 하지만 그를 외양의 함정에서 구해 낸 선민의식은 더 이상 그를 돕지 않는다. 거만한[8] 이 왕자는 '무지몽매한 범인의 대열에 끼어들지 않기로' 결심한다. 자신을 포샤에게 합당한 남편감이라 자신한 왕자는 "난 이것을 내 분수에 맞는 것이라 정하겠소."(2.9.51)라 말하며 은 상자를 선택한다. 은 상자를 열자 상자 바닥에 눈을 껌벅이며 글귀가 적힌 종이를 내미는 바보가 보인다. 종이에는 '어떠한 아내와 잠자리에 들든지, 언제나 난 그대의 머리'라는 글이 쓰여 있다. 새뮤얼 존슨은 셰익스피어가 정답을 알아맞히지 못한 구혼자는 아내를 맞을 수 없다는 사실을 잊고 이 부분을 썼다고 생각했다. 하지만 나는 셰익스피어가 '아라곤 왕자는 바보 같은 자신과 이미 혼인했기 때문에 부인이 필요하지 않다.'란 의미를 담아 이 부분을 썼다고 생각한다. 셰익스피어는 나르시시즘의 함정을 경고한 것이다. 스스로가 상정한 자신의 진가에 황홀해하며 아라곤 왕자는 자기방어의 웅덩이에서 허우적대고 있다. 르네상스 시대에는 은으로 거울을 만들었다는 사실을 감안해 볼 때, 그가 상자 바닥에서 본 바보의 머리는 자기 머리통일 수도 있다.

모로코 왕자와 아라곤 왕자는 다르지만 비슷한 실수를 했다. 그 둘 모두 글귀에서 새겨 보아야 하는 단어를 착각한 것이다. 굵은

---

8) 아라곤Arragon이라는 국명에서 arrogance(거만함)이 연상된다. ―옮긴이

글씨로 강조한 단어에 유의해서 다음 글귀를 살펴보자.

> 금: "나를 택하는 자는 많은 사람이 **원하는 것을 얻으리라**."
> 은: "나를 택하는 자는 자신에게 **합당한 것을 얻으리라**."
> 납: "나를 택하는 자는 그 가진 모든 것을 걸고 **모험을 하고 내주어야 하노라**."

　모로코 왕자와 아라곤 왕자는 모두 얻을 대상을 수식하는 단어에 초점을 맞췄다. 모로코 왕자는 '원하는' 것과 '모험을 하는' 것을 대조해 보았고, 아라곤 왕자는 '합당한' 것과 '모험을 하는' 것을 대조해 보았다. 애석하게도 금, 은, 납 상자에 새겨진 글귀에서 대조해 보아야 하는 것은 맨 마지막 단어들이었는데 말이다. 금 상자와 은 상자에는 구혼자가 '얻을' 것에 관한 글이 새겨져 있는 반면, 납 상자에는 '내주어야 하는' 것에 대한 글이 새겨져 있다. 〈베니스의 상인〉에서 얻는 자의 비결은 내주는 것이다.

　이 얻는 자의 법칙은 바사니오의 도전에 이르러 분명해진다. 외국인을 혐오하는 사회에서 내국인인 바사니오는 일단 1차 서류 심사는 통과한 셈이다. 바사니오는 포샤의 아버지가 살아 있을 때 포샤를 만난 적이 있다. 그리고 그는 언젠가 그녀의 눈에서 "소리 없는 정다운 전갈을 받은 적이 있었다"(1.1.164)는 사실을 기억하고 있다. 바사니오가 나타나자 다른 구혼자들에게는 냉랭했던 포샤의 태도가 돌변한다. 심지어 바사니오가 엉뚱한 상자를 골라 그녀의 곁을 떠나게 될까 걱정돼, 하루 이틀 쉰 다음 운을 시험해 보라고 권유하기까지 한다.

결론만 말하자면, 바사니오는 제대로 된 선택을 한다. 여기서 포
샤가 수수께끼를 풀 수 있도록 바사니오를 도와주었는지에 대해서
는 비평가들의 의견이 분분하다. 하지만 나는 도와준 것이 틀림없
다고 생각한다. 희극에 등장하는 남성 인물들은 대개 어딘가 좀 모
자란 사람이다. 사실 바사니오도 총기가 번뜩이는 부류의 사람은
아니다. 그가 주변 사람들보다 똑똑한 행동을 하는 경우는 거의 없
다고 해도 과언이 아니다. 하지만 운만은 좋은 이 사내는 그를 돕
고자 하는 포샤의 은밀한 암시를 알아차린다. 선택을 하기 직전에
바사니오는 이렇게 말한다. "오, 복된 고문이로다! 고문을 하는 자
가 살아날 길을 가르쳐 주니까!"(3. 2. 37-38) 그는 자신을 올바른 상
자로 인도할 "소리 없는 전갈"이 계속 이어지길 염원한다.

　당연히 사랑에 빠진 포샤가 그를 실망시킬 리 없다. 포샤는 바사
니오가 상자를 고르는 동안 꾀꼬리 같은 음색으로 결정적인 힌트
가 담긴 노래를 부른다. 천리타향에 신부를 구하러 온 외국 왕자들
은 들어 본 적도 없는 노래다.

> 헛된 사랑은 어디서 자라나요?
> 마음속이요 아니면 머릿속이요?
> 어떻게 생겨나고 어떻게 자라나요?
> 답을 해 보세요. 답을 해 보세요.
>
> 눈에서 생겨나지요.
> 바라보는 눈초리를 먹고 자라나
> 금방 그 요람에서 죽어 버리지요.
> 자 모두들 조종을 울려 헛된 사랑을 장송합시다.

제가 치지요. 딩, 동, 벨

(3.2.63-71)

노래 첫 연의 각 행 마지막 단어 '브레드(bred)', '헤드(head)', '너리쉬드(nourished)'는 납을 뜻하는 단어 '리드**lead**'와 운을 맞추고 있다. 뿐만 아니라 2연에 나오는 단어 '페드(fed)'도 그렇다.[9] 납 상자가 정답이라는 암시가 운율에 숨어 있는 셈이다. '눈에서 생겨난' 헛된 사랑은 '금방 그 요람에서 죽어 버린다'는 노래의 내용도, 검박한 외관의 납 상자가 정답이라는 사실을 알리고 있다. 이 암시를 대번에 알아차린 바사니오는 "외양이 번드레한 것은 진실하지 못한 경우가 많거든. 세상 사람들은 언제나 이 미끈한 외관에 속아 넘어간단 말이야."(3.2.73-74)라 말하며 정답의 실마리를 움켜잡는다.

극 전반 마치 흘린 빵부스러기처럼 흩어져 있는 이 증거들이 포샤가 슬쩍 '속임수'를 써서 상황을 조작한다는 사실을 증명한다. 1막에서 포샤는 네리사에게 "혈기란 냉엄한 명령을 뛰어넘어 버리고 마는 법이야."(1.2.18-19)란 말을 하며, 자신의 펄떡이는 혈기를 차가운 법의 손으로 잠재울 수는 없을 것이라는 의중을 내비친다. 독일인 구혼자는 정말 질색이란 이야기를 할 때는 한술 더 뜬

---

9) Tell me where is Fancy bred,/ Or in the heart, or in the head?/ How begot, how nourished?/ Reply, reply./ It is engend'red in the eyes, With gazing fed, and Fancy dies/ In the cradle where it lies:/ Let us all ring Fancy's knell./ I'll begin it. Ding, dong, bell.

다. 장난기 가득한 포샤는 그를 헷갈리게 할 속셈으로 네리사에게 "틀린 상자 위에 라인 포도주를 가득 따른 커다란 잔을 갖다 놓아라."(1.2.91~92)고 당부까지 한다. 이렇듯 내내 마음에 들지 않는 구혼자를 내칠 궁리에 골몰한 포샤이니, 맘에 쏙 드는 도전자에게 정답에 대한 힌트를 알려 줄 방법을 생각해 보지 않았을 리가 없다. 바사니오가 상자를 선택하기 직전에 나누는 대화에서, 그녀는 "모험"(3.2.2), "도전"(3.2.10), "무게를 달다"(3.2.22), "희생하다"(3.2.57) 같은 표현을 사용한다. 모두 납 상자의 재질이나 그 위에 새겨진 글귀를 연상케 하는 단어다.

포샤를 옹호하는 사람들은 애초부터 포샤에게는 아버지의 유언을 따를 의사가 없었던 것이라는 비난에 발끈한다. 그들은 그런 비난의 근거가 모두 정황증거에 불과하며, 그렇다면 왜 포샤가 바사니오가 선택을 할 때 안절부절못했겠느냐는 반론을 제기한다. 하지만 바사니오와 결혼할 수 없을까 봐 전전긍긍하고 있는 포샤가 다른 구혼자들에게 속임수를 썼다는 사실을 순순히 인정할 리 없다. 그리고 그녀가 안절부절못했다는 것은 그녀가 결백하다는 증거가 될 수 없다. 힌트를 흘린 후에도, 그 암시를 알아채지 못할까봐 염려할 수는 있기 때문이다. 확실한 것은 비난의 근거가 모두 정황증거일지는 몰라도, 모든 증거가 다 같이 한 방향을 가리키고 있다는 것이다.

하지만 나도 포샤를 나무라고 싶지 않다. 그녀의 아버지는 자신의 딸을 그 누구도 참아 낼 수 없는 처지로 내몰았다. 셰익스피어 희곡에서 볼 수 있듯이, 당시의 여성들은 간계를 꾸며야만 상황을 통제할 힘을 얻을 수 있었다. 로잘린드[10], 비올라[11], 포샤는 모두 속임수를 쓰지 않고는 별다른 수가 없었던 것이다. 특이한 점은 로잘린드나 비올라와 달리 포샤는 변호사들이 쓰는 계책을 썼다는 것이다. 스스로 인정하듯, 그녀는 아버지의 '유언' 내용을 어기지 않으면서, 자신의 '의사'를 관철할 방도를 찾았다. 영민한 그녀는 꾀바른 해결책을 내놓는다. 유언장에 적힌 내용의 문의(文意)에 정면으로 위배되지만 않는다면, 가능한 모든 방법을 모두 시도해 보기로 마음먹은 것이다. 그녀는 가진 기술을 총동원한다. 바사니오에게 노래를 불러 주고, 무언의 전갈을 보내는 그녀가 자못 귀엽기까지 하다. 하지만 그녀의 이런 시도는 유언장에 담긴 아버지의 진정한 요구를 저버리는 것이었다. 가혹한 요구를 하는 야속한 아버지를 둔 딸이라는 점에서 여전히 포샤가 안쓰럽긴 하지만 말이다.

'세 상자 수수께끼'와 마찬가지로 '살 1파운드의 시험'도 1막에서부터 시작된다. 빈털터리 바사니오는 구혼 여정에 필요한 자금을 빌리러 친구 안토니오를 찾아간다. 안토니오는 베니스의 이름난 자산가이지만, 그의 전 재산을 실은 화물선이 바다에 나가 있어 지금은 쓸 수 있는 돈이 없다. 안토니오와 바

---

10) 셰익스피어 희곡 〈뜻대로 하세요As You Like it〉에서 동생의 모함으로 추방된 공작 딸의 이름 −옮긴이
11) 셰익스피어 희곡 〈열이틀째 밤The Twelfth Night〉에 등장하는 남녀 쌍둥이 중 여성의 이름 −옮긴이

사니오는 임시방편으로 유대인 대금업자 샤일록에게서 3천 더컷을 빌리기로 한다. 물론 안토니오의 신용으로 말이다. 자신을 찾아온 두 신사에게 샤일록은 이자를 한 푼도 받지 않고 돈을 빌려 주겠다고 한다. 악명 높은 고리대금업자의 뜻밖의 말에 이 기독교인들은 고개를 갸우뚱한다. 당연히 이 친절에는 비수가 있다. 지금껏 자신을 업신여기는 기독교도들에게 앙갚음할 날만 손꼽아 기다려 온 유대인이 베푸는 음흉한 친절이기 때문이다. 샤일록은 안토니오에게 계약상의 상환 의무를 어길 시에는 "그 벌로서 당신 흰 살을 꼭 1파운드만, 내가 떼어 내고 싶은 곳에서 베어 내어도 좋다는 것에 동의해 달라."고 한다. 샤일록은 이 계약을 가리켜 '장난 반인 살 1파운드의 계약'이라 하며 눙치지만, 덜컥 겁이 난 바사니오는 증서에 서명을 하지 말라고 안토니오를 설득한다. 하지만 안토니오는 자신의 화물선이 틀림없이 기일보다 한 달 앞서 돌아올 것이라며, 오히려 바사니오를 안심시킨다. 이 계약 체결 과정에서 샤일록은 기독교인들이 자신과 같은 유대인 대금업자에게 억울한 누명을 씌운다고 힐난한다.

제발 말씀 좀 해 보시오.
저자가 약속일을 어긴다 해서 억지로 더한 이자를 받아 본들
내게 무슨 이득이 있겠습니까?
인간의 몸에서 베어 낸 살 1파운드는
양고기나, 쇠고기, 아니 염소고기보다도
가치가 없으며 쓸모도 없지 않습니까.
그저 그의 호의를 사려고 이렇게 친절을 베풀고 있을 뿐입니다.

받아들이면 좋겠지만, 싫다면 그만입니다.

(1. 3. 158-165)

샤일록의 말처럼 인간의 살 1파운드가 진정 그에게 아무런 쓸모가 없는 것이라면, 안토니오와 바사니오는 왜 그런 무용한 것을 받아 내는 조건으로 계약을 체결하는지 그 이유를 반드시 확인해 보아야 했다. 하지만 바사니오는 샤일록이나 포샤처럼 또랑또랑한 부류의 사람이 아니다. 그는 변호사처럼 생각하는 법을 모른다. 어수룩한 이 청년은 "난 혀끝으론 친절한 체하지만 뱃속이 시커먼 그런 놈은 싫어."(1. 3. 175)라고 중얼거리는 것이 고작이다.

후에 샤일록은 법정 재판 장면에서 살 1파운드를 조건으로 내건 이유를 스스로 밝힌다.

왜 소인이 3천 더컷을 받지 않고
외려 썩은 살 한 덩이를 택하느냐고 각하께서 하문하시겠죠.
거기에 대해서는 답하지 않겠습니다.
그건 말하자면 소인의 변덕이죠. 이러면 답이 되겠습니까?
소인의 집안을 괴롭히는 쥐 한 마리가 있어서,
그것을 독살하는 데 1만 더컷을 기꺼이 쓰겠다면
어쩌시겠습니까?

(4. 1. 40-46)

이 대목에서 샤일록은 안토니오의 살 1파운드의 가치는 자신민의 잣대로 판단해 정할 수 있는 것이라 답한다. 바사니오와 안토니오는 인간의 살 1파운드는 시장에서 거래되는 양고기나, 쇠고기, 아니 염소고기보다도 가치가 없다는 논리를 내세운 샤일록의 화술에 깜박 속아 넘어간 것이다. 물론 각종 가축의 고기가 거래되는 시장에서 인간의 살 1파운드는 아무런 가치가 없다는 말은 틀린 말은 아니다. 하지만 샤일록이 지금 거래를 하고 있는 곳은 감정을 사고파는 사사로운 복수의 시장이다. 이 시장에서 안토니오의 살 1파운드는 샤일록이 품고 있던 '해묵은 원한을 속 시원하게 풀어 줄' 값비싼 상품인 것이다. 아마 보통 사람들은 이 독특한 계약을 '감정적인 호사'를 위한 만용이라 생각하고, 변호사들이라면 '기괴한 계약'이라 여길 것이다. 하지만 샤일록에게는 3천 더컷에 복수의 달콤함에 흠뻑 취할 수 있는 썩 괜찮은 거래인 셈이다.

감정의 호사를 위해 극악무도한 짓도 서슴지 않는 샤일록이 잔인하게 느껴질 수도 있을 것이다. 하지만 르네상스 시대에 유대인들이 받았던 대우를 생각해 보면 복수에 목마른 샤일록의 심정을 이해 못할 바도 아니다. 〈베니스의 상인〉은 베니스를 배경으로 하고 있다. 베니스는 당시 유대인을 추방하지 않은 몇 안 되는 서유럽 도시 중 하나였다. 이 베니스에서조차 유대인들은 '게토'라는 지역에서만 살 수 있었다. 소수민족들이 모여 사는 빈민가를 뜻하는 게토란 용어는 바로 중세의 유대인 거주 지역을 뜻하는 단어에서 비롯된 것이다. 그뿐만 아니라 유대인들은 자정에서 새벽까지는 게토를 벗어날 수 없었고, 벗어날 때는 유대인임을 표시하는 빨간 모자를 써야만 했다.

가질 수 있는 직업도 제한되어 있었다. 이 때문에 입에 풀칠하기 위해 고리대금업자가 된 유대인도 많았다. 셰익스피어가 살던 시대에는 1571년에 제정된 고리대금 금지법[12]으로 금전대부업을 규제했다. 이 1571년 법에서는 종전의 항목별 전면 금지를 완화하여, 1년에 10퍼센트가 넘는 이자를 징수하는 금전대부계약만을 금지했다. 이 금지 조항을 위반할 경우 엄청난 벌금을 물거나, 징역형에 처해졌다. 게다가 보통법 체제의 법원뿐만 아니라 교회 재판소도 고리대금 금지법 위반자를 처벌할 수 있었다. 1571년 법에 포함된 '하나님의 법이 금지하는 모든 고리대금업은 근절해야 하는 죄이다.'라는 조항 때문이다. 한발 더 나아가 기독교는 높은 이자를 받고 돈을 빌려 주는 대금업 자체를 전면적으로 금지했다. 때문에 기독교인은 고리대금업을 할 수 없었다. 반면 유대인들이 따르는 모세의 율법은 유대인들이 타인과 고리대금 계약을 맺는 것을 허용했다. 결론적으로, 유대인들만 보통법과 종교계율 양자를 위반하지 않고 마음껏 대금업을 할 수 있었던 것이다. 물론 1571년 법상의 10퍼센트 미만이란 이율 제한은 준수해야 했지만.

종교적인 규율의 차이는 서로 다른 종교를 가진 상인들 사이에 갈등으로 번져 나갔다. 기독교인들은 유대인들이 기독교에서 금지하는 거래를 해서 이득을 챙긴다며 비난했다. 반대로 유대인들은 오히려 무이자로 돈을 빌려 주는 기독교도인들 때문에 금리가 내려가 자신들이 손해를 본다고 분개했다. 샤일록 또한 "무이자로 돈을 빌

---

12) 1571 Acte Against Usurie

려 주고, 이 베니스에서 우리들 대금업자 간에 금리를 내리는 자는 정말 질색"(1. 3. 39-40)이라며 안토니오에 대한 반감을 표출한다. 하지만 그의 마음속에 증오가 자라난 것은 이런 이해타산 때문만은 아니었다. 증오의 뿌리를 더욱 깊고 단단하게 만든 것은 그간 기독교도들에게 받은 모진 멸시와 천대였다. 샤일록은 안토니오에게 자신을 "사람을 죽이는 개"라 부르고, 개처럼 차고, 유대 두루마기에 침을 뱉지 않았느냐고 따져 묻는다.(1. 3. 106-114) 기독교인 안토니오는 고개를 뻣뻣이 들고 변명조차 하지 않는다. "지금도 똑같이 부를 수 있고, 침도 뱉을 수 있고, 발길로 찰 수도 있어."(1. 3. 125-126)

천대 받는 소수민족의 일원답게 약삭빠른 샤일록은 법을 효율적인 복수의 도구로 사용한다. 샤일록은 기독교가 득세한 베니스에서 재판이 열릴 경우, 판사의 자유재량이 자신에게 불리하게 작용할 것을 잘 알고 있었다. 그래서 계약과 관련한 법적인 문서를 자유재량이 개입될 여지가 조금도 없도록 꾸며 놓는다. 세계 무역 거래의 중심지였던 베니스에서는 사후에 계약 내용을 조정하는 것을 허용하지 않았다. 신뢰할 수 있는 일률적 기준을 확립해 놓아야 외국 상인들이 계속해서 베니스에서 거래를 할 것이기 때문이다. 안토니오가 빌린 돈을 갚지 못하자, 샤일록은 베니스 공국의 사법 체계의 정의 운운하며 계약 이행을 촉구한다. "놈은 주야로 공작님을 성가시게 조르고, 만약 재판을 열어 주지 않으면 베니스 공국의 시민 자유권을 의심하겠다고 대들지 않겠습니까."(3. 2. 276-278)란 한 베니스 시민의 대사에서 이를 확인할 수 있다. 안토니오마저도 베니스 공국의 사법 정의를 위해 계약은 이행되어야 한다고 여긴다. 그는 공작님이 이런 잔인무도한 계약상의 요구를 받아들이실 리 없다고 말하는 친구 솔라니오에게 말한다.

> 공작님도 법률의 조문을 어길 수는 없어요.
> 이 베니스에서 외국인들이 우리들과 같이 향유하고 있는
> 무역상의 특권을 거부한다면
> 이 공국의 정의가 불신을 받게 됩니다.
> 이 시의 상업과 이익은
> 여러 나라들과 관련되어 있지 않소.
> (3. 3. 26−31)

그리고 4막의 유명한 법정 재판 장면에서 샤일록은 "만약 각하께서 이를 거절하신다면, 베니스 공국의 헌법과 자유권이 위협받는다는 사실을 아셔야 합니다."(4. 1. 38−39)라 말하며 안토니오의 살 1파운드를 베어 내게 해 달라고 청한다. 이에 덧붙여 샤일록은 살 1파운드의 채권 증서는 공증을 받은 문서라는 사실을 거론하며 재판부를 압박한다. 베니스법이 보장하는 공증의 효력을 기독교인들에 대적하는 강력한 무기로 사용하고 있는 것이다. 샤일록은 계약에 따른 채권의 행사를 저지하려는 기독교인들의 노력은 "공증 받은 증서에서 도장이 지워지지 않는 한"(4. 1. 139) 무용지물이 될 것이라 큰소리친다. 그는 그악스럽긴 해도 분명 옳은 주장을 하고 있다. 엘리자베스 1세 치하의 영국 보통법[13]은 공증인의 도장이 날인

---

13) 중세부터 축적된 판례를 법원(法源)으로 하는 영국의 판례법 체계 −옮긴이

된 채권의 효력을 강력하게 보장했다. 증서가 위조된 것이라는 증명을 하거나, 공증인의 도장이 날인된 채무면제 증서의 존재를 증명하지 않는 한, 공증인의 도장이 날인된 채권은 언제나 유효했다.

하지만 법에 밝은 샤일록도 놓친 변수가 있었다. 샤일록은 공증의 효력을 맹신한 나머지 계약의 이행에 그 누구도 개입할 수 없을 거라 생각했다. 하지만 셰익스피어가 〈베니스의 상인〉을 집필한 시대에는 제3자가 채권의 이행에 개입하는 경우가 흔했다. 채권 계약을 맺은 당사자들은 형평법 법원Court of Chancery을 거쳐 국왕에게 중재를 요청할 수 있었다. 형평법 법원은 채권을 무효화할 수 있는 권한은 없었지만, 보통법 법원에 의한 판결의 집행 청구를 금지하는 영미법상의 금지명령14)은 내릴 수 있었다. 1590년대까지 이런 형평법 법원의 중재는 일반적인 일이었다.

이러한 법제 때문에 발타자르로 변장한 포샤가 재판에 개입할 수 있었던 것이다. 재판정에서 포샤는 채권의 유·무효를 논하지 않는다. 대신 채권의 이행을 걸고넘어진다. 그녀는 '법학 박사' 발타자르로 변장하고 법정에 들어선다. 법정의 서기처럼 남장을 한 네리사가 그녀의 뒤를 따르고 있다. 채권의 내용을 쓱 훑어본 포샤는 일단 샤일록에게 안토니오의 살 1파운드를 베어 낼 적법한 권리가 있다는 판결을 내린다. 이어 샤일록에게 변호사들이 일반적으로 제안하는 세 가지 선택권을 제시한다. 이에 따르면 샤일록은

---

14) 금지명령(injuction)은 영미법의 형평법적인 구제수단으로 어떤 행위를 강제하거나 금지하는 법원의 명령이다. —옮긴이

먼저 당연히 살 1파운드를 베어 내는 계약의 이행을 요구할 수 있다. 아니면 계약 자체를 해제할 수도 있다. 이 경우에는 샤일록은 아무것도 받지 못하지만 말이다. 마지막으로 계약의 이행 대신 금전적인 손해를 배상받을 수도 있다. 이 경우에 샤일록은 빌려 준 원금에 일정한 이자를 더한 금액을 받게 된다.

이 살 1파운드의 시험을 통해 셰익스피어는 세 상자의 수수께끼의 담론을 그대로 되풀이한다. 포샤가 샤일록에게 제안한 세 가지 선택권과 세 상자의 선택에 숨겨진 의미는 서로 꼭 닮아 있다. 먼저 자비를 베풀어 채무를 면제해 주는 것은 납 상자를 선택하는 것과 같다. 아무런 보답을 바라지 않고 그저 내주는 것을 의미하기 때문이다. 그 다음으로 손해배상을 받는 것은 은 상자를 선택하는 것이라 할 수 있다. 샤일록은 이자까지는 몰라도, 원금을 회수할 당연한 자격이 있기 때문이다. 그리고 마지막으로 계약의 구체적인 조건에 따라 양 당사자가 계약을 이행하는 것을 선택하는 것은 금 상자를 고르는 것이나 마찬가지이다. 금 상자는 "원하는 것"을 나타내기 때문이다. 지금 샤일록이 애타게 바라는 것은 '안토니오의 살 1파운드'뿐이다.

세 상자의 수수께끼에서 모로코 왕자는 납 상자 다음 은 상자, 금 상자 순으로, 다시 말해 보잘것없어 보이는 것부터 값비싸 보이는 순으로 상자를 검토했다. 살 1파운드의 시험에서도 이 순서는 그대로 유지된다. 포샤는 샤일록에게 제일 먼저 계약의 해제, 그 다음으로 손해배상, 그리고 마지막으로 계약 이행을 제안한다.

포샤는 다짜고짜 샤일록에게 반드시 자비심을 베풀어야 한다는 말부터 한다. 샤일록이 그 이유를 묻자, 셰익스피어 희곡에서도 손꼽힐 정도로 자주 인용되는 대사인 다음과 같은 말을 한다.

자비심의 본질은 강요되는 것이 아니다.
그건 하늘에서 땅 위로 내리는
온유한 비와 같은 것으로, 이중의 축복이 있다.
자비를 베푸는 자와, 자비를 누리는 자가 다 같이 축복을 받으며
가장 위력 있는 자에게도 최고로 위대한 것이다.
옥좌에 앉은 군주에겐 그 왕관보다 더 어울리는 것이다.
그가 손에 쥔 제왕의 홀은 현세의 권력을 상징하고,
위력과 존엄의 표지로서 왕의 두려움을 나타내나,
자비심은 홀의 위력을 능가하는 것이다.
그것은 왕의 가슴 깊이 군림하여,
하나님 자신을 나타내는 덕성이기도 하다.
자비심으로 정의가 완화될 때,
현세의 권력은 하나님의 권세에 가장 가까워지는 것이다.
그러니 유대인이여,
그대가 호소하는 바는 정의이지만, 다음을 잘 생각해 보길 바란다.
정의만을 내세우면 구원을 받는 자가
아무도 없지 않겠는가. 우리는 자비를 구하여 기도드리고,
기도가 우리에게 자비로운 일을 행하도록 가르쳐 주는 것이다.
내가 이렇게 말하는 것도,
그대가 호소하는 정의를 완화시키자는 데 있는 것이다.
그걸 그대가 고집한다면, 이 엄격한 베니스의 법정은
부득이 저 상인에게 불리한 선고를 내리지 않으면 안 된다.
(4.1.180-201)

납 상자와 마찬가지로 자비를 베푸는 사람은 '얻는' 것 대신 '주는' 것을 선택해야 한다. 하지만 해묵은 증오를 달래 줄 피와 살에 몸이 단 샤일록이 자신을 타이르는 포샤의 말에 귀 기울일 리 없다. 게다가 포샤의 권유가 오히려 샤일록이 자비를 베풀고 싶지 않게 만드는 측면도 있다. 이 유명한 대사에서 포샤는 힘이 있는 자나 권위가 있는 자가 자비를 베풀어야 한다는 이야기를 거듭한다. 사회적 약자인 샤일록 처지에서는 다소 뜬금없는 이야기일 수 있다. 뿐만 아니라 빈번하게 등장하는 하나님과 구원에 대한 암시는 샤일록에게 포샤가 이교도의 관점에서 자신을 설득하고 있다는 사실을 일깨워 준다. 포샤는 '그러니 유대인이여, 그대가 호소하는 바는 정의이지만'과 같은 대사를 통해 신약의 자비와 구약의 정의를 비교한다. 유대인인 샤일록에게 기독교인처럼 행동하라고 요구하는 것이나 다름없는 이런 말은 샤일록에게는 모욕적인 개종의 요구로 들릴 수도 있다. 사람들은 보통 이 유명한 대사를 '기도가 우리에게 자비로운 일을 행하도록 가르쳐 주는 것이다.'란 행까지만 인용하지만, 우리는 자주 회자되지 않는 마지막 부분의 내용에 주목해야 한다. 포샤는 마지막 네 행에서 "내가 이렇게 말하는 것도, 그대가 호소하는 정의를 완화시키자는 데 있는 것이다. 그걸 그대가 고집한다면, 이 엄격한 베니스의 법정은, 부득이 저 상인에게 불리한 선고를 내리지 않으면 안 되는 것이다."(4.1.198-201)란 말로 법은 샤일록의 편이라는 사실을 상기시킨다. 내내 납 상자를 찬양하던 포샤가 대사의 말미에 금 상자와 은 상자가 있다는 사실을 잊지 말라고 당부한 꼴이다. 옳다구나 싶은 샤일록은 단번에 자비 따위는 베풀지 않겠다고 선언한다. "제 행위에 대한 응보는 제가 받겠습니다! 제가 원하는 것은 법이외다."(4. 1. 202)라 말하며 번쩍이는 금 상자에 새겨진 글귀처럼, '원하는 것'을 얻으려 한다.

포샤는 "샤일록, 저쪽 편에서 세 배의 돈을 갚겠다고 하고 있다."(4. 1. 223)며 1파운드의 살 대신 손해배상을 받으라고 다시 한 번 설득한다. 기억하고 있겠지만, 샤일록은 무이자로 3천 더컷을 빌려 주었다. 애가 탄 바사니오는 샤일록에게 9천 더컷에 빚을 청산해 달라고 애원한다. 즉 원금 3천 더컷에 1파운드의 살을 포기하는 대가인 6천 더컷을 얹어 주겠다는 것이다. 하지만 샤일록은 자신이 응당 돌려받을 수 있는 3천 더컷과 뜻밖의 수확이 될 수도 있을 6천 더컷을 그 자리에서 포기해 버린다. 은 상자도 지나쳐 버린 것이다. 그는 법이 자신이 '원하는 것'을 얻게 해 줄 것이라 단단히 믿고 있다.

포샤는 더 이상 샤일록을 회유하지 않는다. "자, 저 상인의 살 1파운드는 그대의 것이다. 법이 그것을 인정하고, 본 법정이 그것을 허가한다." 샤일록은 기뻐 어쩔 줄 모른다. 드디어 눈앞에서 금 상자가 열린 것이다. 안토니오는 동족들이 가득한 기독교인의 법정에 서 있건만, 누구도 그를 구할 수 없다. 그는 가슴팍을 파고드는 샤일록의 칼날에 스러질 것이다. 힘없는 소수민족에 불과한 고리대금업자가 베니스 공국 유지의 목숨을 좌지우지하게 된 것이다. 법이 권력을 이긴 의미심장한 순간이다. 하지만 한편으로는 법이 정의마저 이겨 버린 순간이기도 하다. 포샤는 샤일록에게 무게를 달 저울을 가지고 있는지 묻는다. 샤일록은 재빨리 준비한 저울을 내놓는다. 몇몇 공연에서는 정의의 여신이 들고 있는 저울을 희화화하는 의미로 이 저울을 부각시키기도 했다.

다음으로 포샤는 샤일록에게 안토니오의 피를 멈추게 할 외과의를 대동했는지 묻는다. 샤일록은 그런 조건은 증서에 적혀 있지 않다고 대답한다. 이에 포샤는 "그렇게 명기되어 있지는 않아. 하지만 그게 어쨌단 말인가? 자비를 베푸는 차원에서 그 정도는 하는 것이 좋을 게다."(4. 1. 256–7)라고 말한다. 샤일록은 짐짓 당황한 척하며 "그런 문구는 없습니다. 증서에 없단 말입니다."(4. 1. 258)라고 응한다. 그냥 지나치기 쉬운 이 대사에는 결정적인 내용이 담겨 있다. 샤일록은 이 계약의 세부적인 내용 하나하나를 모두 자기 손으로 정했다. 그리고 증서의 자구에 충실한 의무의 수행을 하기만 하면 그만이라 생각한다. 그것은 자기의 몰락을 예고하는 확신이다.

샤일록이 안토니오의 가슴팍에 칼을 대려는 순간, 포샤가 그를 제지한다.

잠깐, 좀 얘기할 것이 있다.
이 증서에는 피를 단 한 방울이라도 그대에게 준다는 말은 없다.
여기 쓰여 있는 말은 '살 1파운드'이다.
증서대로 살을 1파운드만 떼어 가거라.
단 살을 떼어 내다가,
기독교도의 피를 한 방울이라도 흘린다면,
그대의 토지와 재산은 베니스의 법률에 의해
국가가 몰수할 것이다.

(4. 1. 301–308)

샤일록은 이 계약의 자구를 문면 그대로 해석했다. 본 채권 계약에는 안토니오에게 외과의를 대령하라는 내용은 없다는 그의 말만 보아도 알 수 있다. 하지만 영악한 포샤는 이 자구 그대로 계약 조항을 해석하는 방식을 역으로 이용한다. 그녀는 계약 조항에 안토니오가 샤일록에게 피를 준다는 내용이 없다는 사실을 강조한다. 충격에 휩싸인 샤일록이 묻는다. "이게 법률입니까?"(4. 1. 310) "네 스스로 조문을 들여다보아라. 그대가 정의를 고집했으니, 아낌없이 원하는 것 이상의 정의를 안겨 주겠다."(4. 1. 310–312)라고 포샤가 대답한다.

사실 여기서 포샤가 샤일록에게 부리는 수작은 '비겁한 트집 잡기' 혹은 '좀스러운 속임수'라 해야 마땅하다. 제아무리 깐깐한 변호사라 할지라도, 갑(甲)과 을(乙)이 살과 피처럼 따로 취할 수 없는 것인 경우에, 갑 1파운드를 취하는 것에 대한 계약에는 갑 1파운드를 취하는 데 필요한 만큼의 을을 취하는 내용이 포함되어 있다는 사실을 부정할 사람은 없을 것이기 때문이다. 즉 1파운드의 살을 취하는 계약에는 1파운드의 살을 베어 내는 과정에서 수반되는 출혈에 대한 암묵적인 용인이 포함되어 있는 것이다. 포샤의 주장대로라면 어떤 사람이 멜론 한 조각을 베어 내기로 했다면, 그가 계약에 멜론을 자를 때 흐르는 즙에 대한 내용을 명기하지 않는 한은, 한 방울의 즙도 흘려서는 안 되니 그야말로 어불성설이다. 지금 포샤는 쌍방이 계약 체결 시에 1파운드 살을 베어 낼 때 수반되는 출혈에 대해 다르게 이해했기 때문에 피는 한 방울도 줄 수 없다는 주장을 하고 있는 것이다. 하지만 1파운드의 살을 베어 낼 때

출혈이 수반되는 것은 기정사실이니만큼, "나는 당신에게 1파운드의 살을 주는 것에는 동의하나 피는 한 방울도 줄 수 없소."라는 제한 조건을 계약 체결 시에 짚고 넘어가는 것에 대한 책임은 오히려 안토니오에게 있다. 그리고 당연히 샤일록은 이런 조건이 부가된 핫바지 같은 계약을 체결했을 리 없다. 그러므로 〈베니스의 상인〉의 줄거리와는 정반대로, 안토니오가 이런 계약 조건을 명시적으로 부가하지 않았음에도 그러한 조건이 내포되어 있다고 우기는 포샤의 작위적인 계약 해석은 그럴듯해 보일 뿐, 명백하게 틀린 법적 판단이라 할 수 있다. 하지만 유대인을 혐오하는 기독교인들에게 필요한 것은 바로 이런 그럴듯한 논리로 위장한 작위적 법률 해석이었다.

잘못 걸려들었다는 사실을 직감한 샤일록은 바로 자세를 바꾼다. 그는 아까 제안한 금전적 손해배상으로 만족하겠노라고 대답한다. "아까 그 제안을 받아들이겠습니다. 그리고 증서의 금액을 세 배로 치러 준다면 저 기독교인을 용서하겠소."(4. 1. 314-315) 그러자 바사니오가 바로 9천 더컷을 샤일록에게 지급하려 한다. 이 돈은 포샤가 바사니오에게 빌려 준 돈이다. 하지만 이를 저지한 포샤는 말한다. "그에게는 벌금 이외에는 아무것도 줄 수 없소." 그러자 샤일록은 원금만 돌려주면 모든 일을 없던 것으로 하겠다고 말한다. 하지만 포샤는 이마저도 허용하지 않는 완강함을 보인다. "그는 이미 이 공개 법정에서 그것을 거절했소. 그가 받을 수 있는 것은 오직 법에 따른 증서의 집행뿐이요."(4. 1. 334-335)

샤일록은 모든 채무를 일시에 해소해 주는 '자비심 가득한' 선택권마저 고를 수 없다. 그가 빈손으로 법정을 떠나려 하자, 포샤는 일명 '외국인 법'이라 하는 규정을 들먹인다. 형법의 일종인 외국인 법에 따르면, 베니스 공국은 직접 혹은 간접으로 시민의 생명을 노리는 계획을 꾸민 외국인의 재산과 목숨을 빼앗을 수 있다. 베니스 정부는 상업적인 거래에서는 중립을 유지하려 애썼지만, 형법을 적용할 때는 외국인을 기꺼이 차별했다. 민사소송의 원고였던 샤일록이 별안간 관련 형사소송의 피고로 둔갑한 것이다. 더불어 샤일록과 안토니오의 운명도 한순간에 뒤바뀌고 말았다. 안토니오는 목숨을 구했고, 샤일록의 목숨은 이제 경각에 달렸다. 분을 풀 절호의 기회를 만난 안토니오는 베니스의 공작에게 기막힌 해결책을 제안한다. 바로 샤일록이 기독교로 개종하고 딸에게 재산을 증여하는 것을 조건으로 샤일록의 목숨을 구해 주자는 것이다. 제시카는 기독교도 로렌초와 사랑에 빠져 가출했다는 이유로 아비에게 절연당한 샤일록의 딸이다.

　포샤는 과연 어떻게 이런 교묘한 술책을 고안해 낸 것일까? 분홍빛 볼을 가진 젊은 새색시가 어떻게 노회한 유대인 고리대금업자를 자승자박한 꼴로 만들어 버릴 수 있었던 것일까? 나는 그녀가 아버지의 묘수를 그대로 따라 한 것이라 생각한다. 자신이 제물이 되었던 세 상자의 시험은 그녀의 뇌리에 깊숙이 박혀 있었을 테니 말이다. 앞서 말했듯이 포샤의 아버지가 만들어 낸 시험에는 가장 보잘것없어 보이는 것이 정답이라는 함정이 숨어 있었다. 그는 인간은 결정의 순간이 되면 엄청난 보상을 받을 수 있을 것처럼 보이는 선택을 한다는 사실을 확인시켜 주었다. 그리고 이 매정한 아버지 사전에 용서란 없었다. 오답을 고른 이들에게 남은 것은 가혹한 시련뿐이었다. 세 상자의 시험에 등장한 이 모든 요소들은 '살 1파운드의 시험'에서 그대로 되풀이된다.

세 상자의 시험에서 오직 바사니오만 바른 상자를 암시하는 노래를 들으며 정답을 고를 수 있었다. 환영 받지 못한 구혼자들은 포샤의 노래를 한 구절도 들을 수 없었다. 마찬가지로 살 1파운드의 시험에서 샤일록은 악의적인 침묵 속에서 정답을 고른다. 그 누구도 그에게 '외국인 법'에 따른 형사책임에 대해 설명해 주지 않았다. 샤일록이 자신이 그러한 형사책임을 져야 한다는 얘기를 듣기만 했더라면, 조심성 많은 이 유태인은 아마 채권 증서를 당장에 찢어 버리고 재판정을 떠났을 것이다. 하지만 포샤가 비루한 유대인에게 암시가 담긴 노래를 불러 줄 리 없다. 오히려 바사니오를 납 상자로 이끈 그 꾀꼬리 같은 목소리는, 샤일록을 '자비'라는 정답에서 동떨어진 곳으로 유인하는 세이렌의 노래를 부른다. 이런 그녀의 행동거지가 어찌나 교활한지 그 누구도 포샤가 지켜보는 앞에서 그녀가 원치 않는 선택은 할 수 없는 것이 아닐까란 걱정마저 들 지경이다.

포샤는 바사니오를 쥐락펴락한다. 영악한 이 여인은 자신이 은밀히 건넨 암시 덕에 정답을 맞힌, 이제는 남편이 된 순진한 사내를 곧바로 또 다른 덫으로 옭아맨다. 마지막 시험은 포샤와 네리사가 각각 남편들에게 건네준 '반지의 시험'이다. 바사니오가 3막의 세 가지 상자의 시험에서 정답을 맞히자, 포샤는 그에게 반지를 주며 이렇게 말한다. "이젠 이 집, 모든 하인들, 이 몸도 당신의 것이에요. 이 모든 것을 이 반지와 더불어 드리겠습니다. 그리고 이걸 내버리든 잃어버리든 남에게 주어 버리든 하시면 당신의 사랑이 변한 것으로 알겠습니다."(3. 2. 170-173) 신부를 얻은 기쁨에 겨운 바사니오는 목숨을 걸고 반지를 지키겠노라 맹세한다. 그리고 네리사도 그라티아노에게 반지를 건네주고, 그라티아노도 역시 무덤까지 반지를 가져가겠다고 호기롭게 약속한다.

하지만 안타깝게도 약속을 쉽게 내뱉는 호쾌한 새신랑들은 변덕이 심했다. 법정 재판 장면에서 안토니오의 목숨을 구할 길이 보이지 않자, 애가 탄 바사니오는 자기뿐만 아니라 갓 결혼한 새색시까지 걸어 버리는 무모함을 보인다.

> 안토니오, 나는 결혼을 했고,
> 내 아내는 내 생명보다 더 귀중하네.
> 그러나 이 생명도 아내도, 아니 온 세상도
> 자네 생명보다 더 귀중할 수는 없어.
> 난 자네만 구할 수 있다면,
> 모든 것을 버려도, 아니 모든 것을
> 여기 이 악마에게 희생물로 줘도 좋아.
> (4. 1. 278-283)

발타자르로 변장한 포샤가 "부인께서 이 자리에 계셔서, 당신이 그런 말씀 하시는 것을 들으면 아마 고맙다고는 하지 않을 거요."라고 짜증스럽게 말한다.(4. 1. 284-285) 물색없이 설치는 것으로는 주인을 한발 앞서는 그라티아노가 맞장구를 친다. "저에게는 아내가 있습니다. 그리고 분명히 아내를 사랑하고 있습니다. 그러나 그녀라도 천국에 가서 하나님께 간청해서, 저 개 같은 유대놈의 결심을 바꿔 주실 수 있다면 좋겠습니다."(4. 1. 286-288) 자신의 주인만큼이나 화가 난 네리사가 쏘아붙인다. "부인이 안 계신 데서 그런 말을 해 다행이지, 그렇지 않으면 집안에 큰 소동이 나겠습니다."(4. 1. 289-290) 이런 머저리 같은 놈들과 똑같은 기독교도와 딸 제시카가 결혼해 버린 것에 생각이 미친 샤일록은 한탄한다. "예수쟁이 남편이란 놈들은 결국 이런 거란 말야!"(4. 1. 291) 1파운드의 시험으로 인한 재판 과정에서 바사니오와 그라티아노는 남장을 한 부인들을 전혀 알아보지 못한다. 이 눈먼 봉사나 다름없는 신랑들은 이에 그치지 않고 부인들에게 그들의 사랑마저 의심하게 만든다. 사실 내가 여기서 정말 이상하게 생각하는 것은 자신의 반려조차 알아보지 못하는 그들의 어리석음이다. 하지만 어리석은 남성들은 셰익스피어 희곡의 단골 출연자이니 눈감아 주기로 하자. 〈사랑의 헛수고Love's Labour;s Lost〉에도 가면만 썼을 뿐인데도 자신의 연인을 전혀 알아보지 못하는 귀족 남성이 무려 넷씩이나 등장하니 말이다.

철없는 '예수쟁이 남편'들을 따끔하게 혼내 주기 위해 포샤는 마지막 시험을 궁리해 낸다. 발타자르로 변장한 포샤는 안토니오의 목숨을 구해 준 대가로 바사니오의 반지를 요구한다. '살 1파운드의 시험'에서 적어도 감정의 가치에 대해서는 조금이나마 배웠던지, 바사니오가 몸을 사린다. "이것에는 값보다 좀 더한 까닭이 있습니다."(4. 1. 430)라고 변명하며 대신, "박사님께는 베니스에서 제일 값진 반지를 사 올리겠습니다."(4. 1. 431)고 약조한다.

하지만 아니나 다를까 아둔한 바사니오의

배움은 거기까지였다. 포샤는 샤일록처럼 바사니오의 사적인 가치와 공적인 가치에 대한 구분을 삽시간에 흐려놓는다.

> 누구든지 자신의 물건을 주기 싫을 때
> 그따위 구실을 만들어 내는 법입니다.
> 만약 댁의 부인이 정신이 나가지 않았다면,
> 또 내가 이 반지를 받을 만한 일을 했다는 사실을 알게 된다면,
> 이 반지를 내게 줘 버렸다고 해서
> 언제까지나 유감스럽게 생각하지는 않을 겁니다.
>
> (4. 1. 440-444)

포샤는 능숙한 언변으로 반지에서 사적인 가치를 걷어 낸다. 그녀는 '많은 사람들이' 공적인 시장에서 자신의 물건을 내주지 않기 위한 변명에 감정적인 가치를 이용한다는 점을 강조한다. 그리고 이어 '정신이 나간 여자'만 반지를 선물한 것을 비난할 것이란 과격한 전제를 늘어놓으며, 감정적인 가치의 '비이성적인 측면'을 부각시킨다. 여기서 더 나아가 포샤는 샤일록처럼 '싫으면 관두라'는 식의 말을 뱉어, 교섭의 여지를 일축해 버린다. 교섭을 할 경우 자기 주장의 오류가 드러날 수도 있기 때문이다. 샤일록이 안토니오에게 "받아들이면 좋겠지만, 싫다면 그만입니다."라고 말했다면,

포샤는 바사니오에게 "그럼, 평안하시길 바라오!"라고 말했다는 점만 다를 뿐이다. 여운을 남기지만 단정적인 이들의 야무진 대답에는 흥정은 어림도 없다는 암시와 이대로 작별할 수도 있다는 정중한 엄포가 담겨 있다. 안토니오는 샤일록에게 속아 넘어갔을 때와 꼭 같이 포샤에게 깜빡 넘어간다. "여보게 바사니오, 그 반지를 저분에게 줘 버리도록 하게. 저분의 공로와 내 우정을 합치면, 자네 부인의 명령과 맞설 만한 값어치가 있을 게 아닌가."(4. 1. 445-447) 란 안토니오의 말에 바사니오는 발타자르에게 반지를 줘 버리는 것으로 체면치레를 한다. 곧이어 포샤의 분신이나 다름없는 네리사도 감언이설로 그라티아노를 꼬셔 반지를 받아 낸다.

샤일록과 마찬가지로 포샤는 이후의 대사에서 발타자르로서 늘어놓은 궤변의 모순을 스스로 드러낸다. 자기 저택에서 아내로서 바사니오를 대면한 그녀는 이렇게 묻는다.

> 만약 당신이 그것을 드릴 수 없는 이유를 열심히 설득했더라면,
> 기념품으로 갖고 있는 물건을
> 굳이 달라고 억지 쓸 그런 염치없고
> 몰지각한 사람이 세상에 어디 있겠어요.
> (5. 1. 203-206)

그녀는 이제 바사니오의 부인이 정신이 나간 여자가 아니라, 바사니오가 반지를 준 법학 박사가 몰지각한 사람이라고 이야기하고 있다. 바사니오는 지금 완벽하게 반대인 주장으로 그를 사면초가에 빠지게 할 수 있는 사상 최강의 상대와 마주하고 있는 것이다.

물론 포샤의 심복 네리사도 같은 방식으로 그라티아노를 옴짝달싹 못하게 만들어 놓았다.

세 가지 상자의 선택, '살 1파운드 시험'의 세 가지 선택권, 그리고 반지. 무엇인가가 느껴지지 않는가? 자, 이제 세 번째 반지를 찾을 차례다. 세 번째 반지는 샤일록이 갖고 있다. 3막에서 샤일록은 딸 제시카가 튀르크석 반지를 주고 친척인 투발에게서 원숭이를 샀다는 이야기를 전해 듣는다. 샤일록은 광분한다. "저런 망할 년을 보았나! 투발 자네는 날 고문하는군. 그것은 바로 내 튀르크석 반지야. 내가 총각 때 리어(샤일록의 아내-옮긴이)에게서 선물 받은 것이지. 온 광야를 덮을 만큼 많은 원숭이를 준다 해도 바꾸지 않을 물건이란 말이네." 샤일록의 반지는 값비싼 보석이 아닌 튀르크석으로 만든 것이다. 하지만 이 '동방의' 혹은 중동의 신비로운 돌의 가치는 바로 남편과 아내의 사랑의 증표라는 데 있다. 반면 온 광야를 덮을 만큼 많은 원숭이는 탐욕을 나타낸다. 예수쟁이 남편들마냥 제시카는 황금만능주의로부터 이 수수한 보물을 지켜 내지 못한 것이다.

이 일련의 반지 이야기는 모든 것의 상품화를 거부하는 샤일록의 긍정적인 측면을 보여 준다. 샤일록은 천금을 준다 해도 안토니오의 살 1파운드를 포기하려 하지 않았다. 〈베니스의 상인〉의 다른 등장인물들은 이런 그의 행태를 이해하지 못했다. 그리고 그것은 그들이 그런 공서양속(공공의 질서와 선량한 풍속-옮긴이)에 반하는 계약은 애초에 맺지 않을 신실한 기독교인이어서만이 아니다. 오히려 그들이 돈으로 환산할 수 없는 것은 없다고 믿는, 상혼에 물든 베니스인이기 때문이기도 했다. 샤일록은 튀르크석 반지에 대한 대사에서도 상품화를 거부하는 사고방식을 드러낸다. 다른 점이 있다면 이번에는 우리가 그의 사고방식을 십분 공감할 수 있다는 것이다. 그는 소중한 물건을 간직하는 법을 잘 알고 있다.

이 세 반지는 세 상자를 연상시킨다. 샤일록의 튀르크석 반지는 납 상자와 마찬가지로 그가 모든 것을 걸고 모험을 하고, 모든 것을 내주어서라도 지키려는 사랑을 상징한다. "온 광야를 덮을 만큼 많은 원숭이"가 "모든 것"을 상징한다는 사실이 좀 우습지만 말이다. 반면 바사니오와 그라티아노의 반지는 금 상자와 은 상자와 같은 것이다. 여담이지만 그라티아노의 반지가 금으로 만들어졌다는 사실을 5막에서 확인할 수 있다. 발타자르로 변장한 포샤는 바사니오에게 반지를 요구하면서 익숙한 "원하는 것"과 "합당한 것"의 담론을 반복한다. "내가 갖고 싶은 것은 바로 그것뿐입니다." (4.1.428)란 대사와 "또 내가 이 반지를 받을 만한 일을 했다는 사실을 알게 되신다면"(4.1.442)이란 대사가 그 증거다. 그리고 바보 같은 그라티아노는 이 발타자르의 말을 그대로 읊는다. "바사니오 나리도 그 반지를 그 박사에게 줘 버렸어요. 그분이 굳이 그것을 청하셨고, 또 그럴 만한 공도 있었지만요." 그러고는 서기도 자신에게 비슷한 요구를 했다고, 그라티아노 손에서 사라진 반지의 행방을 묻는 네리사에게 이야기한다.(5.1.179-81) "그 서기 노릇을 한 소년 말이에요. 기록을 맡아 보느라고 애를 좀 쓰긴 했지만요, 글쎄 그게 내 걸 달라고 했단 말입니다."

'원하는 것'과 '합당한 것'을 선택해서는 안 된다는 것을 이미 배운 바사니오지만, 응용력이 부족한 새신랑은 '원하는 것'과 '합당한 것'에 대한 요구를 거절해야 한다는 사실은 몰랐던 모양이다. 한편 이 기독교인 남편들과는 달리 샤일록은 그 사실을 알고 있었다. 예수쟁이 남편을 비웃을 자격이 있는 셈이다. 자신의 잘못과 무관하게 반지를 잃어버린 사람은 샤일록뿐이니 말이다.

포샤가 바사니오에게 반지를 준 것은 부부관계에 대한 장악 의사를 초장에 내비친 것이라 할 수 있다. 〈베니스의 상인〉에서 바사니오는 내내 포샤가 조종하는 대로 끌려다녔다. 그리고 결혼 생활에서 그들의 관계가 앞으로도 크게 달라지지 않을 것은 불보듯 뻔한 일이다.

수세기 동안 포샤는 훌륭한 변호사의 표상이었다. 여성을 위한 최초의 로스쿨은 포샤 로스쿨Portia Law School이었다. 포샤 로스쿨은 후에 뉴 잉글랜드 로스쿨New England School of Law이 되었다. 샌드라 데이 오코너 판사가 대법관이 된 후에, 존 폴 스티븐스 판사가 그녀를 '우리 법원을 빛내고 있는 포샤의 현신'이라고 치하한 일도 있었다. 물론 그는 좋은 뜻에서 한 말이다.

하지만 우리는 좀 더 비판적인 시각으로 포샤를 조명해야 한다. 요즘 세상에 변호사란 족속을 싫어한다는 말을 듣는 것은 더 이상 놀라운 일도 아니다. 법학 교수인 앤 알트하우스가 말했듯 아직도 '변호사가 세상에서 모조리 사라진다면 더 좋을 것 같아.'라고 말하는 건 악담 축에도 못 낀다. 우리 시대에 팽배한 이런 적대감은 변호사를 돈만 받으면 무슨 말이든 할 수 있는 더러운 입에 불과하다고 여기는 데서 출발한다. 마치 벨몬테와 관련된 사람들의 평안과 행복을 위해, 그들만의 리그 밖의 사람들에게 미칠 후폭풍은 못 본 척 궤변을 늘어놓는 포샤처럼 말이다. 마하트마 간디나 넬슨 만델라처럼 이와 다른 삶의 궤적을 그린 변호사들에 이르러서는, 사람들은 이런 역사의 위인들도 변호사 출신이라는 사실을 까맣게 잊어버린다.

포샤가 철저히 의도한 세 번의 시험을 거치면서, 나는 포샤의 흑마술 같은 화술에 모종의 불안을 느꼈다. 〈베니스의 상인〉에서 그녀와 비견할 만한 달변가는 샤일록뿐이다. 샤일록은 달콤한 말만으로 안토니오와 바사니오가 위험하기 짝이 없는 '살 1파운드의 계약'을 맺도록 꾀어 냈으니 말이다. 하지만 법정 재판 장면에서 포샤의 교묘한 논리 앞에 선 샤일록은 힘없이 무너져 내린다. 처음에는 나도 샤일록의 음험한 시도를 막아 낸 포샤의 능력에 감탄했다. 하지만 극이 끝날 무렵에는 불안감이 엄습해 왔다. 과연 그 누가 이 난공불락의 여성을 막아 낼 수 있단 말인가.

〈베니스의 상인〉에 등장하는 세 번의 시험은 원래는 법의 다스림을 받는 인간을 구속하기 위해 법정의 계약 형태를 이용한 것이었다. 시험은 각각 특정한 법률 문서와 관련이 있다. 포샤 아버지의 유언장, 상거래 계약서, 결혼 증서. 이 세 가지 문서가 바로 그것이다. 하지만 결론적으로 포샤는 이 세 문서 중 어느 것의 구속도 받지 않았다. 그녀는 번번이 자기 바람대로 상황을 바꿀 묘안을 생각해 냈다.

즉 포샤는 〈베니스의 상인〉에서 변호사 역을 하고 있는 인물인 것이다. 그녀가 '법학 박사'로 법정에 나타났을 때 입고 있던 법복은 변장을 위한 소품이라기보다는 그녀가 극 전반에서 담당하고 있는 역할을 나타내는 장치라고 할 수 있다. 바사니오는 "법의 경우에 있어서도 제 아무리 더럽고 부패한 소송도 버젓한 입에 속아서 그 간악하게 보이던 사건이 희미하게 되어 버리는 일이 한두 번이던가?"(3. 2. 75-77)라는 말로 능란한 화술로 판단을 흐리는 사람들을 경계한다. 자신이 지금 구혼하고 있는 대상이 바로 그런 여인이라는 사실도 파악하지 못한 채 말이다. 우리가 포샤를 두려워하는 이유는 능란한 세 치 혀를 놀리는 버젓한 입으로 사람들의 판단력을 흐리는 바로 그 능력 때문이다.

변호사들의 이런 교활한 수완에 대한 염려는 셰익스피어가 포샤란 인물을 창조해 내기 이전에도 있었고, 그 이후에도 있었다. 이는 최초의 변호사라 할 수 있는 고대의 소피스트로 거슬러 올라간다. 소피스트들은 '가장 빈약한 주장을 가장 강력하게 보이게 하는' 수사학을 자랑으로 여겼다. 문제는 그 영향이 오늘날에까지 미친 나머지, 현대의 변호사들이 고대의 소피스트나 다름없는 견강부회식의 궤변을 펼친 탓에 두려움과 증오의 대상이 되고 있다는 사실이다. 법학 교수인 마크 갤랜터는 변호사를 상대로 한 소송에는 언제나 변호사들이 '소송의 본질을 호도한' 것에 대한 책임을 묻는 내용이 포함되어 있다는 사실을 발견했다. 나는 슈퍼맨 같은 능력을 지닌, 우리 시대 한 변호사의 예를 통해 변호사들의 궤변은 과거의 문제가 아니라, 지금도 만연한 오늘의 문제라는 사실을 살펴보고자 한다.

지엽적인 사항을 걸고넘어지는 오늘날의 트집 잡기식 법률 운용 행태를 적나라하게 드러낸 사건 중에서 가장 널리 알려진 예는 아마도 1998년 빌 클린턴 대통령의 모니카 르윈스키 스캔들일 것이다. 르윈스키 스캔들 관련 재판에서 클린턴 대통령은 "그 진술의 진위 여부는 '없다'의 의미에 달려 있습니다."란 말장난 같은 어록을 남겼다. 변호사 출신인 대통령이니만큼 그가 스캔들 해명 과정에서 법률적인 방식으로 문장을 분석해 내는 빼어난 능력을 만천하에 자랑한 것이 놀랍지는 않다.

르윈스키와 클린턴 대통령의 불장난은 폴라 존스가 제기한 소송에서 중요한 법적 쟁점이었다. 아칸소 주의 공무원인 폴라 존스는 성희롱으로 클린턴 대통령을 고소했다. 그리고 성희롱 소송의 일반적인 해결 방안을 따라 존스의 변호사는 클린턴 대통령과 부적절한 관계를 맺었던 다른 여성들을 수소문했다. 마침내 백악관 전직 인턴이었던 르윈스키가 존스 변호사의 수사망에 걸려들었다. 1998년 1월 17일에 있었던 법정 증언에서, 클린턴 대통령은 선서를 한 후 "나는 모니카 르윈스키와 성관계를 가진 적은 결코 없습니다. 나는 그녀와 불륜 관계를 가진 적이 없습니다."라고 진술했다. 대통령의 진술은 그 진술이 있기 10일 전 르윈스키가 제출한 선서진술서의 내용과 정확하게 들어맞았다. 르윈스키의 진술서에는 "나는 대통령과 성관계를 가진 적은 결코 없습니다."라고 쓰여 있었다. 르윈스키의 선서진술에 대한 질문을 받았을 때, 클린턴 대통령은 그 진술서의 내용은 "전적으로 사실입니다."라고 단언했다. 그리고 클린턴 대통령은 그의 변호사인 로버트 베넷이 르윈스키의 선서진술서에 '클린턴 대통령과 어떠한 형태나 방식의 어떤 종류의 성행위도 전혀 한 적이 없다는 내용이' 기록되어 있다는 언급을 판사에게 할 때도 침묵으로 일관했다. 1998년 1월 26일 백악관에서 열린 기자회견에서 클린턴 대통령은 "나는 이것을 다시 한 번 말하려 합니다. 나는 그 여성, 르윈스키 양과 성관계를 맺지 않았습니다. 나는 그 누구에게도, 단 한 번도 절대로 거짓말을 하라고 한 적이 없습니다."라며 이전의 진술을 되풀이했다.

하지만 나중에 밝혀진 것처럼, 클린턴 대통령과 르윈스키가 정사를 벌였음을 뒷받침하는 엄청난 수의 증거가 쏟아져 나왔다. 르윈스키의 감청색 드레스에서 발견된 클린턴 대통령의 정액도 그중 하나였다. 케네스 스타 특별 검사는 클린턴 대통령의 백악관 기자회견 하루 뒤에 대배심[15] 조사를 열었다. 이 조사에서 르윈스키는 위증에 대한 면책 대가로 클린턴 대통령과의 성관계를 증언한다. 그리고 1998년 8월 17일 열린 연방 대배심에서 클린턴 대통령은 마침내 르윈스키와 '부적절한 관계'를 맺었음을 시인하게 된다. 하지만 그는 1월에 있었던 선서증언에서 위증을 하지는 않았다고 주장한다.

어떻게 이런 주장이 가능했던 것일까? 첫 번째로 그건 클린턴 대통령이 단순히 '친밀한 관계'와 '성적인 관계'를 구분했기 때문이

---

15) 미국의 대배심(Grand Jury): 미국에서는 검찰 기소 전에 대배심의 기소결정이 있어야 한다. '기소독점주의'에 의해 기소권이 검찰의 전유물인 우리나라와 다른 제도다. 즉 검찰의 독단적 판단으로 기소하는 것이 아니라, 대배심의 재판회부 결정이 있어야 기소를 할 수 있다. -옮긴이

었다. 그는 직접적인 성교를 한 적은 없었으므로, 자신은 르윈스키와 '성적인 관계'를 맺은 적은 없다고 생각했다. 자, 대통령이 한 말을 한번 살펴보자.

"만약 여러분이 제인과 해리가 성적인 관계를 맺고 있다고 말했다면, 여러분은 법정에 끌려나와 여러 가지 법적인 정의가 주어지고, 어떤 식으로든 이러한 정의를 왜곡하려는 각종 시도에 둘러싸여 있는 사람들에 대해서 이야기한 것은 아닐 것입니다. 여러분은 그저 일상적인 대화에 등장하는 사람들에 대해서 이야기한 것일 테지요. 저는 대배심원들도 만약 그들이 자신들이 아는 두 지인에 대해서 이야기하던 중, 그들이 성적인 관계를 맺고 있다고 말했다면, 그들은 그 두 사람이 잠자리를 함께했다는 의미로, 즉 그들이 성교를 했다는 의미로 그 말을 한 것임이 틀림없다고 생각합니다."

클린턴 대통령은 처음에는 일반적인 언어에서 사용되는 '성적인 관계'라는 단어의 일상적인 의미를 강조했다. 대통령은 르윈스키와 자신이 맺은 육체적인 관계의 정확한 속성에 대한 언급은 끝끝내 피했지만, 그는 자신은 르윈스키와 성교를 한 적이 없다고 우겼다.

하지만 또 다른 악재가 클린턴 대통령의 우격다짐을 가로막았다. 존스의 선서증언(재판하기 전에 소송당사자 혹은 선서를 한 증인이 하는 증언─옮긴이)에서 성적인 관계에 대한 구체적인 정의가 확정되어 채택된 것이다. 그에 따르면 '성적인 관계'를 맺는 것이란 '다른 사람의 성기, 항문, 사타구니, 가슴, 넓적다리 안쪽이나 엉덩이에 성적인 욕구를 불러일으키거나 충족하려는 명백한 의도를 가진 접촉을 (중략) 고의적으로 하거나, 그러한 접촉에 관여하는 것'을 말한다.

클린턴 대통령도 이제 본인이 르윈스키와 맺은 육체적인 관계가 무엇에 해당하는지를 정확히 알 수 있게 된 것이다. '만약 선서를 한 증인이 클린턴 대통령과 구강성교를 한 장본인이라면, 그는 성적인 관계의 정의에 나열된 부위 이외의 부위인 다른 사람의 입술과 성적인 접촉을 한 것이다. 그리고 그것은 그 자체로서 그 행위가 의미하는 바에 대한 증거가 된다.'란 평결을 들은 클린턴 대통령은 사족을 덧붙인다. "판사님, 제가 알려드리도록 하겠습니다. 일단 이것을 찬찬히 읽어 보겠습니다."

이 남부끄러운 줄 모르는 현직 대통령은 그 평결을 꼼꼼히 읽는다. 그러고는 전직 변호사의 실력을 제대로 발휘하여 '성적인 관계'의 정의에 나열된 신체 부위에 '입술'이 포함되어 있지 않다는 사실을 발견한다. 타인이 입으로 자신의 성기를 애무하는 방식의 구강성교를 한 경우에는 본 정의 규정상의 '성적인 관계'에 해당하지 않는다는 허점을 발견한 것이다. 《스타 리포트The Starr Report》16)에서 확인할 수 있듯이, 이는 르윈스키가 입술로 클린턴 대통령의 성기를 애무했을 경우, 르윈스키는 클린턴 대통령과 '성적인 관계'를 맺은 것이 맞지만, 클린턴 대통령은 르윈스키와 '성적인 관계'를 맺은 적이 없게 된다는 것을 의미했다. '성적인 관계'의 법률

---

16) 빌 클린턴 대통령을 탄핵 위기까지 몰고 갔던 1998년에 발간된 보고서로, 빌 클린턴 대통령의 르윈스키 스캔들을 파헤친 케네스 스타 특별 검사가 쓴 473쪽 분량의 공식 보고서다. 옮긴이

상 정의에서 비집고 들어갈 틈을 발견한 클린턴 대통령은 기회를 놓치지 않고 법률만능주의라는 무소불위의 무기를 휘두른다. 그는 갑자기 태도를 바꾸어 '해리와 제인' 대신 '합리적인 사람'들에게 호소하기 시작한다. 법문에 자주 등장하는 '합리적인 사람'은 법적인 판단의 준거집단 중 하나다. 그는 대배심 증언에서 '어떤 사람이라도, 합리적인 사람이라면 누구나' 이러한 구분이 유효하다는 것을 알아챌 수 있을 것이라고 말한다. 부지불식간에 호소의 대상을 일반인에서 합리적인 법적 판단을 할 수 있는 사람들로 바꿔 친 것이다.

하지만 그렇다 해도 클린턴 대통령에게는 여전히 해명해야 할 것이 남아 있다. 폴라 존스의 선서증언에서 클린턴 대통령의 변호사는 르윈스키가 제출한 선서진술서에는 '클린턴 대통령과 어떠한 형태나 방식의 어떤 종류의 성행위도 전혀 한 적이 없다는 내용이' 기록되어 있다고 말했다. 이때 이 의뭉스러운 대통령은 자신의 변호사가 진실에 반하는 언급을 하는 것을 알고 있었지만 침묵으로 일관했다. 이 변호인의 발언은 일반인의 관점에서 보든, 합리적 법적 판단을 할 수 있는 변호사의 시각으로 보든 간에, 빼도 박도 못할 거짓말처럼 들리는 말이었다.

이 변호인의 진술의 진위에 대한 질문을 받은 클린턴 대통령은 경악을 금치 못할 최후의 일격을 날린다. "그 진술의 진위 여부는 '없다'의 의미에 달려 있습니다. 만약 '없다'가 지금도 없으며 전에도 전혀 그런 적이 없다는 의미라면 그 진술은 거짓입니다. 하지만, '없다'가 지금 '없다'라는 의미라면 그 진술은 완벽하게 옳은 진술입니다." 클린턴 대통령은 '없다'란 동사의 시제를 빌미로 화룡점정을 찍은 것이다. 그리고 이 천재 변호사 출신 대통령은 정성들여 자신의 궤변을 마무른다. "자, 어떤 사람이 나에게 그날 '르윈스키 양과 어떤 종류라도 성적인 관계를 맺고 있습니까?'라고 물었다고 칩시다. 그는 나에게 현재 시제로 질문을 한 것입니다. 그러므로 저는 당연히 '아니오.'라고 대답했을 것입니다. 그리고 그 대답은 의심할 여지 없는 진실입니다."

대통령의 해괴한 발언은 전국 방방곡곡으로 순식간에 퍼져 나갔다. 7개의 단어로 된 이 한 문장은 2010년에만 50만 명이 인터넷 검색을 했을 정도로 이목을 끌었다. 사실 이 발언이 수상쩍은 방식으로 문맥을 변질시킨 궤변처럼 보이는 것만은 확실하다. 특히나 "그 진술의 진위 여부는 '없다'의 의미에 달려 있습니다."란 부분만 따로 떼어 놓고 보자면, 이 말은 도무지 현재 시제와 과거 시제의 차이에 근거를 둔 변명으로 들리지는 않는다. 오히려 보수적인 칼럼니스트인 조지 윌이 말했듯이, '현재'에 대한 포스트모더니즘의 공격처럼 보인다.

나는 미국 대통령의 입에서 흘러나온 이 희한한 문장은 전체 문맥에서 떼어 내서 살펴보아야 한다고 생각한다. 위대한 헌법학자인 토머스 리드 파월은 "만약 당신이 갑(甲)에 부착되어 있는 을(乙)을, 을이 부착되어 있는 갑을 고려하지 않고 생각할 수 있다면, 당신은 소위 말하는 법적 사고를 갖고 있는 것입니다."라고 말했다. 그의 말대로라면 포샤는 떼려야 뗄 수 없는 관계인 '살 1파운드'와 피를 분리해서 생각하는 창조적 발상으로 자신의 법적 사고를 과시한 것이다. 사실 클린턴 대통령은 대통령직에 도전한 첫해에 이미 자신의 법적 사고를 내보인 적이 있다. 국제법을 위반한 적이 있지 않느냐는 질문을 받은 그는 영국에 있을 때 마리화나를 피운 일은 있으나, '절대로 흡입하지는 않았다'고 말했다. 이런 그이니 '친밀한 관계'와 '성적인 관계'가 명확히 다른 것이라고 우기는 것이 어려운 일은 아니었을 것이다. 이에 그치지 않고 백악관에 사는 이 말장난의 대가는 '구강성교'와 '성적인 관계'의 차이도 알아냈고, 급기야 자신의 시각에서 바라본 '없다'와 사람들이 생각하는 '없다'의 차이도 개발해 냈다.

포샤는 지엽적인 사항을 끄집어내어 트집을 잡아 대는 궤변으로도 모자라 다른 사람들이 몰지각한 행동을 하도록 몰아가는 독보적인 기술을 선보인다. 그것도 자신의 출혈은 최소화하면서 말이다. 그녀는 바사니오에게 은밀한 암시를 건네는 것으로 아버지의 유언을 슬그머니 비켜 갔고, 샤일록이 자신이 꺼내 놓은 포승줄로 스스로를 옭아매도록 유도하는 것도 모자라, 바사니오가 지나는 길에 덫을 놓아 발타자르에게 반지를 내주게 만든다. 클린턴은 이런 포샤의 기술에 한 치도 뒤지지 않을 설득의 기술을 십분 이용하여 자신의 이익을 보호하는 대신 다른 사람들을 은근히 위협했다. 르윈스키는 대통령이 그녀에게 거짓말을 하라고 '명시적으로' 권유한 적은 절대 없다고 말했다. 하지만 '우회적으로 둘러대도록' 자신을 독려한 것만은 사실이라고 그녀는 증언했다. 클린턴 대통령은 "있잖아, 자네는 언제라도 내 개인 비서인 베티 커리를 보러 왔다거나, 나에게 편지를 전하러 왔다고 말할 수 있어."라고 말하는 식으로 뭉뚱그려 거짓말 아닌 거짓말을 할 것을 권유했다.

클린턴 대통령은 본의 아니게 스캔들에 연루된 베티 커리도 위협했다. 커리는 대통령이 르윈스키와 맺고 있는 관계의 시시콜콜한 내용을 모르길 원했고, 그렇게 하기 위해 무진 애를 썼다고 증언했다. 르윈스키가 그녀에게 비밀을 털어놓으려 했을 때, 커리는 다음과 같이 대답했다고 한다. "듣고 싶지 않습니다. 더 이상 말하지 마십시오. 나는 더 이상 듣고 싶지 않습니다." 그럼에도 대통령 집무실 바로 바깥쪽에 앉아 있어야 하는 대통령 비서라는 직분 때문에, 커리는 어쩔 수 없이 르윈스키와 대통령이 저지른 불륜에 대해서 알게 되었다. 게다가 이 불륜 커플을 그녀를 통해 선물과 전갈을 주고받았다. 르윈스키가 소환장을 받은 뒤에, 커리는 클린턴 대통령이 르윈스키에게 준 선물들로 가득 찬 상자를 회수하는 일도 떠맡아야 했다. 용의주도한 커리는 이 상자를 열어 보진 않았지만, 대배심 과정에서 제출 명령을 받기 전까지 그 상자를 자기 집 침대 밑에 보관하였다.

커리가 증인으로 소환되었다는 사실을 알게 된 클린턴 대통령은 다음과 같은 말을 커리에게 속사포처럼 쏟아 냈다.

"자네는 르윈스키가 그곳에 있을 때면 언제나 그곳에 함께 있었어. 그렇지 않은가? 우리가 정말로 단둘이 있었던 적은 한 번도 없었어."

"자네는 모든 것을 듣고 볼 수 있었지 않은가."

"모니카가 나에게 달려든 거야. 내가 그녀에게 손댄 적은 단 한 번도 없었어. 그렇지?"

"그녀는 나와 성관계를 맺길 원했어. 하지만 나는 그렇게 할 수 없었지."

이 말을 들은 커리는 대통령이 방금 뱉은 말을 그녀가 진실이라 여기길 바란다고 생각했다. 그리고 당시에 그녀는 마치 그렇게 여기는 것처럼 행동했다. 하지만 대배심에서 증인으로 나선 그녀는 옳은 선택을 했다. 그녀는 대통령과 르윈스키가 집무실에 단둘이 있었던 적이 있다는 사실을 알고 있었으며, 그럴 때면 그녀는 그들의 말을 들을 수도 그들의 모습을 볼 수도 없었다는 사실을 인정했다. 르윈스키와 달리 커리는 클린턴 대통령의 협박에 움츠러들지 않은 것이다. 더군다나 선서까지 한 마당이 아닌가. 하지만 커리의 의연함은 클린턴 대통령이 충분히 회유하지 않은 탓은 아니었다. 클린턴 대통령은 여러 차례 그녀가 위증을 하도록 유도했다. 그는 심사숙고해서 고른 대사들을 내뱉어 그녀가 그럴듯한 방식으로 진술 거부를 하도록 권유했다. 직접적으로 그녀의 증언에 영향을 미치려는 시도는 하지 않았지만, 머릿속에 떠오르는 일련의 사건들을 다시 복기해 보는 과정을 그녀에게 설명하는 척하면서 진술 거부를 유도한 것이다.

하지만 이 모든 시도에도 대통령의 위신은 땅에 떨어졌다. 아무런 법적 제재도 받은 적이 없는 포샤와 달리 클린턴 대통령은 결국 책임 추궁을 당했다. 그는 위증과 사법 방해 혐의로 탄핵 재판을 받았다. 대통령 탄핵안에 대한 상원의 표결이 부결되면서 이 호색적인 대통령이 무죄방면 되긴 했다. 하지만 그는 아칸소 주 변호사 자격을 박탈당했고, 대법원도 대통령의 변호사 자격을 박탈했다.

하지만 포샤와 클린턴 대통령에 대한 처우의 차이는 어떤 원칙 때문이라고 보기는 힘들다. 그저 너무나 다른 사회적 여건 탓에 그런 차이가 생겨난 것 같다. 하지만 여기서 하나 확실한 것은 처벌은 받지 않았는지 몰라도, 포샤가 살 1파운드 채권의 시험에서 변호사의 본분을 다하지 못한 것만은 사실이라는 점이다. 그녀가 변호사 자격을 박탈당하지 않아야 하는 이유가 있다면, 살 1파운드 채권의 시험이 시작된 시점에는 그녀가 변호사가 아니었다는 사실뿐이다. 최근 열린 '샤일록 대 안토니오 모의 항소 재판'에서 판사 역을 맡았던 리처드 포스너 판사도 이에 동의했다. 동 법정에서 포샤의 유무죄에 대한 질문을 받은 그는 다음과 같이 대답했다. "당연히 유죄입니다. 처벌을 받아야 마땅하고말고요."

지혜로운 판사의 자질을 논하다

자에는 자로 ▮ Measure for Measure

Chapter 03

2009년에 소니아 소토마요르의 부연방대법관 인준 청문회가 열렸다. 청문회 첫날, 나는 추워서 코가 떨어져 나갈 듯한 텔레비전 스튜디오에 앉아 있었다. 나는 지금은 부연방대법관이 된 소니아 소토마요르 판사를 오랫동안 지지해 왔다. 인준 청문회 당시에는 그녀에게 도움이 된다면 무슨 일이든지 하겠다는 각오를 했을 정도다. 나는 그녀를 위해 모든 미디어의 관련 인터뷰 요청을 받아들였다. 그날도 몇 시간째 스튜디오에서 내 차례를 기다리고 있던 참이었다. 단 몇 분의 지지발언을 하기 위해서 말이다. 갑자기 옆에 앉아 있던 앵커가 생글거리며 내게 우스갯소리를 해 댔다. 자신에게 할애된 질문 시간 10분을 다 쓰지도 못하는 상원의원이 한 명은 있으면 좋겠다[17]는 것이었다. 그녀의 몰지각한 농지거리에 대한 내 대답은 경멸의 눈빛뿐이었다.

원래 인준 청문회는 중책을 맡을 고위 공무원 지명자의 면면을 속속들이 들여다보기 위해 고안된 제도였다. 하지만 로버트 보크

---

17) 인준 청문회는 고위 공직자에 대해서 국회가 인준을 하는 미국에서, 특정 공무원에게 인준 과정에서 시행하는 청문회를 말한다. 이 청문회에서 상원의원들이 준비 자료와 언론에서 제기한 문제 등을 토대로 지명자를 추궁한다. ─옮긴이

판사가 진실한 태도로 청문회에 임한 대가로 상원의 인준을 받지 못한[18] 일이 있은 1987년부터 상황은 달라졌다. 인준 청문회는 상원의원들과 고위직 지명자가 으리으리한 방에서 얼굴을 맞대고 형식적으로 묻고 답하는 놀이로 변질되었다. 인준 청문회 놀이의 승리 전략은 상원의원은 가능한 한 말을 많이 하고, 지명자는 가능한 한 말을 아끼는 것이다. 1993년에 부연방대법관 후보로 지명된 루스 베이더 긴즈버그 판사는 후에 '긴즈버그 법칙'이라 명명된 유명한 원칙을 청문회에서 정립했다. 오랜 세월 두루 빈틈 없는 생활을 해 온 꼬장꼬장한 여판사답게, 그녀는 청문회에서 '어떠한 힌트도 주지 않고, 어떠한 예측도 하지 않고, 어떠한 시연도 하지 않을' 작정이라고 밝혔다.

인준 청문회의 의의는 사실, 사람들이 한 사회의 구성원으로서 판사가 할 일에 대해서 숙고해 볼 기회를 제공하는 데 있다. 판사가 할 일에 대한 미국인들의 생각은 크게 두 갈래로 나뉜다. 버락 오바마 대통령은 대법관 후보자 지명에서 '타인의 처지를 이해해 보려는 감정이입 능력'을 중점적으로 살펴보겠다고 말했다. 수많은 보수 우익들이 대통령의 이 발언을 맹렬히 공격했다. 상원 법제사법위원회에 몸담고 있는 제프 세션스 공화당 소속 상원의원은 감정이입 능력을 대법관 임명의 기준으로 삼는 것은 법치주의에

---

18) 레이건 대통령 시절 부연방대법관 후보로 지명된 로버트 보크는 '로 판결'을 비판하는 학술논문을 발표한 것이 문제가 되어 상원의 인준을 얻지 못했다. 로 판결 (Roe v. Wade, 410 U. S. 113, 1973)은 여성은 자유의사로 낙태할 헌법적 권리가 있다고 선언한 유명한 미국 연방대법원의 판결이다.

작별을 고하는 위험한 시도라고 평했다. 그리고 특정한 한 사람의 처지에서 사건을 살펴보는 것은 감정이입의 대상인 특정인을 제외한 다른 이들에게 편견을 갖는 것을 의미한다고 덧붙였다.

이 같은 판사의 자질에 대한 설왕설래에서 내가 가장 어이없게 생각하는 면은, 많은 사람들이 마치 난생처음 이런 논의를 하고 있는 것처럼 행동하고 있다는 점이다. 사실 우리는 이미 수백 년 동안 지혜로운 판결의 비결에 대해서 고민해 왔다. 수천 년은 아닐지 몰라도 말이다. 고대부터 지금까지 존재하는 모든 판결은 모두 다음 세 종류의 판결로 분류할 수 있다. 한쪽의 처지를 과도하게 공감한 나머지 법치주의를 훼손한 판결, 법치주의의 확립, 즉 '법문의 자구'에 충실한 '엄격한 해석'에 집착한 나머지 한쪽에게는 너무 가혹한 처분을 내린 판결, 마지막으로 사안이 법치주의의 관철과 감정이입 그 어느 것으로도 해결할 수 없을 정도로 골치 아픈 상황이라는 것을 통감하고 내린 판결. 이 세 종류의 판결이 바로 그것이다.

앞으로 살펴보겠지만 〈자에는 자로〉에는 이 세 종류의 판결 유형이 모두 등장한다. 이 천재적인 희곡의 제목에는 흥미로운 중의가 숨어 있다. '자에는 자로'란 문구는 세 가지 다른 의미로 해석이 가능하기 때문이다. 일단 기독교적 관점에서 '자에는 자로'란 문구를 해석해 볼 수 있다. 다음은 신약의 마태복음에 등장하는 산상수훈의 한 대목이다.

비판을 받지 아니 하려거든 비판하지 말라.
너희가 비판하는 그 비판으로 너희가 비판을 받을 것이요 너희가 헤아리는 그 헤아림으로 너희가 헤아림을 받을 것이니라.

어찌하여 형제의 눈 속에 있는 티는 보고

네 눈 속에 있는 들보는 깨닫지 못하느냐.

보라, 네 눈 속에 들보가 있는데

어찌하여 형제에게 말하기를 나로 네 눈 속에 있는 티를 빼게 하라

하겠느냐.

외식하는 자여, 먼저 네 눈 속에서 들보를 빼어라.

그 후에야 밝히 보고 형제의 눈 속에서 티를 빼리라.[19]

나는 마태복음의 이 구절을 매우 좋아한다. 사리 판단의 도구인 눈이란 기관을 판단의 대상으로 삼은 기발한 착상 때문이다. 내가 남의 눈에 티끌이 들어 있다고 판단한다면, 나는 암묵적으로 내 눈에는 시야를 가로막는 이물질이 전혀 들어 있지 않다고 가정하고 있다고 할 수 있다. 하지만 반대로 생각해 보면 남의 눈에 들어 있는 듯 보이는 그 티끌과 꼭 같은 크기의 티끌이 내 눈 안에 들어 있는 것일 수도 있다. 내 눈 안에 꼭 들보가 들어 있기야 하겠냐만 말이다. 하지만 눈으로 본 것으로만 모든 상황을 판단한다면, 내 눈에 들어 있는 티끌의 존재는 영원히 알아차릴 수 없다. 티끌이 들어 있는 눈에 보이는 것은 남의 눈에 들어 있는 티끌뿐이기 때문이다. 티끌을 발견하기 위해서 필요한 것은 '시력'이 아니라 '통찰력'이다. 통찰력을 발휘해야만, 남의 눈에 들어 있는 티끌을 보았을 때, 내 눈에 꼭 같은 크기의 티끌, 혹은 들보가 들어 있을지도 모른다는 추

---

19) 마태복음 7장 1절, 2절, 3절, 4절, 5절 −옮긴이

론을 할 수 있기 때문이다. 결국 필요한 것은 남에게 함부로 잣대를 들이대지 않고, 상대의 자리에서 생각해 보는 자세인 것이다. 상대의 자리에 공명하려 하는 이런 마음가짐만 있다면 섣부른 판단 따위는 당연히 하지 않게 될 것이다. 우리는 모두 죄인이기 때문에 우리 중 그 누구도 다른 이에게 돌을 던질 자격이 없다는 기독교 윤리를 떠올리게 하는 논리다. 우리는 '비판을 받지 아니하려거든 비판하지 말라.'는 마태복음 7장 1절 말씀처럼, 타인에 대한 판단을 유예하거나 유보해야 한다. 〈자에는 자로〉에 등장하는 비엔나의 공작 빈첸시오는 이런 역지사지 정신의 화신이다.

한편 '자에는 자로'란 문구는 구약의 관점에서 해석해 볼 수도 있다. 여러분들이 익히 알고 있듯이 구약에는 형벌이 범죄에 상응하는 해악이어야 한다는 응보의 법칙이 등장한다. 우리는 〈티투스 안드로니쿠스〉와 〈베니스의 상인〉에서 이미 이 탈리오의 법칙을 자세히 살펴보았다. '그러나 다른 해가 있으면 갚되 생명은 생명으로, 눈은 눈으로, 이는 이로, 손은 손으로, 발은 발로, 덴 것은 덴 것으로, 상하게 한 것은 상함으로, 때린 것은 때림으로 갚을 지니라.'(출애굽기 21장 23절, 24절, 25절)란 출애굽기의 말씀이 전하는 이 동해보복의 원칙은 신약의 용서와 관용의 정신과는 정면으로 배치된다. 〈자에는 자로〉에서 넘치는 관용으로 사법체계에 혼란을 몰고 온 공작은 냉혹한 안젤로를 공작 서리로 임명하는 방법으로 개혁을 시도한다. 구약의 탈리오 법칙을 몸소 실천하는 공작 서리 안젤로의 사전에 용서란 없다.

끝으로 '자에는 자로'란 문구는 고대 그리스의 '중용'의 관점으로도 해석해 볼 수 있다. '자에는 자로'란 말을 아리스토텔레스의 절제나 아르키메데스의 방식과 같은 인본주의적인 '잣대'로 판단하자는 의미로 받아들이는 것이다. 이 현명한 이교도들의 잣대로 상황을 판단해 정의를 실현할 경우, 앞서 본 두 경우와는 달리 '중용의 미덕'을 지닌 현자의 '잣대'에 따라 사안을 판단하게 된다. 이 경우에는 판단 주체의 자유재량이 판단 결과에 많은 영향을 끼치기 때문에 하나같은 결론을 내기는 어려울 수 있다. 〈자에는 자로〉에서는 솔로몬 왕도 샘낼 지혜로운 사리 판단을 하는 현자가 고대 그리스의 철학을 현실에 적용한다. 그 현자의 이름은 '자' 혹은 '잣대'란 뜻을 갖고 있는 에스컬러스다.

〈자에는 자로〉에서 셰익스피어는 '중용'이야말로 이상적인 잣대라는 자신의 철학을 은근히 내비친다. 셰익스피어는 이 희곡에서 기준 없는 관용만 있는 사회와, 법문을 자구에만 충실하게 해석한 나머지 관용의 여지가 전혀 없는 사회의 예를 차례로 보여준다. 지각 있는 사람이라면 그 누구도 살고 싶지 않을 사회를 가감 없이 그려 낸 것이다. 언제나 그렇듯 이 역사에 길이 남은 대문호는 지혜로운 판결을 내리는 비결을 이미 알고 있었다. 판사의 자질에 대한 갑론을박을 벌이고 있는 이들은 〈자에는 자로〉에 드러난 그의 철학에 귀를 기울여야 한다. '관용'과 '법치주의'란 상생의 가치 중 어느 하나만을 극단적으로 신봉하는 '잣대'로는 우리 사회를 통치할 수 없다. 지혜로운 판결에는 직감에서 나오는 판단의 유혹을 뿌리치고 중용의 도를 걸어가겠다는 단호한 마음가짐이 필요한 것이다.

〈자에는 자로〉에서 모든 사건의 발단이 되는 인물은 비엔나의 젊은 신사 클라우디오다. 비록 별로 호감 가지 않는 중요할 것도 없는 인사이지만 말이다. 클라우디오는 약혼녀 줄리엣과 혼전 성관계를 맺어 '혼인 외의 자(子)[20]'를 가진다. 간음 금지법을 어긴 것이다. 간음은 부부 아닌 남녀가 성관계를 맺는 것을 말한다. 사실 빈첸시오 공작의 원칙 없는 치세 탓에 비엔나의 법이란 법은 모조리 다 그 효력을 잃은 지 오래되었다. 그러니 원래대로라면 간음 금지법 위반은 문제될 것도 없었다. 문제는 빈첸시오 공작이 젊은 안젤로를 공작 서리로 임명하고 비엔나를 떠난 시점에 클라우디오가 범행을 저질렀다는 것이다. 법치주의를 확립해야 한다는 사명감에 불탄 젊은 안젤로는 모든 법을 자구 그대로 엄격하게 집행하길 원한다. 그래서 클라우디오에게 사형 선고가 내려진다.

클라우디오의 친구 뚜쟁이 루시오가 수녀원에서 견습 수녀 생활을 하고 있는 여동생 이사벨라에게 이 청천벽력 같은 소식을 전한다. 오라비가 저지른 범행에 충격을 받은 순결한 여동생은 비엔나 사법부의 선고에 또 한 번 큰 충격을 받는다. 그녀는 클라우디오의 목숨을 구걸하러 공작 서리 안젤로를 찾아간다. 자비를 구하는 이사벨라에게 안젤로는 법문 그대로 법을 집행하는 것의 중요성을 설파하며 그녀의 청을 물리친다. 하지만 목석 같은 태도를 가장한 이 총각의 마음속에서는 사랑, 아니면 욕정이 스멀스멀 피어오르

---

20) 혼인 관계에 있지 않은 남녀 사이에서 태어난 자식(子)을 가리키는 법률 용어

고 있다. 안젤로는 고결한 이사벨라의 얼음장 같은 정숙함에 푹 빠져 버렸다. 욕망의 포로가 된 안젤로는 이사벨라가 자신과 함께 잠자리를 가지면 오라비의 목숨을 구해 주겠다는 흉물스런 미끼를 던진다. 참으로 양의 탈을 쓴 늑대다. 옥에 갇힌 클라우디오를 찾아간 이사벨라는 마지못해 오라비에게 안젤로의 제안에 대해 이야기한다. 클라우디오는 처음에는 그게 될 법이나 한 소리냐며 길길이 날뛴다. 하지만 이 미덥지 않은 오라비는 의인 노릇을 그리 오래하지 못한다. 죽음의 공포가 서서히 목을 죄어 오자 흔들리기 시작하는 오라비의 비겁함에 질겁한 정결한 숙녀는 비통한 마음을 안고 감옥을 나선다.

불행 중 다행으로 빈첸시오 공작은 탁발 수사로 변장한 채 암행을 하며 비엔나에 머무르고 있었다. 변장한 채 이사벨라 앞에 나타난 공작은 안젤로를 감쪽같이 속일 방법을 알려 준다. 그는 안젤로가 마리아나라는 숙녀와 파혼을 한 전적이 있다고 말한다. 약혼녀의 지참금을 실은 배가 난파되어 돈을 한 푼도 받을 수 없게 되자 뒤도 돌아보지 않고 약혼을 파기했다는 것이다. 이어 안젤로의 제안을 받아들이고, 밤의 어둠을 틈타 침실에 그녀 대신 마리아나를 들여보내라고 귀띔한다. 이사벨라는 빈첸시오의 묘책을 따르고 안젤로는 순순히 속아 넘어간다. 문제는 마리아나를 이사벨라로 여기고 잠자리를 하여 정욕을 채우고 나자 마음이 달라졌는지, 이 용렬한 위인이 입을 싹 씻어 버렸다는 것이다. 그는 클라우디오가 여동생의 복수를 할 것을 두려워한 나머지, 약속과 달리 사형을 집행하라는 명을 내린다.

자, 이제 정의의 사도가 등장할 차례다. 공작의 공식적인 '귀환'과 함께 극은 절정으로 치닫는다. 이사벨라는 공작을 찾아가 정의를 바로잡아 달라고 애원한다. 이사벨라는 공작에게 자신이 안젤로에게 성폭행을 당한 여인이라고 고한다. 다급해진 안젤로는 이사벨라를 정신이 온전치 못한 여인이라 모함한다. 처음에 공작은 이제껏 올바른 방식으로 정사를 처리해 온 측근 안젤로의 말에 더 무게를 두는 듯한 태도를 보인다. 하지만 극의 말미에 공작은 자신이 외유를 한 것이 아니라 비엔나에서 암행을 했기 때문에, 사건의 전말을 모두 알고 있다는 사실을 밝힌다. 위선자의 모습을 들킨 안젤로는 지금 당장이라도 자신을 죽여 달라 청한다. 하지만 희생의 화신 마리아나가 자신을 헌신짝 취급한 사내의 목숨을 구해 달라고 애원한다. 공작은 이사벨라에게 안젤로의 생사여탈권을 준다. 그러면서 얄밉게도 자신이 클라우디오의 처형을 중지시켜 놓았다는 사실은 알려 주지 않는다. 다소 거슬리는 방식으로 자신의 선량함을 시험하는 공작에게 이사벨라는 안젤로가 죽어 마땅한 불한당임은 틀림없지만 그래도 목숨만은 살려 주라고 말한다. 정결한 여인의 무량한 자비심에 감복한 공작은 모두에게 관용을 베푼다. 그는 클라우디오가 아직 살아 있으며 그는 사면되었다고 말한다. 이어 마리아나와 결혼할 수 있도록 안젤로의 죄도 사해 준다. 이어 자신을 모욕한 뚜쟁이 루시오에게 그가 임신시킨 여성과 결혼하기만 한다면 죄를 용서해 주겠다고 말한다. 그리고 모든 소동은 빈첸시오가 이사벨라에게 청혼하면서 대단원의 막을 내린다.

이사벨라는 빈첸시오의 프러포즈에 끝내 답을 주지 않는다. 답

을 하지 않는 그녀의 모습은 관용, 법치주의, 위선, 순결 등에 대한
심오한 질문을 던지고 답은 하지 않는 이 얌체 같은 희극을 그대로
빼다 박았다. 언뜻 해피엔딩으로 극을 끝마치게 한 듯 보이는 공작
의 관용은 비엔나를 〈자에는 자로〉 초반의 혼돈으로 되돌려 놓았
다. 법 없이도 살 수 있는 비엔나가 아니라 법이 없는 비엔나로 회
귀한 것이다. 너무 물러 사회에 불안을 안기는 공작과 달리 안젤로
는 자신도 따를 수 없을 정도로 에누리 없는 판결을 일삼는 냉혹한
판사다. 둘 다 법정에서 절대로 마주치고 싶지 않은 부류의 판관이
라 할 수 있다. 이상적인 판관의 모습은 오히려 뜻밖의 곳에서 발
견할 수 있다. 바로 극 전반을 통틀어 별로 주목받지 못하는 조연
에스컬러스에게서 말이다. 이 극단적인 위정자들의 중도에 서 있
는 이 지혜로운 현자는 이상적인 판관의 모범을 제시한다.

〈자에는 자로〉는 빈첸시오 공작의 깊은 탄식
과 함께 시작된다. 이 사람 좋은 공작이 베푼 무분별한 자비 때문
에 무질서가 온 비엔나를 덮어 버렸기 때문이다. 사실 비엔나의
법체계는 형벌이 지나치게 가혹하다는 근원적인 문제를 안고 있
다. 혼외정사 한번 저질렀다고 사형에 처해 버리니, 그 누가 이따
위 법의 규제를 받고 싶겠느냐 말이다. 공작이 법 개정 시도를 하
지 않은 연유를 궁금해하는 사람들도 있다. 애초에 문제가 있는
것은 법 규정 자체이니 말이다. 하지만 〈자에는 자로〉에서 법문
자체는 불가침의 성역이다. 일단 법문을 변경할 수 없다는 전제를
두면, 공작이 관용을 보이기 위해 할 수 있는 선택은 오직 법 집행

을 하지 않는 것뿐이다. 결국 공작은 비엔나에서 거의 모든 법의 집행을 상당히 오랜 기간 유예한다. 이 기간이 얼마나 되는지는 확실치 않다. 클라우디오는 19년(1.2.157)이라 하고 공작은 14년(1.3.21)이라고 하니 말이다. 비평가들은 이처럼 두 사람의 말이 다른 것은 셰익스피어가 이런 불일치를 놓쳤기 때문이라고 한다. 하지만 나는 이 또한 용의주도한 계산에 따른 불일치라고 생각한다. 사람들이 셰익스피어의 광신도라고 손가락질해도 할 수 없다. 나는 해석이 분분할 정도로 혼란스러운 상황 자체가 법 집행 유예 기간이 언제 끝날지 사실 아무도 몰랐다는 것을 나타낸다고 생각한다.

하여튼 셰익스피어의 실수에 대한 논란은 차치하고, 확실한 것은 비엔나란 도시 전체가 지금 전례 없는 혼란에 빠져 있다는 것이다. 공작은 이에 대해 다음과 같이 말한다.

우리나라에는 준엄한 각종 법령으로 성문화된,
아주 냉혹한 법이 여럿 있소.
고집 센, 사나운 말을 제어하는 데 필요한
재갈도 있고, 고삐도 있단 말이오.
비록 과거 십사 년 동안이나
내팽개쳐 두었지만 말이오.
이제는 너무 포식한 사자가 동굴 안에만 파묻혀 있고,
먹이를 구하러 나가지 않는 것이나 비슷하게 되었소.
애정에 치우친 아버지들이 자작나무 가지를 묶어서
회초리를 만들어 가지고 사용은 하지 않고,

다만 위협용으로 어린애들한테 보이기 위해 한 옆에 세워만 두면,
그때는 그 회초리가 무섭기는커녕 우습게만 보이듯이,
우리의 법령도 집행력이 없어지면 폐기된 것이나 마찬가지로,
방종한 자들이 법에 코웃음을 치게 되오.
갓난 것이 유모를 때리게 되는 것이오.
모든 예의도 질서도 엉망이 되고 마오.
(1. 3. 19-31)

셰익스피어는 집행력이 없는 법을 다양한 것에 비유한다. 말에 씌우지 않고 벗겨 놓은 지 오래된 고삐, 너무 배가 불러 동굴에만 박혀 있는 사자, 오히려 애들을 버릇없게 만들어 버리는 전시용 회초리 등 그 대상도 다양하다. 위의 대사 마지막 부분에서 공작은 집행력의 상실이라는 표면적 현상보다 훨씬 더 복잡하고 심각한 문제를 언급한다. 바로 집행력을 상실한 유명무실한 법 때문에 국가의 신용이 땅에 떨어지게 되는 것 말이다. 아무도 휘두르지 않는 회초리는 무섭기는커녕 우스워 보이게 마련이다. 알베르트 아인슈타인도 같은 이유로 금주법[21]을 반대했다. 그는 이 금주법이 제대로 집행되지 않을 경우 '정부의 위엄'이 손상될 것을 염려했다. 이들의 생각대로라면, 집행력이 없는 법은 없느니만 못한 법이다.

사실 궁극적인 해결책은 공작이 새 시대를 열어 법을 엄정하게 집행하는 것이다. 수도승 토머스도 공작에게 같은 진언을 한다.

---

21) 1919년에 비준된 전국 금주법. 금주법은 완벽한 적용이 불가능했으며 밀조, 밀매 등의 범죄가 크게 늘어나는 원인이 되었다. ―옮긴이

"그 잡아매어 놓은 법률을 풀어 놓고자 하시면, 얼마든지 마음대로 하실 수가 있을 것입니다. 그리고 또 그 집행도 손수 하시는 것이, 안젤로 경의 손을 빌려 하시는 것보다 더 위엄 있을 듯합니다." (1.3.31-34) 하지만 공작은 자비로운 군주와 폭군이라는 두 얼굴의 위선자가 되어야 하는 것만 같아 썩 내키지 않는다. 더군다나 시민들이 자신을 위선자라 여기는 것은 절대로 참을 수 없다. 그래서 공작은 개혁이라는 막중한 임무를 안젤로에게 맡긴 채 도시를 떠나기로 한다. 아니 정확히 말하자면 떠난 척하기로 마음을 먹는다. 그의 의도와 달리 우리가 느끼는 공작의 첫인상은 위선자나 다름없다. 도시를 아수라장으로 만든 것도 모자라, 곤혹스런 뒷수습을 다른 사람에게 슬쩍 미루었으니 말이다.

공작은 신중에 신중을 기하여 공작 서리를 고른다. 그는 측근 두 명 중 나이가 많은 에스컬러스부터 먼저 부른다. 그리고 연륜이 배어나는 에스컬러스의 국정 운영 철학을 침이 마르게 칭찬한다. 하지만 정작 공작 서리로 임명된 것은 안젤로였다. 안젤로는 공작의 대척점에 서 있는 사람이었다. 그는 꼭 공작이 무른 만큼 빡빡했다. 많은 이들이 그를 초인적이라고 평했다. 간혹 인간 이하라는 비난을 듣기도 했지만. 여기서 우리는 공작의 의도를 짐작할 수 있다. 공작은 합리적인 판단력의 소유자인 에스컬러스 대신 안젤로를 공작 서리로 세워서 상황을 정반대 방향으로 몰고 가려는 것이다. 공작은 안젤로를 신뢰하기 때문에 그를 서리로 임명한 것이 아니다. 오히려 내심 안젤로가 보기와 달리 청렴하지 않을 것이라 짐작하고 있다.

126

공작 서리 체제가 시작되자마자 안젤로가 보게 된 것은 비엔나가 무법천지라는 증거다. 엘보란 이름의 보안관이 폼피라는 매춘굴의 뚜쟁이와 프로스라는 바텐더를 안젤로와 에스컬러스 앞으로 끌고 온 것이다. '팔꿈치'란 뜻의 엘보란 이름이 범인을 좇아 팔꿈치로 인파를 제치며 달려가는 보안관을 연상케 한다. 이 심지가 사나운 보안관은 영국 시골 마을에서 무급으로 치안을 담당하는 하급 경찰의 전형이다. 셰익스피어 희곡에는 이런 무능한 경찰 나부랭이가 종종 등장한다. 〈사랑의 헛수고〉의 덜이나 〈헛소동Much Ado About Nothing〉의 도그베리와 버지스가 바로 그 예다. 게다가 엘보란 사내는 말 한마디 제대로 못할 정도로 무식하다. 에스컬러스에게 엘보는 "본관으로 말하자면, '보잘것없는 공작의 보안관'입죠. 저의 이름은 엘보. 재판을 해 주셔야겠습니다. 각하 면전에다 이름난 치안의 '방어자'를 두 놈이나 잡아왔습죠."(2. 1. 47-50) 라고 말한다. 원래 의도는 '공작의 보잘것없는 보안관'이 이름난 치안의 '방해자' 두 놈을 잡아왔다고 말하려던 것이었다. 하지만 그가 횡설수설하는 탓에 에스컬러스는 문장을 고심하여 짜깁기해야 한다. 폼피가 자신의 결백을 주장하자 엘보는 다시 한 번 앞뒤가 맞지 않는 말을 내뱉는다. "뭐라고? 그럼 증거를 대라. 이놈들 앞에서, 그대 각하들께서 증거를 대!"(2. 1. 85-86) 보다 못한 에스컬러스가 "어떻습니까? 말이 영 엉망이군요."(2. 1. 87)라고 안젤로에게 말한다. 젊은 안젤로는 이미 인내심을 잃은 지 오래다. 그는 에스컬러스에게 "세 놈을 다 볼기깨나 치도록 하시는 것이 좋을 겁니다."(2. 1. 136)라고 말한 뒤, 젠체하며 법정을 떠난다.

폼피는 이 운수 사나운 보안관을 슬슬 약 올리기 시작한다. 엘보
는 폼피의 "정부는 마땅히 '존경해야' 하는 여성"(2.1.160-161)이
라고 말한다. 사실 마땅히 '의심해야' 한다는 말을 하려던 것이었
다. 폼피는 "우리들 모든 사람의 누구보다도 저 사람의 마누라야말
로 존경받아야 하는 여성"(2.1.162-163)이라고 말하며 엘보를 놀
려 먹는다. 격분한 엘보가 발악한다. "이런 고약한 거짓말쟁이를
봤나. 넌 거짓말쟁이야! 이 고약한 악당아! 이놈아, 우리 마누라가
'존경받을' 때까지만 살아라. 남자하고도 여자하고도, 어린애하고
도 우리 집사람은 아무런 관계가 없어."(2.1.164-166) 짜증이 복받
친 에스컬러스가 "원, 누가 더 똑똑하단 말인가, 정의인가 불의인
가?"(2.1.169)라고 소리친다. 에스컬러스는 여기서 중세 도덕극에
빗대어 이야기한 것이다. 중세 도덕극에는 '정의'와 '불의'를 대변
하는 인물들이 등장하고 승리는 언제나 '정의'의 것이다. 하지만
이곳 비엔나에서도 승리의 여신이 '정의'의 품에 안길지는 알 수
없다. 폼피는 엘보의 말실수를 따라 하며 엘보를 실컷 조롱한다.
흥분한 엘보가 자신과 아내를 자기 입으로 모욕했으니 이 고약한
한량은 일거양득한 셈이다.

사실 엘보의 말실수는 익살스럽다. 하지만 마냥 웃을 일만은 아
니다. 법 언어의 잘못된 사용은 심각한 결과를 초래할 수도 있다.
〈베니스의 상인〉에서 보았듯이 '살 1파운드 채권'에 대한 서로
다른 해석 중 어느 것을 택하느냐에 따라 삶과 죽음의 갈림길이 갈
린다. 엘보는 '폭행'과 '명예훼손'을 혼동해서 쓴다. 법 지식이 짧
은 보안관의 성급한 '법 언어' 사용은 포샤처럼 능숙하게 법 언어

를 쓸 줄 아는 이의 의도적 조작만큼이나 위험하다. 지금 비엔나의 법체계는 엘보의 두서없는 말만큼이나 혼란스럽다.

어느 모로 보나, 빈첸시오 공작의 느른한 치세는 실패했다고밖에 할 수 없다. 법 없는 세상의 위험성을 경고하고 있다는 점에서 〈자에는 자로〉는 〈베니스의 상인〉보다 한층 더 발전한 다층적인 논의가 담겨 있는 희곡이다. 〈베니스의 상인〉은 인간사의 복잡다단한 온갖 문제가 모두 자비를 베풀면 저절로 해결된다는 안일한 해답을 제시한다. 샤일록이 안토니오에게 자비를 베풀었더라면 만사형통이었을 것이라는 말을 하려던 것이라면, 포샤도 샤일록에게 좀 더 자비로웠어야 하지만. 그러나 조금만 더 생각해 보면 누구나 금방 이 단편적인 해답에 의심을 품게 된다. 도에 어긋난 자비가 넘쳐나고, 법이 자취를 감춘 사회는 그 누구도 살고 싶지 않을 곳이기 때문이다. 이런 측면에서 〈베니스의 상인〉이 탈고된 지 8년 뒤 집필된 〈자에는 자로〉는 셰익스피어의 원숙미가 돋보이는 천재적 희곡이라 할 수 있다.

이제 위의 논의를 약간 비틀어 보자. 산상수훈에 담긴 지혜는 개인의 삶의 지표는 될지 몰라도 국가의 통치철학이 될 수는 없다. 마키아벨리는 《군주론Il Principe》에서 군주는 자비롭기 위해서 무정해야 한다고 말했다. '군주가 백성들의 단합과 충성을 유지할 수 있다면 잔인하다는 평판을 불러일으키지는 않을까 걱정해서는 안 된다. 혼란을 제멋대로 방치해 살인과 약탈이 넘쳐나도록 만드는 사람들에 비해 단지 몇 명만 처벌함으로써 더욱더 자비로울 수 있기 때문이다.' 셰익스피어는 《군주론》의 내용을 잘 알고 있었다. 〈

헨리 6세, 3부〉에 나오는 "사람을 죽이려 드는 마키아벨리를 학교에 보내고야 말겠다."(3.2.193)라는 글로스터의 리처드가 하는 말이 이를 증명한다. 마키아벨리의 영향을 받은 것인지는 알 수 없으나, 여하튼 셰익스피어는 〈자에는 자로〉에서 군주는 과도하게 자비로워서는 안 된다는 자신의 철학을 내보인다. 공작은 산상수훈을 철저히 따랐다. 하지만 신심 깊은 이 공작의 잘못된 판단은 온 나라를 쑥대밭으로 만들었을 뿐이다. 〈티투스 안드로니쿠스〉에서는 복수심이 법치주의를 위협했다. 이번에는 반대로 법치주의가 기독교적인 자비의 덫에 걸린 것이다.

안젤로의 공작 서리 체제는 법치주의의 엄정함을 깨우는 기상나팔이나 다름없었다. 이 패기 넘치는 사내는 도시의 모든 윤락 시설을 폐쇄한다는 포고령을 내린다. 그리고 쌓여 있는 재판을 믿을 수 없는 속도로 처리해 나간다. 9년 동안 감옥에서 번민하던 죄수에게 단박에 사형을 선고해 버리는 식으로 말이다. 물론 클라우디오에게도 덩달아 사형선고가 내려진다. 약혼녀 줄리엣과 혼외정사를 했다는 이유로. 오버던의 말이 맞다. "참 정말이지 굉장한 국가시책의 개혁이다."(1. 2. 96-97)

하지만 클라우디오의 처지에서는 이만저만 원통한 것이 아니다. 아마 클라우디오의 비엔나는 히에로니무스 보스의 〈세속적 쾌락의 정원The Garden of Earthly Delight〉22) 그림 속 '쾌락의 정원' 같았을 것이다. 이런 비엔나에서는 추잡한 혼외정사 같은 일도 비일비재했다. 클라우디오는 줄리엣과 법적으로만 결혼하지 않았을

130

뿐, 실질적으로는 부부나 다름없었으니 억울해하는 것도 당연하다. 분기에 찬 클라우디오가 루시오에게 말한다. "군도 알지만, 줄리엣은 확고한 내 아내야. 다만 외형적인 수속으로 공공연한 결혼 선서를 안 했을 뿐이지."(1. 2. 136-138) 이 남녀 한 쌍은 서로를 남편과 아내로 인정하고 있는 사실상 혼인 관계를 맺고 있는 것이다. 단지 이제 곧 도착할 줄리엣의 지참금을 받기 위해 법적인 혼인 절차를 밟지 않았을 뿐이다.

게다가 그들이 위반한 간음 금지 규정은 다른 모든 비엔나법과 마찬가지로 이미 14년째 유명무실한 상태였다. 이 사실혼 부부가 간음 금지 규정의 존재를 알고 있었다 하더라도, 그들은 이 '쓰지 않고 넣어 두었던 잠자는 형벌의 법규'가 깨어날 것이란 말은 전혀 듣지 못한 것이다. 로마법에 따르면 법원은 오랫동안 적용되지 않

---

22) 히에로니무스 보스, '세속적 쾌락의 정원'(c. 1504). 총 3장의 패널로 구성된 작품으로 양쪽 패널을 닫은 채로 보면 천지창조를 상징하는 그림이 보인다. 양쪽 패널을 열면 왼쪽에는 에덴 동산을 나타낸 그림이, 가운데는 쾌락의 정원을 나타낸 그림이, 오른쪽에는 지옥을 나타낸 그림이 있다. -옮긴이

출처 : http://www.arts-wallpapers.com/art-wallpaper-org/artist/hieronymus-bosch/01/1024×768.htm

은 법을 '불용의 원칙'에 입각해 폐지할 수 있었다. 사멸한 법문을 다시 적용한다는 것은 지극히 불공정한 일이기 때문이다. 게다가 간음금지법 위반에 대한 형벌은 3일 내 사형집행이다. 이는 반인 도주의적인 지독한 형벌이다. 하지만 안젤로의 청교도적인 관점에서는 죄질에 상응하는 적절한 형벌이다.

비엔나의 가혹한 성범죄 처벌법을 일말의 거리낌도 없이 적용해 버리는 이 비정한 남자는 겉으로 보기에는 신실한 청교도처럼 보인다. 청교도들은 종종 '깐깐한 놈들' 혹은 '꼬장꼬장한 놈들'이라 비아냥대는 세간의 평을 듣기도 했다. 〈자에는 자로〉에서 안젤로도 "깐깐하다"는 평을 달고 산다. 빈첸시오 공작도 "안젤로 경은 깐깐하지."(1.3.50)라고 했고, 클라우디오도 그를 가리켜 "깐깐한 안젤로"(3.1.93)라고 말했다. 안젤로와 마찬가지로, 근대 초 영국의 청교도들은 혼외정사를 저지른 자에게 사형을 선고했다. 믿을 수 없는 일이지만 정말 그랬다. 셰익스피어가 이 간음금지법을 썩 마음에 들어하지 않았을 것은 분명하다. 그의 아내 앤 해서웨이가 결혼한 지 6개월 만에 딸 수재나를 출산했기 때문이다. 원래 〈자에는 자로〉의 초고에서는 클라우디오 역을 하는 인물이 강간죄로 기소되어 있었다. 셰익스피어는 젊은 시절 자신이 겪은 가슴앓이를 회고하기 위해 강간범을 간음범으로 탈바꿈시킨 것인지도 모른다.

하지만 이 희곡은 도덕과 윤리를 무조건 배격하려는 글이 아니다. 도덕적인 여성의 모범이라 할 수 있는 클라우디오의 여동생 이사벨라의 등장만 봐도 그렇다. 이사벨라의 첫 등장 장면의 배경은 수녀원이다. 그녀는 수녀가 되기 위해 견습 수녀 생활을 하고 있다. 셰익스피어는 고작 대사 다섯 행만으로 그녀의 성격을 효과적으로 드러낸다.

> **이사벨라**: 그리고 다른 특권이란 것이, 수녀 언니들에게는 없나요?
> **프란체스카 수녀**: 그만하면 충분하지 않나요?
> **이사벨라**: 네, 충분합니다. 제가 말씀 드린 것은 특권이 좀 더 있었으면 좋겠다는 뜻이 아니라, 오히려 클레어 성자님을 모시고 있는 수녀 언니들한테는, 좀 더 엄격한 제한이 있었으면 해서요.
> (1.4.1-5)

클레어 성자를 모시는 수녀들의 생활은 지독하게 엄격한 것으로 유명했다. 가난 서약을 한 이 수녀들이 어찌나 남루한 생활을 했던지 "클레어 성자의 걸식 수녀들"이라 불릴 정도였다. 꽃다운 처녀 이사벨라가 이 꽉 막힌 수녀들의 생활보다 더 절제된 생활을 하고 싶다는 멋모르는 소망을 품고 있는 것이다. 그것도 온 도시에서 가장 엄격한 규율을 자랑하는 수녀원에서 말이다.

비엔나에서 이사벨라의 삶을 돌이켜보면 이런 그녀의 바람이 이해가 되지 않는 것은 아니다. 자, 다음의 여성 네 명은 모두 비엔나에 살고 있다. '혼외정사'를 벌인 줄리엣, 약혼자에게 버림받은 마리아나, 포주 오버던, 프란체스카 수녀. 순진무구한 처녀의 눈에 정결한 삶으로 비칠 인생은 단 하나뿐이다. 무법천지인 비엔나에서 겁에 질린 처녀가 수녀원에 들어가 구도적 삶에 몸을 맡기기로 한 것이 아주 틀린 선택은 아니었는지도 모른다. 오늘날에도 마찬가지지만, 무법자들이 활보하는 사회에는 안전한 공공장소란 없다. 예를 들어 1980년대 중반 뉴욕 지하철은 정말이지 사람이 다닐 수 없을 만큼 위험한 곳이었다. 일명 '지하철 보안관'이라 알려진 베른하르트 괴츠란 사나이가 노상강도 넷을 총으로 쏘아 죽였을 때 시민들이 그의 공로를 치하했을 정도였다. 〈자에는 자로〉의 비엔나에서 안전하려면 깊이 숨는 수밖에 없었다. 이사벨라는 수녀원에, 마리아나는 해자를 두른 농장에 숨었고, 안젤로도 집을 "벽돌로 둘러쌌다."(4.1.28)

이사벨라가 어떤 여인이건 간에, 그녀가 안젤로를 격퇴할 최고의 무기라는 것만은 분명하다. 맨 처음 이사벨라가 오라비의 목숨을 구걸했을 때, 그녀의 시도는 우스꽝스러울 정도로 싱겁게 끝나버린다. 그 둘이 클라우디오의 죄질이 나빠 법치주의의 대원칙에 따라 사형에 처해지는 것이 마땅하다는 사실에 동의했기 때문이다. 그래도 오라비의 안위가 걱정되기는 했던지, 이사벨라가 머뭇거리며 처벌이 조금 과한 것이 아니냐고 안젤로에게 말한다. 안젤로는 딱 잘라 아니라고 답한다. 이사벨라에게는 더 이상 애걸할 명분이 없다. "오, 가혹한 법이지만 정당하셨습니다! 그럼, 오빠는 죽은 사람이죠. 하늘이여, 각하의 명예을 부디 보호해 주소서!" (2.2.41–42) 나는 이 대사에 대한 노스럽 프라이의 해학적인 해석을 좋아한다. "**이사벨라**: 저는 각하께서 제 오라비의 머리를 베어 버리려고 하시는 것을 이해합니다. **안젤로**: 그렇지, 그것이 옳은 판단이야. **이사벨라**: 더 애원해 볼까 하는 생각을 방금 했습니다만, 이제 가야겠습니다. 기도와 데이트를 해야 해서요."

애가 탄 루시오는 다시 한 번 빌어 보라고 이사벨라를 독촉한다.
이사벨라는 이번에는 좀 더 간절한 태도로 자비를 구한다. 눈물로
호소하는 이사벨라의 대사는 〈베니스의 상인〉에서 포샤가 샤일록
에게 자비를 베풀 것을 권유하면서 하는 말과 놀랍도록 닮아 있다.
포샤의 유명한 대사를 다시 한 번 들어 보자.

> 자비심의 본질은 강요되는 것이 아니다.
> 그건 하늘에서 땅 위로 내리는
> 온유한 비와 같은 것으로, 이중의 축복이 있다.
> 자비를 베푸는 자와, 자비를 누리는 자가 다 같이 축복을 받으며
> 가장 위력 있는 자에게도 최고로 위대한 것이다.
> 옥좌에 앉은 군주에겐 그 왕관보다 더 어울리는 것이다.
> 그가 손에 쥔 제왕의 홀은 현세의 권력을 상징하고,
> 위력과 존엄의 표지로서 왕의 두려움을 나타내나,
> 자비심은 홀의 위력을 능가하는 것이다.
> 그것은 왕의 가슴 깊이 군림하여,
> 하나님 자신을 나타내는 덕성이기도 하다.
> 자비심으로 정의가 완화될 때,
> 현세의 권력은 하나님의 권세에 가장 가까워지는 것이다.
> 그러니 유대인이여,
> 그대가 호소하는 바는 정의이지만,
> 다음을 잘 생각해 보길 바란다.
> 정의만을 내세우면 구원을 받는 자가
> 아무도 없지 않겠는가. 우리는 자비를 구하여 기도드리고,
> 기도가 우리로 하여금 자비로운 일을 행하도록 가르쳐 주는 것이다.
>
> (4. 1. 180-198)

자, 이제 이사벨라의 말을 들어 볼 차례다.

정말이지 높은 지위에 계신 분들이,
몸에 지니고 있는 장식도, 임금님의 왕관도,
높은 지위를 표시하는 대검도, 대원수의 지휘봉도,
법관의 정복도, 결코 자비처럼 우아하지는 못할 겁니다.

만약에 오빠가 각하였고, 각하께서 오빠였다면,
각하께서는 오빠처럼 그런 잘못을 부지불식간에 저지르셨을지는 몰
라도,
오빠는 각하처럼 그렇게 냉정하고 엄격하지는 않았을 것입니다.
(2. 2. 59-63, 73-79)

이 일란성쌍둥이 같은 대사들은 〈베니스의 상인〉과 〈자에는 자
로〉를 한 묶음으로 엮어 비교해 보라고 우리에게 말한다. 〈베니스
의 상인〉과 〈자에는 자로〉는 모두 '비판 받지 않으려거든 비판하
지 말라.'는 신약의 정신을 표현하고 있다. 하나님께서 우리 모두
를 벌할 수 있었지만 자비를 베푸는 것을 선택하심으로, 우리들 죄
인 모두가 같은 죄인인 타인에게 자비를 베푸는 법을 가르쳐 준 것
이라는 바로 그 사상 말이다.

〈베니스의 상인〉에서 샤일록은 포샤의 말에 별다른 반박을 하지
않는다. 대신 살 1파운드 채권 계약의 문구에 집착한다. 샤일록이
반박하지 못한 것은 아마 그가 상인에 불과한 시민이었기 때문이
리라. 근대 초에 사람들은 인간이라면 마땅히 자비를 베풀어야 한
다고 여겼다. 하지만 샤일록과 달리 안젤로는 통치자다. 셰익스피

어가 안젤로에게 반박할 기회를 준 이유가 바로 여기 있다. 자비를 구하는 자신에게 설득력 있는 논리로 반박하는 안젤로 때문에 망연자실한 한 처녀가 있었지만 말이다.

안젤로는 엄정한 법 운운하며 탄원을 물리친다. "아리따운 처녀여! 오빠를 사형에 처하는 것은 법이지, 내가 아니오."(2.2.80) 또, 안젤로는 후에 자기 자신을 "국가 법률의 대변자"(2.4.61)라고 표현하기도 한다. 치안판사로서 그가 할 일은 법 자체의 정당성을 판단하는 것이 아니라, 기존의 법을 그대로 적용하는 것이었다. 빈첸시오가 적절치 않다고 판단되는 법의 적용을 거부한 '사회운동가처럼 능동적인 판사'라면, 안젤로는 정반대로 오늘날의 보수주의자들이 쌍수를 들고 환영할, '원칙적인 법률가'인 것이다. 안젤로는 간음금지법을 그대로 적용하는 것이 자비를 베푸는 것과 동떨어진 결정이라는 사실을 잘 알고 있다. 그는 자비를 구하는 이사벨라에게 "나로서는 엄정하게 처벌하는 것이, 무엇보다도 가장 동정을 표시하는 것이오."(2.2.101-102)라고 딱 잘라 말한다.

안젤로는 중요한 사실을 지적한 것이다. 우리는 종종 재판을 그 재판에 연루된 사람들만의 문제라고 여긴다. 하지만 실제로는 그렇지 않다. 특정 피고에게 감정이입을 하는 것은 그를 제외한 세상 전체에 대해 편견을 갖는 것과 마찬가지이기 때문이다. 〈자에는 자로〉에서도 동정심의 탈을 쓴 불평등의 함정이 목격된다. 에스컬러스는 안젤로에게 클라우디오가 좋은 혈통을 지닌 청년이니 목숨만은 살려 주자고 청한다. "아, 내가 살려 주고 싶어 하는 그 청년은, 부친이 아주 훌륭한 인물이었죠!"(2.1.6-7) 만약 훌륭한 아버지를 둔 덕에 클라우디오가 무죄 방면되었다면, 사람들은 비엔나 사법부를 평등을 저해하는 권력이라 여겼을 것이다. 이는 애초부터 그런 행운을 누릴 기회조차 없는 다른 이들에게는 너무 불평등한 처사이기 때문이다.

스티븐 브레이어 부연방대법관은 한 콘퍼런스에서 안젤로의 이 대사에 담긴 의미를 강조하기도 했다. 시카고 대학에서 열린 '셰익스피어와 법'이란 이름의 이 콘퍼런스에서 브레이어 대법관은 안젤로의 적절한 표현에 감탄을 금할 수 없다고 말했다. "우리는 법정에 없는 2억 9,800만 미국 시민들에 관해서 이야기하고 있는 것입니다." 그가 말을 이었다. "나는 수도 없이 이 대사를 인용했습니다. 그리고 이 대사로 얼마나 많은 상황을 정당화했는지 모릅니다. 바로 〈자에는 자로〉에 나오는 안젤로의 이 대사 말입니다." 그는 이 콘퍼런스에서 공연된 연극에서 햄릿 아버지의 유령 역을 맡기도 했다.

아마도 안젤로야말로 우리 모두가 죄인이므로 남을 판단해서는 안 된다는 식의 윤리를 가장 강력하게 논박한 사람일 것이다. 빈첸시오도, 이사벨라도 그리고 에스컬러스도 자비를 구했다. 하지만 그는 신약의 관용과 자비의 정신에 입각한 '잣대'에 숨겨진 위선의 탈을 쓰지 않고, 판결을 내리는 정면 돌파의 수를 띄운다. 그는 에스컬러스에게 이렇게 말한다.

　　죄수한테 사형선고를 내리는 배심판사 열두 명 중에도,
　　심판을 받는 죄수보다 더 무거운 죄를 지은 죄인이

한두 명쯤 있을지도 모르오. 난 이것을 부정하지 않소.

그러나 법은 법에 걸린 자만을 심판하는 것이오.

도둑이 도둑한테 선고를 하더라도, 그것을 법이 알게 뭐요?

이것은 명백한 것이오.

우리가 발견한 보석을 허리 굽혀 줍는 것은,

그것을 보았기 때문이오.

그러나 보지 않았더라면 그것을 밟고 지나가

생각조차 결코 안 했을 것이오.

내가 그런 허물이 있다 하더라도,

그 때문에 그대가 그의 죄를 가볍게 감해 주지는 못하오.

그러나 그 죄를 선고하는 내가 만일에 그런 죄를 범한다면,

그때는 나 자신의 재판으로 가차없이

나를 사형에 처하도록 모범을 보여 주오.

그 사람은 사형에 처해야 하오.

(2. 1. 18~31)

인간이 구현할 수 있는 정의를 하나님의 완전한 정의와 구분해 버린 안젤로의 이 대사는 매우 흥미로운 겸손에 근거하고 있다. 판사라 할지라도 보이는 것만을 판단할 수 있을 뿐이다. 전지전능하신 그분과 달리, 인간은 세상만물을 통찰할 수 없기 때문이다. 그러므로 인간의 정의를 실현하는 이는 반드시 죄 많은 자신이 죄인을 심판하고 있을 수도 있다는 사실을 인정해야만 한다. 하지만 그렇다고 해서 서로를 판단할 때 사정을 봐주어야만 하는 것은 아니다. 어쨌든 모두 같은 법의 규율을 받고 있으니 말이다.

아마도 안젤로가 포샤를 만나 보았다면 꽤 마음에 드는 상대라

여겼을지도 모른다. 이사벨라는 말로는 안젤로를 이길 수 없다. 그녀는 이내 오라비에 대한 사랑에 눈이 멀어 진실되게 말하지 못하였노라고 자인한다. "오! 용서해 주세요, 각하. 우리는 갖고 싶은 것을 갖기 위해서, 마음에도 없는 말을 하는 그런 실수를 가끔 범합니다. 제가 가장 미워하는 것도, 제가 끔찍이 사랑하는 사람을 위해서는 용서할 수도 있으니까요."(2.4. 117-120)

하지만 셰익스피어는 안젤로의 이런 보무도 당당한 행보를 일시적인 것으로 만들어 버린다.

수사로 변장한 채 이 모든 상황을 관망하고 있는 공작이 말했듯, 모든 것은 안젤로가 그의 이상에 따라 살 수 있는지에 달려 있다. "그분의 행실이 그 준엄한 재판에 상응한다면 그야 훌륭하겠지만, 만약 그분이 실수를 하는 날에는 자기가 자기에게 형을 선고하는 것이 되겠죠."(3. 2. 249-251) 안젤로는 처벌의 경중을 신중히 골라야 했다. 후에 꼭 같은 형벌이 자신의 몫이 되기 때문이다. 멋있어 보이면서도 한편 어이없는 것은 자신의 청렴함에 대한 안젤로의 밑도 끝도 없는 자신감이다.

지피지기를 하지 못한다는 점이 바로 안젤로의 아킬레스건이다. 모든 셰익스피어 희곡과 마찬가지로, 〈자에는 자로〉에서도 자기 자신을 아는 것은 다른 모든 것을 아는 것의 출발점이다. 이 점에서는 공작이 높은 평가를 받을 만하다. 에스컬러스의 말을 들어 보면 알 수 있다. "공작님은 이제껏 많은 분투를 하셨지만, 그중에서도 한 가지, 특히 자기 자신을 알기 위해 분투하시는 분이시죠."(3. 2. 226) 물론 분투 끝에 공작이 자기 자신이 누구인지 알게 되었는지는 알 수 없다. 반면 리어 왕은 공작과는 영 딴판인 결점투성이 군주다. 오죽하면 리건이 "아버지는 당신의 마음과 생각을 잘 모르시는 것 같다."고 말했을까?(〈리어 왕〉, 1.1.294-295) '자신을 다스리는 것' 과 '한 나라를 다스리는 것' 사이의 관련성은 저 멀리 플라톤으로 까지 거슬러 올라간다. 이 '수신제가치국평천하'의 철학은 셰익스 피어의 작품 전반에 심심치 않게 등장한다.

안젤로는 자기 자신을 완벽하게 제어할 수 있기 때문에, 나라 또 한 아무런 실수 없이 다스릴 수 있다고 생각한다. 공작은 안젤로를 이렇게 표현한다. "안젤로 경은 고지식한 사람이요. 그럴 수 없이 꼼꼼한 사람이라, 피라고는 거의 한 방울도 흐르고 있지 않은 사람 처럼 보이오."(1.3.50-52) 루시오도 안젤로를 가리켜 "빙설같이 피 가 차가운 사람으로, 감정의 움직임이나 음욕의 자극 같은 것은 아 예 느껴 본 적도 없는"(1.4.57-59) 사람이라고 한다. 이 대사에서 루시오는 안젤로의 냉혈한 같은 차가움을 성욕의 부족 때문으로 여긴다. 이 희곡의 다른 부분에서도 루시오는 안젤로를 "말린 대구 두 마리가 낳은 아이"(3.2.105)라서 "생식력이 없다"(3.2.167-168) 거나 성기가 없다는 주장을 거듭한다. 성교를 하지 않는 체외수정 으로 태어난 아이라서 생식력이 없다는 논리다.

〈자에는 자로〉에서 거론되는 법들은 대부분 '성교'와 관련이 있 다. 사창가 폐지법, 매춘 알선 금지법, 매춘금지법, 간음금지법 등 이 바로 그것이다. 여기서 '성'은 원죄를 상징한다. 성을 아담과 이 브가 따 먹은 선악과 때문에 알게 된 '원죄'로 여기는 기독교의 관 점을 그대로 옮겨 놓은 것이다. 〈자에는 자로〉의 두 성인, 이사벨

라와 안젤로는 이런 성적인 유혹과는 담을 쌓은 사람들처럼 보인
다. 하지만 이것은 허상에 불과하다. 그들은 살아 숨 쉬는 인간이
니 말이다.

사실 이사벨라는 '성적인 억압'이라는 주제와 관련해서는 상당히
흥미로운 연구 대상이다. 안젤로에게 자신의 순결이 얼마나 중요한
것인지에 대해 열변을 토하던 그녀는 다음과 같이 말한다. "제가 사
형선고를 받았다면 무서운 매질로 맺힌 상처의 흔적도 루비 보석을
두른 것으로 여길 수도 있을 것이요, 죽음으로 내 몸을 내던지는 것
을 그립게 동경하던 침대로 달려가듯 할 수도 있겠지만, 제 몸을 내
주어 더럽히는 그런 수치는 당하지 않겠어요."(2.4.101-104) 이런
그녀를 두고 해럴드 블룸은 "사드 후작[23]이 이렇게 유려한 문체로
글을 쓸 수 있었더라면, 아마 이 내용에 반박하는 글을 쓰고 싶어
했을 것이다."라고 말했다. 어쨌든 그녀는 이제까지 성적인 욕구
는 느낀 적도 없고 참아 본 적도 없는 순결 그 자체다.

한 번도 성적 억압을 느껴 본 적 없는 처녀의 색다른 요염함은
성적 억압의 금자탑을 쌓은 안젤로를 끌어당긴다. 마치 자석의 N
극과 S극 같다. 클라우디오의 목숨을 구걸하며, 이사벨라는 안젤
로에게 이렇게 애원한다.

---

23) 프랑스의 귀족이자 작가. 대표작으로는 《쥐스틴, 또는 미덕의 불행》, 《알린과 발쿠
르》, 성도착(性倒錯)의 총목록이라고도 할 수 있는 《소돔 : 120일》(1904) 등이 있다.
가학증을 뜻하는 사디즘이란 말이 그의 이름에서 유래했다. -옮긴이

자기 가슴의 문을 두드려,

제 오빠의 잘못과 같은 것을 자기는 생각하고 있질 않은지, 물어보

세요.

만약 제 오빠와 같은 그런 본능적인 나쁜 마음이

자리 잡고 있는 것이 확실히 느껴지시거든,

오빠의 생명을 뺏겠다는 그런 말씀을 아예 입 밖에도 내질 마세요.

(2. 2. 137-142)

이전에 이와 비슷한 호소를 했을 때 이사벨라는 그다지 성공적
이지 못했다. 하지만 이번에 그녀는 안젤로의 특정 신체 부위를 언
급했다. '자기 가슴의 문을 두드려'라는 질문으로 그가 욕정을 느
끼지 않았는지를 묻자, 깐깐한 안젤로도 어쩔 수 없이 눈앞에서 그
런 질문을 던지고 있는 정숙한 처녀에게 그러한 욕정을 느끼고 있
다는 사실을 마음속으로 시인한다. "(방백) 아닌게 아니라, 저 처녀
의 말대로, 그런 생각이 눈을 뜨는 것 같구나." 이 '그런 생각'이란
표현이 참 재미있다. 늘 이성적인 '그런 생각'만 하던 안젤로가 음
탕한 '그런 생각'을 하게 된 것이다. 안젤로는 자신과 마찬가지로
얼음장처럼 차가운 이사벨라의 매력에 빠진 것이다. 불에 얼음이
녹아내리는 속도로 안젤로의 욕정은 활활 타오른다.

아마 이사벨라에게 욕정을 느끼는 것 때문에 가장 대경실색한
것은 바로 안젤로 자신일 것이다. 그는 "이제까지는 줄곧 정욕에
사로잡히는 자를 보면 비웃어 주고 이상히 여겼는데!"(2. 2. 186-
187)라며 괴로워한다. 나는 이 암담해하는 안젤로의 대사를 아주
좋아한다. 이 대사는 자신의 나약함에 아연실색하여 머리를 가로

젓는 상심한 한 남자를 떠올리게 하기 때문이다. "피! 오, 피로구나! 내 심장으로 몰려드는 것은."(2. 4. 15)이라며 자신의 호색적인 갈증에 질겁한 안젤로의 대사에서 자신의 피가 '얼음이 녹은 물'이 아니라 뜨끈뜨끈한 '인간의 피'라는 사실을 새삼 깨달았다는 것을 알 수 있다.

인간성에 눈을 뜬 안젤로가 인도적인 선택을 했다면 좋았으련만, 이 경직된 남자는 천상의 고결함에서 악마 같은 치졸함으로 수직강하를 한다. 드디어 욕정의 수문을 연 것이다. "내가 일단 달리기 시작한 이상, 이 감각적인 경마에서 결코 그 고삐를 늦추지는 않을 것이오."(2. 4. 158-159) 그는 자기와 잠자리를 하지 않는다면, 클라우디오의 목숨을 뺏는 것에 그치지 않고 사형집행 전에 그를 고문하겠다고 이사벨라를 협박한다. 셰익스피어는 극도로 사적인 영역에 속하는 성의 문제가 일반 공중에 노출될 경우 위선의 탈을 쓰게 되는 일이 빈번하다는 것을 알고 있었던 것이다. 우린 그런 정치가들을 수도 없이 보았다. 이 문제에 관한 한 진보와 보수 양진영을 구분할 필요도 없다. 예를 두 개만 들어 보겠다. 클린턴 대통령의 성추문을 격렬하게 비난했던 공화당 측 네바다 주 상원의원 존 엔선은 최근 간통을 저질렀음을 고백했다. 성매매 근절에 앞장선 민주당 측 뉴욕 주지사 엘리엇 스피처는 정기적으로, 그것도 아주 빈번하게 매춘을 하는 사람이었다. 예나 지금이나, 마음의 구중궁궐 속 탐심을 모르고 있다는 것은 위험한 일이다.

공작은 숨기고 있던 발톱을 드러낸 안젤로에게 놀라지 않는다. 빈첸시오가 안젤로를 공작 서리로 임명했을 때는 그를 시험해 보고

자 하는 의도도 조금은 있었기 때문이다. 공작인 이미 "그러니 내가 보고자 하는 것은 권력이 사람의 마음을 변하게 한다면, 이 사람은 도대체 어떻게 변할 것인지, 그것을 보자는 것이오."(1.3.53-54)라고 말한 바 있다. 안젤로의 인성에 대한 공작의 깊은 의심은 안젤로가 마리아나란 비엔나의 숙녀와 맺었던 인연 때문에 생겨났다. 공작이 이사벨라에게 알려 준 사실대로 안젤로는 마리아나와 교회법상의 결혼 예약을 했다. 미래에 결혼을 하겠다는 약속 말이다. 하지만 안젤로는 마리아나의 지참금을 실은 배가 난파되어 한 푼도 건질 수 없게 되자 안면몰수하고 결혼 예약을 파기한다. 다음의 두 가지 점만 빼면 클라우디오와 안젤로의 상황은 비슷하다고 할 수 있다. 법적인 측면에서 본다면 안젤로는 범법 행위를 하지는 않았다. 약혼녀와 성관계를 맺은 일이 없으니 말이다. 도덕적인 측면에서 안젤로는 범법자보다 나쁜 놈이다. 사랑이 아니라 돈 때문에 결혼을 하려던 무뢰배는 지참금 때문이 아니라 마리아나에 대한 좋지 않은 평판을 들었기 때문에 헤어진다는 거짓 소문을 동네방네 퍼뜨리고 다닌다. 참으로 낯짝이 두껍고 비열한 인사다.

수사로 변장하고 비엔나에서 암행을 계속하던 차에, 안젤로에 대한 자신의 곱지 않은 시선이 괜한 의심이 아니었음을 알게 된 공작은 이사벨라를 찾아가 조언한다. 표리부동한 악당에게는 불행한 일이다. 공작은 안젤로의 청을 받아들이는 대신 마리아나를 침실로 들여보내라는 묘책을 알려 준다. 이 '잠자리 바꿔치기'는 이 시대 연극에 자주 등장하는 속임수였다. 이런 속임수는 〈끝이 좋으면 다 좋아All's Well That Ends Well〉에도 등장한다. '잠자리 바꿔

치기'란 속임수를 쓰는 이유는, 사회 환경상 성관계를 맺으면 '혼인 예약'을 실행해야, 즉 결혼을 해야 했기 때문이었다. 계책은 성공적이었다. 안젤로는 이사벨라가 약속을 지켰다고 믿어 의심치 않았다. 욕구를 충족한 악한은 비열한 진면목을 드러낸다. 이 한 입으로 두 말 하는 사내는 클라우디오의 사형을 집행하라는 명령을 한다. 발등에 불이 떨어진 공작은 이 명령을 중간에서 가로채고, 클라우디오의 머리를 대신할 해적 라고진의 잘린 머리를 구하느라 동분서주한다. 이사벨라의 선량함을 시험하고자 공작은 수사로 변장한 채 안젤로가 클라우디오를 처형했다고 말한다. 그리고 공작이 돌아오면 이 억울한 사연을 꼭 알리라고 당부한다.

〈베니스의 상인〉처럼 〈자에는 자로〉에서도 공공 재판 장면에서 극은 절정으로 치닫는다. 공작이 성문에 모습을 드러내자, 이사벨라는 한걸음에 달려가 정의를 구한다. 안젤로는 그녀가 제정신이 아니라고 모함한다. 공작은 처음에는 안젤로의 말을 믿는 듯한 태도를 보인다. 하지만 잠시 후 공작은 그가 비엔나에서 변장한 채 암행을 했노라고 이야기한다. 안젤로는 그제야 공작이 내내 모든 것을 지켜보았다는 것을 깨닫게 된다.

공작은 안젤로에게 변명거리가 남아 있으면 한번 말해 보라고 한다. 안젤로는 입이 백 개라도 할 말이 없다. 그는 그저 한시바삐 자기를 죽여 주기만 바란다. 공작은 순순히 그러마고 한다. 단 사형을 당하기 전에 마리아나의 명예를 회복시키기 위해 마리아나와 결혼을 해야 한다는 단서를 붙인다.

아무리 자비를 바탕으로 하는
이 나라의 국법이라 할지라도, 이렇게 외치오.
클라우디오는 안젤로로, 죽음은 죽음으로 보상하라고 소리치오.
급한 것은 항상 급한 것으로 보상해야 하고
한가로운 것은 한가로운 것으로 응수해야 하고,
비슷한 것은 비슷한 것으로 끝내야 하고,
자에는 자로 대응해야 하오.

(5. 1. 405–409)

안젤로는 자신이 움켜쥔 오라로 스스로를 묶는 기술로는 샤일록에 뒤지지 않는다. 그는 신약에서 설파하는 자비의 윤리를 거부하고, 구약의 동해보복의 원칙을 신봉했다. 눈에는 눈, 이에는 이 말이다. 위의 대사에서 공작은 이 동해보복 원칙의 논리를 그대로 따르고 있다. '클라우디오는 안젤로로, 죽음은 죽음으로'라고 말하며 말이다. 그는 "가장 엄정하게 법을 집행하는 것이 가장 큰 동정을 보이는 것"(2. 2. 101)이라는 안젤로의 원칙을 그대로 적용하고 있는 것이다. 공작의 예리한 발언에서 보복을 부르짖는 것은 국법의 엄정한 '정의'가 아니라 엄정한 국법의 집행을 통해 베푸는 '자비'라는 점만 다르다. 이 논리에 따르면 지금 안젤로에게 자비를 베풀 수 있는 유일한 방법은 법문의 내용 그대로 죽음을 선사하는 것뿐이다. 위선자인 안젤로도 이것만은 수긍한다. 그는 사형선고만이 자신이 바라는 다시없는 자비라 말한다.

이때 천사 같은 마리아나가 자신의 전 약혼자를 위해 끼어든다. 남편을 돌려주겠다는 말로 자신을 조롱했다고 이 여인은 항변한다. "사람들은 말하기를 가장 선량한 사람들도 과실이 없을 수는 없다 해요. 그리고 대개는 얼마쯤은 나쁘기 때문에 점점 더 좋아진다고 하지 않나요. 제 남편도 그럴 거예요."(5. 1. 437-439) 아무리 사랑에 눈먼 마리아나라지만 이 말은 너무했다. 안젤로는 '얼마쯤 나쁜 인간'이 아니라 이사벨라의 말처럼 '살인자', '음탕한 양상군자', '위선자', 그리고 "정조의 유린자"(5. 1. 41-43)다. 이사벨라가 살려 달라 애걸하면 들어 줄까 마리아나의 간청만으로는 살려 주기 어려울 정도의 인간 말종이란 말이다. 이를 알고 있기에 마리아나는 이사벨라에게 함께 무릎을 꿇고 빌어 달라고 애원한다.

이사벨라는 말로만 자비를 외치는 포샤 같은 부류의 인간은 아니었다. 그녀는 진정 자비를 베풀 줄 알았다. 그녀는 안젤로가 오라비의 목숨을 앗으려 했다는 것을 알고 있음에도 공작에게 안젤로의 목숨을 살려 달라 청한다.

> (무릎을 꿇고) 착하신 영주님, 될 수 있다면 그분을 처벌하시더라도
> 제 오라비가 살아 있다고 생각하시고 그리 해 주세요.
> 제 생각으로는,
> 그분이 저를 보기 전까지는 착실하게 나라를 다스린 공이 있으니,
> 그러하오니 사형만은 말아 주세요.
> (5. 1. 441-446)

이사벨라의 비단결 같은 마음씨에 감복한 공작은 그녀의 청을 들어준다. 안젤로는 무죄 방면되어 마리아나와 결혼한다. 그리고 공작은 모두를 용서한다. 클라우디오가 살아 있음을 알린 뒤, 죄를

사하여 주어 약혼녀 줄리엣과 결혼할 수 있도록 해 준다. 채 열 줄도 되지 않는 행에서, 자신의 명예를 훼손한 루시오에게 사형을 선고했다가 이내 죄를 용서하고 그가 임신시킨 여인과 결혼을 하도록 한 것이다. 마지막으로 그는 이사벨라에게 청혼을 한다. 그리고 이 정결의 여신은 답을 주지 않는다. 이 청혼에 대해서는 대단히 많은 논란이 있다.

〈자에는 자로〉의 마지막 막은 대단히 짧다. 모두를 위한 해피엔딩을 향해 앞뒤 가리지 않고 전속력으로 돌진한다. 판단의 진자도 큰 호를 그리면 이리저리로 움직인다. 극 초반에 무법천지였던 비엔나에 법을 가차 없이 집행하는 체제가 들어섰다. 하지만 이 체제에 내포된 다른 극단적인 문제점이 드러나자마자 공작은 바로 체제의 속성을 정반대로 되돌려 놓는다. 제자리를 찾은 듯 보이는 비엔나는 실제로는 무법자들이 제멋대로 날뛰던 그때 그 시절로 돌아간 것이다.

셰익스피어는 〈자에는 자로〉에서 이미 해결책을 제시했다. 비록 행간을 읽지 못하는 헤픈 공작은 해결책을 발견하지 못했지만 말이다. 유일한 해결책은 바로 중도를 걷는 것이다. 중용의 잣대를 '자'로 삼자는 것이다. 이 중용이란 개념은 유대인들의 믿음이었던 유대-기독교보다는 고대 그리스의 철학에서 더 숭상하는 미덕이었다. 이 중용의 미덕을 제대로 구현하는 사람은 에스컬러스다. 그는 극의 주연급 인물은 아니지만, 그렇기 때문에 관심을 기울일 필요가 있는 등장인물이다.

셰익스피어는 분명 의도적으로 에스컬러스란 상징적인 인물을 만들어 낸 것이 틀림없다. 그의 이름은 '잣대'란 뜻이다. 〈자에는 자로〉의 그 '자' 말이다. 첫 번째 장면에서 공작은 그의 정치적 혜안을 칭송한다.

> 백성들의 성질이라든지, 우리 도시국가의 제도라든지,
> 일반 재판의 한계라든지,
> 그 실천 방법에 있어서 내가 알기로는,
> 누구에게나 원만하게 해 줄 수 있는,
> 함축성을 그대는 가지고 있소.
> (1. 1. 9–13)

실컷 에스컬러스 찬가를 부른 공작은 에스컬러스가 추천한 안젤로를 공작 서리로 임명하는 생뚱맞은 결정을 내린다. "자, 에스컬러스! 그대는 제일 고참이나, 제 이의 차석으로 임명하오."(1. 1. 45–46) 그것은, 융통성이라고는 좁쌀 한 톨 만큼도 없는 안젤로의 태도야 말로 에스컬러스가 지닌 현명함의 진정한 가치를 부각시킬 것이라 믿었기 때문이었다.

〈자에는 자로〉에서 우리는 이 에스컬러스 찬가가 부를 만한 이유가 있는 것이었다는 사실을 뼈저리게 실감했다. 에스컬러스의 훌륭한 점은 그가 앞뒤 재지 않고 하나의 원칙만 고수하는 고집불통이 아니라는 점이다. 그는 공작의 방만한 법집행을 탐탁지 않게 생각한다. 그는 "자비 같아 보이는 자비는 진정한 자비가 아니니까요. 사면은 항상 제2의 재난을 낳게 하는 온상이 되니 말입니다."

150

라고 말한다.(2. 1. 280-281)

그렇다고 안젤로의 경색된 정의를 마음에 들어 하지도 않는다. 그는 은유적인 표현으로 중용의 미덕을 강조한다. "그렇긴 하지만 아주 무찔러서 죽여 없애느니보다 예리한 칼로 살짝 베어 놓는 것이 오히려 낫지 않을까 합니다."

아마 에스컬러스는 법의 대원칙인 '비례성의 원칙'에 대해서 말하려 했을 것이다. 이미 살펴본 바와 같이 비엔나에서 일어나는 이 모든 문제의 근원은 바로 '비엔나의 법' 그 자체다. "준엄한 각종 법령과 아주 냉혹한 법"(1. 3. 19)이 해당 범죄의 죄질에 전혀 비례하지 않는 가혹한 형벌을 규정해 놓은 것이다. 이 때문에 〈자에는 자로〉에 등장하는 판사들은 '두 개의 악' 중에서 '차악'을 선택해야만 한다. 즉 국가의 위신이 추락하는 것을 각오하고 악법을 집행하지 않을 것인지, 아니면 국가의 정의가 훼손되는 것을 무시하고 법을 있는 그대로 집행할지 중에서 그나마 나아 보이는 것을 골라야 하는 것이다. 빈첸시오는 전자를 선택했고, 안젤로는 후자를 선택했다. 에스컬러스는 바로 그들의 중도를 걷고자 하는 것이다.

중도를 걷는 방법이 궁금하다면 에스컬러스의 선택을 안젤로의 선택과 비교해 보는 것이 도움이 될 것이다. 안젤로는 입법부가 제정한 법의 실질적인 공정함을 살펴보려 하지 않았다. 그는 이사벨라와 나눈 대화에서 "그대의 오빠를 사형에 처하는 것은 법이지, 내가 아니오."(2. 2. 80)라고 말한다. 자신은 법이란 커다란 기계장치를 돌리는 동력일 뿐이라 여기고 있는 것이다. 그는 법이 악법인지 아닌지, 아니면 처벌이 범죄에 비례하는지 이 모든 것에 대해서는 두 눈을 질끈 감아 버린다. 그에게 '자에는 자로'란 문구는 법행정의 절차적 공정함만을 의미하는 말이다. 일단 피의자의 행동이 범죄의 구성요건에 해당하기만 한다면 그는 일말의 가책도 없이 그대로 법에 정해진 형벌을 집행할 수 있다.

대조적으로 에스컬러스는 실질적 정의를 외면하는 것 또한 정의롭지 못한 것이라 여긴다. 그는 클라우디오가 간음을 한 번 했다고 사형하는 것을 반대한다. 또한 자신에게 재량이 주어졌을 때 사건을 현명하게 처리했다. 폼피가 맨 처음 잡혀 왔을 때, 에스컬러스는 그를 훈방해 버렸다. 물론 경고는 했지만 말이다. 사멸된 것이나 다름없던 법이 갑자기 집행되고 있는 상황이니만큼, 그의 결정은 한편 타당하다. 하지만 폼피가 두 번째로 법정에 끌려 왔을 때는 그를 처벌한다. 또, 그는 같은 죄를 두 번 저지른 포주 오버던도 처벌한다. 그녀가 두 번이나 같은 범행을 저질렀다는 사실은 "두세 번이나 경고를 했는데, 여전히 같은 죄를 저지르다니!"(3. 2. 187)란 이어지는 그의 개탄에서 알 수 있다.

〈자에는 자로〉에 등장하는 이 세 판사는 영국의 통치자인 제임스 1세 치세의 세 가지 측면을 모두 보여 준다고도 할 수 있다. 빈첸시오처럼 제임스 1세는 그가 집권 초기에 너무 방만한 법집행을 했다는 사실을 시인했다. 그리고 사무친 후회 때문에 의욕만 충만했던 국왕은 사창가를 런던 교외로 밀어내는 것 같은 과도한 정책을 펴기도 했다. 하지만 그가 자신의 아들에게 자신의 통치 철학을 전해주기 위해 집필한 《바실리콘 도론Basilicon Doron》에는 중용이야말로 최고의 지혜라는 내용이 포함되어 있다. 1599년에 출간된 《바실리콘 도론)은 '왕의 선물'이란 제목이 의미하듯, 왕이 아들에게 준 최고의 선물이었던 셈이다. 다음은 《바실리콘 도론》의 내용이다.

"나는 네게 '네 가지 기본 덕목'[24]을 설교하느라 너를 괴롭히지는 않을 것이다. 그것은 너무 많은 사람들이 밟고 지나간 길이니 말이다. 하지만 나는 잠시만이라도 이 모든 덕목의 여왕인 '중용'에 대해서만은 짚고 넘어가련다. 정의는 절제를 통해서 구현된단다. 중용의 치세는 절대 폭정으로 변질되지 않는다. 다른 방식, 즉 극단적인 법의 적용은 극단적인 부정의를 낳는단다. (중략) 내가 하고 싶은 말은 정의뿐만 아니라 관용, 관대함, 자유, 절제, 겸손을 비롯한 다른 모든 중요한 가치들도 없어서는 안 될 중요한 미덕이라는 것이다. 전통과 발전을 조절하고 결합하기 위해 노력하여라. 닮은 점이 하나도 없는 양극단에 있는 악에 옳지 않은 색을 입히는 것은 악마의 소행이니라. 이 양극단에 있는 악은 정반대의 것처럼 보이지만, 상황이 고조됨에 따라 하나나 다름없어진다. 모든 것은 무한히 많은 것들이 동시에 발생하는 것이다. 그러니 모든 인류를 패망으로 이끄는 것을 기뻐하는 극단적인 폭정과, 모든 개인이 동시대의 사람들에게 무법자 행세를 하게 만드는 극단적으로 방만한 법집행이 무에 다르겠느냐?"

치세에 관한 제임스 1세의 논의 중 그의 통찰력이 돋보이는 부

---

24) 기독교에서 중시하는 네 가지 덕목을 말한다. 신중함, 정의, 절제(중용), 인내 이 네 가지 가치가 바로 그것이다. -옮긴이

분은 단연 위에 인용된 부분의 마지막에 나오는 세 문장이다. 그는 폭압적 치세와 자비로운 치세가 공통분모를 갖고 있지 않는 정반대의 개념이 아니라, 하나나 다름없다는 사실을 알고 있었다. 폭정은 국가가 국민을 파괴하게 하지만, 느슨한 치세로 인한 무법천지에서는 국민들이 서로를 파괴한다. 그러므로 국가를 다스리는 것은 분명 왕이지만, 중용이야말로 왕의 머리꼭대기에 앉아 있는 '여왕'이라 할 수 있지 않겠는가?

〈자에는 자로〉의 말미에서 우리는 희망적인 신호를 하나 발견할 수 있다. 공작은 마지막 독백에서 에스컬러스를 추어올리며, 그의 훌륭함을 인정한다. "내 좋은 친구 에스컬러스, 고맙소. 모든 것을 충실하게 잘해 주어서. 이제 남은 일은 더 축하할 일뿐이오."(5. 1. 525–526) 늙은 현자 에스컬러스는 전광석화처럼 머리를 굴리는 사람은 아니다. 하지만 그런 진중함이 이상적인 판사의 자질인 경우가 많다.

자, 이제 소토마요르 대법관의 인준 청문회로 돌아가 보자. 나는 여기서 그녀의 인준 당시 불거져 나왔던 모든 의혹의 세세한 내용을 모두 살펴보려는 것은 아니다. 이미 대법관으로서 그녀가 쌓은 치적이 이에 대한 충분한 답이 되었다고 생각하니까 말이다. 그보다는 이 인준 청문회 과정에서 드러난 '지혜로운 판사'의 자질에 대한 오래된 논란에 대해서 중점적으로 살펴보고자 한다.

소토마요르 판사를 대법관 후보로 지목한 오바마 대통령은 타인의 처지에 공감할 줄 아는 사람을 이상적인 판사라 여겼다. 이미

상원의원 시절부터 이에 대한 확고한 신념을 가지고 있었다. 지금
은 연방대법원장이 된 존 로버츠의 인준을 반대하면서, 그는 이렇
게 말했다. "법적 분쟁의 95퍼센트는 적법절차를 철저하게 준수하
고 제정법, 특히 헌법에 입각한 엄격한 해석을 하는 것만으로도 충
분히 해결될 수 있습니다. 그렇기에 진보 성향의 루스 베이더 긴즈
버그 대법관과 보수 성향의 안토닌 스캘리아 대법관[25]이 같은 취
지의 견해를 내놓는 것이 가능한 것이지요." 앞으로 최초의 흑인
미국 대통령이 될 상원의원은 계속 말을 이어갔다.

"연방 대법원의 진정한 역할은 나머지 5퍼센트의 사안에 대해
지혜로운 판결을 내리는 데 있습니다. 제대로 된 판결을 내리는 것
이 정말 어려운 5퍼센트의 법적 분쟁 말입니다. 이 5퍼센트의 법적
분쟁이 발생했을 때 적법절차를 철저하게 준수하고 제정법, 특히
헌법에 입각한 엄격한 해석을 하는 것은, 길고 지루한 재판 과정을
무사히 끝마치는 데 도움이 되는 필요조건에 불과합니다. 한 사람
의 가장 심오한 가치, 한 사람의 핵심적인 관심, 사물의 이치에 대
한 사람의 더 고차원적인 시각, 그리고 타인의 상황에 깊이 공감하
는 한 사람의 감정이입 능력을 바탕으로 한 판단력이야말로 지혜

---

25) 안토닌 스캘리아 대법관과 루스 베이더 긴즈버그 대법관은 모두 미국의 부연방대
법관이다. 미국의 연방대법원은 연방대법원장(Chief Justice) 한 명과 부연방대법
관(Associate Justice) 8명, 이렇게 총 9명의 '연방대법관(Justice)'으로 구성되어 있
다. 연방대법원의 판결은 만장일치제가 아니라 다수결로 내려지므로, 최소 6명(정
속수)의 대법관늘이 판결에 참여해야 한다. 안토닌 스캘리아 대법관은 레이건 대통
령 시절에 임명된 보수 성향의 대법관으로, 긴즈버그 대법관은 클린턴 대통령 재임
당시에 임용된 진보 성향의 대법관으로 분류된다. ─옮긴이

로운 판결에 힘을 실어 주는 필요충분조건입니다."

오바마 대통령은 감정이입 능력을 판사의 첫 번째 자질로 꼽는 자신의 신념을 고수한다. 그는 지금은 부연방대법관이 된 새뮤얼 얼리토 대법관의 인준을 반대하면서도 비슷한 말을 했다. 또한 대권에 도전하여 선거운동을 하고 있던 당시에 대법관 지명의 기준을 묻는 질문에 대한 대답에서 또다시 '감정이입 능력'을 언급했다.

짐작대로 오바마 대통령이 대법관의 자질로 감정이입 능력을 중시하는 태도는 많은 논란을 불러일으켰다. 칼 로브는 대통령이 강조하는 '감정이입 능력'은 '사회운동가 같은 판사가 되라는 지령'이라고 말하기도 했다. 세션스 상원의원을 비롯한 한 무리의 정치가들과 비평가들이 그의 주장을 지지했다. 그들은 대통령의 믿음은 법치주의에 대한 거대한 위협이라고 주장했다. 게다가 대통령의 반대 세력은 대항마를 준비했다. 바로 상원의원 시절 오바마가 대법관 인준을 반대했던 존 로버츠였다. 2005년에 있었던 인준 청문회에서 한 첫 번째 발언에서 그는 자신의 직무를 테니스 경기나 야구 경기의 심판에 빗대어 말했다. "판사란 운동경기의 심판과 같은 존재입니다. 심판이 규칙을 만드는 법은 없습니다. 심판은 그 규칙을 적용할 뿐이지요. 물론 심판과 판사의 역할은 매우 중요합니다. 그들은 모든 사람들이 같은 규칙과 법률의 적용을 받고 있다는 확신을 일반에 심어 줍니다. 그렇지만 그들의 역할에는 분명한 한계가 있습니다."

소토마요르 판사의 인준 청문회가 열렸을 당시 그녀의 반대 세력은 소토마요르 판사에게, 특정인에게 감정이입을 한 나머지 편파적인 판결을 내리는 법관이라는 이미지를 덧씌웠다. 그리고 그 증거로 소토마요르 판사가 2001년 버클리 대학교에서 한 연설 일부를 제시했다. "저는 다채로운 경험을 가진 현명한 라틴계 여성이 인생 경험이 단편적인 백인 남성보다 더 나은 결론을 도출하는 경우가 많길 바랍니다." 이 '현명한 라틴계 여성' 발언은 평생 그녀를 따라다니는 꼬리표가 되었다. 사람들은 이 발언이야말로 인준에 성공한 최초의 라틴계 여성 대법관이 좋게 말해 편견에 사로잡힌 판사, 나쁘게 보면 인종차별주의자라는 것을 입증하는 증거라고 떠들어 댔다.

나는 〈자에는 자로〉에 지혜로운 판사의 자질에 대한 갑론을박과 관련 있는 심오한 고찰이 담겨져 있다는 사실을 발견했다. 오바마 대통령이 빈첸시오의 역이라면, 세션스는 안젤로의 역이라 볼 수 있다. 세션스는 오바마 대통령이 '감정이입 능력'을 중시하여 편견을 조장하고 있다고 비난했다. "한 사람의 처지에 공감하는 것은 언제나 다른 사람에게 불리한 편견을 갖게 되는 것을 뜻합니다."란 세션스의 발언은, 자신이 알지 못하지만 (불합리한 편견 때문에 피해를 볼 수도 있는) 사람들을 딱하게 여기기 때문에 오히려 엄정하게 법을 적용하는 것이 가장 자비로운 선택이란 안젤로의 주장(2. 2. 102)과 놀랍도록 닮아 있다.

하지만 여러분은 안젤로가 결국 변명 한마디도 할 수 없는 일을 저질렀고, 그 때문에 몰락하고 말았다는 사실을 기억하고 있을 것이다. 소토마요르의 '현명한 라틴계 여성' 발언을 인정사정 보지 않고 공격해 댄 세션스는 완벽하게 불편부당한 판단을 하는 것이

가능하다고 믿었던 것 같다. 마치 안젤로의 화신인 양 그는 자기가 할 일이 운동 경기의 심판처럼 기계적으로 주어진 법을 그대로 적용하는 것이라 믿었다. 백인 남성으로서 겪은 자신의 인생 경험이 판단에 아무런 영향도 끼치지 않을 것이라 말한 것이나 다름없다. 언어도단도 이만저만이 아니다. 모든 판관의 판결에는 그, 또는 그녀의 인생 경험이 얼마간은 녹아 있기 마련이다.

나는 미디어에서 소토마요르를 변호하는 발언을 하다가, 주정부가 차를 압수할 때 적법절차의 원칙을 준수해야 하는지 여부에 관한 재판에서 소토마요르 판사가 낸 의견을 예로 드는 것이 효과적이라는 사실을 알게 되었다. 그녀는 동 재판에서 많은 뉴욕 시민들에게 차는 직장에 출퇴근하고 생계를 유지하기 위해 필수적인 주된 자산이라는 의견을 내놓았다. 또한 그녀는 이렇듯 중요한 의미를 가진 자산을 압수 사실의 공지 없이 주정부가 압수하여 시민들이 압수 사실을 고지받을 기회를 박탈해서는 안 된다고 주장했다. 아마 많은 사람들이 그녀가 뉴욕에서 보낸 유복하지 못한 성장기 때문에 이런 급진적인 의견을 내놓은 것이라 추측할 것이다. 하지만 그녀의 의견에 대해 그녀의 인생 경험이 영향을 끼친 판결이라 말하는 사람은 있어도, 이를 그녀가 한쪽에 감정이입한 나머지 편파적으로 내놓은 의견이라 매도하는 사람은 없다.

어찌 보면 판관은 인생 경험을 활용하여 판단할 수는 있지만 한쪽에 감정이입하여 판단해서는 안 되는 것 같기도 하다. 하지만 인생 경험에 비추어 생각해 보는 것과 한쪽의 처지에 감정이입하는 것을 구분해 내기란 여간 어려운 것이 아니다. 반면 이런 개인적인 감정을 동원할 필요가 전혀 없는 경우도 있다. 예를 들어 상대적으로 의미가 명확한 헌법 규정 같은 경우가 그러하다. '대통령의 임기는 4년으로 하며 행정권은 미국 대통령에 속한다.' 같은 규정을 해석하는 데 사감을 동원할 필요는 없기 때문이다. 그 누구도 이런 규정의 일률적인 해석에 토를 달지 않는다. 그건 이 규정을 유명무실한 규정이라 여기는 것처럼 보이기도 하는 공화당 진영의 사람들마저도 그렇다. 논란의 여지가 있는 것은 '적법절차', '특권, 면책', '평등 보호', '발언의 자유' 같은 좀 더 추상적인 표현들이다. 이 자못 숭고한 표현의 의미를 해석해 내기 위해서 사람들은 자신의 인생 경험, 그리고 동료 시민들과의 공감대를 총동원해야 한다. 그것은 진보 진영의 사람들과 보수 진영의 사람들 양자에 공히 해당되는 것이다. 그 누구도 무에서 유를 창조해 낼 수 없으며, 이들 중 누구도 이미 정해져 있는 상벌제도나 법적 구속 같은 것은 발견해 내지 못한다.

다행히 소토마요르는 세션스의 맹공을 물리치고 인준에 성공한다. 하지만 자신의 '현명한 라틴계 여성' 발언에 대해서는 '적절하지 못한 표현'이었다는 사실을 시인했다. 백악관이 기회가 주어졌다면 그녀는 '분명히 다른 표현을 선택했을 것'이라며 그녀를 변호했지만 말이다. 게다가 소토마요르 판사는 마땅히 '마음의 울림'을 따라야 한다는 대통령의 의견에 동의하지 않는다고 밝혔다. 그녀는 '하나의 법'이 존재할 뿐이고 판사의 임무는 이 법을 적용하는 것이라고 단호하게 말했다.

자기 경험이 판단에 영향을 끼쳐 편파적인 판결을 할 수도 있다는 문제 제기에 그녀가 이런 식으로 대응한 것은 다분히 정치적인 계산이 깔린 처신이었다. 그리고 이런 그녀의 태도 표명은 법 준수에 대한 미국인들의 열렬한 환상을 충족시켰다. 나는 위험 요인이 산재한 상황에서 어쩔 수 없이 정치적인 행보를 한 그녀를 비난할 생각이 없다. 비난 받아야 하는 사람들은 오히려 그렇게 할 수밖에 없도록 그녀를 몰고 간 사람들이니까 말이다.

사실 전체 맥락과 함께 검토해 보면 소토마요르의 '라틴계 여성' 발언은 최초의 여성 연방대법관인 샌드라 데이 오코너 판사의 관점에 응수한 것이라는 사실을 쉽게 알 수 있다. 인준 청문회에서 여성이라는 사실이 판결에 끼치는 영향에 대한 질문을 받은 오코너 판사는 '현명한 노인이라면 남자건 여자건, 사안을 결정하는 데서는 동일한 결론에 도달함'을 믿는다고 답했다. 물론 이런 그녀의 발언도 정치적 입지를 염두에 둔 외교적 발언이었음은 두말할 필요도 없다. 하지만 대법관이 된 뒤 그녀는 자신이 뱉은 말을 실천하지 않는다. 예를 들어 1994년에 있었던 여성 배심원에 관한 사건에서 "수많은 연구 결과가 강간과 같은 사건의 재판에서 여성 배심원들이 남성 배심원들보다 유죄를 선고하는 경향이 높다는 것을 보여 준다."고 말했다. 이어 "강간의 경우와 같이 확실하게 밝혀진 연구 결과는 없지만, 성희롱, 자녀 양육권, 배우자 학대, 자녀 학대 등의 범죄 재판과 관련하여, 판단 주체의 성별과 그 성별로 살아온 인생 경험이 그, 또는 그녀가 이런 사건을 판단하는 관점과 관련이 있다는 사실에는 누구나 공감할 수 있다. 성차별주의자가 아니더라도 말이다."라고 말했다.

소토마요르 판사는 '현명한 라틴계 여성' 발언으로 바로 오코너 판사가 대법관 시절에 내놓은 의견들을 반박하고자 했던 것이다. 물론 오코너 판사의 견해가 법치주의의 붕괴를 초래한 것은 절대 아니다. 오바마 대통령의 말처럼 연방대법원 판결의 대부분, 적어도 95퍼센트 이상의 판결에 기재된 판사들의 의견을 읽어 보라. 아마 여성이 낸 의견인지 남성이 낸 의견인지를 좀처럼 분간할 수 없을 것이다. 하지만 앞서 말했듯이 나머지 5퍼센트에 해당하는 사건에서는 다르다. 이 경우에는 여성으로서, 혹은 남성으로서 인생 경험이 매우 중요한 판단의 기준으로 작용한다.

이런 점을 고려한다면 오바마 대통령을 빈첸시오 공작보다는 에스컬러스에 가까운 사람이라고 평할 수도 있을 것이다. 신중한 이 정치가는 법이 의미하는 바가 분명할 때는 판관이 지체 없이 이를 적용해야 한다는 사실은 흔쾌히 인정했으니 말이다. 오바마 대통령은 판관이 '법이 녹음된 기록 장치에서 흘러나오는 목소리'로 전락하는 상황을 막고자 용기를 냈던 것뿐이다. 안젤로가 이상적으로 생각하는 판사는 현실성이 없는 공상에 불과하다. 바로 현직 미 대법원장 존 로버츠가 그 살아 있는 증거다. 법제사법위원회의 민주당 측 위원들은 존 로버츠 대법원장의 말과 다른 행동을 귀신같이 찾아내 지적했다. 자신의 소임을 운동경기의 심판과 같은 것이라 표현했던 대법원장이 실제로는 자신이 담당한 많은 사건에서 자의적으로 상황을 판단하여 법을 적용했다는 것이다. 한 예로 2007년에 대법원장은 '주정부의 통제를 받는 사립학교의 흑백 인종 통합 프로그램'을 무효화하는 의견을 냈다. 이 프로그램은 공립

학교의 흑백 인종 분리 정책의 부당성을 만장일치로 선고한 1954 년 브라운 대 교육위원회 판결Brown v. Borad of Education이 밑거름이 되어 시작된 제도였다. 그의 의견에 대한 찬반 여부를 떠나, 이는 의미가 분명한 법을 그저 기계적으로 적용만 한 끝에 나온 견해라고 볼 수는 없다. 규정에 따라 판단하여 "볼" 아니면 "스트라이크"라고 소리쳐 외친 것은 아니라는 말이다.

오바마 대통령이 법을 무시하고 '감정이입'에만 치중한 판단을 하라고 선동한 적은 단 한 번도 없다. 소토마요르 판사가 무사히 상원의 인준을 받은 후, 세션스 상원의원은 적어도 오바마 대통령이 더 이상 '감정이입'이란 단어를 입에 올리지 못할 것이란 사실에 만족한다는 말을 했다. 세션스 의원은 타인의 처지에 공명하는 측면이 철저하게 거세된 몰상식한 법을 신봉하는 듯하다.

내가 인준 청문회 과정에서 판사가 할 일에 대한 토론이 과열되는 것 자체를 못마땅하게 생각한 것은 아니었다. 오히려 나는 토론의 활성화를 두 손 들고 환영하는 사람이다. 내가 못마땅해한 점은, 토론 참가자들이 거론되는 판사의 두 가지 자질 중 한쪽에만 극단적으로 치우친 논의를 한다는 사실이었다. 사실 극단적으로 하나의 미덕만을 신봉하는 판사가 내린 판결은 일고의 가치도 없는 판결이다. 이런 판결이 왜 사라져야 하는지에 대한 열띤 토론은 쓸데없는 정력 낭비에 불과한 것이다.

셰익스피어는 판관이 법의 언명에만 충실할 수도, 한쪽에 대한 감정이입에만 의존할 수도 없다는 것을 알고 있었다. 애초부터 판결을 내린다는 것은 모든 사안에 대한 규율의 '일반화'인 법을 '특정한' 사안에 적용해야 한다는 태생적 한계를 안고 있다. 그리고 우리가 오랫동안 씨름해 온 법의 엄정한 집행과 감정이입이라는 두 가지 상충하는 가치는, 이 어려운 임무를 영원히 풀 수 없는 숙제로 만들어 버렸다. 이 난국을 타개하기 위해서는 에스컬러스가 걸어간 길을 따라가 볼 필요가 있다. 중용의 도, 고대인들이 닦은 진리의 길을 다시 한번 거닐어 보아야 할 시점이다.

피가 묻은 장갑은 심슨의 손에 맞지 않았다

오셀로 | Othello

Chapter 04

18세기의 위대한 법학자 윌리엄 블랙스톤은 '법'의 힘을 빌려 해결해야 하는 모든 사건의 핵심 쟁점에 대해 이야기한 적이 있다. 그는 사실관계의 확정이 열쇠인 경우가 대부분이라고 말했다. 그 말인즉슨 사실관계를 확정짓는 사람들에 의해 정의가 좌지우지된다는 것이다. 그의 말은 사실이다. 그리고 그것은 과거에도 그랬고 앞으로도 그럴 것이다. 법학에서는 이 막중한 임무를 전담하는 사람들을 '진상조사위원'이라고 한다. 이들은 사실관계를 확정하는 일을 전담한다.

셰익스피어가 살던 시대의 영국에서는 오래된 믿음 하나가 설 자리를 잃어 가고 있었다. 한때는 공고했던, 초자연적인 존재가 시비를 판가름해 줄 것이라는 믿음 말이다. 중세의 미명을 떨친 사람들은, 사람의 이성으로 확인한 사실을 기반으로 사안의 시비를 가리는 것이 옳다고 생각했다. 종교의 암흑이 판을 치던 시절에는 사실관계 확인이 신의 몫이었다. 신의 이름을 사칭한 사람들이 갖가지 편협한 방법을 동원하여 사실 확인에 나섰다. 하지만 1215년에 열린 제4차 라테란 공의회the Fourth Lateran Council를 기점으로 사정이 달라졌다. 그때부터 초자연적 증거 대신 인간이 밝혀 낸 증거에 무게를 싣고자 하는 움직임에 탄력이 붙기 시작했다. 마침내 셰익스피어 시대에 이르러서는 배심원들이 신의 자리를 대신하게 되었다. 초자연적 존재 대신 배심원들이 주된 쟁점의 사실관계를 확정지었다. 17세기에 제정된 뉴잉글랜드 식민지 헌장에도 배심제에 의한 재판을 보장하는 내용이 들어 있다. 현대 미국 헌법에서 보장하고 있는 배심제는 이때 자리 잡은 제도가 미 헌법에 반영된 것이라 할 수 있다.

셰익스피어의 작품에는 초자연적인 존재에 의한 사실관계 확인과, 인간의 이성을 동원한 사실관계 확인에 대한 담론이 공히 등장한다. 셰익스피어는 초기 근대 작가로서는 드물게 사실관계를 확정 짓는 주체에 굉장히 관심이 많았던 것 같다. 그는 초자연적인 존재의 판정에 대한 향수와, 인간 이성에 기초한 사실관계 확인이 빚을 오류에 대한 우려를 동시에 표명했다. 셰익스피어의 작품에는 결투로 시비를 가리는 사람들이 자주 등장한다. 초자연적 존재의 판정에 의존하는 사실관계 확인 방식으로 옳고 그름을 확정 짓는 것이다. 가끔은 셰익스피어가 결투란 비이성적 해결 방식 자체를 두둔하는 것이 아닌가 하는 생각이 들 정도다. 반면 상대적으로 그는 '인간에 의한 사실관계 확인' 방식에 대한 직접적인 언급은 별로 하지 않았던 것처럼 보이기도 한다.

하지만 이건 셰익스피어 희곡을 수박 겉핥기 식으로 살펴보았을 때 얘기다. 그는 분명 '인간에 의한 사실관계 확인'에 대해 진지하게 고찰했다. 나는 이 장에서 〈오셀로〉를 통해 증명하고자 한다. 오셀로는 베네치아(=베니스)의 장군이다. 그리고 불행히도 그는 무어인이다. 막이 오르자마자 그는 상류 계층의 백인 여성인 데스데모나와 야반도주를 감행한다. 데스데모나의 아버지는 불같이 화를 내며 이 둘의 결합을 반대한다. 얼굴이 검은 사위는 두 눈에 흙이 들어가도 맞아들일 수 없다는 것이다. 강경한 장인 자리의 반대가 무색하게 오셀로는 베네치아 공작의 축복을 받아 낸다. 참으로 용타. 사실 공작에게는 불가항력인 일이었다. 공작은 내심 튀르크군의 키프로스 침공을 막아 낼 사람은 오셀로밖에 없다고 믿었기 때문에 울며 겨자 먹기로라도 오셀로를 구명해 줄 수밖에 없었던 것이다. 당시에 지중해의 섬 키프로스는 베네치아 소유였다. 신혼의 단꿈에 젖은 오셀로는 데스데모나와 함께 튀르크군을 격퇴하기 위해 키프로스로 향한다. 하지만 키프로스에 당도한 이들을 맞이한 것은 튀르크군의 퇴각을 알리는 김빠지는 승전보다. 폭풍이 오셀로 대신 키프로스를 지켜 낸 것이다. 사람들은 섬에서 하릴없이 시간을 보낸다. 그러던 중 오셀로의 기수 이아고가 오셀로와 데스데모나 사이를 이간할 음모를 꾸민다. 그의 교활한 흉계에 깜빡 속은 오셀로는 아내가 부관 카시오와 부정을 저질렀다고 믿어 버린다. 처음에는 간교한 사내의 고자질을 반신반의하다 이아고가 내민 손수건을 보고는 아내의 부정을 확신하게 된다. 그 손수건은 오셀로가 아내에게 맨 처음 선물했던 사랑의 징표였다. 이 소중한 정표를 음흉한 이아고가 아내 에밀리아를 시켜 몰래 입수해서 장난질을 친 것이다. 성난 들소처럼 흥분한 오셀로는 무고한 데스데모나를 신혼 침대 위에서 잔혹하게 죽인다. 키프로스 섬의 모든 베네치아 귀족들은 사건 수습을 위해 모두 한자리에 모인다. 사건의 진상은 그제서야 그 전모를 드러낸다. 간악무도한 자의 흉계에 넘어갔다는 사실을 뒤늦게 깨달은 오셀로는 이아고를 죽여 복수하겠다고 달려든다. 하지만 그도 실패하고 만다. 절망의 나락에 빠진 장군은 자기의 손으로 한 많은 생을 마감한다.

〈오셀로〉에는 인간이 행하는 사실 규명의 두 가지 대조적인 형태가 등장한다. 바로 진상조사를 전담하는 '단체'가 행한 공적이고 이성적인 조사와, '오셀로 1인'이 행한 독선적이고 감정에 치우친 조사 말이다. 〈오셀로〉 최대의 비극은 1인 진상조사위원 오셀로가 계속해서 헛다리만 짚어 댔다는 것이다. 이것만 보아도 두 가지 진상조사 방식 중 어느 것이 더 효과적인지는 자명하다 할 수 있다. 설상가상으로 오셀로는 물리적 증거에 불과한 손수건을 확실한 변절의 증거라 여기는 단순한 인물이다. 형이상학적인 심경의 변화를 물리적 증거 하나로 속단해 버린 것이다. 이 같은 편견에 사로잡힌 인물이 1인 진상조사위원이라는 것은 상당히 위험한 일이다. 물론 이런 편견을 갖게 되는 것은 지극히 자연스러운 일이라 할 수 있다. 시한폭탄을 안고 있는 격이지만 말이다. 베네치아의 귀족들은 이런 오셀로의 대척점에 서 있는 사람들로, 칼날처럼 벼린 이성으로 이런 편견을 교정하는 능력자들이다. 그리고 베네치아의 귀족들로 구성된 진상조사위원회는 이런 이상적 진상조사위원들의 총합체다.

우리는 초자연적인 존재가 더 이상 사실을 확정해 주지 않는 세상에 살고 있다. 거의 모든 사실 규명이 인간의 손으로 이루어지고 있단 말이다. 우리는 더 이상 뜨거운 석탄을 옮겨 결백을 증명하거나 우리를 고소한 사람과 결투를 벌여 시비를 가리지 않는다. 그리고 우리는 판사나 배심원들이 사실관계를 명쾌하게 밝혀 줄 것이라 굳게 믿는다. 하지만 우리의 이 믿음은 과연 온당한 것일까? 혹 이성의 상아탑을 쌓았다 자부하는 금세기에도 〈오셀로〉에서와 같은 비극이 빚어질 수 있는 일말의 가능성이 있는 것이 아닐까? 아닌 게 아니라 충분히 그럴 수 있다. 그리고 그런 일은 지금도 일어나고 있다.

이를 실증하기 위해 나는 이 장에서 〈오셀로〉와 1995년에 열린 한 재판을 비교해 보기로 했다. 바로 그 이름도 유명한 O. J. 심슨 재판 말이다. 오셀로와 O. J. 심슨이 둘 다 흑인이란 단편적인 공통점이 이런 조합의 선택 이유는 아니다. 그보다는 두 재판 모두 물적 증거가 다른 모든 증거를 압도해 버린 재판이란 점 때문에 이 둘을 연관 지은 것이다. 심슨 재판에서 모든 사람의 이목이 집중되었던 물적 증거는 '피로 얼룩진 검은 장갑'이었다. '딸기 무늬'가 있는 흰 손수건 대신이랄까. 배심원들은 심슨에게 무죄를 선고했다. 이 과정에서 그들은 진상조사위원들이 한데 모여 진실을 규명하는 방식이 '시각적 증거'가 불러일으키는 편견에 얼마나 취약한지 몸소 보여 주었다.

배심제가 '시각적 증거'의 유혹에 이토록 취약하다는 사실에 우리는 본질적인 의구심을 품게 된다. 과연 배심제를 시각적 증거에 편향되는 사람들의 편견에 대한 효과적인 방비책이라 할 수 있는가? 게다가 요즘 배심원들은 온 나라를 휩쓴 'CSI 효과'에 홀린 것처럼 보이기까지 한다. 선풍적인 인기를 끌었던 〈CSI〉 같은 법의

학 드라마 때문에 배심원들이 물적 증거에 병적으로 집착하게 되는 현상 말이다. 이 'CSI 효과'의 원인과 규모에 대해서는 아직 밝혀진 바가 없다. 하지만 오늘날의 배심원들이 그 어느 때보다 '시각적 증거 편견'에 취약하다는 것만은 분명하다.

나는 배심제 자체를 포기하자는 이야기를 하려는 것이 아니다. 배심제를 유지해야 하는 이유에 대해 숙고해 볼 필요가 있다는 이야기를 하고 싶은 것이다. 법사학자인 조지 피셔는 우리가 배심원을 두는 이유를 이렇게 표현했다. "우리가 배심제를 고수하는 이유는 배심원들이 진실을 한 치의 오차도 없이 밝혀 내는 '진상조사위원'이어서가 아니다. 전지전능한 '진상조사위원'이 존재하지 않는 세상에서 어쨌든 그들이 사건을 종결짓게 해 주기 때문이다." 배심원은 자신이 내린 결론에 대한 사람들의 의문에 대답할 필요도 없고, 조사 결과를 정당화할 필요도 없다. 마치 신이 그랬던 것처럼 말이다. 배심제 뒤에 숨으면, 인간에 의한 사실관계 확정에 내재된 본질적인 문제의 압박을 피할 수 있다. 완벽한 진상 규명은 불가능하다는 끔찍한 진실을 바라보지 않아도 된다. 우리는 초자연적 존재의 무작위적 판정에 기댄 사실 규명의 세계에서 생각만큼 멀리 떠나오지 못한 것이다.

나는 〈오셀로〉를 통해 이 문제를 고심해 보고자 한다. 과연 인간이 한 사실 규명이 초자연적 존재의 권위를 빌린 사실 확정에 대한 진정한 대안인지. 우리가 또 다른 권위자를 애써 옹립하여 그들이 내린 결론을 세상에 이해시키려 애쓰고 있는 것은 아닌지. 이들이 제시하는 확실하다는 사실이 여전히 납득하기 어려운 판정은 아닌지 하는 문제 말이다. 인간의 인지는 예나 지금이나 변함없이 불완전하다. 그리고 씁쓸하지만 앞으로도 절대 달라지지 않을 것이다.

사법 절차의 개략적인 틀은 중세나 지금이나 별반 다르지 않다. 당사자나 국가가 개인을 공개적으로 고소 또는 기소하면 소송절차가 개시되고, 법원은 양측의 주장을 들어 본 뒤 판결을 내린다. 하지만 엄밀히 말해 중세의 재판은 유무죄를 실제로 확인하기 위한 절차가 아니었다. 유무죄에 대한 결론을 어떻게든 확정 짓기에 급급한 절차였을 뿐이다. 중세에 행한 판결은 크게 세 가지로 분류할 수 있다. 한 가지 공통점은 이 세 재판에서 모두 신이 사실관계를 확정 짓는다는 것이다. 액면이 그렇단 말이다. 시련 재판, 면책선서 재판, 결투 재판이 그 세 가지다. 시련 재판은 피고인들을 뜨거운 쇳덩이로 지지거나 물에 빠뜨리는 방법으로 진상을 규명하는 재판 방식이다. 면책선서 재판에서는 피고를 옹호하는 사람들이 신 앞에 결백을 맹세하는 면책선서를 해야 한다. 결투 재판은 말 그대로 피고인과 고소인이 결투를 해서 시비를 가리는 방식이다.

아마도 여러분이 가장 많이 알고 있는 초자연적인, 혹은 미개한 재판 방식은 아마 물과 불을 이용한 시련 재판법일 것이다. 불을 이용하는 시련 재판에서 피고인은 불로 달군 쇳덩이를 들고 일정한 거리를 걸어가야만 한다. 당연히 피고인은 화상을 입게 된다. 그 후 상처 부위에 붕대를 감고 며칠을 기다린다. 그 며칠이 지난 뒤 확인해 보았을 때 상처가 말끔히 치유되어 있다면 **그녀**의 결백은 입증된 것이다. 반대로 상처가 곪았다면 **그녀**의 유죄가 증명된 것이다. 물을 이용한 시련 재판에서는 팔다리를 묶은 피고인을 차가운 성수에 빠뜨린다. 만약 피고인이 물속으로 가라앉는다면 물의 순결함이 **그**를 받아들인 것으로 보아 무죄를 선고한다. 반대로 피고인이 물 위로 뜬다면 유죄로 간주해 처형한다. 바로 앞의 문장에서 나는 일부러 피고인을 여성 인칭대명사와 남성 인칭대명사로 대별하여 지칭했다. 주로 여성들에게 불에 의한 재판 방식이 시행되었기 때문이다. 이는 아마 일반적으로 여성이 남성보다 체지방률이 높다는 사실을 고려한 선택이었을 것이다. 체지방이 높으면 물에 뜰 가능성이 높다. 물로 재판할 경우 남성보다 유죄 판정을 받을 가능성이 높은 여성을 보호하기 위한 조치였던 것이다. 시련 재판은 피고인의 죄질이 아주 나쁘거나 그 증언의 신빙성이 떨어질 때 주로 시행되었다.

경미한 범죄는 주로 면책선서 재판을 했다. 면책선서 재판에서는 피고인과 피고인의 옹호자들이 함께 무죄를 맹세하게 된다. 초기의 면책선서 재판에서 피고인의 옹호자들은 피고인의 결백에 대한 맹세를 했다. 하지만 뒤로 가면서 피고인의 옹호자들은 그저 피고인의 훌륭한 성품에 대한 맹세를 하는 '맹세 조력자' 노릇만 하게 되었다. 면책선서 재판은 사람들이 거짓 증언을 하는 것으로 천국행을 포기하지 않을 것이라는 가정을 전제로 하고 있었다. 경미한 범죄를 재판하는 방식이니만큼 이 면책선서 재판에서 피고는 아주 가벼운 정도의 증명 책임만 진다. 법사학자 존 베이커의 말에 따르면 피고인들이 대질심문을 받게 될 가능성이 전혀 없었기 때문에, 매우 모호한 용어들을 써 가며 얼렁뚱땅 맹세해도 무방했다.

초자연적인 증거에 의존하는 세 번째 재판 방식은 결투 재판 방식으로, 이 방식은 노르만 정복 이후 영국에 전래된 것이다. 결투 재판의 전제는 신이 정의로운 이의 편을 들어줄 것이라는 단순무식한 가정이다. 처음에는 모든 분쟁 상황에 결투 재판을 시행할 수 있었으나, 이후에 극악한 중범죄가 개입된 사건에만 시행하도록 그 쓰임이 제한되었다. 이 방식은 노르만족이 시련 재판 대신 사용했던 재판 방식이었다. 유럽 대륙에서는 중죄인에게 주로 시련 재판을 시행했다. 하지만 영국에서는 중죄를 저지른 상대방을 심판하길 바라는 당사자가 '결투 재판'을 이용해 신이 보여 주는 '초자연적 증거'를 구할 수 있었다.

이 세 가지 판결 방식의 획기적인 장점은 바로 신성에 기대어 정당성을 획득할 수 있다는 점이었다. 사실을 확정할 능력이 없는 보잘것없는 인간들을 위해 전지전능한 신이 몸소 유무죄를 드러내는 신성한 증거를 보여 준다는 논리로 위장만 잘하면 그만이었다. 중세 사학자 로버트 바틀릿은 시련 재판의 이런 측면을 간결하게 요약해 냈다. '시련 재판은 사실 확인이 불가능하고 불확실성이 극심한 상황을 다루기 위한 도구였다.' 존 베이커도 한손 거들고 나섰다. '당시 사람들에게 초자연적 증거와 맹세는 절대적이며 불가해한 것이었다. 아무도 이에 대해 법적인 의문을 제기하지 않았으며, 이성은 한 톨만큼도 개입되지 않았고, 사실 확인도 필요 없었다. 그리고 여기에는 어떠한 법칙도 없었다.' 오죽하면 사람들이 면책선서 재판은 '법으로 하는 내기'이고 결투 재판은 '결투로 하는 내기'라 빈정거렸겠는가. 불리한 초자연적 증거는 사회에서 영구 퇴출을 의미했다.

174

초자연적 증거를 판정의 근거로 삼는 재판 방식의 순기능이라 할 만한 측면에도 많은 문제가 있었다. 신을 빙자해 초자연적인 증거들을 정당성의 토대로 삼는 논리에는 신의 절대적 권위에 굴종하는 마음가짐만 담겨 있는 것이 아니었다. 여기에는 모든 재판 과정에 신이 그저 '참관'만 하길 바라는 인간의 오만방자한 속셈이 숨어 있었다. 인간이 고안해 낸 '초자연적 증거'를 무기로 인간의 질문에 대한 신의 답을 좌지우지할 수 있다고 자신하는 것이다. 세 가지 재판 방식 중에서 시련 재판의 경우에 이런 경향이 두드러졌다. 시련 재판에는 교회가 관여하는 것이 일반적인 관례였기 때문이다. 사제가 피고인이 얼마나 뜨거운 쇳덩이를 어디까지 들고 가야 하는지 정했으며, 상처가 '치료되었는지' 아니면 '곪았는지'도 판단했다. 물을 정화해서 성수를 만드는 것도 사제의 소관이었고, 피고가 묶인 상태를 점검하고 피고인의 몸이 '떴는지' 혹은 '가라앉았는지'를 결정하는 것도 신의 주제넘은 대리인 몫이었다. 믿을 수 없겠지만 영국의 전성기, 그러니까 9세기부터 13세기까지 증언이나 자백 같은 증거를 얻을 수 없을 때는 시련 재판이 시행되었다. 1215년에 와서야 가톨릭교회가 제4차 라테란 공의회에서 성직자들의 시련 재판 참여를 전면 금지했다. 그리고 신성허가가 박탈된 시련 재판은 이내 서유럽에서 자취를 감추었다.

하지만 시련 재판만 역사의 뒤안길로 사라졌을 뿐 다른 두 재판 방식은 그대로 남아 있었다. 그리고 그 태생적 한계도 여전했다. 이성의 물결이 유럽을 강타하면서 피고인과 맹세 조력자들의 신빙성 문제와 관련하여 면책선서에 대한 회의론이 일었다. 이는 고무적인 일이었다. 법사학자 레너드 레비는 면책선서에 대해 선서가 "피고인에게 어떠한 법적 책임이 있는지 아니면 어떤 죄업이 있는지와는 무관하게, 운이 따른다면 맹세 조력자들의 지지 속에서 사면을 받을 수 있는 탈법의 방편이 되고 말았다."라고 평했다. 이런 한계 때문이었는지 면책 선서는 17세기 훨씬 이전부터 자취를 감추기 시작했다. 결투 재판 역시 사람들의 신뢰를 잃었다. 돈을 주고 사람을 고용해서 결투 재판에 나서는 일이 비일비재했다. 레비는 "재판의 당사자들이 너도나도 나이, 성별, 신체 허약 등을 핑계로 검투사를 고용해 대신 싸우게 했다."고 지적했다. 군주들 역시 결투 재판 때문에 골머리를 썩었다. 결투 때문에 귀족들이 끊임없이 죽어 나갔기 때문이다. 충격적인 사실이지만 결투 재판은 1818년이 되어서야 철폐되었다. 그간 결투 재판이 거의 사용되지 않았다는 것이 철폐 이유였다.

초자연적 증거를 악용한 판결 방식이 점차 자취를 감추면서 인간에 의한 사실 규명에 의지해야 하는 시대가 왔다. 자백이 어느새 시련 재판의 자리를 슬그머니 차지했다. 자백은 오래전부터 이미 유무죄 판단의 자료로 이용되고 있었다. 하지만 이전까진 결정적인 판단의 자료로 사용되지 않았다. 극단적인 변화가 일어난 것이다. 사람들이 더 이상 초자연적 증거를 믿지 않게 되면서 자백의 중요성은 그 어느 때보다 중요해졌다. 시련 재판을 폐지한 제4차 라테란 공의회에서는 신도들이 하는 연례 고해의 요건을 새로 정립하기도 했다. 영국 사람들은 자백을 '증거의 여왕'이라고 칭송하기까지 했다.

하지만 증거의 여왕도 해결할 수 없는 문제가 여전히 남아 있었다. 바로 자백을 하지 않는 피의자들 말이다. 유럽 대륙과 영국에서 이 문제에 대해 완전히 상반되는 해결책을 내놓았다. 유럽대륙에서는 고문을 하여 자백을 받아 내는 심문 방식이 이용되었다. 이와는 대조적으로 영국에서는 여러 사람들로 구성된 공정한 합의체가 '진상조사'를 하는 배심제가 채택되었다. 법사학자인 피셔는 1215년 시련 재판이 폐지된 것과 1220년에 웨스트민스터 지방에서 형사 배심재판이 처음 시행된 것은 직접적인 관련이 있다고 주장했다.

초자연적인 증거를 믿던 사람들에게 인간에 의한 진실 확정을 믿으라는 말은 청천벽력 같은 소리였다. 이에 대해 사학자 존 랭베인은 이렇게 말했다. "그 시대의 평범한 사람들이 그런 교체 과정을 받아들이는 것이 얼마나 어려운 일이었는지 우리는 감히 상상할 수도 없을 것이다. 당시 사람들은 아마 진상을 규명한다는 사람에게 '나와 같은 사람일 뿐인 당신이 뭐기에 나를 심판하려 드는가?'란 말을 수도 없이 내뱉고 싶었을 것이다." 〈자에는 자로〉에서 안젤로도 비슷한 언급을 한 적이 있다. 그는 "도둑이 도둑한테 선고를 하더라도, 법이 그것을 알기나 하겠소?"(2.1.22-23)라 말했다. 신에 비하면 인간은 실수투성이에 불과하다는 말이다. 안젤로의 이 대사는 셰익스피어가 저작 활동을 하던 시대에 이 문제가 여전히 사람들의 입에 심심치 않게 오르내리는 매우 중요한 논제였다는 사실을 보여 준다.

셰익스피어는 작품에서 신에 의한 사실 증명 대신 인간이 하는 진상조사를 믿기로 한 세간의 변화에 대해 이중적인 태도를 보여준다. 셰익스피어 작품에 시련 재판이나 자백면책과 관련한 내용은 등장하지 않는다. 하지만 결투 재판 장면은 어렵지 않게 찾아볼 수 있다. 〈헨리 6세, 2부Henry Ⅵ, Part 2〉와 〈리처드 2세Richard Ⅱ〉에도 결투 재판이 등장하며, 결투 재판의 의미를 광범위하게 설정한다면 〈리어 왕〉에도 결투 재판이 등장한다고 볼 수 있다. 특히 〈헨리 6세, 2부〉에 나오는 결투 재판 장면은 극에서 상당히 큰 비중을 차지한다. 병기공의 조수인 피터 텀프는 자신을 배신자로 고소한 주인과 결투해야 한다. 결투 재판을 받아야 하기 때문이다. 게다가 불쌍한 피터는 이길 승산마저 없어 보였다. 하지만 피터는 예상을 뒤엎고 싸움에서 이긴다. 그의 주인이 결투 전에 마신 술에 취해 있었던 덕이다. 피터의 주인은 죽기 직전 자신이 피터를 무고했다는 사실을 고백한다. 결투 재판을 통해 얻은 판정의 정당성이 증명되는 순간이다. 〈리처드 2세〉에서 리처드 2세는 지휘봉을 던져 헤리포드 공작과 노퍽 공작의 코번트리 결투를 중지시킨다. "분노에 찬 검극이 부딪히는 소리를 들리게 하여, 우리 땅에 조용히 깃든 평화를 잃어버리게 하고, 동포들의 유혈이 강을 이룰까 두려우니." 〈리처드 2세〉(1. 3. 136-138) 셰익스피어는 이 대사로 결투 재판으로 귀족 사회에 초래될 피해에 대한 군주들의 염려를 분명하게 표현했다. 〈리어 왕〉에는 결투 재판에서 에드거가 에드먼드를 물리치는 장면이 등장한다. 이때 그들은 통상의 결투 재판 당사자들과 비교할 때 상대적으로 격식이 갖춰지지 않은 결투를 벌인다. 리어 왕이 통치했던 시기가 기원전 9세기라는 점을 고려하면 수긍할 수 있는 차이다.

이처럼 셰익스피어 작품에는 결투 재판 장면이 자주 등장한다. 하지만 셰익스피어가 결투 재판과 같은 초자연적인 존재의 심판을 옹호했다고 속단하기에는 이르다. 당시의 사회상을 있는 그대로 보여 준 것일 수도 있으니 말이다. 내기나 다름없는 재판을 믿는 것은 〈겨울 이야기The Winter's Tale〉의 신탁에 귀를 기울이는 것이나 다름이 없다. 과거의 미명을 추억하며 근거 없는 확신으로 안심하는 꼴이니 말이다. 하지만 시선을 한숨에 사로잡는 극적인 요소를 내포하고 있는 결투 재판을 무대에 올리고 싶지 않을 극작가가 과연 몇이나 되겠는가? 이 때문인지 셰익스피어 작품에서는 정의를 그르치는 결투 재판은 단 한 차례도 등장하지 않는다. 법의 이름으로 행하는 내기의 위험성에 대한 경고가 곳곳에서 발견되는데도 말이다.

게다가 그는 배심원과 같은 인간의 손으로 사실 조사를 하는 것에 대한 우려를 여과 없이 표명하기도 했다. 〈자에는 자로〉에서 안젤로는 "죄수한테 사형선고를 내리는 배심판사 열두 명 중에, 심판을 받은 죄수보다 더 무거운 죄를 진 죄인이, 한두 명쯤 있을지도 모르오."(〈자에는 자로〉, 2.1.19-21)란 말로 배심원 일반에 대한 불신을 드러낸다. 〈헨리 8세Henry Ⅷ〉에도 비슷한 내용이 나온다.

〈헨리 8세〉는 셰익스피어가 자신이 살고 있는 시대와 맞닿아 있는 시절의 역사, 즉 근현대사를 각색하여 집필한 사극이다. 〈헨리 8세〉에서 서레이 백작은 울지 추기경이 버킹엄의 정치적 몰락을 획책했다고 비난한다. 그리고 서레이 백작을 기소한 '귀족 배심원단'의 배후에는 울지가 있다.(〈헨리 8세〉, 3.2.269)

반면 셰익스피어 작품에는 '인간에 의한 사실관계 확인'의 실효
성을 옹호하는 명시적인 언급은 단 한 번도 등장하지 않는다. 하지
만 그렇다고 해서 우리가 인간에 의한 사실 확정의 장점과 단점을
모두 살펴본 〈오셀로〉란 희곡의 존재를 잊어서는 안 된다. 〈오셀
로〉는 인식론에 대한 희곡이라 할 수 있다. 우리가 알고 있는 것을
어떻게 알게 되었는가에 대해 근원적인 의문을 제기하는 철학적인
작품이란 말이다.

〈오셀로〉에는 사뭇 대조적인 사실 규명의 주체가 등장한다. 이
성적인 방식으로 합의를 끌어내는 한 측과, 감정에 치우친 독선적
인 다른 한 측의 대비가 강렬하다. 전자의 방식은 '바른말'을 이끌
어내고 후자의 방식은 '비극적인 오해'로 이어진다.

〈자에는 자로〉와 마찬가지로 〈오셀로〉는 지랄디 친티오의 《헤
카토미티Hecatommithi》(1565)를 바탕으로 쓰였다. 하지만 오셀로
1막에는 친티오의 작품에는 없는 내용이 대거 등장한다. 1막의 배
경을 키프로스의 군사 기지가 아닌 베네치아로 설정한 것은 셰익
스피어가 수많은 작품에 사용했던 '삼중 패턴 구조'를 도입한 것이
라고 할 수 있다. 〈오셀로〉의 마지막 부분 배경은 다시 키프로스의
법정으로 돌아오지만 말이다. 〈베니스의 상인〉에서처럼 베네치아
는 〈오셀로〉에서도 법과 질서를 상징한다. 1막에서 상원의원인 브
라반시오는 로데리고에게 "도둑이라니 무슨 도둑이란 말인가? 여
긴 베네치아야. 내 집은 들판의 외딴집과는 다르단 말이네."
(1.1.104-05)라고 소리친다. 베네치아는 "문명화된" 도시라는 것
이다. 문명화된 도시 베네치아를 통치하는 공작은 긴급 상황에서

180

도 이성적인 판단을 할 것이라는 사실을 암시하는 대사다. 자, 이제 공작과 상원의원들을 만날 차례다. 튀르크 군함이 키프로스를 "치러 오고 있다는"(1.3.8) 긴급한 보고를 받은 공작이 야심한 시각임에도 급히 원로원을 소집한다.

보고에 따르면 진격 중인 군함은 107척에서 200척 사이다.(1.3.3–5) 공작은 "이 보고는 갈피를 잡을 수 없어 믿을 수 없소."(1.3.1–2)라 말한다. 하지만 제2상원의원이 "숫자가 맞지는 않습니다만, 어림쳐서 적은 것이니 그럴 수도 있겠죠."(1.3.5–7)라고 반박한다. 당시의 기술을 고려할 때 함대의 군함 숫자를 추산할 때 어느 정도 오차가 발생하는 것은 당연한 일이었을 것이다. 이어 이 현명한 상원의원은 이런 수치의 오차 때문에 튀르크 군함이 키프로스로 접근 중이라는 중요한 사실 확인을 게을리해서는 안 될 것이라 힘주어 말한다. 문명국의 통치자답게 공작은 이런 상원의원의 반박에도 이성적으로 응대한다. "음, 있을 수 있는 일이야. 다소의 착오는 있다고 하더라도 마음을 놓을 수는 없소."(1.3.11–12)

그때 사령이 뛰어 들어와 튀르크 군함들이 키프로스가 아니라 로즈로 향하고 있다는 소식을 전해, 혼란을 배가시킨다. 공작은 역시 믿을 수 없는 보고가 맞지 않느냐며 자신의 의견에 대한 동료 의원들의 지지를 구한다. 이때 제1상원의원이 나서 "그럴 리가 없습니다. 우리의 사리 판단을 시험하는 일종의 연극이 아닐까요?"(1.3.18–20)라 말한다. 베네치아 사람들의 주의를 다른 곳으로 돌리려는 튀르크군의 얄팍한 수작일 거라는 말이다. "시험"이란 단어는 재판을 의미하는 말이기도 하다. 이들의 사리 판단 능력을 시험하려던 튀르크군의 시도는 무모한 것이었다. 슬기로운 국가의 원로들은 튀르크 함대가, 방어가 더 잘돼 있고 전략적으로 키프로스보다 덜 중요한 로즈로 향한다는 것은 말이 되지 않는다는 사실을 단박에 알아챈다. "뺏기 쉽고 또 수중에 넣으면 제일 이득이 많은 요새를 나중으로 돌리는, 쓸데없는 모험을 할 그런 생각 없는 튀르크는 아닐 것 같습니다."(1. 3. 28–31) '사리 판단의 시험'을 지혜롭게 통과한 이들이 내린 결론이 옳았다는 것은 바로 입증된다. 튀르크군이 키프로스 쪽으로 방향을 바꾸었다는 전갈이 날아든 것이다.

이 전시의 비상대책위원회는 여러 면에서 신뢰가 가는 조직이다. 첫 번째로 이들은 여러 사람의 의견을 종합한 결론을 채택한다. 단 한 사람의 독단적 의견에 의존하지 않는 것이다. 제2상원의원은 공작의 그릇된 추정을 바로잡았으며, 제1상원의원은 사령의 오해를 불러일으키는 보고의 오류를 끄집어냈다. 두 번째로 이들은 촌각을 다투는 긴박한 상황에서도 이성을 잃지 않았다. 차분한 마음가짐을 가지고 '사리 판단' 능력을 최대한 동원해 모든 보고를 면밀히 검토한 것이다. 마지막으로 이들은 서열대로 발언권이 확보되는 수직적 조직이 아니다. 계급의 우위에 있는 사람의 주장에 따르는 조직이 아니란 말이다. 이들은 가장 설득력 있는 주장에 설복될 뿐이다. 이와 같은 비상대책위원회의 특징적인 세 가지 장점은 서로 유기적으로 연관되어 있다. 발언의 자유가 보장되는 수평적 조직 구조 덕분에 상원의원들이 공작의 의견에 이의를 제기할 수 있는 것처럼 말이다.

이 위원회는 쉴 새도 없이 또 다른 시험을 치르게 된다. 상원의

원인 브라반시오가 갑자기 들이닥쳐 오셀로 장군을 고소하겠다고 난리법석을 피우기 시작한다. 오셀로 장군이 그의 딸 데스데모나를 마법으로 홀렸다는 것이다. 하지만 이 겉 다르고 속 다른 브라반시오는 오셀로가 무어인이고 데스데모나는 백인이라는 이유로 둘의 결혼을 반대하는 인종차별주의자다. 하지만 당시 영국 일반법은 타 인종 간 결혼을 허용하고 있었다. 즉 타 인종 간 결혼은 합당한 기소나 고소의 사유가 될 수 없었던 것이다. 이를 잘 알고 있었을 브라반시오는 타 인종 간 결혼을 문제 삼는 대신 오셀로가 데스데모나를 홀리기 위해 마법을 사용했다는 주장을 편다.

마녀재판으로 시작되는 셰익스피어 희곡을 꼽아 보라고 했을 때 〈오셀로〉를 떠올릴 독자는 그리 많지 않을 것이다. 인종 문제가 브라반시오가 제기한 마법 사용의 혐의를 압도해 버리기 때문이다. 하지만 사실 이 두 논제는 서로 유기적으로 연관되어 있다. 브라반시오는 타 인종 간 결혼은 '자연의 순리'에 어긋나는 것이므로, 마법의 힘이 개입되지 않고서는 이루어질 수 없는 일이라 확신한다. 맨 처음 브라반시오는 혈기방장한 로데리고에게 비슷한 취지의 이야기를 한다. "젊은것들의 마음을 흔들어 놓는 마약이라도 있는 모양이지?"(1.1.169-171) 이런 그의 의심은 비상대책위원회에 도착할 즈음에는 확신으로 돌변한다. 오셀로를 향한 브라반시오의 발악을 들어 보자.

천하의 불한당 같으니, 내 딸을 내놔.
그 못된 버릇으로 내 딸을 후려냈을 테지.

마의 사슬에 얽매이지 않았다면
그렇게 부드럽고 어여쁘고 행복에 찬 애가,
아니 이 나라 이 땅의 귀공자도 물리치던 내 딸이,
남의 웃음거리가 되는 것도 모르고,
아비 슬하를 빠져나가서, 보기만 해도 소름 끼치는
그 시커먼 가슴속으로 뛰어들 수가 있는가?

(1. 2. 62-71)

브라반시오는 이 모진 대사로도 분이 풀리지 않았던지 오셀로가
마법으로 딸을 미혹했다는(1. 3. 60-65, 100-107) 주장을 1막에서만
두 번 거듭한다. 제대로 정신이 박힌 백인 여자라면 무어인과 어울
리지는 않으리란 것이 그의 논리다. 브라반시오나 오셀로나 고정
관념 때문에 패가망신하기는 피차일반이다. 공작에게 언뜻 보기에
는 그럴듯해 보이는 고소장이 접수된 것이다. 국가의 원로가 막무
가내로 무고를 할 리 없다고 생각한 공작은 처음에는 상원의원 브
라반시오의 주장을 그대로 믿는다.

그놈이 어떤 놈이건 간에,
이런 몹쓸 짓을 해서 그대의 딸을 뺏고,
정조까지 유린한 악당은,
그대 자신이 엄정한 국법에 비추어 엄중히 처벌하시오.
설사 그 범인이 내 자식이라고 해도
용서할 수 없는 일이야.

(1. 3. 66-71)

공작은 자기 자식에게도 국법을 편견 없이 적용할 것이라고 공언하는 것으로 베네치아에 확립된 법치주의의 위상을 한층 더 드높인다. 동시에 그는 브라반시오에게 "엄정한 국법에" 비추어 브라반시오 '자신이' 처벌하라 이른다. 브라반시오에게 자신이 연루된 사건을 재판할 권한을 부여한 것이다. 아직 공작은 브라반시오가 고소한 사람이 누구인지 전혀 모르고 있다. 피고소인이 오셀로 장군이라는 사실을 알게 된 공작의 태도는 돌변한다. 베네치아에 없어서는 안 되는 장군인 오셀로가 고소당했다는 사실에 유감을 표한 공작은 갑작스레 혐의 내용에 대한 철저한 검토를 요구한다. "그것은 증거가 될 수 없을 것 같소. 지금 말과 같은 피상적인 추측이 아니고, 좀 더 확실한 증거가 없을까?"(1.3.107-109)

고소인과 피고소인의 신분이 비등비등하다는 것이 판명되고 나서야 그럴듯한 현대적 의미의 재판이 시작된 것이다. 사회적 신분이 높은 사람들이 낮은 신분의 사람들보다 더 공신력 있다고 여겼던 근대 초기의 사회적 편견을 엿볼 수 있는 대목이다. 공작은 "말과 같은 피상적 추측"만이 유일한 증거라면 '증거가 없는 것'이나 마찬가지라 여긴다. 튀르크 군함이 로즈로 향하고 있다는 사령의 보고를 받고 '사리 판단을 위협하는 연극'이라 결론지었던 현명한 군주답다. 이제는 진상규명위원회로 변질된 이 전시비상대책위원회의 일처리는 절차적으로도 빈틈이 없다. 그는 피의자 신분인 오셀로에게 발언 기회를 주는 데 그치지 않고 데스데모나를 증인으로 소환한다. 공작은 〈티투스 안드로니쿠스〉의 사투르나이누스 황제와는 확실히 달라도 너무 다른 성군이다. 앞서 살펴보았듯이 사투르나이누스 황제는 티투스의 아들들에게 변명할 기회조차 안 주고 처형해 버린다.

　사실 오셀로에게서 발언 기회를 빼앗는 것은 현명한 선택이 아니다. 데스데모나를 유혹한 그의 진심 어린 언변은 끊임없이 인구에 회자될 정도로 훌륭한 구애의 교과서라 할 수 있으니 말이다. 〈오셀로〉에서 이 달변의 무어인이 "거친 말솜씨"(1. 3. 82) 운운하며 자신의 말주변 없음을 탓하는 장면이 나오긴 한다. 하지만 이건 지나친 겸손이다. 그의 장중한 언설은 수많은 사람들의 심금을 울렸으니 말이다. G. 윌슨 나이트는 오셀로의 주옥같은 대사를 '오셀로의 음악'이라 일렀을 정도였다.

　　그 여자의 아버지는 저를 사랑해서 이따금 집으로 불렀습니다.
　　그리고 제 삶에 대한 질문을 하곤 했습니다.
　　해를 거듭한 전쟁과 성으로 쳐들어간 이야기, 승패의 상황을 물었죠.
　　그래서 저는 어렸을 때 일부터
　　그 직전의 일까지 빼놓지 않고 이야기했습니다.
　　기막혔던 재난, 바다나 싸움터에서 일어난 무시무시한 사건,
　　위기일발의 상황에서 구사일생한 이야기,
　　잔인한 적의 포로가 된 후 노예로 팔려
　　몸값을 갚기 위해 여러 나라를 헤매던 이야기,
　　썰렁한 굴, 또는 인적이 끊어진 들판, 험한 바위 언덕
　　그리고 하늘 높이 솟은 산이나 큰 바위, 이런 이야기를 해 드렸습니다.
　　그리고 또 서로 잡아먹는 식인종 이야기,
　　어깨 밑에 목이 달린 인종의 이야기도 데스데모나는 몹시 듣고 싶어
　　했습니다.

하지만 집안일로 호출되었을 때는 재빠르게 해치우고 돌아와서는
제 이야기를 정신없이 듣곤 했습니다.
그런 것을 보고 언젠가는 제 삶을 처음부터 계속해 듣고 싶다는
말을 하도록 만들었습니다.
그래서 저는 어렸을 때 고생하던 이야기를
꺼내어 그녀를 울렸습니다.
이야기가 끝난 후 그녀는 한숨만 내리쉬고
원 그런 딱한 일이…… 차라리 듣지 말걸 하면서도
하늘이 그런 남자를 자기한테 내려 주셨으면 했습니다.
그러고는 저한테 고마워하며 만일 제 동무 가운데
자기를 사랑하는 사람이 있으면
저와 같은 경험담을 하도록 하라고 그러더군요.
그러면 자기는 그 남자를 사랑하겠다고요.
그래서 저는 힘을 얻어 저의 마음을 고백했던 것입니다.
여자는 제가 고생한 것을 동정하고 저를 사랑해 주었습니다.
저 역시 저를 진심으로 애틋하게 여기는 그녀를 사랑했습니다.
이것이 바로 제가 사용한 마법입니다.

(1. 3. 129-170)

　그 어떤 여인의 마음도 뒤흔들 성싶은 말이다. 이 말을 들은 공작
은 "그런 이야기를 들으면 내 딸이라도 마음이 흔들리겠군."(1.3.172)
이란 말로, 오셀로가 "합리적 이성을 지닌 딸의 시험"을 통과하였
다는 판정을 내린다. 즉 오셀로는 합리적 이성이 있는 딸도 그를
충분히 사랑할 수 있다는 사실을 위원회에 납득시킨 것이다. 브라
반시오도 이 결과를 수긍했던지 데스데모나가 "그녀에게도 죄가

없는 게 아니"(1. 3. 176)라고 확언한다면 혐의에 대한 고소를 철회하겠다고 말한다.

　재판정에 도착한 데스데모나에게 브라반시오는 "고귀한 여주인인 내 딸아, 이리 오너라. 내 이렇게 여러 어른들 계신 앞에서 묻겠다만, 너는 누구한테 먼저 복종해야 될 것으로 아느냐?"(1. 3. 178-180)라고 묻는다. E. A. J. 호니그만은 셰익스피어가 여기서 〈리어왕〉에 등장하는 것과 유사한 표현을 쓰고 있다고 말했다. '고귀한 여주인'이란 표현은 보통 아버지가 딸을 부를 때 쓰는 표현이 아니라는 것이다. 그는 홀아비였던 브라반시오가 데스데모나를 딸이라기보다는 부인처럼 맞이했다는 사실에 주목한 것이다. 어쨌든 데스데모나는 자연스러운 변화가 일어났음을 담담하게 아비에게 통지한다. 브라반시오의 마음은 타들어간다.

　　고귀한 아버지!
　　저한테는 두 가지 의무가 있습니다.
　　저를 낳아 주신 은혜, 길러 주신 은혜
　　아버지는 제 의무의 주인이십니다.
　　그러니까 첫째로 아버지를 존경합니다.
　　이건 딸이 응당 해야 할 일이죠.
　　하지만 지금은 남편이 여기 있습니다.
　　어머니께서 아버지를 외조부보다 소중하게 생각하신 것과 같이
　　이 딸자식도 무어를 남편으로 섬기려 하옵니다.
　　(1. 3. 180-189)

이 대사는 코델리아가 이와 비슷한 상황에 놓이게 되면 리어 왕에게 같은 논지의 발언을 할 것이라는 사실을 짐작하게 한다.(《리어왕》, 1.1.95-104). 그리고 리어 왕이 코델리아에게 그리했듯 브라반시오도 사실상 딸과 의절한다. 다시 베네치아의 위원회 이야기로 돌아가자. 이 진상조사위원회라면 마땅히 따라야 할 모범적 진상규명위원회의 전형을 보여 주었다. 물론 완벽하지는 않았지만 말이다. 이 위원회는 튀르크군의 속임수도 거뜬히 밝혀 냈다. 사령의 전언이 키프로스를 공격하려는 의도를 숨기기 위한 튀르크군의 '거짓 연극'에 불과하다는 사실을 꿰뚫어본 것이다. 이와 마찬가지로 그들은 브라반시오가 오셀로가 사술을 사용한 것처럼 보이도록 꾸며 낸 말을 믿지 않았다. 혐의가 짙어 보이는 '외관'보다는 오셀로가 데스데모나에게 공정하게 구애하여 혼인하였다는 본질에 집중한 결론을 내놓은 것이다. 베네치아에서 무법 행위가 일어날 수 없다는 브라반시오의 말이 마냥 틀린 말만은 아니다. 하지만 상황은 달라질 것이다. 오셀로 장군이 문명국 베네치아를 벗어나 키프로스로 향하고 있으니 말이다.

키프로스는 여러 면에서 베네치아와 대척점에 있는 곳이다. 키프로스는 문명의 중심지와는 거리가 먼 곳이다. 오히려 문명의 변방이란 수식어가 잘 어울린다. 이 요새는 문명인들의 도시와는 전혀 딴판인 전사들의 장이다. 하긴 사랑의 여신인 베누스(비너스)를 탄생시킨 이 지중해의 섬에서는 이성에 작별을 고하는 것도 낭만적인 일일 수 있다. 하지만 많은 사람들이 지적했듯 오셀로는 사랑과는 담을 쌓은 사람이었다. 그에게 사랑이란 능력 밖의 일을 의미했다. 곰살궂은 연인이 되기엔 너무 용맹한 타고난 전사였던 것이다.

문제는 오셀로가 닻을 내린 키프로스에서 전사는 필요하지 않았다는 것이다. 튀르크군은 폭풍 때문에 이미 전멸한 상황이었고, 에스파냐 무적함대도 1588년에 이미 궤멸되었다. 3막에 이르러서야 한탄을 쏟아 낸 이 강직한 군인의 말처럼 "오셀로의 모든 직분은 다 사라져 버렸다."(3.3.360) 그는 섬에 발을 딛기도 전에 이미 그 쓸모를 다한 무용지물 신세였던 것이다.

키프로스에서 이아고의 간계가 성공할 수 있었던 것은 이 때문도 크다. 이아고는 오셀로와 그의 부관인 마이클 카시오를 이간질한다. 카시오가 "술을 마실 줄 모른다는 것"(2.3.31)을 알아챈 아이고는 그를 잔뜩 취하게 만든다. 그러고는 주정꾼이 된 카시오를 키프로스의 총독인 몬타노 앞에 풀어 놓는다. 싸움이 벌어지고 이 소식을 전해 들은 오셀로가 시종들을 데리고 등장해 심야의 진상조사를 시작한다. 다음은 싸움을 말리기 위해 끼어든 오셀로의 대사이다.

어떻게 된 거야? 어째서 이런 일이 생겼어?
모두 튀르크 놈들이 된 것인가?
하나님이 튀르크 놈들에게도 하지 못하게 하는 일을 하느냐 말이다.
기독교인의 수치로다.
상스러운 싸움은 그만두게.
짓궂게 혼자 성이 나서 멋대로 하는 자는
자신의 영혼을 업신여기는 것이지.

190

그만두지 않으면 죽어.

저 종소리 좀 그만두게 하게.

섬사람들이 놀라지 않겠나.

어떻게들 된 것인가?

이아고, 자넨 수심이 가득 차 보이는데

말해 보게. 대체 누가 시작했어?

날 생각하거든 바른대로 이야기해.

(2. 3. 165-174)

오셀로는 그들이 문명인이며 기독교 신자라는 사실을 언급하며 싸움을 말린다. 1막에서 이아고는 여러 차례 오셀로를 야만인이라고 폄하한다. 브라반시오와 나누는 대화 중에 그를 "바르바리(이집트를 제외한 북아프리카의 옛 이름-옮긴이)산 말"(1. 1. 110)이라고 한 것도 모자라 시종일관 오셀로를 야만적인 베르베르(북아프리카 산지의 한 종족의 이름-옮긴이)산 깜둥이라 모욕한다. 하지만 이 중재 장면에서 오셀로는 오히려 베네치아인인 백인들을 야만스럽다고 꾸짖고 있는 것이다. 그리고 오셀로의 질책은 그 누구도 반박할 수 없을 정도로 논리정연하다. 야만이 지배하는 섬의 유일한 문명의 대변자는 다름 아닌 오셀로다.

1막의 재판의 주된 쟁점은 '과연 오셀로가 마법을 써서 데스데모나를 유혹했는가?'이다. 베네치아의 진상조사위원회는 위 질문에 분명하게 '아니오'라고 대답했다. 2막 첫머리에 등장하는 재판의 주된 쟁점은 '누가 키프로스에서 난동을 시작했는가?'이다. 오셀로 단 한 사람으로 구성된 키프로스 진상조사위원회는 '카시오'

라 대답한다. 뭐 썩 틀린 말은 아니다. 우리는 오셀로를 너무 나무라서는 안 된다. 베네치아의 진상조사위원회였다고 해도 이 너저분한 싸움판의 배후에 이아고가 있다는 사실을 캐내지 못했을지도 모르니 말이다.

진상조사의 성패는 진상조사위원회의 완벽한 일처리에만 달려 있는 것이 아니다. 주어진 쟁점 자체가 말끔한 일처리로 정평이 난 진상조사위원회조차 손대지 못할 만큼 어려운 경우도 있으니 말이다. 더군다나 오셀로는 절차적 기회를 보장하려는 노력도 아끼지 않았다. 그는 모든 관련 당사자에게 진술 기회를 주었다. 몬타노가 너무 심한 부상을 입어 발언을 하지 못한 것이나 카시오가 증언을 못할 만큼 수치스러워한 것이, 아니면 취해서 아무 말도 못한 것이 오셀로의 잘못이 아니란 말이다.

그러나 오셀로가 행한 진상조사에는 베네치아의 국가 원로들의 진실 규명 노력과는 확연히 다른 점이 있다. 오셀로는 여럿의 의견을 들어 보고 이를 규합하여 판단하지 않는다. 그의 독단으로 모든 것을 결정할 뿐이다. 그는 자신이 생각할 때 '정직한' 이아고가 카시오를 음해할 동기가 있다는 사실을 전혀 알아차리지 못한다. 이아고는 호시탐탐 카시오의 자리를 차지할 기회만 노리고 있는데도 말이다. 또한 그는 판결을 내리기 전에 발언할 능력이 없는 증인들이 발언할 수 있을 정도로 회복할 시간을 주지 않는다. 그리고 정말 최악인 것은 그가 자신의 분을 참지 못해 쓸데없는 화를 낸다는 것이다.

도무지 참을 수가 없군.

내 혈기가 냉정한 이성을 채찍질하는 걸.

분노가 판단을 흐리게 하고,

앞질러 가라고 한단 말이야.

내가 만일 한 걸음 내디딘다면,

또 이 팔을 올린다면,

자네들 중에 천하 없는 인간이라도

엄벌에 처하겠네.

(2. 3. 200-205)

베니스 위원회가 '사리 판단의 시험'을 치러야 했다면, 오셀로는 '열정의 시험'을 치러야 한다.

오셀로 본인도 인정했듯, 그의 열정은 그의 '판단'을 '흐려' 최선의 판단을 할 수 없게 만든다. 이 때문에 그는 문명인에서 사람들의 고정관념 속에 살아 숨 쉬는 야만적인 '흑인'으로 일순 전락한다. 셰익스피어는 바르바리 왕이 파견한 대사가 영국을 방문했던 사건 때문에 〈오셀로〉를 집필한 것인지도 모른다. 북아프리카에서 온 이 대사는 1600년 8월에 런던에 도착하여 6개월 동안 영국에 체류했다. 이 일이 있은 뒤 존 포리란 사람이 존 레오 작(作) 〈아프리카 지리의 역사A Geographical Historie of Africa〉의 번역본을 출간했다. 이 책에는 바르바리 왕이 파견한 대사에 관한 이야기도 나온다. 그 자신도 무어인이었던 레오는 얼굴이 검은 사람들의 특성을 다음과 같은 상황한 말로 묘사했다.

"그들은 대부분 정직하고 순박한 사람들이다. 이들은 간교한 속임수나 사기가 무엇인지 모른다. 자신들의 고결한 정신을 매우 자랑스러워하며, 격분하길 잘한다. 유머 감각은 평범하고 너무 남에게 잘속아, 있을 수 없는 일에 대해 들었어도 그것을 믿어 버릴 정도다. (중략) 이처럼 질투심이 많은 사람들의 나라도 없을 것이다. 그들은 자기 여자의 불명예를 견디느니 목숨을 끊어 버릴 사람들이다."

비평가 제프리 불로는 셰익스피어가 '거의 확실하게 이 이야기를 참고하였음'이 틀림없다고 주장했다. 그는 레오가 규정한 전형적인 무어인의 모습과 오셀로의 성품이 놀라울 정도로 유사하다는 점을 증거로 제시했다. '전형적'인 무어인처럼 오셀로는 '간교한 속임수나 사기가' 무엇인지 모르는 정직한 사람이다. 게다가 남을 의심할 줄 몰라 '너무 남에게 잘 속는, 있을 수 없는 일에 대해 들었어도 그것을 믿어 버릴 정도'인 사람이기도 하다. 진상조사위원으로서 치른 '열정의 시험'을 통과하지 못한 것만 보아도 알 수 있듯이 화를 잘낸다. 여러분도 예감했듯이 이 몹쓸 성미 때문에 '데스데모나의 정절은 믿을 만한 것인가'란 다음 논제에 당면해서는 일을 그르친다.

이아고는 일련의 암시를 통해 데스데모나가 불륜을 저지른 것처럼 보이는 정황을 만들어 낸다. 이아고는 먼저 (1) 오셀로가 다가오자 데스데모나와 단둘이 이야기하고 있던 카시오가 "죄나 진 것처럼 슬그머니 달아났다."(3. 3. 39)며 데스데모나의 불륜을 암시한다. 이어 (2) 오셀로를 구슬러서 그가 데스데모나에게 구애를 할때 카시오가 "중간에서 애를 많이 썼다."(3. 3. 100)는 사실을 인정하도록 만든다. 그러고는 (3) 오셀로 앞에서 무언가 말 못할 비밀이 있는 것처럼 굴어 오셀로가 "꼭 뭔가 이아고의 머릿속에 무서운 일이나 감춰 둔 것 같다고"(3.3.110-111) 생각하게 만들었다. 또 (4) 오셀로에게 데스데모나가 "장군님과 결혼하시려고 아버지를 속인 분이 아니시냐고"(3.3.209)란 말을 하여 의심을 증폭시킨다. 그리고 오셀로에게 (5) 인종이 다른 사람들 간의 결혼이 섭리를 거스르는 '부자연스러운' 일임을 인정하라 압박했다.(3.3.232-242) 현대를 살아가는 관객 관점에서는 거북하기 짝이 없는 이야기다. 오셀로는 사람들이 말하는 것만큼 어수룩하진 않았다. 온갖 수단을 다 동원한 이아고의 속삭임에 흔들리지 않았던 것은 아니지만, 말만 무성하지 증거가 없다며 이아고의 말을 물리친다. 베네치아의 공작만 현명한 선택을 할 줄 아는 것은 아닌 모양이다.

> 이놈아, 내 아내가 정말 음탕한 계집이란 말이냐?
> 그렇다면 증거를 보여 다오.
> 그렇지 않다면 불멸의 영혼에 맹세코,
> 너는 내 분노에 답하기보다는
> 차라리 개로 태어난 것이 좋았을 것이다.
> (3.3.362-366)

오셀로는 다시금 화를 주체할 수가 없다. 다행이면 다행이랄 것은 이번에는 화를 낼 만한 놈한테 내고 있다는 것이다. 하지만 이번에도 '열정의 시험'은 통과하지 못한다. 다시 한 번 '열정'의 모습을 빌린 분노가 그의 "판단"을 흐렸기 때문이다.

〈오셀로〉에서는 오셀로가 흑인이라는 사실이 지나치다 싶을 만큼 많이 부각된다. 물론 오셀로의 피부색이 그가 현실을 바라보는 관점에 영향을 끼쳤을 수는 있다. 오셀로의 피부색을 '시각적 증거'로 삼아 그를 재단하려는 사람들에 일생을 둘러싸여 있었을 테니 말이다. 그는 '인종'과 '피부색'을 판단의 '시각적 증거'로 삼는 사람들에게 아주 익숙했을 것이다. 다른 곳으로 시선을 돌려 보아도 상황은 별다르지 않다. 셰익스피어의 작품에는 무어인이 총 세 사람 등장한다. 이들은 모두 피부색 때문에 부당한 대접을 받는다. 〈티투스 안드로니쿠스〉에 등장하는 무어인 아아론은 '어둡고 슬픈 문제'를 안고 태어난 혼혈 아이의 아비다. 〈베니스의 상인〉에 등장하는 모로코 왕자는 포샤에게 "내 얼굴 빛깔 때문에 싫다 하지 마오."(〈베니스의 상인〉, 2.1.1)란 당부를 하며 자신을 소개한다. 그리고 〈오셀로〉에서 브라반시오는 오셀로가 무어인이라는 사실을 마법을 행했다는 혐의의 '시각적 증거'로 삼기까지 한다.

눈으로 볼 수 있는 증거만 신뢰하는 경향은 〈오셀로〉에서 특히 두드러지기는 하지만, 이는 셰익스피어의 전 작품에서 폭넓게 드러나는 경향이다. 랭베인은 초자연적인 증거를 동원한 재판 방식이 사라지게 되면서, 두 명 이상의 목격자가 한 증언 또는 피의자의 자백과 같은 '완전한 증거'가 어떻게 유죄 선고의 유일한 근거로 등극하게 되었는지 설명했다. 하지만 랭베인도 지적했듯이 배심제를 고안한 법률가들은 '또 다른 문제를 만들어 내는 것으로 기존의 문제를 해결했다.' 배심제는 범죄 행각이 만천하에 드러난 사건과 같이 판결하기 쉬운 사건에는 분명 효과가 있었다. 하지만 목격자도 없고 자백도 받을 수 없어 해결의 실마리가 보이지 않는 사건에서는 제 몫을 하지 못했다.

하지만 사람들은 미궁에 빠진 사건까지도 해결해 주길 바랐다. 사실 쥐도 새도 모르게 범죄를 저지르고 전혀 뉘우치지 않는 사람들을 벌할 수 없는 사법제도를 고수할 사회는 어디에도 없다. 유럽 대륙에서는 고문을 통해 필요한 자백을 받아 냈다. 영국에서는 공식적으로는 고문이 금지되어 있었기 때문에, 배심원들은 정황증거를 저울질하여 결론을 내릴 수밖에 없었다.

오셀로의 증거 제출 요구에 이아고는 교활한 인간들이 늘 원용했던 뿌리 깊은 딜레마를 보란 듯이 이용한다. 은밀하게 이루어진 범행에 대해 결정적인 증거를 제시하는 것은 거의 불가능하다는 논리 말이다. 그는 오셀로에게 데스모나스를 "그 녀석이 올라탄 것"(3.3.399)을 "어떻게 보시겠단 말씀"(3.3.397)이냐고 묻는다. 이아고는 남의 집 가정사에 주제넘게 참견하는 잔인함으로 거짓 충심을 드러내며 다음과 같이 지껄인다. '완전한 증거'를 제시하는 것이 얼마나 어려운 일인지 알기냐 하느냐는 말이다.

> 둘이 자고 있는 것을 다른 사람에게 보인다는 것은
> 어려운 일입니다.
> 긴 베개를 베고 자는 것을,
> 다른 사람이 본다는 것은 너무하니까요.
> 그럼 어떻게 할까요? 딱하십니다. 어떻게 해야 속이 시원하시겠습니까?
> 현장을 보시겠다는 것은 안 될 말씀입니다.
> 사실 그것들이 염소나, 원숭이, 한창때 늑대나
> 술취한 바보같이 난장판을 벌이고 있다고 해도 말씀이에요.
> (3.3.400-408)

이아고의 말을 듣고 있자면 그가 말하는 장면이 눈앞에 선연히 보이는 듯한 기분까지 든다. 탁월한 재능이다. 1막에서 그는 데스데모나의 아버지인 브라반시오에게 데스데모나가 "잔등이 둘 달린 짐승"과 만나고 있다고(1. 1. 115) 일러바친다. 이번에는 오셀로에게 데스데모나의 부정을 증명할 '시각적 증거'를 구하는 것은 불가능하다는 말을 하면서, 타고난 말재주를 부리며 '시각적 증거'의 복제품을 증거로 제시한다. 그가 제시한 '말'뿐인 증거는 너무나 생생해서 실제 불륜 현장을 눈으로 본 것 같은 느낌이 들 정도다. 이아고의 "말"에 오셀로는 머리를 한 방 얻어맞은 듯한 충격을 받는다. 후에 그가 "염소와 원숭이들!"(4. 1. 263)이란 이아고의 표현을 그대로 사용하여 맹세를 하는 것이 그 증거다. 3막에서 오셀로는 이아고가 자신의 "흉내만 낸다"(3. 3. 109)고 비난한다. 하지만 이아고는 다른 사람들이 자신도 모르게 그의 말을 따라할 정도로 강한 인상을 심는 언어의 귀재다. 그럼에도 다른 사람들은 이아고가 자신들을 따라 한다 믿어 버린다. 귀신같이 남의 머릿속에 암시를 심는 은밀한 재주를 타고난 것이다.

일단 '완전한 증거'를 발견하는 것은 거의 불가능하다는 전제가 완성되었다. 그런 다음 이아고는 오셀로에게 달리 좋은 수가 없으니 정황증거를 살펴보는 것은 어떠하냐는 제안을 한다. 이어 정황증거는 확실히 제시할 수 있다는 말로 오셀로를 안달 나게 만든다. "그렇지만, 바로 그런 사실의 문간까지 안내해 드릴 정도의 확실한 사정을 말씀드리는 것으로 만족하신다면 말씀드리죠."(3.3.408– 410) 몸이 단 오셀로는 이아고의 입만 보고 있다. 다음은 이아고가 두 번째로 제시하는 거짓 정황증거다.

이아고는 (1) 카시오가 자는 도중 데스데모나의 이름을 외치는 것을 들었다고 말한다. 이어 (2) 카시오가 데스데모나의 손수건으로 수염을 닦는 것도 보았다고 말한다. 이어 (3) 그가 거론하지 않은 "다른 증거들"이 있다는 사실을 알고 있다고 한다. (1)과 (2) 사이에는 우리가 주목해야 하는 중요한 사실이 숨어 있다. 이아고에게 뜻밖의 수확이 있었던 것이다. 이 간악한 작자가 부인인 에밀리아를 시켜 데스데모나의 손수건을 훔쳐 낸 것이다. 이 손수건은 오셀로가 데스데모나에게 처음으로 선물한 사랑의 정표다. 그리고 이아고는 훔친 손수건을 이미 카시오의 방에 가져다놓았다. 그 손수건은 맨 처음 오셀로가 요구한 '시각적 증거'는 명백히 아니다. 오셀로는 범죄의 직접적인 목격을 원했으니까 말이다. 하지만 손수건은 다른 증거들과는 달리 만지거나 볼 수 있는 정황증거다. 이 다른 증거들은 4막에 이르러서는 모두 증발해 버린다. 그때도 증발하지 않고 남아 있는 것은 이 손수건뿐이다. 다음으로 이아고는 데스데모나의 명예와 손수건의 상관관계에 관한 논의를 시작한다. "정조야 어디 눈에 보입니까? 안 가지고도 가진 사람이 있습니다. 하지만 손수건은 (중략)."(4. 1. 16–18)

즉 명예란 것은 눈으로 확인할 수도 손으로 만질 수도 없는 것이란 말이다. 하지만 어떤 사람이 자신의 손수건을 다른 사람에게 건네주었는지 아닌지는 알아내기 힘든 사실이 아니다. 데스데모나가 부정을 저질렀는지에 대한 추상적인 질문이 그녀가 손수건을 잃어버렸는지에 대한 실증적 질문으로 탈바꿈한 것이다. 오셀로는 절망적인 목소리로 "아, 그건 잊어버리고 싶었어. 옳아, 생각나는군. 그 일이 마치 전염병 난 집 지붕 위의 까마귀처럼 불현듯 치밀어 오르는군. 그놈이 내 손수건을 가졌다고 했지?"(4. 1. 19-22)라고 말한다. 순간 이때다 싶었던 이아고는 카시오가 데스데모나와 동침했다는 사실을 자기에게 자백했다는 거짓을 오셀로에게 고해바친다. 드디어 오셀로의 뇌는 마비되었다. 분기탱천한 오셀로는 간질적 경련을 일으키며 "손수건! 자백! 손수건! 오 자백을 시키고 그 수고 값으로 교살해야지. (중략) 자백! 손수건! 오 악마!"(4. 1. 37-8, 43)라고 외친 뒤 실신해 버린다.

말 한마디 제대로 하지 못하는 '야만인'이 되어 가면서 오셀로는 맡은 배역을 충실히 수행한다. 이성이 날아가 버린 오셀로는 잃어버린 손수건을 자백과 같은 것이라 단정 짓는다. 데스데모나의 부정에 대한 '완전한 증거'가 발견된 것이다.

기절했다 깨어난 후에도 오셀로는 말을 제대로 하지 못한다. 정신을 추스르기가 영 힘든 모양이다. 반면 이아고의 행운은 계속된다. 오셀로는 카시오가 손수건을 지니고 있는 것을 우연히 목격하게 된다. 이아고는 오셀로가 들으라는 듯이 카시오와 대화를 나누기 시작한다. 하지만 오셀로는 이 대화를 듣지 못한다. 몸짓밖에 볼 수 없었음에도 그는 카시오가 자백한 것이나 다름없다고 생각해 버린다. 유죄를 단정 짓기 전에 '자백'을 요구할 만한 이성은 이 불쌍한 남자에게 한 오라기도 남아 있지 않았던 것이다. 그러니 당연히 카시오나 데스데모나에게 설명하거나 반박할 기회를 줄 정신도 없었다. 사려 깊고 용맹한 개선장군은 온데간데없고 인종차별주의자들의 눈에만 보이는 미친 검둥개 한 마리만 남게 된 것이다.

오셀로 자신도 오쟁이 진 남자들은 저절로 "머리에서 뿔이 자라나는 짐승"(4.1.62)이 되는 것이니 자신이 괴물이 되는 것도 당연하다고 순순히 시인한다. 그는 이미 마음속으로는 자신이 오쟁이 진 남자가 되어 버렸다고 믿고 있다. 우리는 그가 사람에서 짐승으로 변해 가는 추이를 그의 언어 상실에서 관찰할 수 있다. 1막에서 그는 서정적 표현을 즐기는 문명인의 모습을 보여 준다. 자신에게 다가온 브라반시오의 무리에게 그는 "어서들 칼을 집어넣어. 이슬을 맞으면 녹슬지."(1.2.59)란 말을 건넨다. 당당한 장군의 여유와 기품이 묻어나는 대사다. 자, 이제 괴물이 된 그의 말을 들어 보자. "그년을 갈기갈기 찢어 버려야지. 날 속이고 서방질을 하다니!"(4.1.197) 데스데모나를 신혼 침대에서 죽인 것은 바로 그 '괴물' 혹은 '짐승'이다. 셰익스피어의 작품에는 아무런 희망도 보이지 않는 처절한 비극은 없다. 그는 언제나 극의 말미에는 혼돈이 정리되고 질서가 회복될 것이라는 무언의 약속을 남겼다. 마저리 가버는 이에 대해 다음과 같이 설명했다.

"셰익스피어 작품에는 다음과 같은 삼중 패턴이 반드시 등장한다. 언제나 '마법에 걸린 세상'에서 되돌아오는 사람들을 만나 볼 수 있다. 이 '마법에 걸린 세상'은 '초록 세계'일 수도 있고 '구조에 반하는 세상'일 수도 있고, '축제의 장'일 수도 있다. 귀환 중에는 반드시 중간 지대를 거치게 되어 있다. 희극이나 애정극에서는 상상, 예술, 기적, 꿈 등이 중간 지대로 설정되는 것이 보통이고, 비극에서는 황야, 위험, 광기 등이 중간 지대 구실을 한다. 대부분의 경우 변장이나 사회적 계급의 저하가 동반된다. 그리고 등장인물들은 거의 언제나 이 중간 지대에서도 돌아온다. 그리고 종종 등장인물이 완전히 딴사람이 되어 돌아오는 경우도 있다."

오셀로에서 피할 수 없는 셰익스피어의 '중간 장소에서 되돌아오기'는, 중간에 존재하는 광기의 세계에서 베니스가 상징하는 이성의 세계로 귀환이다.

셰익스피어 희곡이라면 이 '중간 지대에서 되돌아오기'가 당연히 등장한다는 말이다. 그렇다면 〈오셀로〉에서도 등장인물들은 이 '중간 지대'에서 '되돌아와야' 한다. 즉 사람들이 광기에 사로잡힌 중간 지대에서 이성이 지배하는 베네치아로 돌아와야 한단 말이다. 하지만 〈오셀로〉에서는 사람들이 베네치아로 돌아오는 대신 귀환의 목적지인 '이성의 세계'가 사람들에게 다가간다. 이성의 세계 베네치아를 대변하는 두 귀족 로도비코와 데스데모나의 삼촌 그라티아노가 오셀로를 찾아간 것이다. 모로 가도 서울만 가면 된다. 이제 희곡의 대미를 장식할 마지막 진상조사만 남아 있다. 진상조사위원은 그라티아노, 로도비코 그리고 몬타노다. 주된 쟁점은 '누가 데스데모나를 죽였나?'이다. 이전에 오셀로가 제기한 '누가 키프로스에서 난동을 시작했나?'란 의문에 대한 대답과 마찬가지로 이 질문에도 답이 두 개 있다. 키프로스에서 피운 난동 사건의 경우, 카시오가 싸움의 직접적인 원인을 제공한 것만은 사실이다. 하지만 근원적인 책임은 이아고에게 있다. 데스데모나 살인 사건의 진상도 이와 다르지 않다. 직접 살인 행위를 한 것은 오셀로지만 근원적인 원인을 제공한 것은 이아고다.

오셀로와 달리 진상을 제대로 파악한 데스데모나 살인 진상조사위원회는 이아고를 체포하는 데 성공한다. 이탈리아인만으로 구성된 공작의 위원회는 이 찢어 죽일 악인을 체포할 때도 공작의 위원회가 선보인 이성적인 합의 도출의 절차를 거친다.

한때 이 슬기로운 진상조사위원들도 오셀로만 붙잡아 처벌할 뻔했다. 오셀로가 카시오만 싸움의 책임을 지도록 붙잡아 놓은 것처럼. 오셀로는 카시오가 오셀로에게 자백했듯 에밀리아에게 이미 자백했다. 다행히도 에밀리아가 '완전한 증거'의 효력을 부인하고 나선다. 그녀는 이아고가 거짓말을 하고 있다고 말한다. 데스데모나는 부정을 저지르지 않았다는 것이다. 하지만 그녀의 이 발언은 이아고가 용서받을 수 없는 악행을 저질렀다는 사실을 오셀로에게 설명하기에는 역부족이다. 그리고 오셀로가 에밀리아의 말 따위는 전혀 믿지 못할 정도로 데스데모나의 부정을 확신하고 있었을 수도 있다. 하지만 이 순간 이아고는 최초로 위험을 감지했던 것 같다. 이아고는 에밀리아에게 침묵을 강요한다. "입 다물어, 이 여편네야." (5. 2. 179) 하지만 에밀리아는 이미 남편의 사악한 본성을 알아챘다. "천하에 악독한 일도 다 있지. 아, 악독해! 이제 생각이 나네. 어쩐지 그런 것 같더라고. 이건 계책이야. 이런 슬픈 꼴을 보고 살아서 뭐해. 악독한 세상!"(5. 2. 187–190)이라고 한탄한다. 이아고는 그 당시 남편이 누리던 권리를 동원하여 에밀리아에게 방에서 나가라고 명령한다. 에밀리아는 "미쳤어? 당장 집으로 가!" (5. 2. 191)라고 소리치는 남편의 말을 귓등으로도 듣지 않는다. 오히려 당시의 질서에 따라 남편에게 복종하는 대신 일반 대중들에게 호소하는 길을 택한다. "여러분, 제 말씀 좀 들어 주세요. 남편에게 복종하는 것이 당연하겠지만, 지금은 못 하겠어요. 이것 봐요, 이아고! 난 다시는 집으로 가지 않을 테요."(5. 2. 192-194)

이 결정적인 순간에 위원회가 그녀의 발언권을 박탈했다면 어땠을지 한번 상상해 보라. 그럴 수도 있었다는 사실이 한층 더 우리를 오싹하게 만든다. 왜냐하면 이미 판사이며, 배심원이고, 집행관인 오셀로가 데스데모나에게서 그런 기회를 박탈한 선례가 있기 때문이다. 그러나 위원회는 그녀의 입을 틀어막으려는 이아고의 절박한 시도를 외면한 채 그녀의 말에 귀를 기울인다. 에밀리아가 할 말이 끔찍이도 두려웠던 사람은 이아고만은 아니었던 것 같다. 에밀리아가 입을 떼려는 순간 이번에는 오셀로가 방해를 하고 나선다.

오(O)! 오(O)! 오(O)!
(오셀로가 침대 위에 쓰러진다.)

(5. 2. 195)

셰익스피어는 자신의 작품에서 알파벳 'O'를 다양한 의미로 사용했다. 세상, 왕관, 여성의 외음부, 공허함, 마지막으로 극장 등 'O'는 정말 세상의 갖가지 것들을 의미했다. 이 의미들은 대부분이 O란 단어가 갖고 있는 모양에서 비롯된 시적인 상상력의 산물이었다. 클레오파트라는 〈안토니와 클레오파트라Antony and Cleopatra〉에서 'O'를 '조그만 은밀한 O(the little O) 그리고 세상'(〈안토니와 클레오파트라〉, 5. 2. 80)이란 내밀한 표현을 하기도 했다.

　'O'는 여성의 질을 상징하기도 했다. 근대 초기 영국에서는 여성의 질을 '작고 은밀한 O의 물건 O-thing'이라고 이르기도 했다. 〈헛소동〉에도 중의적 의미의 'O'가 등장한다. 〈헛소동〉에선 처녀성이 중요한 화두인 희곡이니만큼 빼놓을 수 없는 단어였을 것이다. 〈햄릿〉에는 햄릿이 오필리어에게 '처녀 가랑이 속에 눕는 것' 운운하다 오필리어가 무슨 뜻이냐고 따져 묻자 '아무것도 아니라고' 얼버무리는 장면이 등장한다. (〈햄릿〉, 3. 2. 111-112) 'O' 그러니까 처녀 가랑이 사이의 그 무엇을 의미하기도 하는 단어는 '아무것도 아닌 것'을 의미하기도 했다. 이 'O'의 무(無)라는 개념을 부각시킨 영화도 있었다. 2009년 작 영화 〈리어 왕〉에서 리어 왕으로 분한 이언 맥켈런은 작은 왕관을 입에 대고 코델리아를 향해 'O'란 단어를 외친다. 〈헨리 5세〉의 맨 처음에 등장하는 코러스는 "이 극장이 어찌 감히 방대한 프랑스의 싸움터를 나타낼 수 있으며, 아쟁쿠르의 하늘을 뒤흔든 투구의 용사들을 이 목조의 O 속에 어이 몰아넣으리요?"(〈헨리 5세〉, 서사, 13)란 대사가 나온다. 'O'가 극장이란 의미로 쓰였음을 짐작게 하는 대사다.

　〈오셀로〉는 셰익스피어 희곡 중 유일한 'O'란 글자로 시작하는 희곡이다. 그리고 'O'는 이후에도 여러 차례 등장한다. 오셀로는 처음에는 당당한 베네치아 장군의 모습이다. 하지만 아내의 정조에 과도하게 집착한 나머지 몰락하고 만다. 극이 막바지로 치달으면서 모든 걸 잃고만 이 남자는 무대 위의 무대라 할 수 있는 신혼 침대 위에 힘없이 쓰러진다. 통한에 사무친 오셀로의 "O! O! O!"

라는 울부짖음이 이 희곡을 명쾌하게 요약해 낸다.

사건의 전모가 희미하게 모습을 드러낸 시점에도 오셀로는 진실을 대면하길 두려워한다. 오셀로가 계속 이런 식이라면 이아고는 미꾸라지처럼 빠져나가고 말 것이다. 오셀로는 데스데모나가 '부정한' 짓을 저지른 것이 틀림없다는 못난 주장을 거듭하며 손수건이란 빈약한 '시각적 증거'를 들이민다. "저것은 제가 사랑의 첫 증표로 준 선물을 애욕의 대가로 간부 카시오 놈에게 준 것입니다. 그놈이 손에 쥐고 있는 것을 보았으니까요. 손수건이에요. 선친께서 어머니께 드린 선물이었습니다."(5. 2. 212-215)

하지만 이제 손수건은 더 이상 데스데모나의 유죄를 증명하는 증거가 아니다. 에밀리아의 증언대로라면 오히려 손수건은 이아고의 유죄를 증명할 확실한 물증이라 할 수 있다. 손수건 이야기를 듣자마자 에밀리아는 사건의 전모를 모두 알아차린다. 이아고의 간특한 술책에 자신이 연루되고 말았다는 사실까지 말이다. "이를 어떡하면 좋을까! 이걸 어쩌면 좋아?"(5. 2. 216) 그녀는 발을 동동 구른다. 이아고는 〈오셀로〉에서 최초로 진실된 감정을 드러낸다. 그 감정이 아내를 향한 분노와 두려움이라는 것이 문제일 뿐이다. 그는 다시 한번 에밀리아의 입을 막으려는 시도를 한다. "그만하고 주둥아리 닥치지 못해!!"(5. 2. 216) 하지만 이제 어떤 협박으로도 에밀리아의 입을 막을 수는 없다. "잠자코 있으라고? 잠자코 있으라고요? 말을 해야만 되겠어요. 모진 북풍처럼 거침없이 말하겠어요. 하늘이, 사람이, 악마가, 아니 천하 없는 것이 야단을 쳐도 말하겠어요!"(5. 2. 217-220). 이제 세상의 어떤 위계질서로도 그녀를 막을 수 없다. 심지어 그것이 남편과 아내 간의 위계질서가 아니라 신과 인간의 위계질서라 할지라도 말이다. 이아고는 그녀를 집으로 돌려보내려 하지만 그녀는 이것도 완강히 거부한다. 마침내 이아고 가 본색을 드러낸다. 에밀리아를 칼로 찔러 죽이려 한 것이다. 상황 을 관망하고 있던 관중들은 "이게 무슨 짓이야? 여자한테 칼을 휘 두르다니!"(5. 2. 222)라며 경악한다. 사람들의 비호로 목숨을 건진 에밀리아는 다음 말로 뱀처럼 간교한 남편의 실체를 밝힌다.

> 오, 이 천치 바보 무어야! 지금 말한 손수건은
> 내가 우연히 발견해서 남편에게 준 것이야.
> 하도 훔쳐 달라고 추근대서
> 이상하게 생각은 했지만.
> (5. 2. 223-227)

그제야 끔찍한 진실을 바로 보게 된 오셀로는 이아고를 죽이겠 다며 막 달려가지만 실패하고 만다. 반대로 이 난리법석 중에 이아 고는 아내를 기어이 찔러 죽인다. 데스데모나 살인 사건 진상규명 위원회는 키프로스에서 활동한 오셀로의 위원회보다는 베네치아 공작의 위원회와 더 비슷하다. 우선 이 위원회는 수직적 조직이 아 니다. 상원의원들이 공작에게 기탄없이 반대 의견을 제시했듯 에 밀리아도 발언의 자유를 맘껏 누렸다. 그녀는 침묵을 강요당하지 도 집에 돌려보내지지도 않았다. 두 번째로, 이 위원회는 이성적이 다. 감정이 좀 격앙되었을지 몰라도 그 정도는 자연스러운 일이다. 분노에 휩싸였어도 흠이 되지 않을 상황에서 관중들은 도리어 분노를 다스린다. "이게 무슨 짓이야? 여자한테 칼을 휘두르다니!"
(5.2.222)란 그라시아노의 말에서 우리가 들을 수 있는 것은 이성을 잃은 분노의 음성이 아닌 추상같은, 분개한 정의의 음성이다. 마지막으로 이 위원회는 합의를 이끌어 내는 방식으로 사실관계를 확정한다. 이탈리아인 관중들은 떼로 무리지어 이아고가 에밀리아의 입을 막지 못하도록 위압했다. 오셀로는 스스로 자기 죄를 심판하기 직전에 베네치아 공국의 우월성을 인정하는 발언을 한다.

> 잠깐 가시기 전에 한 말씀 드리겠습니다.
> 이 몸이 미력하나마 국가에 바친 충성을
> 잘 아실 겁니다.
> 아니 그 말씀은 드리지 않겠습니다.
> 단지 이 불행한 소행을 상고하실 때는
> 조금도 넘치지 말고, 행여 고의로 무고하시지 마시고,
> 사실대로 말씀해 주십시오.
> (중략)
> 그리고 이런 말씀도 적어 주십시오.
> 그전 알레포에 있을 때,
> 두건을 쓴 못된 튀르크 놈이
> 베네치아 사람을 때리고 우리나라를 모욕했을 때,
> 나는 그 못된 놈의 멱살을 잡고 찔렀다는 것을요.
> 이렇게.
> (그가 자신의 몸을 칼로 찌른다.)
> (5.2.336-341, 349-354)

오셀로가 평하는 오셀로는 야누스의 얼굴을 하고 있다. 그는 단검을 휘두르는 자기 손을 조국의 명예를 지켜 낸 바로 그 손과 연관 짓는다. 그리고 자신이 휘두르는 단도에 치명상을 입게 될 자기 몸을 '두건을 쓴 튀르크 놈'이나 '할례 받은 개'와 동일 선상에 놓는다. 이 대사는 자살이 아니라 살인을 하는 사람이 하는 말처럼 들린다. 아니 정확히 말하면 오셀로가 국가의 권한을 부여받아 죄인을 처형하며 하는 말처럼 들린다. 이 대사에서 오셀로는 문명인인 이탈리아인들의 우월성, 특히 진위를 판별하는 그들의 탁월한 능력을 진심으로 긍정한다.

영미법에서 인간이 한 사실 조사가 신에 의한 진실 규명에게 승리를 거둔 것은 이미 오래되었다. 그리고 인간이 한 사실 조사만 놓고 보자면 개인의 독단적 판단으로 사실 확인을 하는 방식보다 여러 사람의 합의를 도출해 사실 규명을 하는 방식이 훨씬 더 많이 쓰이고 있다. 상황이 이렇다 보니 오늘날의 영미권에서는 대개 배심원들이 사실관계를 확정하게 된다. 더구나 미국에서는 거의 모든 형사사건에서 배심원에 의한 사실 확정이 필요하며, 거의 모든 연방 차원의 민사재판에서도 배심재판을 요구할 권리가 헌법으로 보호되고 있다. 상고법원의 재판에서도 배심원이 확인한 사실들은 강력한 증명력을 갖게 된다.

일단 신의 손에서는 벗어난 것이다. 하지만 과연 지금의 제도, 작금의 진실 규명 방식이 우리가 안심할 만큼 완벽한 방편일까? 셰익스피어는 〈오셀로〉에서 합의를 도출하는 방식으로 이성적인 결론을 내리는, 민주적인 베네치아 진상조사위원회의 판정에는 승복해도 좋다고 이야기하고 있다. 하지만 이것은 편집증에 사로잡힌 오셀로의 독단적인 사실관계 확인과 비교했을 때의 이야기다. 〈오셀로〉가 합의 도출형 진상조사위원회는 언제나 편견에서, 특히 오셀로가 사로잡혔던 것과 같은 시각적 증거에 기인한 편견에서 자유로울 수 있다는 절대적 증거가 될 수 없다는 말이다.

　1995년 열린 O. J. 심슨 살인 사건의 재판을 살펴보고 나면 내 말에 확실히 동의하게 될 것이다. 많은 사람들이 O. J. 심슨을 오셀로에 비유했다. 둘 다 백인 아내를 살해한 혐의를 받은 흑인 남자란 이유 때문이었다. 하지만 내가 심슨 재판에 주목하게 된 것은 이 때문은 아니었다. 그보다는 두 재판 모두 재판의 전 과정이 정황증거의 일종인 시각 증거에 함몰되어 버렸다는 점 때문이다. 여러분이 알고 있듯이 〈오셀로〉에 등장하는 시각적 증거는 '딸기 자수가 놓인' 하얀 손수건이다. O. J. 심슨 사건에서는 피 묻은 장갑이 시각적 증거로 등장했다. 손에 맞지도 않았던 바로 그 장갑 말이다. 결론적으로 심슨 재판은 합의 도출형 진상조사위원회가 〈오셀로〉를 통해 쌓은 신용을 심각하게 훼손했다. 표면적으로 보면 그랬다. 심슨 재판만 놓고 보자면 합의로 사실관계를 확정하는 단체도 개인만큼이나 물적 증거의 강력한 유혹에 취약해 보였으니 말이다.

　두 사건을 비교할 때 중점적으로 살펴볼 쟁점은 다음 여섯 가지다. 첫 번째 쟁점은 손수건과 장갑이 원래는 사랑의 징표였다는 점이다. 물론 정반대의 쓰임새를 갖게 되었지만 말이다. 오셀로도 말했고 에밀리아도 확인해 주었듯이, 손수건은 오셀로가 데스데모나

210

에게 선사한 첫 선물이었다. 물론 데스데모나는 이를 애지중지했다. 손수건을 훔쳐 오라고 여러 번 독촉하는 이아고에게 에밀리아는 "아씨께서 이만저만 위하셔야지. 아 손수건에다 입을 맞추시를 않나, 말을 거시질 않나."(3.3.297–300)라는 말을 한다. 에밀리아는 데스데모나가 손수건을 잃어버린다면 정신이 혼미해질 것이라 예상한다. 그녀의 예상은 정확하게 들어맞았다. 이 손수건 때문에 순결한 데스데모나는 영원히 잠들었으니 말이다. 사랑의 징표가 결국 재앙의 징표가 되는 〈오셀로〉의 모순은 데스데모나의 한탄을 부른다. "그럼 보지 않았으면 좋았을 것을!"(3.4.79)

1990년 12월, 니콜 브라운 심슨은 맨해튼의 블루밍데일 백화점에서 에어리스 라이트^{Aris Light} 장갑 두 켤레를 샀다. 다가오는 크리스마스에 남편에게 줄 선물이었다. 검찰 측은 심슨이 그 장갑을 1990년 12월 19일부터 1994년까지 다양한 행사에서 착용한 사실을 증명하는 사진 증거들을 제출했다. 〈뉴스위크〉는 이 사랑의 징표에 담긴 모순에 대한 기사를 실었다. 사랑의 증거인 크리스마스 선물이 살인 현장에 남겨진 '비극적 모순'에 관한 이야기였다.

두 번째 쟁점은 일상적인 물건으로밖에 보이지 않는 이 손수건과 장갑에 수수께끼 같은 결정적 사실들이 숨어 있다는 것이다. 손수건이 맨 처음 3막에 출현했을 때만 해도 손수건은 그저 단순한 '수건'(3.3.291)으로 묘사되었다. 데스데모나가 카시오에게 손수건을 줘 버렸다고 오셀로가 의심하기 시작한 뒤부터 손수건의 불가사의한 출처에 대한 생생한 표현들이 등장하기 시작한다. 오셀로는 아내에게 그 손수건은 오셀로의 어머니가 매력적인 이집트인에게 받은 신묘한 물건으로, 부부의 사랑을 영원무궁하게 하는 마력이 담겨 있다고 말한다(이런 '동양적' 신비주의는 셰익스피어 희곡에 종종 등장한다. 부부의 사랑을 수호하는 손수건이란 대목은 샤일록의 튀르크석 반지를 떠올리게 한다. 셰익스피어 시대의 사람들은 이 이국적인 중동의 보석도 결혼 생활의 다복을 상징하는 신물이라 여겼다). 사실 다음의 이야기는 오셀로가 데스데모나의 죄책감을 자극하기 위해 꾸며 낸 이야기일지도 모른다. 하지만 오셀로의 말재주만큼은 잊을 수 없을 정도로 인상적이다.

> 정말이고말고. 그 수건에는 마력이 깃들어 있소.
> 태양이 이백 바퀴나 지구를 도는 동안
> 살아왔다는 마녀가, 신에 통하는 힘을 얻은 순간.
> 그 수건에 수를 놓은 거요.
> 그 명주를 만들어 낸 누에도 신성할 뿐더러.
> 물감도 어떤 비법가가 어떤 처녀 미이라의 심장에서 빼낸 것이오.
> (3. 4. 71-77)

우리는 이미 손수건에 "딸기가 수놓아져 있다는"(3. 3. 438) 사실을 알고 있다. 오셀로의 이야기가 신빙성 있는 이야기라는 가정 아래, 그렇다면 그 딸기들은 처녀의 피로 수놓아진 것이란 사실을 알 수 있다. 처녀의 피로 수놓은 손수건은 첫날밤 처녀의 피로 물든 침대보를 연상케 한다. 이런 손수건을 잃어버린 상황을 피로 물든 침대보를 얻지 못한 신랑의 경우에 빗대어 생각해 보면, 정절의 상실을 은유적으로 드러내고 있는 설정이라고 할 수 있다.

212

〈뉴욕 타임스〉 보도 내용을 보면 배심원들은 심슨 재판에서 장갑과 관련하여 '이 일상용품에 관한 꽤나 전문적인 토론을 나누었다고' 한다. 고급 장갑 제조업체인 에어리스 아이소토너^{Aris} ^{Isotoner}의 전 경영진이자 '장갑 전문가'인 리처드 루빈이 피 묻은 장갑의 독특한 특징에 대해 이틀 동안이나 증언했다고 하니 알 만하다. 배심원들은 그 장갑의 일련번호가 70263이며 이 모델의 특대 사이즈는 미국을 통틀어 1만 켤레밖에 판매되지 않았다는 사실을 알게 되었다. 정확한 검증을 위해 증거 가치가 있는 모든 물건을 철저히 조사해야 하는 것은 당연하다. 하지만 이 장갑은 철저하게 조사하지 않아도 그 차이를 알 수 있을 정도로 희귀한 제품이었다. 다음은 〈타임〉에 실렸던 기사의 일부다. 이 기사는 루빈의 증언을 토대로 작성되었다. "문제의 장갑에는 정교한 '브래서 자수'가 놓아져 있었다. '브래서 자수'는 1인치를 스물두 개 혹은 스물네 개의 바늘땀으로 꿰매어 수를 놓는 재봉 방식이다. 게다가 이 브래서 자수는 싱어 재봉틀로 놓은 것이었다. 싱어 재봉틀은 생산이 중단된 지 오래된 것으로, 현재는 극소수의 기술자들만이 이 재봉틀을 다룰 수 있다. 손바닥 부위는 통풍이 잘되는 소재로 마감되어 있었고 손목 부위는 공그르기로 감쳐져 있었다. 그리고 손등 부분에는 특별한 방식으로 실크처럼 부드럽게 가공된 장식이 달려 있었다." 다행히 루빈은 예언적 열정을 가진 200살 먹은 무녀가 싱어 재봉틀로 수를 놓았다고 증언하진 않았다. 그런 가능성 또한 배제하지도 않았지만 말이다.

세 번째 쟁점은, 손수건과 장갑이 범행 장소에서 발견되었다는 사실이다. 그것은 누군가 일부러 가져다놓은 것이 아니라면 이 손수건과 장갑이 범행을 입증할 증거라는 뜻이었다. '시각적 증거'를 요구하는 오셀로에게 이아고가 거짓말을 늘어놓았다는 사실은 여러분도 잘 알고 있을 것이다. 이때 이아고는 카시오가 '그의 수염을 손수건으로 닦은 것을' 목격했다고 말한다. 이것은 새빨간 거짓말이었다. 하지만 오셀로를 질투의 화신으로 돌변시키는 데는 카시오가 그 손수건을 가지고 있다는 상상이면 충분하다. 그리고 이 상상은 비안카란 창녀가 카시오의 얼굴에 그 손수건을 던지는 장면을 오셀로가 목격하면서 날개를 달게 된다. 이제 오셀로는 카시오가 데스데모나에게 손수건을 받았다는 사실을 믿어 의심치 않는다. 그리고 분노에 잠긴 이 남자는 카시오가 데스데모나에게 별 감정이 없으니 그 징표를 창녀에게 줘 버렸을 것이란 사실은 외면해 버린다.

오셀로는 손수건의 행방을 근거로 다분히 부조리한 결론을 내렸다. 하지만 오셀로만 탓할 수도 없다. 이 모든 상황의 배후에는 카시오의 방에 손수건을 가져다 놓은 이아고가 숨어 있으니 말이다. 사실 비안카가 손수건을 갖게 된 것은 카시오가 주인이 찾기 전에 손수건의 자수를 똑같이 놓아 달란 부탁을 했기 때문이다. 어쨌든 손수건의 소재에 대한 납득할 만한 설명이 존재했다는 것만은 사실이다.

심슨 재판 과정에서 브렌트우드에 있는 니콜 심슨의 고급 주택 외곽 지역에서 피 묻은 왼쪽 장갑이 발견되었다. 장갑이 발견된 장소는 두 사람의 목숨을 앗아간 살인 사건이 발생한 범행 현장이었다. 역시 피에 물든 다른 쪽 장갑은 로킹햄에 있는 심슨의 저택에서 발견되었다. 오른쪽 장갑의 소재는 심슨의 유죄 가능성을 강력하게 제시하고 있었다. 사건 담당 검사 마르시아 클락은 이렇게 말했다.

"로킹햄에서 발견한 장갑에서 우리가 무엇을 발견했는가? 범인이 떨어뜨린 바로 그 장갑에서 우리는 모든 것을 찾아냈다. 그 모든 것을 말이다. 우리는 장갑에서 론 골드맨이 입었던 웃옷의 섬유와 그 조직이 일치하는 섬유를 발견했다. 론과 니콜의 머리카락도 찾아냈다. 그리고 니콜 브라운과 론 골드맨의 혈흔도 발견되었다. 그리고 그 장갑에는 피고의 혈흔도 남아 있었다. 브롱코[26] 내부 마감에 사용되는 섬유 또한 장갑에서 발견되었다. 그리고 우리는 피고 측의 피를 발견했으며 피고인의 브롱코에서 발견한 섬유조직을 발견했다. 우리는 이 장갑에서 론 골드맨의 셔츠와 피고인의 침실에서 발견된 피고의 양말에서 공히 발견된 검푸른색 면섬유도 찾아냈다."

검찰은 이 증거들을 토대로 심슨이 브라운과 골드맨을 살해하고, 로킹햄의 자택으로 차를 몰고 돌아와서 집으로 돌아가는 과정에 이 장갑을 떨어뜨렸다고 주장했다.

피고의 변호인단은 피고가 사용한 장갑이 아니라는 주장은 하지 않았다. 아니 할 수 없었다. 대신 그들은 누군가 범행 현장에서 오

---

26) 브롱코는 O. J. 심슨 소유의 자동차다. 포드 사가 제조한 자동차로 범인으로 지목된 O. J. 심슨이 경찰의 추격을 피해 이 차를 타고 도주하는 장면이 미국 전역에 생중계되어 논란을 불러일으킨 바 있다. ―옮긴이

른쪽 장갑을 가져와 로킹햄 자택 부근에 일부러 가져다 놓은 것이라고 주장했다. 누군가 심슨에게 살인 누명을 씌우기 위해 그렇게 했을 것이라는 주장이었다. 자 이제 모든 사건의 배후 이아고가 등장할 차례다. 변호인단은 반복적으로 인종차별적 발언을 한 전력이 있는 경찰, 마크 펄맨을 지목했다.

네 번째 쟁점은 손수건과 장갑이 유무죄 판정에 어이없을 정도로 과도한 영향력을 행사했다는 사실이다. 〈오셀로〉에서 제기된 의혹, 그러니까 데스데모나가 부정을 저질렀다는 논란의 진위는 믿기 어려울 정도로 손수건의 소재에 달려 있다. 손수건이 그녀의 수중에 있는지 여부를 가지고 그녀의 결백을 재단한 것이다. 토머스 라이머는 1693년에 이를 꼬집는 해학적인 글을 쓰기도 했다.

"달랑 손수건 하나 때문에 이 야단법석을 떨고, 그렇게나 많은 스트레스를 받고, 너무 많은 열정을 허비하길 반복한다! 왜 사람들이 이 희곡을 "손수건의 비극"이라 부르지 않았는지 도무지 알 수가 없을 정도다. 만약 그것이 손수건이 아니라 데스데모나의 가터벨트였다면, 현명한 무어인이 이상한 낌새를 눈치챘다 해도 이상한 일은 아니었을 것이다. 하지만 문제는 그것이 손수건이었다는 것이다. 이런 쓸잘데기 없는 손수건으로는 모리타니아에서 온 빙충이가 아니고서야 그 누구도 그 어떤 결론도 끌어낼 수 없는데도

27) 맥거핀(Macguffin): 히치콕 감독이 영화에서 줄거리를 역동적으로 전개하기 위해 사용한 장치. 관객이 줄거리를 따라잡지 못하도록 고안된 히치콕 식 속임수 장치를 말한다. 히치콕 감독은 사건, 상황, 인물, 소품 등의 맥거핀으로 쓰이는 소재를 미리 보여 주고 관객이 자발적인 추리를 하도록 만들어 서스펜스를 유도하는 방법을 자주 사용했다. ―옮긴이(참고: 네이버 지식사전)

말이다."

소위 말하는 극의 맥거핀[27]이라면 응당 최소한 누가 봐도 중요해 보이는 것이어야 하지 않느냐는 것이 라이머가 가진 불만의 요지다. 〈오셀로〉에서 법학자들은 이 손수건을 '거미줄 같은 증거'라 말한다. '거미줄'이란 그들의 표현은 이 실낱같은 증거가 실체적 진실을 입증하기에 턱없이 부족한 '불충분한' 증거라는 사실을 상징한다.

이제껏 살펴보았듯, 손수건은 이아고가 데스데모나의 유죄를 입증하기 위해 제시한 여러 증거 중 하나에 불과하다. 이 악당이 제시한 다른 증거들은 다음과 같다. (1) 카시오가 데스데모나와 개인적인 대화를 하는 것을 목격했다. (2) 오셀로가 데스데모나에게 구애할 때 카시오가 중개자 노릇을 했다. (3) 데스데모나가 아버지를 기만했듯 오셀로를 속일 수도 있다. (4) 백인인 데스데모나는 취향을 바꿔 백인 남자와 사랑에 빠질 가능성이 있다. (5) 카시오가 잠든 상태에서 데스데모나의 이름을 외쳤다. 그렇지만 이런 다른 정황증거들은 흰색 손수건 한 장에 가려 빛을 보지 못했다. 데스데모나가 손수건을 잃어버렸다면 그녀는 유죄인 것이다. 잔말은 필요 없다.

심슨 재판에서도 심슨의 유무죄는 피 묻은 장갑이 그의 것인가 아닌가 여부에 온전히 달려 있었다고 해도 과언이 아니다. 법학자 빈센트 버글리오시는 "많은 사람들이 그것이 재판의 핵심이라 느꼈으며 검찰 측이 상황을 돌이키기에 때는 너무 늦어 버렸다."고 말했다. 검찰은 기꺼이 장갑 검증을 허락해 역사에 길이 남을 오점을 남기고 말았다. 두고두고 비난을 받았던 것도 당연하다. 가죽 장갑이 피와 이슬에 젖었으니 줄어들었을 것이란 사실을 고려해야 했다. 엎친 데 덮친 격으로 심슨은 증거를 훼손하지 않아야 한다는 명목으로 라텍스 장갑까지 낀 채 이 장갑을 착용해야 했다. 장갑 착용 검증 후에 검찰이 수세에 몰린 것은 물어보나 마나 한 사실이다. 최종 변론에서 피고 측 변호인 조니 코크란은 이렇게 말했다. "우리는 모두 100세까지 살지도 모릅니다. 전 우리들 모두가 그럴 수 있길 소망합니다. 여러분은 담당 검사인 크리스토퍼 다덴의 청으로 심슨이 껴 본 이 장갑이 그의 손에 맞지 않았다는 사실을 항상 기억하게 될 것입니다. 검찰은 그 장갑이 피고에게 맞지 않는 사실을 알고 있었습니다. 그리고 모든 수를 다 동원해 보았지만 그의 손에 맞게 할 수는 없었던 것입니다." 재판에 참여한 배심원 중 적어도 세 명이 이 사실 때문에 무죄로 기울었다고 말했다. 재판이 끝난 뒤 한 배심원은 이렇게 말했다. "그냥 쉬운 말로, 장갑이 맞지 않았잖아요."

다시 한 번 말하지만 본 재판에서 장갑에 모든 이목이 집중된 것은 정말 비이성적인 일이었다. 검찰은 이미 심슨의 유죄를 암시하는 다른 증거들을 다수 제시했다. 그 증거들은 다음과 같다. (1) 심슨이 니콜 심슨에 대한 가정폭력 때문에 체포 당한 전력. (2) 론 골드맨의 셔츠에서 발견된 심슨의 머리카락. (3) 브렌트우드에서 발견된 혈액의 혈액형이 심슨의 혈액형과 일치함. 참고로 심슨의 혈액형과 일치하는 사람은 미국 전체 인구의 0.5%밖에 되지 않는다. (4) 심슨의 양말에서 발견된 피가 니콜의 혈액과 일치함. (5)

218

범행 현장에서 발견된 발자국이 심슨이 신었던 12사이즈 브루노 말리 신발에 정확하게 들어맞음.

다섯 번째 쟁점은 시각적 증거에 대한 인지적 편견이다. 사실 시각적 증거에 모두가 주목한 것은 인간의 본능적인 인지적 편견을 고려하면 이해할 수 있다. 눈에 보이는 증거가 더 친숙하기 마련이니 말이다. 그리고 이런 편견에 사로잡혀 치우친 판단을 하고 말았다는 것을 시간이 흐른 뒤에야 깨닫게 된다. 인간은 추상적인 것보다 구체적인 것을 더 높이 평가하는 본능적인 성향을 갖고 있다. 본질적으로 중요한 것을 측정해 찾아내지 못하고 눈앞에 보이는 측정 가능한 대상을 중요한 것으로 여기는 것이다. 이런 인간의 본성을 십분 활용해야 했던 이아고는 한 문장으로 우리의 본능적 편견을 정리해 냈다. "정조야 어디 눈에 보입니까? 안 가지고도 가진 사람이 있습니다. 하지만 손수건은 (중략)."(4. 1. 16-18)

데스데모나의 명예와 마찬가지로 심슨의 유죄도 눈으로 보면서 곧바로 측정할 수 있는 것이 아니었다. 하지만 장갑이 맞느냐 맞지 않느냐 하는 것은 다른 문제였다. 손수건의 행방처럼 말이다. 코크란은 이 사실을 절묘하게 이용했다. "나는 그가 자신의 손 크기를 꾸며내는 '연기'를 할 수 있었다고는 생각하지 않습니다. 그가 그의 손을 더 큰 것으로 꾸며낼 수 있었다면 우리는 그를 정말로 위대한 '연기자'라 여겨야 할 것입니다." 대중들은 추상적인 것에서 구체적으로 시선을 돌리라는 코크란의 설득을 찰떡같이 받아먹었다. 코크란은 최후 변론에서 이렇게 말했다. "모든 정황이 들어맞지 않습니다. 들어맞지 않는다면, 무죄인 것입니다." 많은 사람들이 코크란의 이 '들어맞지 않는다면 무죄'란 궤변을 '장갑이 맞지 않는다면, 무죄'란 의미로 인용해 댔다. 하지만 코크란은 장갑을 말한 것이 아니었다. 그는 검찰의 기소 내용 일반에 관한 이야기를 한 것이었다.

자, 이제 마지막 쟁점이다. 여섯 번째 쟁점은 사실 조사를 하는 목적은 사람이 범할 수 있는 오류를 정정하기 위함이란 것이다. 그런 측면에서 보면 손수건과 장갑, 이 두 경우는 모두 실패한 진상 조사의 전형이라 할 수 있다. 인간이 쉽게 사로잡힐 수 있는 인지적 편견의 한 형태라는 이유로 면죄부를 주긴 했지만, 오셀로가 손수건에 지나치게 집착한 것은 분명한 실책이다. 〈오셀로〉에서 해결책을 제시하는 이들은 5막에 등장하는 이탈리아인으로 구성된 진상조사위원회다. 그들은 증거를 재빨리 확인한 후 면밀히 조사한다. 이는 개인보다는 집단을 미혹하는 것이 어렵다는 사실을 확인시켜 준다. 특히 그들이 이성적으로 대화를 주고받는 단체라면 더욱 그러하다.

하지만 심슨 재판을 보면 꼭 그런 것 같지만도 않다. 심슨 재판에서 배심원들은 무죄 평결을 내렸다. 누가 봐도 유죄가 분명했는데 말이다. 게다가 그들이 명시적으로 인정했듯이 일부 배심원들은 장갑이 맞지 않는다는 '시각적 증거'에 흔들렸다. 배심원 제도자체가 추상적인 것보다 구체적인 것을 선호하는 인간의 인지적편견을 상쇄하는 대안은 아니었던 것이다.

심슨 사건만 유독 별스러웠던 것은 아니다. 최근 배심원들이 시각적 증거에 대한 편향성을 극복하지 못할 수도 있다는 사실에 우려를 표하는 이들이 많다. 소위 말하는 'CSI 효과' 때문이다. 'CSI 효과'를 주장하는 사람들은 흥행 돌풍을 일으켰던 〈CSI〉와 같은 법의학 수사물 때문에 배심원들이 법의학 증거의 증명력을 과도하게 신뢰하게 되었다고 확신한다. 'CSI 효과'에 대한 연구는 아직 초기 단계에 머물러 있다. 이 법의학 드라마와 배심원들의 강도 높은 법의학 증거 제출 요구 사이의 연관성을 주제로 삼아 진행된 실증적인 연구도 몇 건 안 된다. 하지만 이 얼마 되지 않는 연구 결과에서조차 어떠한 통계적인 연관성도 발견되지 않았다. 그런데도 여전히 일반 사람들도 첨단 기술을 접할 수 있게 된 사회적 여건의 변화 때문에 배심원들이 전보다 더 많은 과학적 증거를 요구하는 것일 수도 있다고 주장하는 학자들도 있다. 그들은 일명 'CSI 효과'라 일컬어지는 이 현상을 첨단 기술의 일반화로 생긴 '테크놀로지 효과'라고 주장한다. 원인이 무엇이건 간에 배심원들이 '구체적'이고 '실재하는' 증거에 비정상적으로 주목하는 경향을 보이는 것만은 사실인 듯하다.

인간이 행하는 사실관계 확인에 대한 내 우려를 현대의 배심원 일반에 대한 총체적 비난으로 해석해서는 안 된다. 깊이 생각한 결과를 토대로 합의를 도출하는 사실관계 확정 방식이 1인에 의한 독단적이고 감정적인 진실 규명 방법보다 비교할 수 없을 정도로 우월한 방식이라는 사실만은 자명하니 말이다. 나는 단지 배심제가 만능해결사는 아니라는 이야기를 하고 싶을 뿐이다. 특히 배심원들이 시각적 증거에 대한 편향성 같은 인지적 편견에 여전히 취약할 수도 있다는 사실을 짚고 넘어가고자 하는 것이다.

〈오셀로〉는 합의 도출 방식에 의한 진상 규명에도 오류가 있을 수 있다는 사실을 우회적으로 지적하고 있다. 우리 관객들은 베네치아 귀족들만큼 능란한 솜씨로 진실을 밝혀 내지 못한다. 아마 여러분 대부분은 〈오셀로〉에 시간을 서로 다르게 이야기하는 사람들이 출현한다는 사실을 모르고 지나쳤을 것이다. 비안카는 카시오에게 그들이 "일주일간 떨어져" 있었다는 말을 한다. 그녀의 대사는 카시오가 키프로스에 일주일간 가 있었다는 사실을 암시한다. 하지만 〈오셀로〉에서 벌어진 모든 일은 단 3일 만에 일어난 사건들이다. 〈오셀로〉에는 베네치아에서 보낸 첫날, 모두가 키프로스에서 흥청망청 마셔 댄 둘째 날, 비극적인 모든 일이 벌어진 셋째 날, 이렇게 3일이 전부다. 이렇듯 〈오셀로〉에 등장하는 동상이몽을 꾸는 사람들의 존재는, 현명하기 이를 데 없는 자신의 판단에 오류가 있을 리 없다 믿고 안도해 버리는 우리의 안일함에 경종을 울린다.

나는 배심원들이 최선의 판단을 하는 것이, 진실을 발견해 내는 위원회의 능력에 전적으로 달려 있는 것이 아니라는 놀라운 사실에 큰 충격을 받았다. 다른 요소들이 배심원들의 판단에 영향을 끼칠 수도 있는 것이다. 예를 들면 특정 집단의 가치 같은 요소 말이다. 합의 도출 방식의 진상 규명에도 오류가 있을 수 있다 가정해 보면 이만저만 위험한 일이 아니었다. 사실 이 측면에서 살펴보면 심슨 재판 결과를 이해하기가 한결 수월해진다. 심슨 재판의 결과는 법학자인 폴 버틀러의 주장대로 마크 펄맨의 인종차별주

222

의에 격분한 배심원들이 일종의 배심 파기를 한 때문일 수도 있는 것이다. 이런 관점에서 보자면 배심원들은 사실, 특히 '시각적 증거' 때문에 호도된 것이 아니었을 수도 있다. 무죄 평결을 내리고 싶었기 때문에 사실관계에 눈을 감아 버린 것일 수도 있다는 이야기다.

아마 우린 이 가정이 옳은가에 대한 해답을 영원히 얻지 못할 것이다. 이것이 바로 내가 배심원들이 지켜야 할 가치에 대한 이야기로 이 길고 긴 논의를 끝맺고자 하는 이유다. 배심원들은 블랙박스와 같다. 그 누구도 그들에게 결정의 이유를 적시하라거나 그들의 결정을 정당화하라고 강요할 수 없다. 피셔가 지적했듯이 배심제는 다른 방식으로는 결코 도달할 수 없는 사건의 종착역으로 우리를 인도하기 때문에, 이 원칙은 매우 중요하다. 하지만 이 때문에 배심원은 신과 유사 존재가 된다. 불가해하지만 감히 의문을 제기할 수 없는 모든 상황의 종결자가 되는 것이다. 바틀렛이 "시련 재판은 사실 확인이 불가능하고 불확실성이 극심한 상황들을 다루기 위한 도구였다."라고 말한 것을 다시금 상기해 보자. 신의 손아귀를 벗어나 인간이 제시하는 증거에 의존하게 된 세상에서, 그런 도구의 몫을 하는 것이 바로 배심원이다.

이제 다시 원점으로 돌아왔다. 우리는 너무 불가사의하고 비이성적이라는 이유를 들어 신이 보여 주는 증거를 더 이상 믿지 않기로 했다. 대신 인간에 의한 완전한 사실 규명을 추구했다. 이것은 불가능하다. 우린 분명히 알고 있다. 하지만 우리들은 계속 살아가야 하기에 우리의 불완전함을 감춘다. 우리는 진실을 있는 그대로 직시하는 대신 블랙박스 안에 숨은, 사람들이 진실이라고 하는 이야기들을 믿으며 살아간다. 어쩌면 신이 보여 주는 증거를 옹호하고 인간이 규명한 진실에 회의적인 시선을 보냈던 셰익스피어가 현명했는지도 모른다. 이제 보니 별로 달라진 것도 없으니 말이다.

헨리 5세와 조지 w. 부시

4부작 사극, 헨리아드 ▮ The Henriad

Chapter 05

셰익스피어 희곡에서 정의를 논할 때 절대 빼놓아서는 안 되는 것이 있다. 바로 '군주'다. 권력의 핵심을 쏙 빼놓고 정의를 논하는 것은 햄릿 왕자 없이 〈햄릿〉을 상연하는 것과 다름없다. 셰익스피어가 살던 시대에서 궁극적 정의는 군주에서 비롯하는 것이었다. 여러분의 짐작대로 셰익스피어는 당연히 시대의 아이콘을 놓치지 않았다. 그는 정통성 확보를 위해 고군분투하는 고귀한 가문의 일대기를 생동감 넘치게 그려 냈고, 특히 학자들이 기념비적 서사시 '일리아드Illiad'를 따라 '헨리아드'28)라 이름 붙인 사극에서 통치의 정당성을 확보하는 비결을 누설했다. '헨리아드'는 〈리처드 2세Richard II〉, 〈헨리 4세 1부Henry IV, 1〉, 〈헨리 4세 2부Henry IV, 2〉, 〈헨리 5세Henry V〉 이렇게 네 편의 희곡으로 구성된 4부작 사극이다.

《헨리아드》에서 우리는 망나니 왕자 헨리가 역사에 선명한 발자국을 남긴 강력한 국왕 헨리 5세로 성장하는 과정을 지켜보게 된다. 헨리아드에는 군주가 세 명 등장한다. 맨 처음 등장하는 리처

---

28) 학자들은 셰익스피어의 두 번째 4부작 사극을 '헨리아드Henriad' 라 한다.

드 2세는 독재를 일삼는 전제군주다. 결국 헨리 볼링브로크란 왕족에 의해 폐위된다. 이 헨리 볼링브로크가 바로 헨리 4세다. 이 야심가는 주의 기름 부음을 받은 왕을 왕좌에서 막무가내로 끌어내렸다는 사실 때문에 평생 죄책감에 시달렸다. 머리 위에서 번쩍이는 왕관도 그의 심란함을 달래 주진 못했다.

엎친 데 덮친 격으로 왕위를 이을 미더운 아들도 없었다. 맏아들 헨리 왕자는 이스트칩에 있는 선술집에서 허송세월을 하는 몰지각한 한량이었다. 게다가 가뜩이나 헨리 4세의 눈 밖에 났음에도 할(헨리의 애칭―옮긴이)은 선술집에서 만난 폴스타프를 제 아비처럼 따르며 온갖 말썽을 부린다. 폴스타프는 셰익스피어 희곡의 주인공들 중에서도 좌충우돌로는 둘째가라면 서러운 유명한 불한당이다. 할 왕자가 왕이 된 뒤에는 이 저속한 패거리들을 내쳐야 한다는 사실을 어렴풋이 예감하고 있다는 사실만이 다행이라면 다행이었다.

어느덧 천수를 다한 헨리 4세를 이어 할은 헨리 5세가 된다. 폴스타프는 아들처럼 여기던 망나니 왕자가 왕위를 이어받았다는 사실에 뛸 듯이 기뻐한다. 한자리 차지할 수 있으리란 기대에 부푼 이 몹쓸 종자는 한달음에 런던으로 달려간다. 하지만 그를 반긴 것은 이제 금지옥엽의 몸이 된 할의 차가운 외면뿐이었다. "나는 당신 같은 늙은이는 모른다."(〈헨리 4세 2부〉, 5.5.47) 정실 인사의 유혹을 단칼에 물리친 젊은 국왕은 폴스타프와 적대 관계인 대법원장을 자기편으로 끌어들인다. 이제 폴스타프에게 남은 건 쓰린 가슴을 부여잡고 쓸쓸히 무대 밖에서 죽음을 맞이하는 것뿐이다.

《헨리아드》에서 우리가 주목해야 할 것은 할 왕자의 '아버지 선택'이다. 할 왕자는 생물학적 아버지 헨리 4세, 선술집에서 만난 마음의 아버지 폴스타프, 그리고 추상같은 법의 엄정함을 알려 준 정의의 아버지 대법원장, 이 세 남자를 아버지라 여긴다. 하지만 아무도 온전한 부모 대접은 못 받는다. 할 왕자는 그때그때 필요에 따라 다른 아버지를 택한다. 《헨리아드》 초반부에서 할 왕자는 자신의 생물학적 아버지인 헨리 4세에게 등을 돌리고 폴스타프를 따른다. 왕이 된 뒤에는 대쪽 같은 정의의 표상인 대법원장을 포섭하려고 폴스타프를 저버린다. 〈헨리 5세〉의 끝부분에서는 원칙도 양심도 없는 캔터베리 대주교에게 어느 틈에 대법원장의 자리를 내주는 기막힌 선택도 한다. 결국 헨리 5세는 자신이 그토록 갈구하던 권위, 정당성에 뿌리를 둔 막강한 최고 권력을 담보하지 못하는 세 아비를 모두 버린 셈이다.

이런 헨리 5세의 행보는 위대한 사회학자인 막스 베버가 '직업으로서의 정치Politics as a Vocation'란 제목으로 했던 강연을 떠올리게 한다. 베버는 1919년 이 강연에서 지도자가 권위를 얻는 세 가지 경로를 논했다. 그에 따르면 일단 봉건적인 방식으로 권위를 얻는 방식이 있다. 베버가 '저 영원한 과거로부터 얻은 권위'라 명명했던 이 봉건적 권위는 '한 부족이나 종족을 다스리는 족장'들에게 세습에 의한 정통성을 부여했다. 두 번째로 개인의 카리스마로 권위를 얻는 방법이 있다. 지도자의 카리스마를 예찬하는 무리들이 '선출된 지도자'나 '위대한 선동가'의 권위를 세워 주는 것이다. 마지막으로 '국가의 종복'으로서 국가를 섬기는 이들이 법에 의해 받은 권위가 있다. 베버는 이 세 가지 권위가 적절히 어우러져야만 진정한 권위가 제대로 자리 잡게 된다고 주장했다. 할 왕자의 세 아비 헨리 4세, 폴스타프, 대법원장은 각각 이 세 종류의 권위를 상징한다. 우리는 《헨리아드》의 말미에서 자신이 헌신짝처럼 버린 세 아비가 물려준 권위를 모두 흡수한, 비정하지만 우월한 헨리 5세를 볼 수 있다. 사상 초유의 능력자가 탄생한 것이다. 헨리 5세는 이 세 가지 권위 획득 방식을 자유자재로 사용하여 자신의 권력을 강화하는 천부적인 재능을 갖고 있었다. 게다가 기회주의적이고 계산적인 방식으로 인정사정 보지 않고 권력을 좇으니 여간해서는 그를 당해 낼 자가 없었다.

인문학자 스티븐 그린블랫의 평처럼 헨리 5세는 연극을 연출하듯 국정을 운영했다. 그는 체제 정당성이라는 대의명분에 골몰하지 않았다. 그저 국왕의 치세가 정당한 것으로 보이기만 하면 그만이라는 것을 알고 있었다. 셰익스피어는 《헨리아드》에서 헨리 5세가 정의로운 통치자 이미지로 자신을 포장하는 과정을 세세하게 보여 준다. 어찌나 감쪽같은지 '정치 9단'이라 할 정도다. 셰익스피어는 헨리 5세를 마냥 공명정대한 선군으로 그리지 않았다. 공명정대한 통치자 같은 인상을 남기는 기술만큼은 타의 추종을 불허했다는 것은 여실히 보여 주었지만.

셰익스피어는 이를 통해 '공정한 법'이 과연 실존하느냐는 난해한 질문을 던진다. 비평가들은 헨리 5세야말로 셰익스피어 사극에 등장하는 군주 중 가장 이상적인 군주라고 평한다. 하지만 이상적인 군주라 해서 티끌만 한 오류도 없는 공정한 국정 처리를 할 수는

없는 노릇이다. 헨리 5세 국정 운영의 옳고 그름에 대해서 언제라도
얼마든지 논할 수 있다는 말이다. 가장 이상적인 군주가 들이댄 잣
대도 공정하다고 단언할 수 없다는 사실은 '공정한 법'이란 결국 권
력자가 만들어 낸 허상이 아닐까 하는 생각으로 이어진다. 그리고
그것은 비단 셰익스피어 시대의 이야기만은 아니다. 우리 시대의
합법적 권위는 과연 신뢰할 만큼 공정한 것일까?

조지 W. 부시 대통령은 재임 기간에 전설적인 아쟁쿠르 전투에
서 프랑스를 상대로 승리를 거둔 위대한 헨리 5세에 수없이 비유
되었다. 헨리 5세로 성장한 방탕한 할 왕자 말이다. 9·11테러 후
벌인 여론 조사에서 부시 대통령은 역대 최고의 지지율을 기록했
다. 하지만 치솟았던 인기는 이라크전 패배를 기점으로 날로 하락
했고, 결국 그 누구도 더 이상 부시 대통령을 헨리 5세와 연관 짓지
않게 되었다. 헨리 5세의 현신이란 표현이 부시 대통령에게는 과
분한 헌사인 것만은 틀림없지만, 부시 대통령과 헨리 5세 사이에
는 꺼림칙한 공통점이 분명히 있다. 셰익스피어가 합법적 권위에
대해 품었던 의심의 근거를 제공하는 미심쩍은 공통점 말이다.

할 왕자의 1순위 롤 모델은 당연히 생물학적 아버
지여야 했다. 하지만 할 왕자가 헨리 4세를 불신한 데는 그럴 만한
이유가 있었다. 아버지에게만 왠지 반항적이 되어 버리는 아들의
심리 때문만은 아니었다는 말이다. 폭압적인 전제정치를 펼쳤다고
는 해도 리처드 2세는 합법적인 왕위 계승자였다. 헨리 4세는 엄밀
히 말하면 자연스럽게 이어져 내려온 신성한 혈통의 계승자에게서

왕관을 빼앗는 반역을 저지른 것이다. 역사의 승리자를 사람들이 역적이라 부르기야 하겠냐만 말이다.

그러나 그가 왕관을 차지하고
평화롭게 그것을 누리기 전에,
수만 명의 사람들이 머리에 피를 흘리며
꽃피는 이 영국 땅을 더럽힐 것이고,
처녀의 얼굴같이 파리한 이 평화로운 땅을
진홍빛의 분노로 물들이고,
또한 그 초원의 풀을 영국의 순량한 양민의 피로
이슬지게 만들 것이라고 말해라.
(〈리처드 2세〉, 3. 3. 95-100)

리차드 2세의 측근인 칼라일 주교도 말한다. "그리고 만약 그를 즉위시킨다면, 소승은 예언합니다. 영국인의 피가 온 국토를 적시게 될 것이고, 앞으로 대대로 이 흉한 일 때문에 신음하게 될 것입니다."(4. 1. 137-139)

리처드 2세의 예언은 그대로 들어맞았다. 왕위를 찬탈한 헨리 4세는 즉위 기간 내내 반란 때문에 골머리를 썩여야 했다. 〈헨리 4세 1부〉에서 우리는 왕이 된 뒤 사방의 공세에 시달린 나머지 담이 작아진 헨리 볼링브로크를 만날 수 있다. "내환으로 심란하고 피폐한 시대이니, 위협 받은 평화가 한숨을 돌리게 하고,"(〈헨리 4세 1부〉, 1.1.1) 피로한 기색이 역력한 이 대사기 〈헨리 4세 1부〉의 첫 대사다. 헨리 4세는 퍼시 가문이 일으킨 반란 진압 때문에 염원했던 성지 순례마저 어쩔 수 없이 뒤로 미루게 된다. 슈루즈베리 전투의 승리로 반란은 성공적으로 진압된다. 하지만 산 너머 산이다. 〈헨리 4세 1부〉는 다른 반란을 진압하려고 조처하는 헨리 4세의 대사로 막을 내린다.

〈헨리 4세 2부〉에서 헨리 4세는 반란 세력을 모두 잠재우는 데 성공한다. 하지만 번민의 세월 탓에 이미 기력은 쇠할 대로 쇠했다. 〈헨리 4세 2부〉 중반부에 이르러서는 불면의 고통을 호소하며 두 다리 쭉 뻗고 잠들 수 있는 필부를 부러워한다. 3막에선 리처드 2세가 "오늘의 바로 이 상태와 우리의 불화를 예언하지 않았느냐." (〈헨리 4세 2부〉 3. 1. 78-79)며 자기가 몰아낸 선왕의 예언을 떠올리곤 우울해하기까지 한다. 남의 것을 훔친 자의 깊은 수심은 끝까지 헨리 4세를 놓아주지 않는다. 부왕의 임종을 지키러 온 할 왕자에게 헨리 4세는 왕위 찬탈은 부당한 것이었다고 고백한다. "들어 보아라, 얘야. 신이 아시는 일이지만, 내가 이 왕관을 얻을 때까지는, 옆길에도 들어갔고 부정한 샛길도 지나갔다. 그래서 이것을 머리에 쓰고 있을 동안 얼마나 고심이 되는지 내가 십분 알고 있다." (4.5.183-186) 이어 그는 자신이 재위 기간에 한 일이라고는 왕의 권위를 바로 세우기 위한 고군분투뿐이었다고 한탄한다. "내가 군림한 치세는 역신 응징 같은 줄거리만 연출하는 하나의 연극이었다."(4.5.197-198) 이 후회 많은 왕은 죽음의 문턱에서 자신의 죽음에 대한 예언을 기억해 낸다. 일전에 예루살렘이 아닌 곳에서는 죽지 않을 것이라는 예언을 들었다. 하지만 나라의 질서를 끝내 바로잡지 못한 탓에 결국 십자군 원정길에 오르지 못했다. 의아해하는 왕에게 워릭 경이 헨리 4세가 처음 기절한 방을 "예루살렘실" (4. 5. 233-234)이라 한다는 사실을 알려 준다.

자기에게는 세습된 봉건적 권위가 없어도 헨리 4세는 아들에게는 그 권위를 물려줄 수 있으리라 믿는다. "그런데 내가 죽으면 형편은 달라진다. 왜냐하면 나한테는 매수품이었던 것이, 너한테는 더 정당한 것이 되어 입수되기 때문이다."(4. 5. 199-201) 부러운 기색을 그대로 드러내며 "네가 나보다 훨씬 확실한 지반 위에 서 있다"(4. 5. 202)고 왕자에게 말한다. 하지만 헨리 4세에게서 왕관을 물려받았다고 할 왕자가 저절로 왕위 계승의 정통성을 인정받는 것은 아니다. 도둑의 아들이 아버지에게서 장물을 상속받았다고 해서, 그 장물의 정당한 주인이 되는 것은 아니기 때문이다. 아들에게 장물을 물려준 헨리 4세는 예루살렘이 아닌 예루살렘실에서 긴 여정의 마침표를 찍는다.

헨리 5세도 자신의 정통성을 입증할 지지 기반이 취약함을 잘 알고 있다. "오오, 주여! 오늘만은, 오늘만은 저의 부친이 왕관을 차지하기 위해 범한 죄를 생각지 말아 주십시오."(〈헨리 5세〉, 4. 1. 289-291)란 그의 대사에서 이를 확인할 수 있다. 독이 있는 나무에 열린 열매도 독이 있듯이, 왕위를 찬탈한 아비에게서 물려받은 권위는 그을린 권위인 것이다.

게다가 이런 오염된 권위를 물려준 헨리 4세는 할 왕자를 단 한 번도 고운 시선으로 바라본 적 없는 야박한 아비였다. 〈헨리 4세 1부〉에서 헨리 4세는 해리 퍼시 같은 훌륭한 청년을 아들로 두어서 좋겠다며 노섬벌랜드 백작을 공공연히 부러워한다. 해리 퍼시는 바로 그 유명한 '핫스퍼^{Hotspur}'(해리 퍼시의 별명—옮긴이)다.

> 그렇소. 그런데 그 왕자라는 말을 하니
> 서글프기만 하고
> 그런 자식의 아비가 된 행복을 누리는
> 노섬벌랜드를 시기하지 않을 수 없구나.
> 명예에 관한 평판의 주제가 된 자식의 부친,
> 숲 속에서 가장 꼿꼿하게 선 고목과 같은 부친,
> 운명의 여신의 총아이며 자랑인 자식의 부친.
> 그런데 그의 찬사를 듣기만 하면
> 내 자식 해리의 면상에 붙은 저 방종한 불명예가
> 눈에 보이는 것이요.
> 아아, 밤중에 날아다니는 어떤 요정이
> 포대기에 싸여 있을 때 쌍방의 아이를 바꾸어서
> 내 것을 퍼시로, 그의 것을
> 플랜태저넷 가문²⁹⁾의 아이라 부르도록 해 주었더라면 좋았으련만!
> 그러면 그의 해리는 나의 해리가 되고
> 나의 해리는 그의 해리가 되었을 것인데.
> (〈헨리 4세 1부〉, 1. 1. 77–89)

셰익스피어는 핫스퍼와 할 왕자의 경쟁 구도를 만들기 위해 핫스퍼의 출생 년도를 과감하게 조작했다. 사실 핫스퍼는 실존 인물로, 할 왕자의 아버지인 헨리 4세 또래다. 어쨌든 한참 젊어진 핫

---

29) Plantagenet, 영국 중세의 왕가(1154~1399) —옮긴이

스퍼는 《헨리아드》에서 할 왕자와 첨예한 대립각을 세운다. 이 불붙은 적대 관계에 기름을 부은 것이 바로 헨리 4세다. 그는 공개적으로, 포대기에 싸인 시절 핫스퍼가 할 왕자와 뒤바뀌었으면 좋았을 것이란 망발을 한다. 이만하면 부모가 자녀에게 퍼부을 수 있는 최악의 저주라 할 만하다.

이에 그치지 않고 어른스럽지 못한 아비는 아들의 면전에서도 비슷한 말을 내뱉는다. "왕홀을 걸고 단언해도 좋다. 퍼시 쪽이 왕위 계승자의 그림자에 지나지 않는 너 이상으로 왕위에 오를 훌륭한 자격이 있다."(3.2.97-97) 핫스퍼가 갖춘 군주의 자질이 망나니로 악명을 떨치고 있는 왕자 할이 혈통으로 타고난 자격보다 우월한 것이니, 핫스퍼야말로 왕위를 계승할 마땅한 자격이 있는 사람이라 말한 것이다. 자신의 왕위 찬탈을 합리화하는 말처럼 들리기도 하는 논리를 편 뒤 할 왕자를 리처드 2세에 비유한다. 적법한 혈통을 타고나긴 했지만 정당한 자격은 없는 자로, 선왕과 아들을 한데 묶어 깎아내린다. "바로 오늘 이때까지의 너는 내가 프랑스에서 진격해 왔을 때, 그때의 리처드 왕과 똑같다."(3.2.94). 핫스퍼에게는 자신의 모습을 투영하기까지 한다. "바로 그때의 나에 해당하는 자가 지금의 퍼시다."(3.2.96) 잔인한 아비는 "너는 내가 폐위시킨 왕 같은 놈이고, 내가 아들로 삼고 싶은 핫스퍼야말로 나와 비슷한 사람이다."라는 취지의 발언으로 아들의 가슴을 멍울지게 했다. 이러니 망나니 할 왕자가 궁정을 뛰쳐나가 전대미문의 불한당 폴스타프의 품에 폭 안긴 것도 이해 못할 바는 아니다.

폴스타프는 카리스마의 결정체 같은 인물이었다. 카리스마는 본래 신에게 받은 특수한 능력을 뜻하는, '신의 은총'이란 의미의 그리스 어 'Kharisma'에서 유래한 말이다. 이 단어에는 한 가지 의미로 정의하기 어려울 만큼 복합적인 의미가 있다. 그래서 이 책에서는 카리스마라는 단어를 '대중의 열렬한 지지를 이끌어내는 초인적인 능력'이란 의미로 사용하려 한다는 사실을 먼저 밝힌다. 폴스타프의 열렬한 팬을 자처하는 해럴드 블룸은 널리 알려진 폴스타프 캐릭터가 '원래의 의도와 달리 변질된' 것이라고 말한다. 폴스타프의 거침없는 치명적 매력은 《헨리아드》도 가뿐히 넘어설 정도다. 〈윈저의 즐거운 아낙네들The Merry Wives of Windsor〉란 가벼운 희곡에도 폴스타프가 등장한다. 호색한 폴스타프의 매력에 푹 빠진 엘리자베스 여왕이, 나쁜 남자가 사랑에 번민하는 모습을 보고 싶다는 분부를 내려 집필한 작품이란다.

하지만 폴스타프의 선동적인 카리스마는 통치자에게는 어울리지 않는 위험한 선물이다. 할 왕자를 처음 소개 받은 자리에서 폴스타프는 왕자에게 시간을 묻는다. "이봐, 핼! 지금 낮 몇 시나 되었어?"(1.2.1) 아비의 독설 때문에 심사가 뒤틀린 왕자는 술에 취해 인사불성인 뚱보 기사가 시간은 알아서 무엇에 쓰겠냐고 비꼰다. 폴스타프는 겸연쩍은 기색도 없이 밤에만 도둑질을 할 수 있기 때문에 알아야 한다고 대답한다. 그러고는 곧바로 할에게 미래에 왕이 되면 자신의 도둑질을 재단하지 말라고 부탁한다.

아니 그건 그렇고, 이 멋진 놈팡이야.
자네가 왕이 되었을 때도 교수대를 남겨 둘 작정인가?
아버지 시대의 낡아빠진 법률이라는 녹슨 재갈을 가지고
용사를 속여 먹을 심보냐?
자네가 왕이 되거든 도둑을 교수형에 처하지 말도록 해.

(1. 2. 55-59)

폴스타프와 할 왕자가 맨 처음 주고받은 이 대화에는 많은 내용
이 함축되어 있다. 폴스타프는 그의 '멋진 놈팡이' 할 왕자에게 아
버지와 같은 애정을 표현한다. 할을 바라보는 폴스타프의 자애로
운 눈빛에는 진심에서 우러난 사랑이 담겨 있다. 문제는 폴스타프
가 범법자의 전형과 같은 인물이라는 사실이다. 그는 '아버지 시
대의 낡아빠진 법률' 같은 것이 도적질을 금하지 않는 세상을 꿈꾼
다. 모든 것이 온통 뒤죽박죽인 무법천지를 바라는 것이다. 폴스타
프의 세상에서 도둑은 더 이상 교수대에서 목 졸려 이승을 하직해
야 하는 신세가 아니다. 반대로 "사냥의 여신, 달의 여신 디아나의
산림지기요, 어둠의 신사요, 달님의 샛서방"(1. 2. 24-25)이라 칭송
받아 마땅한 용사들이다. 게다가 이런 대혼란의 세계를 창조하는
데 할 왕자의 힘을 빌리려는 심산도 있다. 할 왕자가 경계 대상 1호
로 삼아야 할 인사다.

하지만 폴스타프도 처음부터 그렇게까지 위협적이지는 않다. 폴
스타프가 즉흥적으로 도모한 최초의 범법 행위는 개즈힐에서 벌인
도적질이다. 폴스타프는 지나가는 나그네들을 불러 세워 귀중품을
빼앗기로 한다. 할 왕자는 친구인 포인스가 폴스타프 영감을 골려

먹을 기회라고 꼬이는 통에 범행에 가담한다. 포인스는 폴스타프 패거리가 도적질에 성공하면 그 포획물을 함께 빼앗자는 미끼를 왕자에게 던진 것이다.

폴스타프는 자신이 계획한 범행을 충실히 수행한다. 나그네들을 만난 폴스타프는 이렇게 외친다. "네놈들은 대배심원들이지? 쳇, 배심은 우리가 해 주마."(2. 2. 88–89) 당시에는 자산가들만이 배심원이 될 수 있었기 때문에 폴스타프가 돈깨나 있어 보이는 나그네들을 "대배심원"이라 여긴 것이다. 이 무도한 자는 배심원들에 대해 배심의 평결을 내리겠다 소리친다. 이번에는 자신만의 사법 체계라도 만들려는 모양이다.

배심원들에게 평결을 내리는 도적 떼. 폴스타프는 자신의 세계에만 존재하는 법의 심판을 내리며 도적질을 한다. 하지만 할 왕자가 이 도적 떼를 습격했으니 우회적인 방식으로 법체계가 정당성을 회복했다고도 할 수 있다. 할 왕자와 포인스는 아교를 칠한 옷과 복면으로 변장하고 폴스타프 패거리를 덮친다. 담이 작은 도적 떼의 아우성이 한밤중에 울려 퍼진다.

폴스타프는 법이라면 무조건 따르지 않는 모양이다. 《헨리아드》에서 고귀한 신분의 사람들이 사용하던 어법마저도 따르길 거부하니 말이다. 그의 신분이 낮아서는 아니다. 그는 "폴스타프 경"이라 불리는 작위를 받은 기사이기 때문이다. 게다가 고등교육도 받았다. 고약한 말투이긴 하지만 그는 빈번하게 식자들이나 할 수 있는 언급을 한다. "사냥의 신, 달의 여신 디아나의 산림지기"(1. 2. 24)란 말로 고대 신화를 인용하는가 하면 "갈레노스의 책에서 그 증상의 원인에 대해서 읽었다."(〈헨리 4세 2부〉, 1. 2. 115-116)고 말하며 의학 서적에 대한 지식을 내보이기도 한다. 게다가 그와는 어울리지 않지만 "라자러스와 같은 누더기 놈들뿐"(4. 2. 24-25)이란 말로 종교에 대한 지식도 과시한다. 그런데도 그가 상류 계층의 사람으로 느껴지지 않는 것은, 그의 타고난 재능이 저속함을 매개로 그의 배움을 가려 버렸기 때문이다. 폴스타프는 단 한 번도 고상한 어법으로 말하지 않는다. 운문체의 격식에 집착하는 헨리 4세가 절대로 산문체로 말하는 법이 없는 것과 마찬가지로. 형식은 본질을 따라가게 마련이다. 폴스타프는 고상한 어법의 엄격한 형식을 파괴하는 것으로 단순한 어법의 파괴 이상의 것을 도모한다. 사람들이 저속한 말투를 참아 내길 바라는 것을 넘어 저속함의 알 수 없는 매력으로 사람들을 유혹하려는 것이다.

그의 전략은 적중했다. 그의 말을 들은 모든 사람들이 그에게 빠져 버렸으니까 말이다. 극중 인물들도 그랬고 우리 관객들도 다를 바 없었다. 그중 유별나게 기뻐한 팬은 바로 할 왕자다. 그는 폴스타프를 어떠한 형식의 족쇄도 떨쳐 버릴 수 있는 언어의 마술사, 자유자재로 변화무쌍한 어법을 구사하는 프로테우스라 여겼다. 할 왕자는 폴스타프의 범행을 가로막는 재미 때문에 포인스의 계략에 가담한 것이 아니었다. 그는 도적질에 실패한 폴스타프가 늘어놓을 거짓말을 마음껏 비웃을 짜릿한 순간을 기대하며 손을 보탠 것이다. 왕자를 꾀어낸 포인스의 대사를 보면 이를 알 수 있다.

"이 장난의 묘미는 밤에 우리가 만날 때 바로 이놈의 비대한 불한당이 한정 없는 허풍을 떠는 데 있는 거죠. 그놈을 적어도 서른 명은 상대했으니 어떤 자세로 어떻게 치고 어떻게 죽을 고비를 모면했느니 하고, 나오는 대로 허풍을 떨게 한 뒤에 우리가 반박을 함으로써 그놈의 코를 납작하게 하는 데 그 재미가 있답니다."(《헨리 4세 1부》, 1. 2. 176-180)

폴스타프는 이 두 악동을 실망시키지 않는다. 이 바보 같은 배불뚝이 기사는 선술집에서 침을 튀기며 속이 빤히 들여다보이는 무용담을 늘어놓는다. 그를 덮친 도적 떼의 수는 두 명에서 네 명, 일곱 명, 아홉 명, 열한 명으로 계속 늘어난다. 이어 미리 단도로 난도질해 날이 온통 상한 칼을 난투의 '눈으로 볼 수 있는 명확한 증거'라며 내놓는다. 할과 포인스가 진실을 코앞에 들이대도 이 뻔뻔한 사내는 눈썹 하나 까딱하지 않는다. 그는 자신에게 다가와 위협한 강도가 할 왕자라는 것을 처음부터 알고 있었다고 둘러대기 시작한다. 자신의 "본능적 직감"(2. 4. 264)이 미래의 왕의 목숨을 구했다고 떵떵대는 것이 이제 놀랍지도 않다. 어쩌면 그가 특별히 부끄러워할 필요는 없는 것일지도 모른다. 프로이트에 따르면 '도덕과 명예의 요구는 뱃살이 두둑하게 오른 자들에게는 쇠귀에 읽어주는 불경이나 다름없다'고 하니 말이다.

사실 이런 바보 같은 소동은 사회에 큰 해악을 끼치지는 않는, 상대적으로 가벼운 범죄다. 하지만 그렇다고 해도 폴스타프가 《헨리아드》에서 '그 누구에게도 피해를 입히지 않았다'는 블룸의 평은 도를 넘은 발언이다. 폴스타프의 맹목적 추종자라 그를 백 번

이해한들 틀린 말이다. 물론 내전이 일어나기 전에는 그랬을지도 모른다. 하지만 전쟁이 난 뒤 폴스타프는 국가에 엄청난 해를 끼친다. 할은 폴스타프에게 징병권과 연대 지휘권을 준다. 폴스타프는 그 자신도 시인했다시피 "왕이 부여한 징병권을 함부로 남용했다."(4.2.12-13) 그는 부유한 자들에게 돈을 받고 병역의무를 면제해 주기 시작했고, "어느새 그런 식으로 삼백 파운드 이상의 돈을"(4.2.14) 챙겼다. 그 결과 그의 군대는 "모조리 식충이의 개한테 헌데를 빨리고 있는, 저 벽포에 그려진 라자러스 같은 누더기 놈들, 병정하고는 사돈의 팔촌도 넘는 놈들이었고, 손버릇이 나빠 쫓겨난 머슴, 차남 삼남의 그 차남 삼남, 뺑소니친 술집 급사, 실직한 말구종, 태평 시대의 곡식 벌레 같은, 낡은 군기보다 열 배나 더 초라하고 협수룩한 놈들"(4.2.24-29)로 가득 차고 말았다. 폴스타프가 모아 온 병사들을 본 할 왕자가 "저런 서글픈 졸자들은 처음 보았네."(4.2.63)라 할 만큼 오합지졸이었다. 왕자의 책망에 폴스타프는 이렇게 대답한다. "천만에, 찌르기에는 충분한 것들이지. 포탄의 밥이야, 포탄의. 구덩이를 채우기엔 충분한 것들이지. 쳇, 죽어야 할 인간이야, 죽어야 할 인간이란 말이지."(4.2.64-66) 여러분은 그가 농담을 한 것이길 바라겠지만 병사들의 목숨을 파리 목숨처럼 여기는 그의 생각은 완고하기까지 하다. 슈루즈베리 전투에서도 그는 이렇게 말한다. "내가 인솔한 누더기 졸병들은 전멸했다. 백오십 명 중에서 산 놈이 셋도 안 된다. 살아남은 놈들도 마을 가에서 평생 구걸을 할 신세밖에 못 된다."(5.3.35-38)

당연히 감성 충만한 비평가들은 이런 폴스타프의 행각을 맹비난한다. 하지만 현실주의자인 할 왕자는 친구의 제안을 별 고민 없이 수용한다. 2막에서 헨리 4세가 할 왕자를 소환한다. 할 왕자와 폴스타프는 모두 국정 처리 결과를 감사하려고 왕자를 호출함을 알고 있다. 그들은 예행연습을 해 보기로 한다. 할이 아버지 헨리 4세처럼 추궁하고 폴스타프가 할 왕자의 처지에서 변론을 펼치기로 한 것이다. 이 상황극에서 폴스타프는 할 왕자의 역을 하며 자기 자신을 변호한다.

> 오, 나의 왕이시여! 차라리 피터를, 바돌프를, 포인스를 내치십시오. 하지만 다정한 잭 폴스타프, 친절한 잭 폴스타프, 진실된 잭 폴스타프, 용맹한 잭 폴스타프, 늙어서 더 용맹한 잭 폴스타프만은 안 됩니다. 아버지의 아들 해리의 동반자를 버리지 마십시오. 부디 그러지 말아 주십시오. 배가 불룩한 잭을 버리는 것은 온 세상을 내치는 것이나 매한가지입니다.
>
> (2. 4. 461-67)

아버지 역을 맡은 할 왕자가 대답한다. "그럴 수 없다. 나는 그렇게 할 것이다."(2. 4. 468) 문학사에서 가장 간결하면서도 차가운 거절이다. 할 왕자가 '그럴 수 없다'고 말했을 때는 농담 반 진담 반이었다. 하지만 '나는 그렇게 할 것이다'라는, 치명적인 그의 결의는 진정이다. 그는 헨리 4세를 대변하여 '그럴 수 없다'고 말하고, 미래의 왕 헨리 5세로서 '그렇게 할 것이'라고 단언한 것이다.

할 왕자가 난감해하는 상대의 감정에 둔감하다는 것은 선술집에서 급사에게 장난치는 장면에서도 알 수 있다. 할은 포인스에게 선술집의 다른 방으로 가서 급사 프랜시스를 쉴 새 없이 부르라고 지시한다. 그리고 자신도 프랜시스에게 계속해서 말을 건넨다. 프랜시스를 찾는 포인스의 목소리가 끊임없이 들리는 통에 이 불쌍한 급사는 점점 더 안절부절못한다. 왕자의 말을 끊을 수도 없고 손님이 부르는데 응하지 않을 수도 없으니 정말 미치고 팔짝 뛰고 싶은 상황인 것이다. 이 장난은 결국 할 왕자와 포인스가 동시에 "프랜시스!"라고 소리 높여 급사를 부르는 것으로 끝을 맺는다. "그들이 동시에 프랜시스를 부른다. 이 술집 급사는 어느 쪽으로 가야 할지 몰라 우왕좌왕한다."(2.4.77)란 지문에서 이를 확인할 수 있다.

비평가들은 이런 장난을 치는 할 왕자를 유치하고 옹졸하다고 비난한다. 물론 쩔쩔매고 있는 프랜시스가 참 딱해 보이긴 한다. 하지만 모든 것이 왕자의 고약한 심보 탓이라 하기에는 왕자가 처한 상황도 딱하긴 매한가지다. 왕자는 지금 궁정과 여인숙 사이에서 진퇴양난에 빠져 있다. 물론 겉으로는 왕족 행세를 한다. 폴스타프와 한 상황극에서 아버지의 말을 대신했던 것처럼 말이다. 하지만 마음은 이미 갈팡질팡한 지 오래다. 왕자와 포인스 사이에서 갈피를 잡지 못하는 프랜시스와 다를 바 없는 딜레마에 빠져 있는 것이다. 그를 불러 세우는 지엄한 궁정의 목소리는 차갑고 위압적이다. 선술집에서 흘러나오는 목소리는 따뜻하지만 비루하다.

〈헨리 4세 1부〉의 끝부분에선 할 왕자의 이 딜레마가 해소될 만한 사건도 등장한다. 할 왕자가 슈루즈베리 전투에서 아버지 헨리 4세의 목숨을 구하는 사건 말이다. 이를 계기로 척지던 부자는 뜨거운 가족애를 확인한다. 하지만 이들의 밀월 관계는 그리 오래가지 못한다. 〈헨리 4세 2부〉에서 헨리 4세는 언제 그랬냐는 듯 다시 왕자에게 냉랭한 태도를 보인다. 하지만 《헨리아드》에도 제대로 된 아비 구실을 할 수 있어 보이는 인물이 등장하긴 한다. 바로 대법원장이다.

《헨리아드》에서 대법원장은 직책에 걸맞지 않게 비중이 적다. 최고의 법적 권위를 상징하는 이 귀인은 네 극 중 〈헨리 4세 2부〉에만 등장할 뿐만 아니라, 그 이름조차 알 수 없다. 이 때문에 그가 현대의 법조인들이 마음에 새겨야 할 인물이라는 사실을 놓치기 쉽다. 하지만 대니얼 콘스타인의 말대로 대법원장은 '셰익스피어의 작품을 통틀어 가장 침착하고, 견실하고, 공정한 법조인의 완전한 초상'일지도 모른다. 대법원장과 할은 원래 적대적인 관계였다. 왕자는 젊은 시절 대법원장 때문에 추밀원[30)에서 쫓겨나는 수모를 겪었다. 법정에서 왕자가 대법원장을 때렸기 때문에, 대법원장이 헨리 4세를 대신해 그런 조치를 한 것이다. 하지만 〈헨리 4세 2부〉의 말미에서 헨리 왕자는 그가 대법원장을 핍박할 거란 모두의 예상을 뒤엎고 국가의 원로를 포용한다. 과연 제왕의 그릇이다. 한편 폴스타프는 대법원장과는 태생적으로 기질이 맞지 않았다. 그는 대법원장을 지독히도 싫어했고, 서로 증오한다는 것만이 그들의 유일한 공통점이었다.

---

30) 영국의 행정·사법과 교회의 사무를 담당하는 기관. 14세기 말 리처드 2세 때 국왕의 자문기관으로 발족, 16세기경에는 정치·행정·사법에 걸쳐 막강한 권력을 가진 준국가기관으로 행사하기도 했다. ─옮긴이

이 상극인 두 사내는 《헨리아드》에서 여러 차례 대결을 펼친다. 첫 승부에는 폴스타프가 우세했다. 〈헨리 4세 2부〉 1막에서는 외나무다리에서 마주친 대법원장과 폴스타프가 언쟁을 벌인다. 대법원장이 법원의 소환장을 무시한 불량 기사를 질타한다. 이 소환장은 폴스타프가 개즈힐에서 벌인 강도 혐의 때문에 발부된 것이다. "사형을 구하는 고소가 있었기에 이야기를 나누려고 자네를 소환한 것이다."(《헨리 4세 2부》1. 2. 131-132)라는 대법원장의 말에 폴스타프는 조금도 위축되는 기색도 없이 유들유들하게 대답한다. "전 그때 군법의 법률에 정통한 변호사의 충언을 받아들여 출두하지 않았던 것입니다."(1. 2. 133-134). 약삭빠른 폴스타프가 민간법보다 우선 적용되는 군법상의 면책특권을 주장한 것이다.

대법원장은 타당함을 인정하고, 폴스타프가 슈루즈베리 전투에 복무하며 공을 세웠다 치하하기까지 한다. "그래, 갓 아문 상처를 건드리고 싶지 않다. 슈루즈베리에서 세운 낮의 공훈이 있으니 개즈힐에서 벌인 밤의 일은 덮어 두겠다. 나라 안이 소란해서 네 죄를 조용히 덮어 두게 된 것을 감사하게 생각하여라."(1. 2. 146-150) 사사로운 감정을 삭이고 공정한 판단을 하는 대법원장은 진정 균형 잡힌 사람이다. 상벌의 균형이 완벽한 그의 대사만 보아도 알수 있다. 그는 '낮'의 공훈이 있으니 '밤'의 일은 덮어 두겠다거나, 나라 안이 '소란한 것'이 폴스타프의 죄를 '조용히 덮어 두는 것'을 정당화하는 것이라고 논리를 갖추어 말한다.

소환에 응하지 않은 것을 묻어 두기로 한 대법원장은 이어 왕자의 측근인 무뢰배에게 간곡한 충고를 한다. 하지만 산전수전 다 겪은 배불뚝이 영감이 한 수 위다. 폴스타프는 계속해서 말꼬리를 잡아채며 대법원장을 희롱한다. 지체 높은 양반의 훈계도 허튼수작으로 둔갑시키는 신기한 말장난이다.

> **대법원장:** 수입은 얄팍하면서, 쓰는 배포는 대단하더라.
> **폴스타프:** 그 반대라면 좋겠는데요. 수입은 더 대단하고, 배는 더 얄팍하면 말이죠.
> (1. 2. 139–142)
> **대법원장:** 그 얼굴의 흰 수염을 보더라도, 이제 좀 점잖아져야지.
> **폴스타프:** 점잖은 고깃덩어리, 고깃덩어리죠.
> (1. 2. 159–161)
> **대법원장:** 아, 좀 더 훌륭한 동반자를 왕자에게 보내 주소서!
> **폴스타프:** 하나님이시여, 좀 더 훌륭한 왕자를 동반자에게 보내 주소서! 전 왕자와 손을 떼려고 하나, 떨어지지 않습니다.
> (1. 2. 199–201)

〈자에는 자로〉에 등장하는 에스컬러스에게 "원, 누가 더 똑똑하단 말인가, 정의인가 불의인가?"(〈자에는 자로〉, 2. 1. 169)라고 물어라도 봐야 할 것 같다. 〈자에는 자로〉의 엘보 보안관처럼 《헨리아드》에 등장하는 판사들의 이름도 그들의 성품을 드러낸다. 사일런스 판사는 내내 아무 말도 하지 않는 것으로 '침묵'이라는 뜻의 이름값을 한다. 샐로 판사는 폴스타프의 수하나 다름없으니 '천박'하단 뜻의 그 이름이 꼭 어울린다. 실명은 거론되지 않지만 대법원장은 정의를 관장하는 부처의 수장답게 진정으로 현명한 사람이다. 원래대로라면 거리의 불한당 폴스타프 따위는 감히 범접할 수

246

도 없는 장관급 인사인 것이다. 하지만 눈칫밥으로 굴러먹은 폴스타프가 비빌 언덕도 없이 대법원장에게 무례를 범했을 리 없다. 그도 믿는 구석이 있다. 그는 왕위를 이어받을 왕자의 심정적 후견인이다. 그리고 때마침 온 나라가 반란 때문에 일대 혼란에 빠져 있으니 그에게는 더없는 호시절이다. 게다가 설레발로 사람들을 끌어모으는 재주라면 따를 자가 없으니, 하늘이 무너져도 솟아날 구멍쯤은 찾을 수 있을 것이라 믿는 것이다.

2막에서 이런 그의 계산을 확인할 수 있다. 외상을 밥 먹듯 하고 돈은 갚지 않는 폴스타프에 화가 난 선술집 여주인의 고발로 폴스타프는 체포된다. 대법원장의 개입에 폴스타프는 이렇게 말한다.

> 각하, 이건 가엾게도 미친 계집입니다.
> 자기 큰아들놈이 각하와 닮았다고,
> 온 동네 여기저기를 떠들고 다닙니다.
> 전에는 잘살았지만,
> 실은 가난 때문에 미친 것입니다.
> 그런데 이 어리석은 관원들에 대해서는
> 제 명예훼손의 배상을 청구합니다.
> (〈헨리4세 2부〉, 2. 1. 102-106)

폴스타프는 술집 여주인이 대법원장과 자기 사이에서 장자를 얻었다고 말하고 다닌다며 여주인을 중상모략한다. 이어 그녀는 가난 때문에 미친 것이니 용서하겠으나 자신을 체포한 어리석은 관원들을 벌해 달라는 말도 덧붙인다. 이제는 제대로 '법을 집행하는 사람'을 '법의 이름'으로 심판해 달라고 대놓고 청하는 것이다. 대배심원들을 배심하겠다던 작자이니 그 무도함이 어딜 갈까.

대법원장은 존경스러울 정도의 평정심을 발휘한다. 협잡꾼이나 다름없는 기사가 지껄이는 헛소리에는 조금도 귀를 기울이지 않는다. 폴스타프가 자신을 술집 여주인이 낳은 자식의 아비라 말할 때도, 또 법집행 기관을 문제 삼을 때도 조금도 주의를 흐트러뜨리지 않는다. 대신 세 치 혀를 놀려 야료를 부리는 것이 폴스타프의 주특기임을 간파한다.

> 존 경, 존 경, 자네가 옳은 것을 그른 것으로 왜곡하는
> 협잡꾼이라는 것을 잘 알고 있다.
> 뻔뻔스런 얼굴을 하고, 염치가 없다는 정도 이상으로
> 뻔뻔스럽게 수다한 말을 늘어놓아 보았댓자,
> 나는 결코 공평의 원칙을 어기지는 않는다.
> 보아하니, 자네는 이 여자의 속기 쉬운 마음을 이용해
> 돈주머니도 몸도 다 자네에게 주게 한 것 같다.
>
> (2. 1. 107-115)

대법원장의 혜안으로 꿰뚫어보지 못할 것은 없다. 그는 겉만 번지르르한 말은 진실이 아니라는 것을 잘 알고 있다. 방약무인하게 구는 것으로 정당성을 담보하는 권위를 얻을 수는 없다. '옳은 것을 그른 것으로 왜곡하는' 폴스타프의 능수능란한 언변도 공명정대한 대법원장이 쥐고 있는 '정의의 저울'을 기울게 하기에는 역부족이다. 수세에 몰린 폴스타프는 비장의 카드를 내놓는다. 자신은 어명

248

을 받들고 있는 몸이니 어서 풀어 주어야 한다는 것이다.

> 각하, 이러한 질책을 받고 가만히 있을 수가 없습니다.
> 각하는 정당히 대담하게 말하는 것을
> 염치없는 뻔뻔스러운 짓이라 말씀하십니다.
> 그저 허리를 굽실거리고 말이 없으면
> 그는 군자가 됩니다. 아니올시다.
> 각하 저의 신분은 잊지 않습니다만,
> 각하의 그 말에는 복종 못하겠습니다.
> 어떻게든지 이 관원들로부터 해방해 주십시오.
> 저는 폐하의 급한 어명을 받잡고 있는 것이니까요.
> (2. 1. 121-127)

대법원장도 이에는 맞설 패가 없다. 폴스타프를 감옥에 보내 군 최고 통수권자인 왕의 명을 어기게 할 수는 없는 노릇이니까. 대법 원장은 어쩔 수 없이 폴스타프를 전장으로 내보낸다. 대법원장의 면전에서는 한시가 급하니 풀어 달라고 아우성치던 폴스타프는 풀 려나자마자 친구를 점심 식사에 초대한다. 아주 여유만만이다.

폴스타프는 친구에게서 헨리 4세가 서거하여 할 왕자가 왕이 되 었다는 소식을 듣는다. 기다리고 기다리던 순간이 왔다는 사실에 흥분한 그는 숨 한 번 들이쉬지 않고 대법원장에게 받은 수모를 설 욕하겠다고 외친다.

> 당장 신발을 주게, 섈로 씨! 젊은 왕은 나를 학수고대하고 있소.
> 누구의 말이든 상관없으니, 타기로 한다.

잉글랜드의 법률은 이제 내 손안에 있다.
내 편이었던 자들은 행복할 것이다.
불쌍한 자는 대법원장이로구나!

(5. 3. 130-134)

개인이 일국의 법을 자신의 코에 걸면 코걸이, 귀에 걸면 귀걸이가 되는 호구로 여긴다면 이는 여간 위험한 일이 아니다. 셰익스피어의 다른 희곡에도 이런 상황에 대한 경고가 담겨 있다. "그래, 나도 그렇게 생각했다. 그렇게 하자꾸나. 자, 가자, 이 나라의 문서를 다 태워 버려라. 이제부터는 내 입이 영국의 의회가 된다."(〈헨리 6세 2부〉, 4. 7. 11-13)라 외친 잭 케이드는 반란을 일으켰고 "법률은 내 편이지 당신 편은 아니에요."(〈리어 왕〉, 5. 3. 156)라는 말을 남긴 고너릴은 아비를 저버린 천하의 불효녀다. 폴스타프는 "아버지 시대의 낡아빠진 법률"을 넘어설 날을 오랫동안 기다려 왔다. 그리고 그날이 손에 잡힐 듯 코앞으로 다가온 것이다.

헨리 4세의 서거 소식을 들은 대법원장은 새 왕이 자신에게 보복할지도 모른다는 두려움에 사로잡힌다. "선왕께서 재위하시는 동안 충성을 다하여 보필했으니, 앞으로 어떤 보복을 받게 될지 두렵다."(〈헨리 4세 2부〉, 5. 2. 8)는 그의 대사에서도 걱정이 묻어나온다. 워릭 경도 "사실 젊으신 새 왕께서는 대법원장에게 호의가 없으신 것 같습니다."(5. 2. 9)라 말하며 그의 처지를 걱정한다. "나도 잘 알고 있어요. 그래서 어떠한 사태가 닥치더라도 기꺼이 감수할 각오를 하고 있습니다만, 내가 상상하는 이상으로 무서운 사태가 오지는 않을까요."(5. 2. 10-13)라고 대법원장이 대답한다. 한 치 앞이 보이지 않는 아슬아슬한 정국이다. 셰익스피어는 여기서 대법원장도 정의의 저울을 기울지 않게 하려 안간힘을 쓰고 있을 뿐 그도 붉은 피가 흐르는 인간이라는 것을 보여 준다. 대법원장도 공포가 엄습하면 두려움에 떠는 한낱 인간에 불과한 것이다. 측근들은 난데없는 곤경에 빠진 대법원장을 진심으로 안타까워한다. "당신이 가장 심한 냉대를 받을 것 같습니다. 참으로 안됐습니다. 그런 일이 없기를 비는 수밖에!"(5. 2. 31-32)

거의 틀림없어 보이는 대법원장의 몰락은 폴스타프가 얻게 될 갑작스런 권세와 맞물려 있다. "그러니 이제는 존 경의 비위를 맞춰야 합니다. 그 자는 당신의 성질과는 상반되는 사람이니까요." (5. 2. 33-34) 그야말로 비위 상하는 충고를 하는 클라렌스의 공작에게 대법원장은 법조인의 참된 기개를 보여 준다.

> 왕자님들, 제가 한 일은 공평무사한 양심이 명하는 대로,
> 명예를 위해 처리한 것뿐입니다.
> 비렁뱅이처럼 죄를 짓지 않았는데 비굴하게
> 미리 용서를 비는 모습은 보이지 않겠습니다.
> 난 곧 서거하신 선왕에게 가서,
> 뒤를 따르게 한 자가 누구인지 아뢸 것입니다.
> (5. 2. 35-41)

악정을 펼치는 군주를 모시느니 차라리 서거한 선왕 헨리 4세의 뒤를 따르겠다는 것이다. 〈헨리 4세 2부〉의 후반부에서 할 왕자는 진짜로 지난날 자신을 투옥한 것에 대한 죄를 묻기 위해 대법원장

을 호출한다. 드디어 권좌에 앉아 그를 대면한 할 왕자는 "장차 국왕이 될 위대한 미래를 가진 왕자가 그대에게 당한 모욕을 어찌 잊어버리겠소? 뭐라고, 국왕을 계승할 왕자를 호통치고 힐책하고 난폭하게 감옥에 몰아넣은 것이 아무렇지도 않다! 그래 그것이 쉬운 일이요?"(5. 2. 68-71)라고 윽박을 지른다.

이제 곧 자신이 섬길 국왕이 될 왕위 계승자의 추상같은 질책에도 강직한 대법원장은 위엄을 잃지 않고 대답한다. 셰익스피어 시대와 마찬가지로 헨리 5세 시대의 사법부는 행정부와 독립된 국가기관이 아니었다. 그런 이유로 대법원장은 행정부와 독립된 국가기관의 수장이 아닌 군주의 다스림을 받는 국왕 직속 관료였다. 대법원장은 바로 이 사실을 강조하며 자신을 변호한다. "그때 신은 부왕 폐하를 대리하고 있었기 때문에, 폐하의 대권이 저에게 부여된 신분이었습니다."(5. 2. 73-74)

그는 할 왕자가 단순히 한 개인을 때린 죄 때문이 아니라 국왕 헨리 4세의 대리인을 때린 죄 때문에 처벌 받은 것이라며 처벌의 합당한 근거까지 논리적으로 소상하게 설명한다. "폐하께서는 신의 직책을 법과 재판의 힘과 정의, 심지어는 국왕을 대리하는 대권까지도 망각하신 듯, 그 장소, 바로 저의 법정에서 신을 때리셨습니다."(5. 2. 77-80)

대법원장은 왕을 대신하여 사법절차를 진행하는 대리인이다. 할 왕자가 투옥될 당시에는 헨리 4세가 국왕이었기 때문에 대법원장이 헨리 4세를 대신하여 법을 적용한 것이다. 이 대리권 수여는 개인적인 관계 때문이 아니라 공적인 직위 때문에 이루어졌다. 그러므로 할 왕자가 즉위하면 대법원장은 자동으로 새 왕 헨리 5세를 대리하게 된다. 대법원장은 이 사실에 초점을 맞추어 다음과 같은 질문을 던진다. "제가 폐하의 대행자라는 위치인데도 폐하의 아드님이신 왕자님이 저를 걷어차고, 폐하의 대리자가 한 처사를 조롱하는 일이 있었다면, 만족하시겠습니까?"(5.2.89-90) "만약 그 처사가 불법이라고 하신다면 왕관을 쓰신 오늘날, 폐하에게 왕자님이 계시다 치고, 폐하의 칙령을 무시한다면 만족하시겠습니까?" (5.2.83-85) 할 왕자는 이런 질문에 대한 답을 이미 부지불식간에 했다. 앞서 선술집에서 아버지 헨리 4세의 역을 맡아 한 상황극에서 자신을 내치지 말라 청하는 폴스타프에게 왕자는 다음과 같이 매정하게 쏘아붙였던 것이다. "그럴 수 없다. 나는 내칠 것이다." 자신은 불한당들과 어울릴지언정 언행이 방자하고 제멋대로인 아들은 얻고 싶지 않은 것이 인지상정이다.

　게다가 지금 헨리 5세에게 꼭 필요한 인재는 바로 대법원장 같은 이다. 공정하게 법을 적용하는 절개 높은 국가의 어르신 말이다. 슬기로운 헨리 5세는 예상을 깨고 대법원장을 새 정부의 일원으로 흔쾌히 받아들인다. 대법원장도 쓸데없는 걱정을 해서 괜스레 약한 모습을 보인 꼴이 되었다.

> 법원장, 과연 당신의 말이 지당하고, 바르게 판단하였소.
> 그러니까 앞으로도 저울과 검의 일을 맡아 주시오.
> 그리고 경의 명예가 더욱 높아져 내 자식이,
> 내가 한 것처럼 경에게 무례한 짓을 하고는
> 결국 경의 선고에 복종하게 되는 날까지 경이

오래오래 살아 주기 바라오.

나도 그때까지 살아서 부왕께서 하시던 말을 되뇌고 싶소이다.

"나는 행복하다, 황태자에 대해서도 두려움 없이

정의를 감행하는 강직한 재판관이 있으니까.

그리고 또한 황태자의 신분으로서 스스로 법의 심판을

받는 아들을 가지고 있는 것도 그에 못지않게 행복이다."

경이 나를 감옥으로 보냈으니,

그 보답으로 나는 다년간 경이 지녀 온,

이 흠 없는 정의의 검을 다시 경에게 보내겠소.

명심하고, 경이 일찍이 내게 한 것처럼

이 검을 의연하고 공평무사한

정신으로써 사용해 주기 바라오. 자, 손을 잡읍시다.

아직 어린 내게 아버지 역을 해 주시오.

나는 경이 일러 주는 말을 옮기며 다스릴 것이요.

경험이 풍부하고 사려 깊은 경의

지도를 받아 겸허하게 따를 것이오.

(〈헨리 4세 2부〉, 5. 2. 102–121)

헨리 5세가 마침내 어엿한 아버지를 두게 되나 보다. 젊은 새 왕이 '아직 어린 내게 아버지 역을 해 주시오.'란 말을 했을 정도니 말이다. 사실 정권이양이 이뤄지고 있는 현시점에서 대법원장은 이상적인 아버지 노릇을 톡톡히 할 사람이다. 그는 선왕 헨리 4세가 왕좌에서 물려준 모든 불법과 폴스타프가 저 저속한 구렁텅이에서 몰고 올라올 모든 불법을 막아 낼 적임자다. 물론 왕위를 찬탈한 아버지 헨리 4세에 비하면 헨리 5세의 왕위 계승은 비교적 정당하다고 할 수 있다. 그는 적어도 적통자로서 평화롭게 왕위를 계승했기 때문이다. 그러므로 헨리 5세는 그나마 상대적으로 거리낌 없이 정의를 부르짖을 수 있다. 대법원장의 도움을 받는다면 더욱 자신 있게 주장할 수도 있을 것이다. 철옹성 같은 권위의 소유자인 대법원장이 생물학적 아버지의 사후에도 건재하여 헨리 5세의 든든한 방패막이 되어 주는 것이다.

어니스트 칸토로비치는 《왕의 두 존체(尊體: 신체와 정체)The King's Two Bodies》란 저서에서 중세의 정치학 원리는 왕이 소유한 두 개의 '존체'를 통치권의 핵심으로 보았다는 사실을 논증했다. 두 개의 존체 중 하나는 바로 왕의 신체다. 시간의 무참한 공격에 어김없이 한 줌의 흙으로 돌아가는 유한한 인간의 몸 말이다. 다른 하나는 왕의 정체(政體)다. 왕의 정치권력의 정수라 할 수 있는 이 정체는 영원불멸한 국가의 상징이다. 셰익스피어는 이 원리를 알고 있었음이 틀림없다.

〈햄릿〉에서 햄릿 왕자가 왕의 고문인 폴로니어스를 왕으로 착각해 죽인 뒤 뱉은 대사에서 이를 확인할 수 있다. 아직 자신이 죽인 사람이 왕이라 믿는 햄릿은 외친다. "왕의 정체는 여전히 왕에게 있지만, 왕은 자신의 몸에 있지 않다."(〈햄릿〉, 4.2.25−26) 우리는 이 원리를 통해 대법원장의 주장을 더 잘 이해할 수 있다. 대법원장은 할 왕자가 자신을 때린 것이 아니라 왕의 '두 번째 몸', 즉 왕의 정체를 쳤다고 말한 것이다. 영국의 최고위 법조 관료인 대법원장은 영원불멸의 국법을 관장하는 자다. 재판정에서는 그가 바로 왕의 '정체'다. 새 왕의 편에 선 대법원장은 다름 아닌 바로 그 왕의 정체를 할 왕자에게 전해 준다. 이제 불멸의 정체는 헨리 4세의 신체를 떠나 새 왕 헨리 5세의 몸으로 옮겨 간 것이다.

자, 이제 대법원장은 폴스타프가 진창에서 안고 올라온 온갖 더러운 위협에서 새 왕을 보호해야 한다. 헨리 5세와 다시 만난 폴스타프는 변함없이 불경한 말투로 인사를 건넨다. "할 왕, 만세! 나의 할 왕!"(〈헨리 4세 2부〉, 5.5.41) 언어의 귀재 폴스타프는 예의 짧지만 강렬한 인상을 남긴다. 일단 "헨리" 왕 대신 "할" 왕이라 불러 옛정을 상기시킨다. 그런 다음 소유격을 써서 다시 한 번 관계의 돈독함을 부각시킨다. "나의 할 왕!" 헨리 5세는 들은 척 만 척이다. 하지만 여기서 물러설 폴스타프가 아니다. "만세! 내 친구만세!"(5.5.43) 난처해진 새 왕은 직접 나서는 대신 자신의 새로운 법적 대리인에게 부담스러운 친구의 처리를 맡긴다. "대법원장, 저 어리석은 자를 다스려 주오."(5.5.44) 물론 대법원장은 기꺼이 신속한 대응을 한다. "넌 정신이 있느냐? 무슨 말을 지껄이고 있는지 알고나 있느냐?"(5.5.45) 대법원장도 사람인지라 속으로는 통쾌했을지도 모른다. 술집 여주인의 고발 때문에 대면했을 때 술집 주인을 미친 사람으로 몰아세우고 온갖 헛소리를 해 대는 이 불한당을 왕명 때문에 어쩌지도 못했던 일이 떠오르지 않았을 리 없지 않은가?

폴스타프는 대법원장의 벽력같은 힐난도 그냥 무시해 버린다. 헨리 5세가 할 왕자였던 시절에도 호가호위를 일삼았던 이다. 이제 아들이나 다름없는 할 왕자가 왕이 된 마당에 대법원장 나부랭이의 위세에 눌릴 이유가 없는 것이다. 그는 말투만 조금 공손하게 바꿔서 헨리 5세에게 다시 말을 붙인다. '내 친구'란 불손한 단어를 '나

의 국왕'으로 바꿔친 것이 고작이지만 말이다. "나의 국왕! 우리 왕
초! 난 당신한테 말하고 있는 거야!"(5.5.46) 그는 자신이 왕과 친밀
한 관계라는 것을 드러내는 말투를 고수한다. 그리고 계속해서 왕
과 직접 이야기하겠다고 고집을 부린다. 하지만 쇠심줄 같이 질기
게 우격다짐을 한 끝에 들은 것이라곤 모진 소리뿐이다.

> 노인, 나는 너라는 자를 모른다. 무릎 꿇고 기도나 드려.
> 그 훌륭한 백발이 어릿광대나 바보 노릇을 하기에는 어울리지 않아!
> 나는 오랫동안 당신 같은 사람의 꿈을 꾸었지.
> 과식으로 살이 잔뜩 찐 늙은이며 비속한 자였다.
> 그러나 잠을 깨어 보니 그 꿈이 한심하다.
> 앞으로는 몸피를 줄이고 덕을 쌓도록 하라.
> 포식을 삼가라. 네가 들어갈 무덤이
> 다른 사람보다 세 배나 더 크게 입을 벌리고 있음을 알아야지.
> 그리고 타고난 어리석은 익살로 대꾸하지 마라.
> 나는 옛날의 내가 아닌 것을 알아야지.
> 신은 아시고, 세상도 알고 있듯이,
> 내가 예전의 나 자신과는 결별하였으니,
> 나와 사귀던 자들과도 결별하는 거다.
> 내가 지난날의 나와 다름없다고 듣게 되면,
> 그때는 나를 찾아와도 좋다. 그러면 옛날처럼
> 방종을 시키는 자요, 스승으로 삼겠다.
> 그때까지는 너를 추방한다. 어기는 날에는 사형이다.
> 나를 오도했던 다른 자들도 같은 벌을 내렸으니,
> 내 주변의 10마일 안에는 들어오지 말라.
> 먹을 것이 없으면 또 나쁜 짓을 하게 마련이니,

생계에는 지장이 없도록 해 주마.

그리고 개전의 실적을 알게 되면

능력과 기량에 따라 등용하도록,

열어 주겠다. (법원장에게) 내가 말한 방침이

실천되도록 경이 처리하시오.

그럼 가노라.

(5. 5. 47-72)

애써 냉혹한 척하기는 하지만 헨리 5세라고 폴스타프가 반갑지 않은 것은 아니다. 그가 슬쩍슬쩍 선술집 패거리의 일원이던 시절에 즐겨 하던 농지거리를 뱉는 것을 보면 알 수 있다. 폴스타프의 비대한 몸에 대해 '네가 들어갈 무덤이 다른 사람보다 세 배나 더 크게 입을 벌리고 있음을 알아야지.'라고 말하는 이 젊은 왕은 과거를 추억하고 있음이 분명하다. 풋내기 왕이 정에 이끌려 능구렁이 같은 폴스타프에게 파고들 틈을 준 것이다. 순간 아차 싶었던 헨리 5세는 재빨리 '타고난 어리석은 익살로 대꾸하지 말라.'라는 말로 기선제압을 한다. 예전처럼 폴스타프가 능청스럽게 받아치지 못하게 선수를 친 것이다. 그리고 그는 자신의 과거 전부를 부정한다. '나는 옛날의 내가 아닌 것을 알아야지.' 젊은 날의 저급한 친구들을 단번에 몰아낼 묘책은 자신의 과거, 날파람둥이 할 왕자와 결별하는 것뿐이다. '내가 예전의 나 자신과는 결별하였으니, 나와 사귀던 자들과도 결별하는 거다.'란 새 왕의 대사는 자신에게 하는 다짐인지도 모르겠다.

이어 헨리 5세는 폴스타프에게 자기 주변 10마일(약 16킬로미터)

근처에는 얼씬도 하지 말라는 엄명을 내린다. 마음이 약해졌던지 국외 추방은 않고 접근금지 명령에 그친 것이다. 하긴 폴스타프의 가시 돋친 매력에 약한 것은 영국이 아니라 헨리 5세이니, 새 왕의 곁만 아니라면 그가 어디에 있든 문제될 것은 없다.

그것은 정말 필요한 결단이었다. 모든 것을 진흙탕으로 만들어 버리는 폴스타프의 치명적인 카리스마는 영국 전체를 잿더미로 만들어 버릴 수도 있으니 말이다. A. D. 너톨 교수가 말했듯 헨리 5세는 '만백성을 위해 뼈아픈 선택을 한 것이다.' 하지만 애써 연을 끊는 것만큼 힘든 일도 없다. 더 이상 견디기가 힘들어진 왕은 다시 모든 짐을 대법원장에게 떠넘겨 버린다. 할 왕자는 비통한 심경을 참아 가며 대법원장에게 이렇게 말한다. '내가 말한 방침이 실천되도록 경이 처리하시오. 그럼 가노라.' 한때 몸담았던 배불뚝이 폴스타프의 세상에 작별을 고한 할 왕자는 이제 홀로서기를 시작한다.

폴스타프를 바라보는 비평가들의 시각은 첨예하게 갈린다. 그것은 아마 폴스타프가 어마어마한 마력의 소유자인 것만은 틀림없지만 그 마력이 파괴적인 속성을 지니고 있어서일 것이다. 폴스타프에 대한 할 왕자의 태도는 플라톤이, 아니 엄밀히 말하면 플라톤의 입을 빌린 소크라테스가 《국가론The Republic》에서 시인에게 취한 태도와 일맥상통한다. 아리스토텔레스는 시인을 사랑하는 사람은 아니었다. 별 관심이 없었으니 구태여 그들을 몰아내려 하지도 않았다. 하지만 플라톤은 시인을 사랑했던 나머지 역설적으로 그들을 추방해야 한다고 주장했다. 사랑하는데도 추방하려 한 것이 아니라 사랑하기 때문에 추방하려 한 것이다. 자유로운 천재들의 입에서 흘러나오는 영혼의 속삭임은 무질서를 부추겼다. 플라톤은 시인을 열렬히 사랑했기에 그들이 내뿜는 카리스마가 위험하다는 것을 분명히 알고 있었다. 할 왕자도 폴스타프가 얼마나 매력적인 범법자인지, 그리고 그가 초래할 혼란이 어느 정도인지 똑똑히 알고 있었던 것이다. 이런 점에서 폴스타프는 법의 제단에 바쳐진 사상 최악의 비대한 양이라 할 수 있다. 희생양은 폴스타프만이 아니다. 헨리 5세는 왕권을 다진 후에 대법원장도 제거해 버린다. 《헨리아드》의 마지막 희곡인 〈헨리 5세〉에서 대법원장의 자취는 찾아볼 수 없다. 설명도, 흔적도 없이 사라진 것이다.

〈헨리 5세〉는 새로운 후원자 캔터베리 대주교에게 헨리 5세가 법적인 자문을 구하는 장면으로 시작한다. 혈기 왕성한 젊은 왕은 프랑스를 침공할 합법적인 명분을 찾고 싶어 한다. 매사에 공평무사한 대법원장과 달리, 대주교는 사안의 시비에는 관심이 없고 사리사욕에 눈이 먼 작자다. 그는 지금 국회에서 교회 재산을 대거 국고로 편입시키는 법안이 통과될까 봐 전전긍긍하고 있다. 때마침 헨리 5세의 야욕을 눈치챈 대주교는 묘안을 떠올린다. 달콤한 말로 왕의 마음을 산 뒤 그럴듯한 명분을 쥐여 주어 프랑스 침공에 나서게 하는 것이다. 교회에서 거액의 전쟁 비용을 지원하겠다는 약속만 하면 왕이 교회의 재산을 거두어들이는 법안을 통과시킬 리 없기 때문이다. 왕을 알현한 캔터베리 대주교는 헨리 5세에게 프랑스의 왕위를 이어받을 정통한 권리가 있다 진언한다. 이에 헨리 5세는 캔터베리 대주교에게 가당치 않은 논리를 억지로 끌어다 대어 법리를 왜곡해서는 안 된다고 당부한다. "경, 법문을 고의로 아전인수 격으로 곡해하는 일이 절대 없도록 부탁하오. 또 내심 사실을 알면서도 어리석게 허위에 입각한 주장을 내세워, 사리에 어긋나는 권리를 주장하지 마오."(〈헨리 5세〉, 1.2.13-14) 하지만 권력에 맛들인 왕은 겉으로만 양심적인 척할 뿐 내심 대주교의 주장을 꽤 마음에 들어 한다. 헨리 5세도 마침내 자기 입맛에 맞는 주장을 펴는 사람들만 요직에 앉히는, 부패한 권력의 수반으로 변질된 것이 아닐까 하는 의심이 들게 하는 대목이다.

〈헨리 5세〉의 초반부에 헨리 5세는 앞서 언급한 세 아버지 모두에게 등을 돌린다. 그것은 총명한 새 왕이 이제 세 아버지가 상징하는 권위 세 가지를 모두 습득했다는 뜻이다. 〈헨리 5세〉에서 우리는 한층 성숙해진 천생 군주가 고귀한 혈통, 카리스마, 공명정대한 법으로 세운 세 가지 권위를 전략적으로 조합해 사용하는 것을 볼 수 있다.

고귀한 혈통 이야기가 나왔으니 말인데, 헨리 5세는 자신에게 프랑스 왕위를 계승할 권리가 있다는 대주교의 억지 주장을 믿고 프랑스를 침공했다. 정당한 영국 왕위 계승자의 옥좌를 빼앗은 자의 가문에서 태어난 적장자에게 프랑스 왕위를 계승할 혈통적 권리가 있다는, 앞뒤가 맞지 않는 그 억지 주장 말이다. 간교한 캔터베리·대주교의 설명에 의하면 그렇다는 것이다. 그는 프랑스에서 통용되는 살릭(Salic)법에서는 여계를 통한 왕위 계승을 금지한다. 반면 영국법에서는 여성도 적법한 왕위 계승자가 될 수 있다. 견강부회의 달인인 대주교는 프랑스 공주였던 헨리 5세의 고조할머니에서 프랑스 왕위 계승권의 근거를 찾아낸다.

대주교가 프랑스 궁정에서 이런 주장을 폈더라면 프랑스인들은 영국법이 아닌 살릭법을 적용하여 왕위 계승권 분쟁을 해결하려 했을 것이다. 캔터베리 대주교는 이에 대한 방비책도 미리 마련해 두었다. "살릭국에서는 여자가 계승자가 됨은 불가하다는"(〈헨리 5세〉, 1. 2. 39) 여성 왕위 계승 불허 조문의 효력은 오직 살릭 영토 내에만 미친다는 것이다. 이어 캔터베리 대주교는 살릭국이란 곳은 독일의 살라 강과 엘베 강 사이에 있는 지역으로, 그곳에 살던 프랑스인들이 "독일 여자들의 부정한 행실을 경멸한 나머지 이 법령을 만든 것"(1. 2. 49)이라 말한다. 그러므로 애초부터 살릭법은 역외 적용을 염두에 두지 않고 제정된 국내법이라는 것이다.

헨리 4세는 아들에게 "그러니까, 해리야! 불안한 민심을 외정에 돌려 여념이 없도록 하여라."(〈헨리 4세 2부〉, 4. 5. 213-214)란 유언을 남겼다. 헨리 5세는 아버지의 조언이 이치에 맞는 말이라는 것을 잘 알고 있었다. 국내의 불안을 잠재우는 데 외국과 벌이는 전쟁만큼 효과적인 것도 없으니 말이다. 하지만 성지로 십자군 원정을 떠나길 원했던 아버지와 달리, 헨리 5세는 프랑스를 공격 대상으로 골랐다. 기민한 정치가이기도 했던 헨리 5세는 비장한 각오로 전쟁에 임한다. 캔터베리 대주교의 억지 주장일 뿐이지만, 어쨌든 그에게는 프랑스의 왕위를 계승할 적법한 혈통적 권리를 갖고 있다는 명분이 있다. 대주교의 논리대로라면 꽤 안정적인 법적 근거가 있는 셈이다. 왕좌에 앉아 있기는 하지만 영국 왕위에 대해서는 내세울 만한 혈통적 권리는 없는 것이 늘 마음에 걸렸던 왕은, 출항에 앞서 이 역설적인 상황에 대한 비감을 담은 한마디를 한다. "프랑스의 왕이 되지 못하면 잉글랜드의 왕도 사절이다."(〈헨리 5세〉, 2.2.194)

헨리 5세는 넘치는 카리스마로 사람들을 휘어잡는 데도 일가견이 있었다. 비록 사회 교란 세력인 폴스타프의 카리스마를 본보기로 삼았지만, 그는 자신의 카리스마를 이용해 제왕의 권위를 강화했다. 〈헨리 4세 1부〉에서 헨리 4세는 민중들과 거리를 두지 않는 아들을 질책한다. 그런 식으로 하다가는 절대로 왕위를 계승할 수 없을 것이라는 뼈 있는 한마디도 덧붙인다. 헨리 4세는 그가 세간의 추앙을 받은 것은 민중들과 일정한 거리를 유지했기 때문이라 믿는다. "모습을 보이는 일이 드물었던 까닭에 움직이면 반드시 혜성과도 같이 세인은 경탄하며 바라보고 '어디 어느 분이 볼링부르크냐?'라고도 했다."(〈헨리 4세 1부〉, 3.2.46-47)는 그의 대사에서 이를 알 수 있다. 하지만 헨리 5세는 전혀 다른 전략을 택한다. 그는 왕자 시절과 다름없이 민중 속에서 호흡했다. 선술집에서 대중의 곁에서 그들의 마음을 사로잡는 비법을 터득한 것이다.

4막에서는 코러스[31]가 등장하여 전투 전날 밤의 풍경을 묘사한다. 병사들이 기거하는 막사를 순시하는 해리 왕에 대한 자세한 묘사 덕에 "모든 관객들이 그날 밤 해리 왕의 일면을 관람"하게 된다.(〈헨리 5세〉, 4.0.47) 그날 밤 헨리 5세는 하사관으로 위장한 채

---

31) 16세기 연극에는 극의 서두와 마무리 부분에서, 진행되는 사건에 대한 해설을 들려주는 배우가 등장했다. 이들을 '코러스'라고 한다. ―옮긴이

병졸 셋과 대화를 나누며 이번 전쟁에 대한 그들의 의중을 살핀다.

헨리 5세는 폴스타프 못지않은 언변으로 절망적인 현실을 희망으로 포장하는 신묘한 재주를 선보이기도 한다. 전투 당일 전장에 나간 헨리 5세의 측근들은 영국군의 수적인 열세에 절망한다. 엑스터의 말을 빌려 보면 "5 대 1인 형국"(4.3.4)이다. 기가 죽은 웨스트모얼랜드가 깊은 한숨을 내쉬며 병사의 부족을 통탄한다.

수하들의 장탄식에 헨리 5세는 용사의 피를 데우는 선동적인 일장 연설로 답한다. 바로 유명한 '성 크리스핀의 날의 연설'이다. 그는 굳건히 다물고 있던 입을 열어 한 사람의 병사도 더 바라지 말라고 웨스트모얼랜드에게 일갈한다. "살아남는다면 수가 적을수록 명예는 큰 법"(4.3.22)이니 더 많은 병사와 명예를 나눠 가질 필요가 없다는 것이다. 이어 이 성 크리스핀의 날의 전투는 세상이 끝날 때까지 영원토록 기억될 것이라 웅변한다.

> 오늘의 이야기는 아들에게 전해질 것이고,
> 오늘부터 세상의 끝날까지 우리를 기억하지 아니 하고는
> 성 크리스핀에게 제사를 드리지 못할 거외다.
> 소수의 우리, 다행히도 소수인 우리
> 이 형제의 뭉침을 기억하지 아니 하고는.
> 오늘 나와 함께 피를 흘릴 사람은 나의 형제요,
> 아무리 비천한 사람일지라도 오늘의 공으로
> 신사의 서열에 들 것이기 때문이오.
> 지금 잉글랜드에서 침상에 누운 자들은
> 이 자리에 참여치 못함을 분히 여기고,

성 크리스핀의 날에 우리와 같이 싸운 자가 이야기할 때면,
자기는 남자로서의 격이 떨어졌다고 생각할 것이오.

(4. 3. 56-67)

사내들의 심금을 울리는 이 연설에 감격한 웨스트모얼랜드는 몇 분 전과 아주 다른 태도를 보인다. 여전히 원군을 바라느냐는 헨리 5세의 물음에 웨스트모얼랜드는 답한다. "천만의 말씀! 폐하와 제가 단둘이서 이 명예로운 전쟁을 할 수 있었으면 좋겠나이다." (4. 3. 74-75)

헨리 5세는 법을 엄정하게 집행하는 군왕으로서 추상같은 풍모도 있다. 그는 선술집에서 어울려 놀던 옛 벗 바돌프도 법대로 처벌해 버린다. 판결할 때 옛정에 이끌리는 기색은 찾아볼 수조차 없다. 바돌프는 지금 프랑스의 교회에서 성상패[32]를 훔쳐 체포되었다. 바돌프는 개즈힐에서 할 왕자와 함께 도적질을 했던 패거리의 일원이다. 바돌프의 친구인 피스톨은 플루엘렌 대위에게 바돌프를 용서해 달라 헨리 5세에게 간언해 줄 것을 부탁한다. 하지만 약탈을 한 군인을 사형에 처하는 것을 당연하다 여기는 플루엘렌 대위는 피스톨의 부탁을 단칼에 거절한다. 헨리 5세의 태도도 같다. 케네스 브래나는 자신이 주연과 감독을 맡은 1989년 작 〈헨리 5세〉에서 정의를 지키는 데 한 치의 양보도 없는 강철 같은 국왕의 모습을 훌륭하게 그려 냈다. 그는 눈물을 머금고 오랜 벗을 처형한

---

32) 성직자나 신자가 입 맞추는 성상이 그려진 패를 말한다. 값비싼 금속으로 만든다. ㅡ옮긴이

다. 브래나는 바돌프의 처형을 폴스타프의 죽음과 연관 지어 강조했다. 무대 뒤로 쫓겨나 쓸쓸히 죽음을 맞이한 무질서의 화신 폴스타프 말이다.

이제 여러분은 헨리 5세가 진정한 국왕으로 자리매김하는 데 필요한 기술을 완벽하게 연마했다는 것을 확인했을 것이다. 그 누구도 이제 헨리 5세가 혈통적 권위, 카리스마에서 비롯하는 권위, 엄정한 법의 집행자로서의 권위를 모두 겸비한 명실상부한 제왕이라는 사실을 부인할 수 없을 것이다. 헨리 5세는 아쟁쿠르 전투에서 수적인 열세를 극복하고 믿을 수 없는 승리를 거둔다. "프랑스군 만 명"(4.8.88)이 전사한 이 전투에서 "목숨을 잃은 영국 병사는 겨우 스물아홉"(4.8.104-107) 명에 불과하다. 승리를 거둔 영국 국왕 헨리 5세가 프랑스 왕위 계승자의 자격을 인정받는 것으로 〈헨리 5세〉의 막이 내린다.

하지만 곰곰이 생각해 보면 헨리 5세의 권위는 사상누각이나 다름없다 할 수 있다. 프랑스의 왕위 계승권에 대한 그의 주장은 사실 억지로 끼워 맞춘 논리에 근거한 것이다. 그러므로 그가 주장하는 혈통적 권위에는 분란의 소지가 있다. 순리를 바로잡기 위한 전쟁이 아니라 필요 때문에 일으킨 전쟁으로 쟁취한 권위란 말이다. 이 전쟁에는 국내 반란 세력의 주의를 국외로 돌리려는 불순한 동기가 숨어 있다. 카리스마 넘치는 성 크리스핀의 날의 연설도 선동적 공약에 불과하다. 헨리 5세는 그럴듯한 이유를 대며 원군을 마다했다. 대신 그는 소수 정예 용사들과 함께 주어진 상황에서 최선을 다하는 것을 택했다. 하지만 왕의 그럴듯한 헌사에 자신의 목숨을 건 평민들에게 남은 것은 번지르르한 말뿐이었다. 다시 영국 땅을 밟은 그들의 삶에 보탬이 될 만한 것이 실제로는 아무것도 없었다. 마지막으로 친구를 교수대에 세우면서까지 보여 준 엄정한 법에 대한 그의 믿음은 줏대가 없는 확신이다. 프랑스군이 결집하고 있다는 전갈을 받은 헨리 5세는 부하들에게 프랑스인 포로들을 모두 죽이라는 명을 내린다. 전쟁법을 위반한 것이다. 법학자인 시어도어 머런 교수는 이 명령의 위법성을 조각할 만한 사유가 있는지를 조심스럽게 검토했다. 머런 교수는 과거 프랑스군이 영국 견습 기사들에게 똑같은 짓을 했던 것에 대한 보복성 자구행위였다는 측면이나, 프랑스군 전쟁 포로들이 구조되어 적군에 다시 합류할 위험성 때문에 그리했다는 점을 감안할 여지가 있는지 살펴본 것이다. 헨리 5세 시대의 실정법을 적용해 이 두 가지 가능성을 검토해 본 머런 교수는 위법성 조각 사유가 전혀 없다는 결론을 내렸다. 헨리 5세의 광팬인 윈스턴 처칠 수상마저도 헨리 5세의 포로 살해만큼은 옹호하지 못했다.

헨리 5세는 진정한 의미의 성군이라기보다는 자신을 성군으로 보이게 하는 세련된 기법을 선보이는 탁월한 연출가였다. 셰익스피어는 왕자 할의 이 놀라운 재능을 이미 극의 초반부에서 보여 주었다. 1막에서 각양각색의 무뢰배들과 선술집에서 즐거운 한때를 보내던 중 왕자 할은 다음과 같은 독백을 한다.

　　나는 너희들의 성품을 잘 알고 있지만
　　당분간은 너희들이 실없이 마음 내키는 대로

방종하게 놀도록 내버려 둘 테다.

그러나 태양이 잠깐은, 추하고 유독한 운무가

이 세상으로부터 그 화려함을 압살할 지경으로

내려 덮도록 내버려 두고 있으면서

막상 다시금 태양 그 자체로 나타나서 빛을 밝힐 필요가 있게 되면

홀연히 그 가로막고 있었던 더럽고 추한 운무를 헤치고 튀어나와

세상을 더욱 놀라게 하는 것처럼

나도 그 태양을 모방하려는 속셈이다.

일년 내내 휴일이라면 노는 것도

일하는 것에 못지않게 지루한 것이다.

그러나 휴일은 오기가 드물고 학수고대되는 것이며

드문 일이 아니면 사람들은 경탄하지 않는다.

그러니 내가 이러한 방종한 생활을 집어치우고

약속하지 않았던 빚을 갚게 되면

약속 이상으로 예상외의 일인 그만큼

속았던 세상 사람들은 놀라고 기뻐할 것이다.

검은 바탕에 박힌 황금 격으로

나의 심기 일변은 이전의 악행을 덮고

한층 더 빛나고 더 많은 눈을 끌 것이다.

대조되는 바탕이 없는 경우보다도.

나는 방편으로 악행을 하겠다.

세상 인간들이 꿈에도 예기치 못할 때

낭비한 시간을 보충해 보이겠다.

(〈헨리 4세 1부〉, 1. 2. 185-207)

사람들 입에 오르내리는 이 대사에서 아버지 헨리 4세와 마찬가

지로 왕자 할이 군주는 자기 연출에 능해야 한다는 사실을 숙지하고 있다는 것을 알 수 있다. 문학자인 데이비드 스콧 케스턴 교수가 말했듯, 이 부자는 사람들에게서 '경탄'을 얻어 내는 동일한 목표를 달성하는 데 매진했던 것이다. 그 방법은 정반대였지만. 헨리 4세는 신비주의를 고수하여 자신의 출현에 극적인 효과를 일으켰다. 반면 할 왕자는 자신의 광휘를 '추하고 유독한 운무' 속에 감추어 둔다. 헨리 4세가 난데없이 등장하는 '혜성'이라면 헨리 5세는 온갖 더러움이 뒤섞인 암흑을 헤치고 떠오르는 '태양'인 것이다.

셰익스피어가 할 왕자의 등장 직후에 왕자의 잠재력을 암시하는 이러한 독백을 삽입한 데는 이유가 있다. 엘리자베스 2세가 통치하던 시절의 영국 국민들에게 헨리 5세는 신적인 존재였다. 국가적 영웅이 방탕한 불량배들과 함께 선술집에서 흥청망청 시간을 보내는 한량의 모습으로 등장했으니 모르긴 몰라도 당시 관객들의 심기는 꽤 불편했을 것이다. 〈햄릿〉의 클로디어스 왕의 물음과 비슷한 취지의 야유가 《헨리아드》에 쏟아졌을지도 모를 일이다. 햄릿 왕자가 기획한 연극에 대해 클로디어스 왕은 제 발이 저린 나머지 "연극 내용은 들었느냐? 온당치 않은 내용은 없겠지?"(〈햄릿〉, 3.2.226–227)라고 묻는다. 그러니 이 독백은 관객들의 불편한 심기를 달래기 위해 끼워 넣은 것이라 할 수 있다. 셰익스피어 시대의 관객들만 놓고 말하자면 그의 예상은 적중했다.

문제는 우리가 한층 더 불안해졌다는 것이다. 이 독백은 우리에게 할 왕자가 선천적으로 계산적인 지략가라는 암시를 건넨다. 셰익스피어는 초장부터 공정한 법의 수호자는 기대도 하지 말라고 으름장을 놓고 있는 것이다. 사물의 이치를 꿰뚫어보는 이 천재는 반대로 매끈한 겉모습 밑에 숨어 있는 본질에 대한 어떠한 약속도 하지 않고서도 위대한 지도자, 영웅적 제왕이란 인상을 대중에게 심는 것이 얼마든지 가능하다는 것을 우리에게 똑똑히 보여 주었다.

지금껏 우리가 살펴본 다른 캐릭터들과 달리, 헨리 5세는 현대사에 큰 발자취를 남긴 한 인물의 원형으로 수없이 인용되었다. 바로 미국의 43대 대통령인 조지 W. 부시 대통령 말이다. 최초로 이런 비유를 거론한 매체는 런던 〈가디언^{Guardian}〉지였다. 〈가디언〉지는 부시 대통령의 당선 전인 1998년에 부시를 '대권에 도전하기 위해 방탕한 과거에 작별을 고한 텍사스의 할 왕자'로 표현한 기사를 실었다. 9·11테러 직후에는 너도나도 부시 대통령을 헨리 5세에 비유해 댔다. 당시에는 우리 모두 부시 대통령을 헨리 5세처럼 베버가 주장한 세 가지 권위를 모두 겸비한 이상적인 지도자로 여겼다. 모두가 고귀한 혈통, 카리스마, 공명정대한 법에 뿌리를 둔 국가적 영웅의 탄생이라고 호들갑을 떨었다. 공식적으로는 셰익스피어 시대의 군주정과 의식적 결별을 마친 미국 민주사회에서 고귀한 혈통 운운하는 것은 사실 참 우스운 역설이다.

하지만 대를 이은 집권 세력의 존재는 미국의 공공연한 비밀이다. 애덤스 가문, 해리슨 가문, 루스벨트 가문, 케네디 가문, 그리고 부시 가문 등 남부러울 것 없는 명문가의 자제들이 여러 차례 백악관의 주인이 되었다. 부시 가문이 영국 왕실의 후예[33]라고 하니 폴스타프가 말한 '아쉬울 것 없는 가문의 영향력'은 미국에서도 증명된 셈이다. 역사학자 리처드 브룩하이저는 왕조나 다름없는 미국 정치권력의 세습을 '민주주의가 귀족정에 바치는 헌사'라고 비꼬기도 했다.

민주주의의 선봉에 선 미국 시민들이 왜 이런 구시대의 유물과 같은 권력의 대물림에 홀딱 반해 버린 것일까? 조지 W. 부시의 예에서 그 답을 찾아볼 수 있다. 대를 이은 권력의 승계는 대중들에게 풍부한 이야깃거리를 제공한다. 개과천선한 방탕한 아들의 금의환향 같은 이야기 말이다.

마저리 가버는 부시 대통령에 대해 이렇게 평했다. "조지 W. 부시 대통령이 알코올중독자이자 파티광이란 오명을 씻고 화려하게 정계에 발을 들인 것은 할 왕자가 방탕한 과거와 결별하고 왕좌에 오른 것에 비견할 만하다. 미국 41대 대통령 조지 허버트 워커 부시가 그의 아버지란 점, 아버지와 아들의 이름이 같다는 점, 그리고 부자 간의 날선 긴장 관계, 그 모든 것이 헨리 5세를 떠오르게 한다." 헨리 5세를 소재로 한 '무버스 앤 셰익스피어Movers and Shakespeares'란 리더십 프러그램을 진행하고 있는 켄 애덜먼은 이 세대를 이은 권력의 대물림이 헨리 5세 치세의 중요한 부분을 차지한다고 말한다.

---

33) 영국의 권위 있는 족보학 문헌인 〈버크 족보명감Burke's Peerage〉에 따르면 부시 가문은 영국 왕가의 혈통이라고 한다. 1862년 창간된 이 명감에는 부시 대통령 가문이 영국 헨리 3세와 헨리 7세 및 찰스 2세의 직계손이며 더 거슬러 올라가면 정복자 윌리엄 후손이라고 기록되어 있다. -옮긴이

"아버지의 권력을 그대로 이어받길 원했던 할 왕자는 천둥벌거숭이 같던 젊은 시절을 뒤로하고 진중하고 저돌적인 정치가로 변모했다."는 것이 그의 분석이다. 부시 대통령도 비슷한 방식으로 자신만의 카리스마를 완성했다. 나중에 와서야 알게 된 것이지만 대중을 미혹하는 그의 카리스마는 우리의 소망과는 정반대 방향으로 작용하는 것이었다.

부시 대통령은 셰익스피어만큼이나 많은 어록을 남겼다. 대중의 비웃음을 사기 위해 일부러 그런 망발을 했을 리야 없겠지만 말이다. 하지만 그렇다고 그를 망언이나 일삼는 빙충맞은 사람이라 여기는 것은 그의 잠재력을 놓친 오산이다. 부시 대통령에게는 대중의 마음을 끌어당기는 확실한 매력이 있었다. 자서전에서 부시 대통령은 자신이 한때 알코올중독자였다고 솔직하게 털어놓았다. 그리고 약물중독에 대한 소문을 정면으로 반박하지도 않았다. 게다가 그가 아버지 부시에게 냉대를 받았다는 사실은 널리 알려져 있다. 그의 아버지인 조지 H. W. 부시 대통령은 장자인 조지 부시 대통령 대신 둘째 아들인 젭 부시가 자신의 정치적 기반을 이어받을 거라 기대했다. 헨리 4세가 대놓고 핫스퍼를 아들보다 아꼈던 것과 비슷하다고 할 수 있다. 우연의 일치지만 존 F. 케네디 대통령의 아버지인 로버트 F. 케네디 상원의원도 처음에는 자신의 후계자로 곧잘 말썽을 피우던 존 F. 케네디 대신에 모범생인 장남 조지프 P. 케네디 주니어를 점찍었다. 선술집의 하류 인생에서 정계의 핵심으로 급부상한 조지 부시 대통령의 일대기 그 자체가 대중을 흡입하는 강한 카리스마를 내뿜는 무기였다. 영문학자인 스콧 뉴스톡 교수는 할 왕자와 부시 대통령의 공통점에 대해서 이렇게 말했다. "그들은 권력의 정점에 있는 가문의 적통 후계자인데도 민중들이 친근감을 느낄 만한 구석이 있는 독특한 인물들입니다. 그들은 상류층과 하류층의 장점을 고루 갖춘 사람들이며, 아니면 적어도 양진영의 단점을 두루 보완한 매력적인 권력자인 것입니다."

9·11테러가 터진 뒤 이런 부시 대통령의 카리스마는 단숨에 전 미국인의 마음을 움켜잡았다. 보수적 논설위원 리치 로리는 이렇게 표현했다. "부시 대통령이 산산이 부서진 세계무역센터의 잔해 위에 우뚝 서 있던 그 금요일에 나는 생각했습니다. 그 어느 때보다 국민의 가슴에 가까이 다가온 우리의 대통령은 성 크리스핀의 날의 연설을 하는 헨리 5세를 방불케 했습니다. 그가 보여 준 고결한 정신과 단호한 결단은 지난밤에 열린 국회 본회의로 그대로 이어졌습니다. 우리는 이러한 움직임을 예의 주시해야 합니다." 저널리스트 벌린트 버즈시오니도 거들고 나섰다. "'아무리 비천한 사람일지라도 오늘 나와 함께 피를 흘릴 사람은 나의 형제요.' 아쟁쿠르 벌판에서 헨리 5세가 이러한 외침으로 새벽을 알렸다. 대통령의 연설 원고를 담당한 사람이 셰익스피어를 연구했는지는 잘 모르겠으나, 위대한 지도자의 새벽을 여는 호소가 다시 한번 벌판에 울려 퍼졌다. 그의 호소에 전 세계가 쥐죽은 듯 숨을 죽였으며, 가장 비천한 자까지 모두 그의 편에 설 것이다." 정치 평론가인 데이비드 거겐은 이렇게까지 말했다. "문제의 테러 사건이 일어난 날, 헨리 4세의 시대는 가고 헨리 5세의 시대가 열렸다. 우리는 믿을 수 없는 속도로 새로운 지도자의 시대로 이동한 것이다. (중략)

이제 부시 대통령이 아쟁쿠르 전투에서 승리할 수 없을 것은 확실해 보이지만, 그가 한 치의 망설임도 없이 적진으로 진격하여 조국의 명예를 드높였다는 사실에 우리는 감사해야 한다."

부시는 자신의 코앞으로 다가온 아쟁쿠르 전투를 치러도 좋다는 허가장을 신속하게 받아 냈다. 테러가 난 한 주 뒤에 국회는 군사적 행동을 허가하는 법을 제정했다. 9·11테러를 주동한 세력에게 마땅한 보복을 해서 정의를 되찾기 위해서라면 '모든 필요하고 적절한 무력'을 동원할 수 있는 권한을 부시 대통령에게 부여하는 법이었다. 부시 대통령은 이후에도 군사력을 동원해 해외 원정을 나설 때마다 이 법으로 부여받은 권한을 최대한 이용했다. 법을 교묘하게 왜곡하는 그의 습성이 부시 행정부 최대의 장애물이 될 것이라는 사실을 깨닫기 전의 일이었다. 헨리 5세에 비유되는 것이 부시 대통령에게 꼭 득이 되는 것만은 아니었다. 헨리 5세에 빗대어 부시 대통령의 어두운 면을 꼬집어 낸 비평가들도 심심치 않게 있었다. 이 같은 헨리 5세를 인용하며 부시 대통령에 대해 엇갈린 평을 하는 비평가들의 반응은 군주의 명암을 고루 갖춘 헨리 5세가 논란의 소지가 많은 인물이라는 사실을 반증한다.

앞서 살펴보았듯이 헨리 4세는 병상에서 "그러니까 해리야, 불안한 민심을 외정에 돌려 여념이 없도록 하여라."란 유언을 아들에게 남겼다. 〈뉴욕 데일리 뉴스New York Daily News〉는 2003년에 실은 기사에서 헨리 4세의 이 의미심장한 조언을 인용하며 부시 대통령을 풍자했다. "올해 센트럴파크에서 열린 셰익스피어 공연은 어물쩍 왕위를 계승한 가문에 대한 의혹의 눈길을 해외로 돌리기 위해 애먼 타국을 침공한 한 나라의 지도자에 대한 이야기다. 조지 W. 부시 이야기냐고? 아니다. 헨리 5세 이야기다." 런던 〈옵서버Observer〉지도 부시의 포퓰리즘을 겨냥해 따끔한 한마디를 던졌다. 2003년 국립극장에서 공연된 〈헨리 5세〉에 관한 기사에서였다. "셰익스피어 연극에서 우리가 주목해야 할 대목은 바로 〈헨리 5세〉의 백미라 할 수 있는 전투 전날 밤 광경이다. 이 밤에 현대에도 시사성 있는 화두를 던진 한 촌부가 있었다. 미덥지 않은 명분을 내세워 해외 원정에 나섰다는 자격지심 때문이었을까? 변장을 하고 병사들 틈에 섞여 든 일국의 국왕은 일개 병사의 한마디에 진땀을 흘리며 구구절절 변명을 한다. 병사의 일갈은 이랬다. '원정의 동기가 옳지 못하다면, 왕은 굉장한 청산을 해야 할 게야.'" 잭린치도 부시 대통령에게 이라크 침공의 불법성에 대한 일침을 놓았다. "헨리 5세가 프랑스 침공 당시 내세운 명분은 이라크 침공을 필요한 조치라 주장하던 자들의 패권적 명분을 떠올리게 한다. 이해타산을 좇아 달콤한 말만 왕의 귓가에 흘리는 법학자들이 꾸며낸 논리, 그 논리를 애써 찾아낸 오래된 살릭법에 매끄럽게 입혀 꾸며낸 바로 그 명분 말이다." 재기 넘치는 칼럼니스트인 데이비드 브룩스는 부시 대통령을 지지하는 신보수주의자들을 이르는 '네오콘'이란 별명에 빗대어 캔터베리 대주교를 '테오콘theocon34)'이라

---

34) 네오콘은 '새로운' 이라는 뜻의 neo와 '보수주의자' 라는 뜻의 conservative를 조합한 신조어 네오콘서버티브neoconservative를 줄인 말이다. 데이비드 브룩스는 캔터베리 대주교의 성직자란 신분에서 착안하여 '하느님, 신과의 관련성' 을 뜻하는 theo란 단어와 '보수주의자' 란 의미의 콘서버티브를 조합하여 theoconservative란 신조어를 만들어 내고, 이를 줄여 테오콘theocon이라 한 것이다. -옮긴이

명명하기도 했다. 좀 더 끔찍한 공통점도 발견되었다. 전쟁 포로들을 살해하고 항복하기를 거부하는 자들을 학대한 헨리 5세의 처분을, 잔혹한 미국 병사들이 팔루자와 아부 그라이브에서 저지른 야만적 범죄에 비유하는 사람도 있었다.

부시 대통령의 인기가 급락하면서 사람들은 더 이상 그를 헨리 5세에 비유하지 않았다. 아마도 헨리 5세란 영웅에 대한 환상을 고이 간직하고 싶은 마음 때문이었으리라. 하지만 나는 이것이야말로 핵심을 빗겨 나간 오산이라고 생각한다. 9·11테러 직후에 사람들은 부시 대통령을 헨리 5세가 살아 돌아온 양 추앙했다. 아니 더나아가 불한당에서 성군으로 성장한 헨리 5세에 부시 대통령을 투영한 나머지 그의 실수들을 눈감아 주기까지 했다. 냉철하게 생각해 보면 부시 대통령과 헨리 5세의 결정적인 차이점은 무리하게 시작한 전쟁에서 한 명은 승자가 되고 한 명은 패자가 되었다는 것뿐이다. 그 외의 측면은 크게 다를 바가 없다. 즉 국민의 신뢰를 잃은 지도자로부터 헨리 5세의 현신이라 칭송을 거두어들일 필요가 없다는 것이다. 오히려 재고해 보아야 할 것은 헨리 5세를 기리는 우리의 환상이다.

그렇다 해도 셰익스피어가 집필한 10개의 사극에 등장하는 왕을 통틀어 가장 존경 받을 만한 왕을 꼽으라면 단연 헨리 5세다. 불법을 일삼는 살인자 존 왕, 독재자 리처드 2세, 냉혹한 왕위 찬탈자 헨리 4세, 미숙하기 짝이 없는 리처드 6세, 불한당이 따로 없는 리처드 3세, 교회의 주구 헨리 8세. 헨리 5세를 빼고 나면 국왕이란 칭호가 민망한 인사들만 남으니 말이다. 상황이 이렇다 보니 상대적으로 제왕의 풍모를 갖춘 헨리 5세를 비난한다는 것은 희곡 내의 허구적 상황을 넘어선 상당히 본질적인 문제 제기로 이어진다. 과연 공명정대한 최고 권력자에 대한 우리의 갈망은 현실에서 충족될 수 있는 것일까?

나는 셰익스피어가 이러한 가망 없는 질문에 대한 답을 이미 알고 있었다고 믿고 싶다. 셰익스피어의 희곡에는 '순전한 정의'를 대변하는 인물이 여럿 등장한다. 하지만 그들의 역할은 미미하다. 〈자에는 자로〉의 에스컬러스, 〈오셀로〉에 등장하는 베네치아의 귀족, 〈리어 왕〉에서 콘월 공작에게 반기를 드는 이름 없는 종복 등 정의의 대변자들은 고작 극의 매개 구실 정도를 하는 것이다. 대법원장의 구실도 크게 다르지 않다.

그는 《헨리아드》에서 금방 자취를 감춘다. 권모술수가 난무하는 정치판에서 살아남기에 너무 순수했던 탓이다. 셰익스피어는 꾀바른 지도자가 권력을 움켜잡는 방법을 가감 없이 보여 주었다. 셰익스피어가 만들어 낸 군주는 하나의 미덕에 연연하지 않는다. 그것이 정의의 주춧돌이라 할지라도 한 치의 망설임도 없이 내던져 버린다. 어쩌면 최고의 권력을 손에 쥐기 위해서는 정의의 주춧돌을 꼭 빼내어 던져 버려야 하는지도 모른다. 공명정대한 통치자란 그 유례만 없는 것이 아니라 아주 특별한 존재라는, 아니 더 나아가 현실에는 없는 존재라는 셰익스피어의 전언은 참으로 불길하다. 뒤숭숭한 시국이 증명하듯 더없이 강한 권력은 더없이 부정(不淨)하니까.

권선징악은
현실에 존재하는가

맥베스 ∎ Macbeth

Chapter 06

세익스피어 연극뿐 아니라 모든 연극을 통틀어, 〈맥베스Macbeth〉만큼 독보적인 명성을 세상에 널리 떨친 희곡은 찾아보기 힘들다. 그 유명세 때문인지 〈맥베스〉 공연에는 등골이 오싹한 징크스가 따라다닌다. 이 징크스에 대해 희곡 역사학자인 리처드 허깃은 이렇게 말했다. "연극계 사람들은 누구나 '맥베스 징크스'를 믿는다. 소름 끼치지만 사람의 마음을 단숨에 잡아끄는 이 강렬한 미신을 말이다. 지극히 냉소적인 사람도, 감상 따위는 아예 집어치운 현실주의자도, 보이는 것만 믿는 유물론자도 이 〈맥베스〉 징크스를 믿는다." 그것은 아마 이 저주 받은 희곡을 공연할 때면 으레 다양한 사건 사고들이 터졌기 때문일 것이다. 무대장치 오작동, 형편없는 연기, 심지어는 출연진의 죽음, 부상 등 그 레퍼토리도 다양한 문제들이 심심찮게 발생했다. 이쯤 되면 〈맥베스〉가 저주 받은 것이 틀림없다 믿는 것도 당연하다. 그래서인지 연기자들은 리허설 때나 공연 당시를 제외하곤 〈맥베스〉라는 제목뿐만 아니라 그 대사까지도 일체 입 밖에 내지 않는다. 덕분에 〈맥베스〉는 '스코틀랜드 연극'이란 우스꽝스런 별칭을, 그 주인공들은 '미스터 앤드 미시스 M'이란 첩보 영화 주인공 같은 별명을 얻었다. 자신들에게 지급된 망토나 투구가 이 '이름을 밝힐 수 없는 공연'의 소품이었던 사실을 알게 되면 배우들이 착용을 거부하는 일도 예사다. 그래서인지 여러 다른 연극을 순차로 공연하는 순회 공연단의 창고에는 소품이나 배경이 뒤섞여 쌓이게 마련이지만, 이런 극단들도 〈맥베스〉에 사용된 가구나 옷, 배경만은 세심한 주의를 기울여 따로 보관한다.

불운을 몰고 오는 흉한 단어를 내뱉은 사람을 위해 마련된 징크스 타파용 정화 의식도 있다. '맥베스'라는 단어나 극의 대사를 무심결에 툭 말해 버렸다면, 그 배우는 분장실 밖으로 나가 세 바퀴 돈 후 침을 뱉고 방문을 세 번 노크 한 뒤, 겸손한 태도로 다시 들어가게 해 달라 청해야만 한다는 것이다. 아니면 셰익스피어 연극에 등장하는 두 대사 중 하나를 주문처럼 읊어야 한다. 햄릿이 아버지의 유령에게서 자기를 지키기 위해 하는 대사, "천지신명이여, 이 몸을 보우하사이다!"(〈햄릿〉, 1.4.39)와 "마음 평안하시고 무사태평하시옵기 바랍니다."(〈베니스의 상인〉, 3.4.41)란 〈베니스의 상인〉의 로렌초 대사가 바로 그것이다. 여담이지만 서양 사람들은 〈맥베스〉는 불운을 몰고 오는 연극이라 여기는 반면 〈베니스의 상인〉은 행운을 부르는 연극이라 여긴다. 이 때문에 〈베니스의 상인〉의 대사를 징크스를 깨는 주문으로 쓰는지도 모른다.

맥베스 징크스에 대한 사람들의 허황된 믿음을 떠올리며 〈맥베스〉를 다시 읽다가 놀라운 사실을 발견했다. 바로 이 부정 탄 비극이 보여 주는 기이한 정의의 세계 말이다. 맥베스의 씻을 수 없는 죄는 시꺼먼 잉크처럼 그의 뒤를 따라다니며 불결한 자취를 남기다 극 종반에 가서야 비로소 연기처럼 흩어진다. 맥베스는 비참한 최후를 맞이하고, 덩컨의 더없이 순수한 아들, 맬컴이 왕위를 잇는다. 뱅코의 자손이 왕위를 이을 것이라는 마녀들의 예언은 제임스 1세 시대에 와서 실현되었다. 〈맥베스〉는 셰익스피어의 명실상부한 최고의 후원자 제임스 1세에게 헌정된 희곡이었다. 진위는 뚜렷하지 않지만 엘리자베스 1세 시대 사람들은 제임스 1세가 의로운 뱅코의 후손이라 믿었으니 여하튼 세 마녀의 예언은 적중한 셈이다.

〈맥베스〉의 세계에서는 '악'이 스스로 정화하는 것이 자연스러운 이치다. 우리는 바로 이 점에 주목해야 한다. 1막에서, 맥베스는 고심 끝에 덩컨의 목숨을 살려 주리라 결심한다. "살생이란 한 번 가르치면, 그것을 배운 자는 그 보답으로 가르친 자를 다시 괴롭게 한다."(1.7.9-10)고 믿기 때문이다. 이어 권선징악의 추종자는 이런 말도 한다. "그리하여 공정한 정의의 신은 독배를 부은 자의 입에 되부어 주게 하는 것이다."(1.7.10-12)

맥베스 부인은 맥베스의 이런 생각을 헛소리라 코웃음 치지만, 극 막바지에 이르러서는 맥베스의 믿음이 옳았음을 스스로 증명한다. 의사는 몽유병에 걸려 고통에 몸부림치며 밤새 정처 없이 쏘다니는 맥베스 부인에게 이런 진단을 내린다. "자연의 이치에 반하는 행동은 자연의 이치를 거스르는 문제를 낳는 법입니다."(5.1.68-69) 〈맥베스〉의 세계를 관통하는 순리를 이 이상 명쾌하게 표현하기도 힘들다.

사람들은 〈베니스의 상인〉과 〈맥베스〉를 연관 짓길 좋아한다.

〈베니스의 상인〉이 행운이 깃든 연극이라면 반대로 〈맥베스〉는 불운을 몰고 오는 저주받은 연극이라는 식으로 말이다. 하지만 〈맥베스〉는 사람들이 말하는 것만큼 재수 옴 붙은 연극이 아닐 뿐더러, 〈베니스의 상인〉도 세간의 평만큼 복된 연극이어서도 아니다. 이 두 연극이 동전의 양면과 같은 속성을 갖는 것은 오히려 다른 이유 때문이다. 〈베니스의 상인〉은 앞서 살펴보았듯이 논란의 여지가 많은 일방만의 해피엔딩을 선보이는 '문제적 희극'이라 할 수 있다. 반면 〈맥베스〉는 정반대 성격의 극이다. 굳이 말하자면 "해결책을 제시하는 비극" 정도로 표현할 수 있을 것이다. 〈맥베스〉에서 "백정과 그의 악마 같은 여왕"(5. 9. 35)이 목숨을 잃는 것은 정의가 구현된 것일 뿐만 아니라, 그간 쌓은 죄업의 필연적 결과다. 나는 자정 능력을 갖춘 맥베스의 세계를 '순리적 정의'의 세계라 명명하려 한다. 이런 순리적 정의의 세계에서는 물리학의 법칙만큼 공고한 도덕률이 존재한다. 이 세계에서는 인간이 만든 법이 중력의 법칙처럼 누구도 피해 갈 수 없는 것이 되어 버린다. 바로 이 점 때문에, 이 피비린내 나는 극에는 처참한 살육의 장면이 쉴 새 없이 등장한다.

하지만 심란한 현실 세계에 몸담고 있는 우리가 〈맥베스〉의 자연정화적 세계에서만 통하는 순리의 작용을 믿고 안심할 수는 없는 노릇이다. '순리적 정의'는 현실 세계에는 없기 때문이다. '순리적 정의'는 '현실 세계의 정의'보다는 시구에나 등장하는 '몽상적 정의'에 가깝다. 우리가 살아가는 세상에서는 단테의 《신곡》 지옥 편에나 등장하는 완벽한 응징을 기대할 수는 없다. 그릇된 예언을 남발했다고 예언가들의 목이 뒤로 돌아가거나, 노기등등하여 서로 사납게 싸워 댈 리 없으니 말이다.

셰익스피어는 〈맥베스〉의 자연정화하는 '순리적 세계'를 고안해 내기 위해 역사적 사실을 적극적으로 왜곡했다. 이것만 보아도 '순리적 정의'와 '현실 세계의 정의'의 간극이 얼마나 큰지 알 수 있다. 셰익스피어는 래피얼 홀린셰드의 《연대기Chronicles》의 내용을 토대로 〈맥베스〉를 썼다. 《연대기》에 등장하는 악인들은 범죄의 정상에 꼭 들어맞는 응분의 처벌을 받지 않는다. '선'과 '악'도 극명하게 구분되지 않는다. 현실은 그런 것이니까.

헛된 믿음의 미명을 모두 깨친 현대인들에게 '순리적 정의'라는 것이 있지 않는 것이란 사실을 애써 강변할 필요는 없다고 생각하는 이도 있을 것이다. 하지만 놀랍게도 인과응보에 대한 믿음은 우리 안에 여전히 굳건하게 자리 잡고 있다. 〈맥베스〉의 세계에 존재하는 '순리적 정의'를 바라는 우리의 소망은 말 그대로 '소망'일 뿐인데도 말이다. 인과응보에 대한 사람들의 소망은 엉뚱한 사람을 제물로 삼았다. 바로 수전 손태그 여사였다. 몇몇 사람들이 그녀가 그동안 수많은 과오를 저질렀기 때문에 암에 걸렸다고 수군거렸다. 이에 격노한 이 뉴욕 지성계의 여왕은 투병 중이던 1978년에 저서 《은유로서의 질병Illness as Metaphor》을 출간해 자연정화적 세상에 대한 대중의 그릇된 믿음에 일침을 놓았다. 해럴드 쿠시너도 '나쁜 일은 나쁜 사람들에게만 일어난다'는 민간의 믿음을 정면으로 반박하고 나섰다. 1981년 출판된 베스트셀러 《착한 당신이 운명을 이기는 힘When Bad Things Happen to Good People》(까치, 2011)에서 쿠

시녀는 사람들의 몽매한 소망이 현실 세계에서는 이루어질 수 없는 꿈에 불과함을 성공적으로 증명해 냈다. 반면 이성의 퇴보를 부추기는 이도 있었다. 2001년 제리 팰웰은 9·11테러의 책임이 '이교도, 낙태론자, 페미니스트'에게 있다고 강변했다. 많은 사람들이 그의 허무맹랑한 이야기에 귀를 기울였다. '천벌'로 둔갑시킬 수 있는 일이 벌어질 때마다, 죄를 저질렀기 때문에 천벌을 받았다고 소리 높여 외치는 작자의 마법에 사로잡힌 것이다.

하지만 자연정화적 세상에 대한 우매한 믿음을 조장하는 마법에 관해서라면 맥베스에게 저주를 내린 마녀들을 따를 자가 없다. 맥베스 징크스를 믿는 사람들은 〈맥베스〉에 실제로 마녀들이 쓰는 주문이 인용되었기 때문에 이 비극이 저주 받은 것이라 여긴다. 〈맥베스〉와 관련된 어떤 것이건 입에 올리는 일은 '자연의 이치를 거스르는 문제'를 낳는 '자연의 이치에 반하는 행동'이라는 것이다. 자연의 이치를 거스르는 자들에 대한 저주는 연극이 진행되는 내내 살아 움직이는 순리의 심판관 노릇을 톡톡히 한다. 순리대로 행동하는 자는 벌을 받지 않는다. 하지만 자연의 이치에 반하는 행동을 하는 자는 분명 벌을 받게 된다. 맥베스 징크스는 〈맥베스〉의 세상 밖으로까지 팔을 뻗친 마녀들의 저주인 셈이다.

맥베스 징크스는 사실 핼러윈 파티처럼 으스스할 뿐 해로운 것이 별로 없는 놀음에 불과하다. 그러나 이 맥베스 징크스에 새겨진 믿음, 바로 '자연정화하는 순리적 정의'에 대한 그릇된 믿음은 위험하다. 정의는 순리에 따르면 자연스럽게 얻어지는 미덕이 아니다. 정의는 인간이 자기 손으로 가까스로 빚은 허약한 이상일 뿐이다. 우리는 이 단순명료한 진실을 늘 기억해야 한다. 나는 모두의 생각과 달리 우리가 사는 현실에 비하면 살벌한 맥베스의 세상이 훨씬 더 안락하다는 것을 보여 주고자 한다. 그래야 우리가 이 쌉싸래한 진실을 잊지 않을 테니 말이다.

인간의 법과 신의 계율은 사실 〈맥베스〉에서 별다른 구실을 하지 못한다. 맥베스 부부의 죄상이 만천하에 드러난 때도 맥베스 부부에게 그 누구도 법적인 책임을 묻지 않는다. 여기에는 그럴 만한 이유가 있다. 제임스 1세는 국왕의 처형을 전면 금지했다. 이에 따르면 왕위 찬탈에 성공한 자는 그 과정에서 왕을 시해했다 해도 사형을 면하게 된다. 맥베스 부인은 몽중에 "누가 알면 두려울 것이 무엇입니까? 우리의 권력을 재판할 자가 어디 있어요?"(5. 1. 35-37)라며 입방아를 찧는다. 군주의 면책특권을 굳게 믿는 그녀가 왕비가 된 뒤에 그 누구도 그녀에게 죄를 물을 수 없을 거라 확신하는 것은 당연한 일이다. 또한 〈맥베스〉에는 신과 천사가 등장하긴 하나 이들은 손이 닿지 않는 저 먼 곳의 추상적 존재일 뿐이다. 반면 "불가사의한"(1. 3. 130) 마녀들은 극 전반에 생생하게 살아 있다. 자연의 이치를 거스르는 이 중성적 존재들은 〈맥베스〉의 세상에서만 사는 순리의 대변자다. 천둥 번개와 함께 등장한 세 마녀는 상징과 은유가 숨어 있는 대화로 그들만의 순리가 통하는 세상을 소환한다.

인간의 성문법과 종교의 계율이 마녀들이 말하는 '순리적 정의'에 자리를 내주는 순간이다. 셰익스피어 비극 중에서 가장 짧은 희곡인 〈맥베스〉에는 장마다, '자연' 혹은 '자연의 이치'라는 단어가 꾸준히 규칙적으로 등장한다. 제1장에서, 맥베스는 "안정되어 있던 내 심장이 왜 자연의 이치에 어긋나게, 내 갈빗대를 두드리고 있을까?"(1. 3. 137)라 말한다. 마녀들이 위험한 존재라는 것을 일찍이 감지한 것이다. 맥베스 부인은 "너무나 인정이 많은 (중략) 성품의"(1. 5. 41) 맥베스가 덩컨을 죽이지 않고 살려 둔 것을 염려한다. 조바심이 났던지 이 사악한 여인은 자기가 "여자의 마음을 버리게 되길"(1. 5. 41) 기도한다. "사람이 자연스럽게 가지는 양심의 가책이"(1. 5. 45) 자신의 흉악한 결심을 뒤흔들거나 실행을 단념하게 하는 일이 없도록 하기 위해서다. 끝내 베개 밑 송사에 넘어간 맥베스는 "자연의 만물이 죽은 듯"(2. 1. 50)한 상황에 안심하고 야음을 틈타 덩컨을 죽인다. 맥베스 부인이 약을 먹인 탓에 덩컨의 호위병들은 "죽음과 자연의 이치가 살릴 것이냐 죽일 것이냐를 놓고 서로 다투는"(2. 2. 7) 상태에 빠져 있으니 세상 만물이 쥐죽은 듯 고요한 것도 당연지사다. 그러나 삼라만상이 고요한 때도 자연의 이치는 절대로 잠들지 않는다. 덩컨 왕이 머리에 입은 깊은 상처는 "파괴가 침입하는 순리의 파열구"(2. 3. 111)를 상징한다. 국왕의 서거로 "맥베스 장군이 자연스럽게"(2. 4. 16) 왕위를 계승한다. 하지만 뱅코의 자손이 왕위를 계승할 것이라는 마녀들의 예언이 맥베스의 뇌리에서 떠나가지 않는다. 맥베스는 뱅코의 몸에 밴 듯 "자연스러운 군왕의 풍모"(3. 1. 49)를 두려워하기 시작한다. 급기야 그는 살인자 둘을 고용해 뱅코를 살해하고 시신을 도랑에 처박는다. "스무 군데나 칼에 찔린 머리가 깊은 상처를 입고 개천 속에 틀어박혀 있으니 아무리 못해도 죽는 것이 순리"(3.4.26-27)라 할 수 있다. 억울하게 유명을 달리한 뱅코는 유령의 모습으로 돌아와 맥베스를 괴롭힌다.

시간이 갈수록 편집증이 심해지는 남편에게 맥베스 부인은 이렇게 말한다. "폐하께서는 모든 자연에 필요한 조미료인 수면이 부족하십니다."(3.4.140) 망상에 사로잡혀 맘 편할 날 없는 이 왕은 4막에 이르러서는 유일한 소망이 "자연의 수명을 길이 누리는 것"(4.1.99)이라는 속내를 마녀들에게 드러낸다. 하지만 악을 자정하는 〈맥베스〉의 세상에서 이는 온당치 못한 바람이다. 맥베스 부인도 숙면의 호사를 누릴 수 없기는 마찬가지다. 걸으면서 자야 하니 말이다. 〈맥베스〉에서 부인의 몽유병은 "자연의 이치에 큰 혼란"(5.1.9)이라 묘사된다. 결국 그녀는 스스로 목숨을 끊는다. 맥베스는 외부 세력의 침입을 막아 내지 못하고 몰락한다. 인간의 손에 의해 정의가 구현된 것이다. 〈맥베스〉의 세계에서는 보기 드문 일이다. 하지만 이때도 병사들이 몸을 버남 나뭇가지 뒤에 숨긴 채 성으로 진격한 탓에 자연 그 자체, 즉 거대한 숲 전체가 성으로 진격하는 것처럼 보인다. 〈맥베스〉에서 자연은 생물체의 기능과 작용, 기질, 양심, 생명, 물질의 물리적 힘, 동식물, 질서, 성격, 정상적인 상태 등 다양한 의미로 쓰인다. 놀라운 사실은 단어가 의미하는 바는 변하지만, 그 본질은 변하지 않는다는 것이다. 천사들이 떠나 버린 〈맥베스〉의 세상에선 자연이 신의 사자다.

자연의 이치에 따른 '순리적 정의'의 위력은 덩컨 왕 사망 때 선명하게 드러난다. 성군 덩컨 왕을 죽인 맥베스의 악행 탓에 한낮의 하늘에 암흑의 장막이 드리운다. 불길한 조짐에 겁을 먹은 민중들은 갈팡질팡하고 자연의 이치는 한층 더 불가사의한 자연현상으로 그 위용을 과시한다.

> **로스:** 그렇습니다, 노인장.
> 보시다시피, 하늘도 인간의 소행에 괴로운 듯,
> 살육의 무대를 위협하고 있습니다.
> 시간으로는 대낮인데,
> 캄캄한 밤이 태양을 덮고 있습니다.
> 생생한 햇빛이 대지를 비춰야 할 때에,
> 암흑이 그것을 장사 지내 버렸으니,
> 그것은 밤의 세력이 강한 탓이겠습니까?
> 낮이 부끄러워서 그런 것일까요?
>
> **노인:** 자연스럽지 못한 일입니다.
> 어젯밤에 생긴 일이나 마찬가지로
> 지난 화요일에는 하늘 높이 솟아 있던 매가,
> 쥐를 잡아먹은 올빼미에게 채여서 죽었답니다.
> (2. 4. 5-13)

로스와 노인의 대화에는 열등한 것이 우월한 것을 대체함을 암시하는 두 개의 은유가 등장한다. 첫 번째 사건은 달이 태양을 덮어 버리는 것이고, 두 번째 사건은 쥐를 잡아먹은 올빼미가 매를 죽이는 것이다. 무소불위의 자연은 일식이니 월식뿐만 아니라, "노대바람"(2. 3. 53-55)과 "지진"(2. 3. 59-60)도 동원하여 자신의 뜻을 전한다.

동물의 세계에도 순리의 가차 없는 목소리가 울려 퍼진다. 매는 목숨을 잃고, 모든 이가 기억하는 "미지의 새"가 "밤새도록 울"(2. 3. 58-59) 뿐만 아니라, 온순하던 덩컨 왕의 말들이 "자연 그대로에서 별안간 사나워져 서로를 걸귀처럼 물어뜯는다."(2.4.18)

냉엄한 '순리적 정의'가 〈맥베스〉의 주인공인 두 범법자를 그냥 봐줄 리 없다. 맥베스 부인에게 일어난 일을 보면 알 수 있다. 맥베스의 너무 '선한' 본성이 마음에 걸린 맥베스 부인은 기어이 독한 성정을 갖게 되길 염원한다.

자, 필멸의 존재를 따르는 악령들아, 오너라!
내게서 여자의 마음을 버리게 하고,
잔인한 마음이 머리 꼭대기에서
발톱 끝까지 가득 차게 하여라!
내 피를 탁하게 하여,
연민의 정이 일어나는 길을 막아 버리고,
사람이 가지는 양심의 가책이,
내 흉악한 결심을 뒤흔들거나,
또는 가책 때문에 실행을 단념하는 일이 없도록 하여라.
이내 여자의 가슴으로 오너라!
내 젖을 담즙 대신으로 빨아라.
너희들 살육의 정령들아, 보이지 않는 형체를 하고
어디서나 인간의 재화를 돕는 무리들아!
어두운 밤아 오너라! 그리고 지옥의 가장 캄캄한 연기로
너를 둘러싸게 하여라.
내 날카로운 단도가,

제가 저지른 상처를 보지 못하도록.

그리고 하늘도 암흑의 장막 사이로 그것을 엿보고

"가만있거라, 가만있거라" 하고 외치지 않도록.

(1. 5. 40~54)

이 대목에서 맥베스 부인은 '오너라, 오너라, 오너라'란 명령을 세 번 거듭하여 그녀의 몸속으로 악령을 초대한다. 주문이 반복될수록 허황되게만 보이던 그녀의 국왕 시해 음모는 힘을 얻고 구체화된다. 맨 처음 부인이 '오너라'라고 명령했을 때는 어떤 악령을 소환한 것인지가 상당히 '애매모호'하다. '필멸의 존재를 따르는 정령들'은 '살인자의 생각을 따르는 정령들'일 수도 있고 '인간의 생각을 따르는 정령들'일 수도 있으니 말이다. 맥베스 부인은 이 악령들에게 자신의 목적과 행동 사이에 '자연'이 어떠한 개입도 할 수 없게 해 달라 청한다. 하지만 정작 무슨 일을 하려는 것인지는 정확히 밝히지 않는다. 두 번째로 초대한 정령은 '살육의 정령들'이다. 부인이 마음 깊숙이 품은 살인의 고의를 입 밖으로 내뱉는 순간이다. 악령을 초대하는 마지막 주문을 외우며 부인은 구체적인 범행 장면을 상상한다. 그녀는 범행도구로 '제가 저지른 상처를 보지 못하는 날카로운 단도'를 쓸 모양이다. 악령을 부르는 주문을 외우며 막 싹트기 시작한 살인의 동기가 살인의 확정적 고의로 자라난 것이다.

현대의 관객들이 이 대사 때문에 근대 초기의 관객들처럼 소스라치게 놀랄 일은 아마 없을 것이다. 페미니즘을 익히 알고 있는 덕이다. 셰익스피어 시대에 중성이 되게 해 달라는 요청은 신과 자연에 불경을 범하는 것을 의미했다. 황야에서 처음 마녀들을 만난 뱅코는 '남녀 구분이 불가능한' 이들의 외양에 주목한다. 뱅코는 의아해하며 "너희들은 여자일 것이다. 그렇지만 수염이 있으니, 그런 것 같지도 않구나."(1.3.45-47)라 말한다. 지금 맥베스 부인은 여성성을 버리고 중성이 되게 해 달란 청으로 네 번째 마녀가 되기를 자처하고 있는 것이다. 맥베스가 자청해 불가사의한 '세 번째' 살인자가 되었듯.

초반에 맥베스 부인의 전략은 분명 성공한 듯 보인다. 이 목표지향적인 여인은 여성성을 극복한 자신의 성공 사례를 거론하며 남편을 설득한다. 여성성도 버릴 지경인데 양심의 가책을 극복하는 것쯤이야 무에 그리 어렵겠냐는 논리이다. 부인의 불굴의 의지에 감복한 남편은 양심의 호소를 듣지 않기로 결심한다.

> 저는 젖을 먹여 보아서,
> 젖을 빠는 갓난 것이 얼마나 귀여운지를 잘 알고 있습니다.
> 그러나 만일 제가 당신이 맹세하듯 맹세를 했다면,
> 갓난 어린 것이 제 얼굴을 쳐다보고 웃고 있을지라도,
> 저는 그 말랑한 잇몸으로 빨고 있는 젖꼭지를 잡아 빼고,
> 둘러메쳐서 머리통을 바쉬 버릴 거예요.
> (1.7.54-59)

우리가 맥베스 부인을 끔찍한 인간이라 여기는 것이 그녀가 자신의 성별에 합당한 "감정"을 갖고 있지 않다는 사실 때문은 아니

다. 그녀는 사실 '젖을 빠는 갓난 것이 얼마나 귀여운지'를 잘 알고 있다. 모성이 불러일으키는 사랑을 충분히 경험했고 잘 알고 있는 것이다. 우리가 경악을 금치 못하는 점은 그녀는 목적을 위해서라면 이 감정도 일순간에 내동댕이칠 수 있는 사람이라는 사실이다.

'자연의 이치를 거스르는' 부인의 여성성 거세의 요구는 시간이 지남에 따라 그녀 자신을 파괴하는 도구로 변질된다. 흥미로운 사실은 맥베스의 기개와 맥베스 부인의 자신감은 정확히 반비례한다는 것이다. 맥베스가 용기백배하면 부인은 의기소침해하고, 부인이 의기양양할 때면 맥베스는 풀이 죽는다. 덩컨 왕이 흘린 피에 대한 그들의 대사를 들어 보면 알 수 있다. 덩컨 왕을 시해한 후, 자신의 손에 묻은 피를 보고 더럭 겁이 난 맥베스는 다음과 같이 자문한다. "위대한 바다의 신의 저 바닷물을 다 가지면, 내 손의 피를 씻어 버릴 수 있을까? 아니다, 내 손이 오히려 넓은 바다를 붉게 물들여, 파란 바다가 핏빛으로 변하게 되리라."(2. 2. 59-62) 망망한 대해조차도 그의 손에 묻은 피를 씻을 수 없다는 말이다. 자신의 피 묻은 손이 오히려 바다를 더럽히고 말 것이라 한탄하는 맥베스를 부인은 담이 작다 비웃는다. "물만 조금 있으면 우리가 한 일을 깨끗이 씻어 버릴 수 있을 거예요."(2. 2. 66) 하지만 5막에서 심약해질 대로 심약해진 맥베스 부인은 전투 준비가 한창인 남편을 불러 이렇게 한탄한다. "아라비아의 모든 향수를 가지고도 이 손 하나를 향기롭게 할 수 없을 것이다. 오, 오, 오!(5. 1. 47-48)

부인이 미쳐 버렸다는 말을 들은 맥베스는 의사에게 이렇게 묻는다. "그대는 마음의 병을 고쳐, 뿌리 깊은 근심을 기억에서 뽑아

내고, 뇌수에 기록된 고통을 지워 버릴 수는 없단 말이오?"(5.3.40)
그의 부탁은 시대를 앞서도 너무 앞선 요청이다. 정신분석이나 정신의학적 치료는 수세기 후에나 가능해진 치료법이니 말이다. 도무지 말이 안 되는 요구를 하는 보호자에게 의사는 말한다. "그것은 환자 자신이 하셔야 하옵니다."(5.3.45-46)

  정신분석학의 아버지 프로이트도 맥베스 부인은 상당히 처치 곤란한 환자라 고백했다. 〈성공이 무너뜨린 사람들^{those wrecked by success}〉란 프로이트의 논문은 "본 논문의 정신분석학적 논제는 '좌절에 빠져 신경증에 걸린 사람들'이다."란 문장으로 시작한다. 이 논문에서 프로이트는 당시로서는 매우 파격적인 주장을 폈다. 그 요지는 '오랫동안 간직한 마음속 깊은 곳의 간절한 소망이 현실이 되는 바로 그때' 사람들은 수수께끼 같은 신경증적 증상을 보인다는 것이었다. 하지만 프로이트는 맥베스 부인의 경우를 자신의 이론을 그대로 적용해서 진단해서는 안 되는 여성이라 여겼다.[35] 당혹스러워하던 그는 맥베스 부인의 병은 제임스 1세 시대 여성의 성향을 고려해서 진단해야 한다는 결론을 내렸다.

  "대를 잇는 것의 신성성을 모독한 것 때문에 맥베스 부인이 불임이 되었고 결국 맥베스 가문의 대가 끊긴 것이라면, 이는 동해보복

---

35) 맥베스 부인은 왕비가 되겠다는 소망을 품었고 이 소망이 이루어지자 신경증적 증상을 보인다. 하지만 후에 불임이 되었다는 사실을 알게 되자 갑자기 뉘우친다. 즉 프로이트는 맥베스 부인이 오랜 소망이 현실이 되면 신경증에 걸린다는 자신의 이론과 배치되는 반응을 보인 것이라 여긴 것이다. 그래서 그는 대를 잇는 것을 신성시 하던 제임스 1세 시대의 여성관이 작용해 맥베스 부인이 뉘우치게 된 것이라는 설명을 곁들였다. ─옮긴이

의 방식으로 '몽상적 정의'가 구현된 것이라 할 수 있다. (중략) 맥베스 부인 같은 냉혈한이 갑작스레 뉘우치는 것은 이례적인 일이라 할 수 있다. 이 비정상적 변화는 그녀가 불임의 몸이 된 사실로 설명해 볼 수 있다. 그녀는 자신이 불임이 되었다는 사실에서 거스를 수 없는 자연의 이치에 무력한 인간의 한계를 확인한 것이다. 아울러 그녀가 저지른 범죄 때문에 맥베스 가문의 씨가 마르게 된 것이라면 그것은 그녀 자신의 책임이란 사실을 절감한 것이다."

〈맥베스〉에서 맥베스 부인은 죄를 저지르고 얼마 지나지 않아 자신이 불임이란 사실을 확신하고 죄를 뉘우치는 모습을 보여 준다. 죄를 저지른 때부터 뉘우치기까지 걸리는 시간은 1주일에 불과하다. 불임 여부를 판단하기에는 너무 짧은 기간이다. 그녀의 확신과는 달리 이 불임증은 살인에 대한 죄책감 때문에 느낀 상상의 병일 수 있다. 참고로 래피얼 홀린셰드의 《연대기》에서 맥베스 부인은 죄를 저지르고 훨씬 더 긴 시간이 흐른 뒤에 뉘우친다. 이야기의 전개는 서로 엇비슷하지만 말이다. 왕위 찬탈에 성공한 맥베스 부인은 자기 핏줄에게 왕위를 물려주고 싶은 욕망을 품는다. 하지만 이미 자신의 여성성을 파괴해 달라 간절히 소망했던 부인이다. 바람이 이루어져 여성성이 없어진 것이라면 논리적으로 그녀는 당연히 아이를 가질 수 없다. 나는 프로이트가 맥베스 부인의 사례를 예외적 사례처럼 여겼다는 사실에 매우 놀랐다. 왜냐하면 맥베스 부인이야말로 프로이트의 이론에 정확하게 들어맞는 전형적 사례이기 때문이다. 맥베스 부인은 성공 후 느낀 좌절 때문에 완전히 망가져 버렸다. 왕위 찬탈의 순간까지 달콤했던 오랜 염원의 달성이 결국 영원히 그녀를 짓누르게 된 것이다.

맥베스도 서슬 퍼런 순리의 칼날을 피할 수 없다. 내면적 붕괴에 파묻힌 부인과는 달리 그는 외부적 요인 때문에 몰락한다. 바로 덩컨의 아들 맬컴과 그의 지지자들 말이다. 이들의 활약으로 맥베스의 시절은 막을 내린다. 불안에 휩싸인 맥베스가 내준 틈을 귀신같이 비집고 들어간 것이다. 불면의 고통과 양심의 가책에 휩싸인 맥베스는 가상의 앙갚음을 두려워하느라 전전긍긍한다. 그것도 반란의 주동자들이 세를 규합하기 한참 전부터 말이다. 어찌 보면 맥베스도 부인과 별다를 바 없는 몰락의 길을 따라 걸었다고도 할 수 있을 것이다.

맥베스도 '자연의 이치'에 따라 자신이 받을 가상의 천벌을 상상했고, 결국 그 '상상 속의 천벌'을 받았으니 말이다. 해럴드 블룸이 지적했듯, 맥베스 캐릭터에서 주목해야 할 점은 바로 '상상의 힘'이다. 덩컨 왕을 살해하기 직전에, 오랜 결심을 실행에 옮기도록 맥베스를 독려한 것은 놀랍게도 부인이 아니었다. 바로 맥베스가 만들어 낸 '상상의 단도'였다.

> 칼자루가 내 손 쪽으로 향해 있는 것이
> 눈앞에 보인다.
> 저것이 단검인가?
> 자, 잡자. 잡히지는 않는다.
> 그러나 그냥 볼 수는 있구나.
> 불길한 환영아, 너는 볼 수는 있어도,
> 손으로는 잡을 수 없는 것이냐?

열에 뜬 머리에서 생겨난 마음의 단검, 헛된 것이냐?

아직도 보인다. 지금 내가 잡아 뽑는

이 단검과 흡사한 형체를 하고 있다.

너는 내가 가려고 하는 방향으로 나를 인도하고 있구나.

그리고 그러한 연장을 나는 사용할 작정이었다.

눈만이 다른 감각의 놀림을 받고 있는 것이 아니면,

눈만이 다른 감각보다 온전한가 보다.

아직도 보인다.

그리고 너의 칼날과 칼자루에는,

지금까지 보이지 않던 피가 엉겨 있다.

아, 사라졌다.

피비린내 나는 일을 할 생각을 하여서,

그런 것이 눈에 보이는 것이다.

지금 자연스럽게 존재하는 이 세상의 반은

만물이 죽은 듯하다.

(2. 1. 33-50)

심리 변화의 전 과정을 살펴볼 수 있는 이 대목에서 맥베스는 "보인다."라는 대사를 세 번 반복한다. 맥베스가 처음 "눈앞에 보인다."고 했을 때만 해도, 단검은 보이긴 하지만 잡을 수는 없는 유령 단검이다. 하지만 두 번째로 "아직도 보인다."란 말을 뱉으며 맥베스는 자신을 원하는 곳으로 이끈 것은 이 단검이 틀림없다고 믿어 버린다. 망상에 사로잡힌 맥베스는 급기야 '아직도 보인다.'란 말을 마시막으로 한 번 너 내뱉으며 칼널과 킬자루에 '잉겨 있는 피'가 자신의 바람을 이루어 줄 것이라 상상한다.

‘순리적 정의’가 지배하는 세상에서, 상상의 단검이 이끄는 삶을 사는 이는 바로 그 단검으로 목숨을 잃게 된다. 맥베스가 덩컨 왕을 살해한 것은 다름 아닌 야망의 부름 때문이었다. 하지만 덩컨 왕 시해 후에는 욕구에 충실한 공격적 살인 대신 목숨 보전을 위한 방어적 살인을 거듭한다. 누군가 나타나 그의 왕관을 뺏어 갈 것만 같은 두려움에 밤잠을 이루지 못하니 당연한 일이다. 맥베스는 선왕을 시해하고 왕위를 찬탈한 새 왕이 저지른 국왕 시해는 정당하다는 논리의 비호를 받았다. 그 또한 언제라도 정당하게 시해된 선왕이 될 수 있는 것이다. 뱅코의 살해를 사주한 뒤부터 맥베스는 유령 단검만큼이나 특이한 망상을 보게 된다. 그의 눈앞에 뱅코의 유령이 나타난 것이다. 마녀들과 달리, 이 유령은 오직 맥베스의 눈에만 보인다. 맥베스는 이 상황에 대해 자조 섞인 한탄을 늘어놓는다. 그는 애간장이 타들어가는 심정으로 한 말이겠지만 좀 우습게 들리는 얄궂은 불평이다.

> 인도적인 법률이 생겨서, 사회를 문명화하기 이전
> 옛날에, 피는 많이 흘렀다.
> 아니, 그 후에도 듣기에도 무서운 살육이 있었다.
> 그러나 예전에는, 골이 터져 나오면
> 사람은 그만 죽어 버리고 끝장이 나고 말았는데,
> 지금은 골통이 스무 군데나 치명상을 받고도
> 다시 살아 나와서, 사람을 의자에서 밀어내다니
> 이것은 그러한 살인보다도 더욱 괴이한 일이다.
>
> (3. 4. 74-82)

맥베스는 태곳적부터 지금까지 살인을 저지른 사람에게 유령이 찾아온 일이 단 한 번도 없었기 때문에 사람들이 맘 편히 살인을 저지른 것이라 말한다. "인도적인 법률"이란 표현으로 살인을 금하는 인간의 법도 잠시 언급한다. 하지만 이 인간의 법은 지금 맥베스가 받고 있는 처벌과는 무관하다. 맥베스는 예부터 지금까지, 인간의 법이 제정되기 전후 모든 시절에, 살해된 피해자의 유령이 나타나 살인자를 괴롭힌 일은 없다고 호소한다. 이어 자신이 유례없이 잔혹한 형벌을 받고 있다 탄식한다. 미국 수정 헌법에서 금지하고 있는 '잔혹하고 과도한 형벌'을 받고 있다 주장한 것이다. "이것은 그러한 살인보다도 더욱 괴이한 일이다."란 그의 말에 따르면 그는 살인보다도 더욱 괴이한 유령에게 괴롭힘을 당하는 처벌을 받고 있는 것이니 틀린 말은 아니다. 하지만 여기서 맥베스가 흘려버린 사실이 있다. 귀신 들리는 형벌은 맥베스의 천성을 고려해 맞춤형으로 고안된 벌이라는 점이다.

아마 셰익스피어의 동시대 사람들은 자연정화하는 순리적 세계란 개념과 친숙했을 것이다. 엘리자베스 여왕 시대에는 훔친 물건을 담은 자루에 목이 졸려 죽는 강도의 그림 같은 우의화들이 실려 있는 '우의화집'이 유행했다. 문학자인 제프 돌븐은 이 '우의화집'에는 죄를 저지른 자는 인간이 개입하지 않아도 반드시 천벌을 받게 된다는 사상이 담겨 있다고 주장했다. 이 책에는 맥베스와 꼭 닮은 남자를 그린 그림도 실려 있다. 그림에는 칼을 뽑아 드는 순간 자신의 그림자에 습격당하는 살인자가 그려져 있다. 이 그림을 보고 〈맥베스〉를 쓴 것이 아닐까 하는 의심이 들 정도다. 이 그림과 〈맥베스〉에는 사필귀정 사상이 담겨 있다. 자연의 이치가 찾아주는 '순리적 정의'란 몽상으로 우리를 안심시키려 하고 있으니 말이다.

하지만 헛된 믿음에서 받을 수 있는 것은 헛된 위안뿐이다. 현실은 냉혹하다. 현실은 자연의 이치가 부르짖는 순리적 정의를 차갑게 외면한다. 맥베스의 모델이 된 인물의 삶을 보아도 알 수 있다. 《헨리아드》와 마찬가지로 〈맥베스〉는 홀린셰드의 1587년판 《연대기》의 기록을 토대로 집필한 작품이다. 홀린셰드의 《연대기》에 등장하는 덩컨, 맥베스와 뱅코는 〈맥베스〉에서보다 훨씬 복잡한 성격을 갖고 있다. 셰익스피어는 자신의 작품에 '순리적 정의'의 사상을 담아야 했기 때문에, 어쩔 수 없이 《연대기》의 내용을 전면적으로 뜯어고쳐야 했던 것이다.

홀린셰드의 책에 등장하는 덩컨 왕은 셰익스피어의 작품에서처럼 완벽한 호감형 인간은 아니다. 홀린셰드가 묘사한 덩컨은 〈자에는 자로〉의 빈첸시오 공작처럼 아량이 지나친 왕이다. 그리고 셰익스피어의 덩컨 왕보다 훨씬 젊다. 셰익스피어의 〈맥베스〉에도 덩컨 왕의 우유부단한 성정을 짐작게 하는 대목이 등장하긴 한다. 덩컨 왕은 맥베스가 반란을 진압하고 역도 맥도널드의 목을 베는 동안 뒤로 쏙 빠져 있는다. 하지만 셰익스피어의 극에서 맥베스는 다음과 같은 예찬으로 왕의 우유부단함에 대한 우려를 순식간에 불식시킨다.

더구나 덩컨 왕은,

인자하신 임금이시며, 대권을 가지시고도

한점의 결점도 없는 어른이시다.

그를 살해한다면, 그의 높은 덕망은

나팔의 혀를 가진 천사와 같이,

그 부당함을 천하에 호소할 것이다.

(1. 7. 16-20)

셰익스피어는 덩컨의 '유약한' 성격을 완전히 뒤바꿔 버린다. 어리고 나약한 왕을 신성하고 경험 많은 왕으로 탈바꿈시켜 맥베스가 천인공노할 죄를 지었다는 사실을 부각시킨 것이다.

홀린셰드의 덩컨 왕이 상대적으로 결점이 많은 비호감형 인물이었다면 셰익스피어의 덩컨 왕은 만인의 존경을 한 몸에 받는 완벽한 군왕이다. 또 《연대기》에서는 맥베스가 덩컨 왕에게 불만을 품을 만한 합당한 이유가 있다. 당시의 후계자 계승 관련법에 따르면 맥베스에게는 덩컨의 아들 중 한 명이 성년이 되기 전까지, 왕위를 계승할 수 있는 정당한 권리가 있다. 하지만 덩컨 왕은 아직 미성년자인 왕세자 맬컴에게 왕위를 계승하게 한다. 실정법을 위반한 결정이다. 이 점 때문에 홀린셰드는 왕위를 차지하려는 맥베스의 행보를 무도한 왕권 찬탈이 아닌 두 세력 간의 힘겨루기로 묘사한다. 왕위를 차지한 맥베스는 홀린셰드의 작품에서는 십 년 동안 훌륭히 나라를 다스린다. 광기가 맥베스를 찾은 것은 그 후의 일이었다. 십 년간 후사가 없자, 맥베스는 뱅코의 자손이 왕위를 이을 것이라는 마녀들의 예언을 떠올리며 안달한다.

홀린셰드는 뱅코를 맥베스의 공범으로 묘사한다. '그리하여 자신이 품은 야망을 오랜 세월 진실한 친구들과 나누었다. 그중 으뜸은 뱅코였다. 도움을 약속한 뱅코의 말을 믿고 맥베스는 왕을 살해했다.'《연대기》의 내용이다. 이와는 반대로 셰익스피어의 〈맥베스〉에서 뱅코는 국왕 살해에 가담하라는 맥베스의 제안을 끝내 거절한다.

개작에 가까운 과감한 각색이긴 하지만 여기에는 정상참작의 여지가 있다. 당시 영국에는 뱅코가 제임스 1세의 조상이라는 전설이 전해 내려오고 있었다. 제임스 1세의 전폭적인 후원을 받고 있던 셰익스피어로서는 뱅코에게서 범죄 공모의 혐의를 걷어낼 수밖에 없었던 것이다. 그 어떤 작가가 후원자의 조상을 살인의 공범으로 묘사할 수 있겠는가? 그러나 홀린셰드의 작품에서는 '입체적' 인물로 묘사된 덩컨과 맥베스를 '평면적' 인물로 변모시킨 것에 대해서는 여전히 설명이 필요하다. 일찍이 E. M. 포스터는 '평면적' 인물과 '입체적' 인물의 차이를 식별했다. 셰익스피어는 다른 희곡들에서는 참고한 자료의 '평면적'인 등장인물들을 차용해 '입체적'인 캐릭터를 창조해 냈다. 하지만 유독 〈맥베스〉에서만큼은 입체적 인물인 덩컨과 맥베스를 선과 악을 상징하는 평면적 인물로 변형시켰다. 이전과는 정반대의 선택을 한 것이다.

스티븐 그린블랫은 이 뒤집힌 선택의 이유를 훌륭하게 설명해 냈다. 모든 것은 화약 음모 사건 때문이라는 것이다. 구교도인 영국의 귀족 로버트 개츠비가 1603년 초 국교를 신봉하는 제임스 1세 국왕을 살해하려고 음모를 꾸몄다. 개츠비는 국왕이 구교에 대한 관용 정책을 펴겠다는 약속을 어겼다고 믿는 급진적 구교도들의 모임 일원이었다. 1604년 초 이 급진적 구교도들은 제임스 국왕뿐 아니라, 영국 의회를 폭파하여 제임스 1세를 비롯한 의원 전부를 살해할 계획을 세웠다. 이들은 일단 지하실이 의회의 지하로 이어져 있는 집을 빌려 통로를 확보하는 치밀함도 보였다. 역사학자 앨런 스튜어트는 이들의 음모를 나름의 '몽상적 정의'를 구현하기 위한 시도였다고 평가했다. 제임스 국왕도 시간이 흐른 뒤에 사건을 복기하며 구교도들에게 의회는 '그들이 믿는 종교를 탄압하는 잔인한 법이 만들어지는 곳'이었을 테니 그들이 그런 법을 만드는 '장소와 사람 모두 동시에 폭파되어 없어져 버려야 한다'고 생각한 것도 무리는 아니라고 말했다. 구교도들은 테러의 성공을 눈앞에 두고 덜미가 잡혔다. 의회 개회일 전날 저녁 자신의 임무를 수행하고 있던 테러 조직의 일원이 경찰에 붙잡힌 것이다. 가이 포크스란 이 남자는 의회 지하실에서 36배럴의 화약을 설치하고 있었다. 제임스 1세를 포함해 수많은 사람들이 화를 모면한 것은 분명 천우신조였다. 구교도들이 계획한 상상을 초월하는 규모의 테러는 글로 다 표현할 수 없을 정도로 아찔한 결과를 낳았을 수도 있었다. 영국이 무정부 상태의 혼란에 빠질 뻔한 위험천만한 순간을 가까스로 피한 것이다. 그린블랫은 〈맥베스〉를 화약 음모 사건으로 뒤숭숭해진 민심을 잠재우려는 시도로 파악했다.

"〈맥베스〉에서 셰익스피어는 민중들을 안심시키는 일련의 의식과 같은 기능을 하는 희곡을 쓰려는 결심을 애초부터 하고 있었던 것으로 보인다. 화약 음모 사건으로 모든 영국 국민들은 심각한 혼란을 겪었다. 국왕과 왕족을 포함한 지배 계층이 한순간에 몰살 당할 뻔했던 것이다. 그랬다면 왕국은 갈가리 찢겨 종교전쟁의 탈을 쓴 골육상잔의 늪에 빠져 버렸을 것이다. 셰익스피어는 반면교사가 될 수 있는 사건을 선택했다. 국왕 시해라는 대역죄를 저지른 한 남자, 질서와 규범의 와해, 선왕의 선혈이 엉겨 붙어 있는 배신자의 손에서 왕국을 되찾기까지의 기나긴 투쟁 이야기가 담겨 있는 11세기 스코틀랜드의 반역 사건 말이다. 그는 이 11세기의 사건을 극화하여 17세기 독자들에게 반역 시도로 초래된 재앙과 그에 따르는 인과응보, 그리고 정의의 승리와 질서의 회복을 보여 주려 했던 것이다.”

〈맥베스〉가 화약 음모 사건과 관련 있다는 정황은 희곡 전반에서 포착된다. 2막에 등장하는 짐꾼은 자신이 지옥의 문지기라도 된 양 행동한다. 그는 다음과 같이 말한다. “옳지, 저울대 양쪽에 말을 걸어 놓고 두 가지 서약을 하며 얼버무리는 놈이구나. 하나님 이름을 마음껏 뭉그적거려 왔지만, 애매모호하게 얼버무리는 것으로는 천국에 갈 수는 없단다.”(2. 3. 9–11) 제임스 1세 시대의 독자들은 아마 이 ‘얼버무리는 이’란 헨리 가넷을 빗대었음을 알았을 것이다. 예수회 신부인 헨리 가넷은 고해성사를 주재하다가 화약 음모의 존재를 알게 되었다. 하지만 그는 음모에 가담하지도, 이를 당국에 알리지도 않았다. 그리고 범죄를 신고하지 않았다는 사실 때문에 기소되었다. 가넷은 종교적 교리에 따라 자신은 고해성사의 내용을 발설하지 않을 의무가 있기 때문에 자신의 결정은 위법하지 않다는 논리로 스스로를 변호했다. 이 ‘발설 금지의 원칙’은 ‘애매모호한 침묵’의 원칙으로도 알려져 있다. 가넷의 주장은 받아들여지지 않았고, 그는 결국 사형에 처해졌다. 가넷도 "애매모호하게 얼버무리는 것으로 천국에 갈 수는 없었을" 것이다.

이쯤 되면 〈맥베스〉를 대중을 선동하기 위한 캠페인의 속성을 갖고 있는 희곡이라 평할 수도 있을 것 같다. 셰익스피어는 제임스 국왕에 대한 갖가지 아첨도 빼먹지 않았다. 그의 조상에게서 범죄 혐의를 덜어 주고, 국왕에게 유리한 예언을 하는 마녀들을 등장시켰다. 그리고 국왕을 시해한 악당들은 반드시 정의의 심판을 받는다는 사실을 왕과 왕실 사람들에게 확인시켜 주는 것으로 방점을 찍었다. 허깃이 말했듯 "이전에도, 그 후에도 한 번도 왕실의 후원자에 아부를 떤 적이 없는 셰익스피어가 분명 제임스 국왕에게만은 그를 기쁘게 해 주기 위해 노력했다는 증거가 분명히 있는" 것이다.

이 비극의 전무후무한 탁월한 문장 때문에 이 희곡은 더 위험하다 할 수 있다. 나는 캠페인에서 그 캠페인을 시작하게 된 원인을 제공한 정치적 사건의 흔적을 이처럼 완벽하게 걷어내 버린 선전 캠페인을 본 적이 없다. 《톰 아저씨의 오두막Uncle Tom's Cabin》을 읽으며 남북전쟁을 떠올리지 않는 사람은 거의 없을 것이다. 반면 대부분의 사람들은 〈맥베스〉를 읽으면서 화약 음모 사건을 떠올리지 않는다. 독자들이 〈맥베스〉가 화약 음모 사건의 충격을 상쇄하기 위해 쓰인 작품이란 사실을 미리 알고 읽는다면, 셰익스피어가 선한 사람은 상을 받고 악한 사람은 벌을 받는다는 이야기를 하기 위해 이 작품을 집필한 것이 아니라는 것쯤은 누구나 알아챌 수 있을 것이다. 하지만 이러한 전제를 쏙 빼놓고 보면, 〈맥베스〉는 권선징악에 관한 이야기로 읽힌다.

미명을 벗어난 현대에 〈맥베스〉에 담긴 '순리적 정의' 사상은 대다수 독자들의 호응을 얻지 못할 거라 생각하는 사람도 있을 것이다. 하지만 현실은 오히려 그 반대인 듯하다. 사람들은 셰익스피어의 다른 모든 희곡들은 그냥 두고, 오직 〈맥베스〉만이 저주 받았다고 믿는다. 이 저주에 대한 사람들의 믿음은 '순리적 정의'를 연극의 세계에서 현실 세계로 전하는 다리 구실을 한다.

일반적으로 사람들은 〈맥베스〉에 실제 마녀들이 쓰는 주문이 등장하기 때문에 연극이 저주 받았다고 믿는다. 이에 대해 허깃은 허황되게 들릴 수도 있는 다음과 같은 의견을 내놓았다.

"셰익스피어는 사람들이 마녀와 마법의 힘을 믿고 두려워하는 시골에서 자랐다. 사람들은 마녀를 호수에 빠뜨리고, 모욕하고, 끔찍하고 형언할 수 없는 방법으로 살해했다. (중략) 그는 아마 실제 마녀들의 주문과 주술을 들어 본 적이 있을 것이다. 셰익스피어가 자란 시골에서는 여전히 행해지고 있는 일이었으니 말이다. 마술은 사실 영국의 궁벽진 시골 마을에 전해 내려오는 풍습의 일종이었다. 셰익스피어가 자라난 스트랫퍼드도 크게 다르지 않았다. 진정성을 향한 열망 때문에, 그의 갸륵하고도 자연스러운 열망 때문에 그는 조금 과한 결정을 내린다. (중략) "재앙도 두 배, 고난도 두 배"란 〈맥베스〉 3막에 등장하는 주문은 셰익스피어가 스트랫퍼드에 살던 시절 실제로 들어 본 적 있는 흑마술의 주문에서 따 온 것이 틀림없다."

그의 말대로라면 〈맥베스〉를 공연한다는 것은 진짜 마녀의 주문을 외우게 되는 것을 의미한다. 뱅코의 유령은 맥베스가 연회에서 '뱅코가 보고 싶군'이란 표리부동한 말을 내뱉었을 때 나타났다. 맥베스가 뱅코의 이름을 불러 뱅코의 유령을 불러들인 것이다. 맥베스 징크스도 같은 원리로 작동된다. '맥베스'란 단어를 입 밖에 내면 맥베스의 유령이 나타난다.

하지만 맥베스 징크스 사례를 면밀히 검토해 보면, 사람들이 미신에 사로잡혀 그릇된 판단을 하고 있다는 사실을 알 수 있다. 사람들은 맥베스 징크스 이야기만 나오면 사고 원인의 다른 존재 가능성을 아예 검토조차 하지 않으려 한다. 맥베스 징크스 아래에 사람들의 편견으로 펄펄 끓는 가마솥이 놓여 있는 것이다. 나는 찰턴 헤스턴의 사례를 즐겨 언급한다. 1953년에 있었던 버뮤다 야외극장 공연에서 있었던 일이다. 헤스턴의 뱅코 역을 맡은 배우와 함께 말을 타고 나타나는 첫 장면을 연기하기 위해 말 위에 올라탔다. 순간 허벅지가 타는 듯한 고통을 느끼고 신음소리를 내며 무대 밖으로 뛰쳐나갔다. '누군가'가 헤스턴의 다리에 등유를 끼얹은 것 때문에 일어난 일이었다. 이 등유가 말에 올라탈 때 생긴 마찰열과 작용하여 헤스턴은 정강이와 사타구니에 심한 화상을 입힌 것이다. 물론 이 '누군가'가 유령일 가능성이 아예 없는 것은 아니다. 만에 하나 그럴 수도 있다. 하지만 '사람'이 헤스턴에게 앙심을 품고 그런 일을 꾸몄다고 생각하는 것이 훨씬 그럴듯하게 들리지 않는가?

1948년에 상연된 스트랫퍼드 프로덕션의 〈맥베스〉 공연에서 다

이애나 원야드가 겪은 일도 있다. 나는 이 사건도 굳이 불가사의한 힘의 작용을 들먹일 필요가 전혀 없는 일이라고 생각한다. 맥베스 부인으로 분한 원야드는 공연 첫날 수면 중에 보행을 하는 몽유병 환자를 연기하다 15피트 높이의 무대에서 떨어졌다. 마지막 리허설을 할 때는 눈을 뜨고 이 장면을 연기했다. 하지만 공연 당일 퍼뜩 몽유병 환자들이 눈을 뜨고 걸어 다니지는 않을 것이란 생각이 든 그녀는 눈을 감고 연기를 하기로 결심한다. 여담이지만 수면 중에 눈을 뜨고 걷는 몽유병 환자도 많다. 그녀는 눈 감고도 무대 구석구석을 훤히 들여다보듯 알 수 있다고 자신한 것이다. 지나친 자신감은 화를 부른다.

사람들이 맥베스 징크스 때문이라 여기는 일은 1744년에도 일어났다. 그해 데이비드 개릭은 끔찍한 결정을 내렸다. 맥베스 부인이 죽는 장면을 연극에 삽입하기로 한 것이다. 이를 두고 허깃은 "희곡 역사상 사장 기괴하고 부적절한, 아무 의미 없는 대사를 끼워 넣었다."고 평했다.

> 모든 것이 끝났구나! 내 생의 장이 곧 끝을 맺으려 한다.
> 야망과 꿈결 같은 헛된 망상이 달아나는구나.
> 암흑과 죄책감을 이제 떨치고 일어나리.
> 더 이상 견딜 수가 없구나. 쫓아버리게 해 다오.
> 내 영혼이 피 칠갑을 하게 둘 수 없다.
> 일어날 수가 없다! 자비는 바랄 수도 없다.
> 너무 늦었구나. 지옥이 나를 잡아끄는구나. 가라앉는구나.
> 가라앉아. 맥없이 가라앉는구나.

내 영혼이 영원히 나를 떠난다. 오! 오!

개릭의 개작이 허튼 짓거리였던 것만은 분명하다. 하지만 과연 끔찍한 대사로 연극을 망쳐 버린 것이 저주를 받았다고 할 만큼 끔찍한 일일까? 내가 마법을 쓸 수 있는 지옥의 하수인이었다면 분명 이보다 훨씬 더 끔찍한 일을 저질렀을 것이다.

맥베스 징크스의 또 다른 문제는 사람들이 오로지 부정적인 결과만 눈여겨본다는 점이다. 마저리 가버는 이에 대해 다음과 같이 말했다.

"연출자 오슨 웰스의 이야기는 '맥베스 징크스'의 저주를 이야기할 때 자주 언급되는 사례 중 하나다. 웰스는 〈맥베스〉를 일생 동안 두 차례 무대에 올렸다. 첫번째는 〈부두Voodoo 맥베스〉로 알려진 1936년 작이다. 이 작품은 대공황 시대에 추진된 연방 정부 차원의 연극 진흥 프로젝트의 일환이었다. 이 〈부두 맥베스〉는 할렘 지역의 라파예트 극장에서 상연되었다. 아이티를 배경으로 하는 이 연극에 등장하는 백여 명의 출연자는 모조리 흑인이었다. 공연은 크나큰 성공을 거두었다. 극의 말미에 헤커티가 '매력적인 마무리'란 대사를 말했을 때 모든 관객이 환호 갈채를 보냈다. 단 한 번의 공연으로 스타덤에 오른 웰스의 나이는 그때 겨우 스물한 살이었다. 1948년 오슨 웰스는 별안간 〈맥베스〉의 영화화를 결심했다. 그의 목적은 철저한 고증을 바탕으로 한 '진정성' 있는 영화를 만드는 것이었다. 웰스는 출연자들 모두 정통 스코틀랜드 억양을 써야 한다고 고집했다. 23일 만에 저예산 영화 〈맥베스〉가 완성되

었다. 스코틀랜드 억양의 대사를 포함한 영화에 필요한 음향 전부
는 미리 녹음되었다. 문제는 관람객들이 대사를 전혀 알아듣지 못
한다는 것이었다. 영화는 이미 완성된 후였다. 이것이 웰스의 영화
〈맥베스〉가 2년 후인 1950년에 개봉된 이유다. 모든 대사는 BBC
의 억양으로 다시 녹음되었다. '맥베스 징크스'의 고전이라 할 만
한 사건이다."

가버가 '저주'가 실제로 있다는 주장을 편 것은 아니다. 하지만
그녀는 웰스의 사례가 저주의 존재를 뒷받침해 주는 증거로 해석
될 수 있다고 말했다. 그러나 이런 사례들은 기껏 해 보아야 그럴
싸해 보이는 증거에 지나지 않는다. 확실한 증거가 아니란 말이다.
실제로 일어난 일들을 찬찬히 따져 보면 금방 알 수 있다. 웰스는
일명 '부두 맥베스'로 일약 스타덤에 올랐다. 두 번째로 영화화하
면서 치명적인 실수를 저지른 것은 사실이나 만회 가능한 실수였
다. 전체적으로 보면 〈맥베스〉가 웰스에게 가져다준 것은 '저주'
가 아니라 '행운'이었던 것이다.

로렌스 올리비에의 사례에서도 비슷한 점이 발견된다. 올리비에
가 1937년 〈맥베스〉에서 주연을 맡았을 때의 일이다. 무대조명이
설치된 천장 부근에서 커다란 물체가 떨어져 그가 앉아 있던 의자
를 덮쳤고, 그는 가까스로 목숨을 건졌다. 똑같은 사건이 사람들이
'행운'의 연극으로 여기는 〈베니스의 상인〉 공연 중에 일어났다면,
평론가들은 이를 두고 "하느님이 보우하"셨다고 말했을 것이다.

'맥베스 징크스'의 또 다른 문제는 사람들이 인과의 선후를 뒤집
어 생각해 버린다는 것이다. 에이브러햄 링컨 대통령의 사례를 한

번 살펴보자. 살해되기 수일 전 링컨 대통령은 포토맥 강을 따라 워싱턴 DC로 운항하는 증기선 안에서 〈맥베스〉를 읽었다고 한다. 마이클 녹스 베런은 그때 링컨 대통령이 유독 한 대목에서 눈을 떼지 못했다고 회고했다. 바로 아래의 대사다.

> 덩컨은 무덤 속에 있소.
> 인생의 끊임없는 열병을 다 치른 후에,
> 편안한 잠을 이루고 있소.
> 반역은 극악을 다하였소.
> 이제는 어떠한 칼날도, 독약도,
> 내란도 외적도,
> 그를 더 이상 괴롭힐 수는 없을 것이오.
> (3. 2. 22-26)

그로부터 며칠 후 저격 사건이 일어났고 링컨 대통령은 서거했다. '맥베스 징크스'를 믿는 사람들은 링컨 대통령이 맥베스를 불러내는 우를 범했기 때문에 암살 당했다고 믿는다. 하지만 암살될지도 모른다는 두려움에 시달린 나머지, 링컨 대통령이 그 문단을 눈여겨보았다고 생각하는 것이 더 논리적이다. 베런은 링컨 대통령이 생전에 자신의 죽음과 관련된 악몽을 자주 꿨다고 한다. 한 무리의 사람들을 따라 백악관 이스트룸에 들어섰는데, 차갑게 식은 자기 시신을 발견하는 식의 악몽 말이다. 평소 이런 생각에 사로잡히곤 했던 대통령이, 숙은 군수가 평화롭게 삼자는 상면을 묘사한 셰익스피어 극의 대사를 곱씹어 본 것은 조금도 이상할 것이 없는 일이란 말이다.

　　　물론 '맥베스 징크스'는 실체가 없는 미신
이라는 사실을 이성적인 관점에서 논증하는 사람들도 여럿 있다.
이들 중 몇몇은 〈맥베스〉가 전 세계적으로 사랑받는 작품이기 때
문에 망해 가는 극단이 이 유명한 비극을 선호한다는 가설을 내놓
기도 하였다. 이들의 말에 따르면 이 극단들은 〈맥베스〉를 상연했
기 때문에 망한 것이 아니라, 망조가 든 극단이 〈맥베스〉를 상연했
다는 것이다. 하지만 이에 수긍하지 못하는 사람들도 많다. 그들은
비슷한 특수효과나 결투 장면이 삽입된 다른 작품들의 경우와 비
교할 때 〈맥베스〉 공연에서 유독 흉한 사건들이 많이 일어났다는
사실을 지적한다. 하지만 이들의 주장을 다시 맞받아치는 사람들
도 있다. 실제로는 몇 번 일어나지 않은 불길한 사건 탓에 〈맥베
스〉에 저주 받은 연극이란 이미지가 덧씌워졌고, 이 미신에 무임
승차하는 사람들 때문에 〈맥베스〉가 저주 받은 연극이란 멍에를
영원히 짊어지게 되었다는 것이다. 바로 헤스턴의 다리에 등유를
부은 '누군가' 같은 사람들 말이다. 분명 그는 저주 받은 연극 〈맥
베스〉의 명성을 듣고 그 명성에 보탬이 되고 싶은 강렬한 유혹을
느꼈을 것이다. 맥베스도 말하지 않았는가. "악으로 시작한 것은
악의 힘으로 강하게 되는 것이다."(3. 2. 55)
　'맥베스 징크스'는 미신에 불과하다는 사실의 이성적 증거가 하
나 더 있다. 바로 '순리적 정의'를 믿고 싶어 하는 우리의 잠재의식
이다. 무슨 소린지 잘 감이 안 오는 사람도 있을 것이다. '맥베스

징크스'는 인간의 영역에 벗어난 초자연적 힘의 작용을 암시한다. 하지만 '맥베스 징크스'에 인력이 개입할 여지가 전혀 없는 것은 아니다. 앞서 살펴보았듯이 〈맥베스〉를 '스코틀랜드 연극'으로 바꿔 말하거나, 주인공들을 '맥베스나 맥베스 부인'이라 지칭하는 대신 '미스터 앤 미시스 M'이라 부르는 것으로 맥베스 징크스를 피해 갈 수 있다. 다시 말해, 하지 말라는 것만 하지 않으면 되는 것이다. 〈맥베스〉에서도 하지 않아야 할 일을 행한 이들은 모두 지독한 벌을 받았다. '맥베스 징크스'는 〈맥베스〉에 담긴 인과응보의 사상이 현실 세계에 모습을 드러낸 것일 뿐이다.

나는 지금 신비로운 영의 세계를 탐구하는 사람들의 흥을 깨려고 하는 것이 아니다. 사실 〈맥베스〉가 저주 받았다고 믿는다 해도, 크게 나쁜 일이 일어나는 것은 아니다. 하지만 연극과 '맥베스 징크스'에서 공히 드러나는 '순리적 정의'란 허상에 대한 공고한 믿음은 정말 커다란 문제를 일으킬 수 있다. '순리적 정의'는 예술의 영역에서만 구현되는 몽상적 정의다. 정의를 논할 때 예술과 삶의 경계를 허무는 것은 참담한 결과를 낳을 수 있다.

현실과 허구를 쉽게 구분할 수 있을 때도 있다.

하지만 대개는 그렇지 못하다. 게다가 이 둘을 구분할 기준도 모호하다. 나는 이와 관련해서 〈맥베스〉에 등장하는 마녀의 예언으로 '맥베스 징크스'를 설명해 보고자 한다. 아마 〈맥베스〉를 보는 관객 대부분이 마녀의 예언이 실현된다는 것을 알고 있을 것이다. 하지만 예언은 예언일 뿐이다. 하늘이 두 쪽 나도 지켜지는 예언을 보며 느끼는 짜릿한 흥분을 일상에서도 이어갈 수는 없는 노릇이다. '맥베스 징크스'도 마찬가지다. 현실 세계에서는 이루어지지 않는 저주인 것이다.

물론 문학에서 예언은 언제나 실현된다. 예상치 못한 방법으로 실현되긴 하지만 말이다. 《오이디푸스^{Oedipus}》에서 예언자는 오이디푸스가 아버지를 살해하고, 어머니와 결혼할 것이라 말한다. 우리가 잘 알고 있듯이 이를 막기 위해 갖은 수단을 다 동원했던 오이디푸스의 아버지, 라이오스의 몸부림은 무용지물이 되었다. 예언은 그대로 이루어졌으니 말이다. 글로 기록된 예언 중에서 실현되지 않았다고도 볼 수 있는 예가 단 하나 있기는 하다. 바로 성경에 등장하는 요나가 니네베를 파괴하게 될 것이라는 하나님의 예언이다. 하나님의 뜻을 해석하는 사람들은 이 예언은 틀림없이 이루어졌다고 맹렬히 주장한다. 예언대로 니네베가 일단 한 번 파괴된 후에, 니네베 사람들이 회개하자 비로소 도시가 재건되었다는 것이다. 하지만 이들의 견강부회 식 주장의 강경함은 글로 기록된 예언은 분명 실현된다는, 아니 실현되어야만 한다는 사람들의 신념을 다시 한번 확인시켜 줄 뿐이다.

셰익스피어의 예언 또한 이러한 일반율의 예외는 아니다. 〈겨울 이야기〉에 등장하는 예언자의 예언은 너무나 갑작스럽게 실현된다. 〈겨울 이야기〉에서 레온테스 왕은 특별한 이유도 없이 아내가 자신의 가장 친한 친구 폴리제네스와 간음을 저질렀다고 믿는다. 왕실이 술렁이고, 이에 대한 해답을 구하고자 예언자에게 사람을 보낸다. 예언자는 단호한 태도로 헤르미오네의 무죄를 선언하고,

레온테스 왕이 이성을 찾지 않으면, 그의 하나뿐인 아들이 목숨을 잃게 될 것이라 예언한다. 이 신탁을 들은 레온테스 왕은 콧방귀를 뀐다. 놀라운 사실은 "이 신탁은 사실이 아니다. 순전히 거짓이다."(〈겨울 이야기〉, 3.2.140)란 왕의 대사 바로 다음 줄에 왕자의 죽음을 알리는 내용이 등장한다는 것이다. 번갯불에 콩 구워 먹듯 예언이 현실이 된 것이다. 〈맥베스〉에도 창졸간에 현실이 되어 버리는 예언이 등장한다. 마녀들이 맥베스를 "코도의 영주"(〈맥베스〉, 1.3.49)라 추어올리기가 무섭게 맥베스는 덩컨 왕의 전령에게서 그가 코도의 영주가 되었다는 소식을 듣는다.

하지만 일반적으로는 예언은 서서히 실현된다. 운명을 피하고자 하는 사람이 아무리 발버둥쳐 보아도 다가오는 운명을 피할 수 없다는 것을 깨닫게 될 때쯤 예언은 현실이 된다. 〈맥베스〉에는 이런 류의 예언도 등장한다. 마녀들은 실제로 일어날 가능성이 없어 보이는 두 가지 상황을 피하기만 한다면, 맥베스는 왕좌와 목숨을 뺏기지 않을 것이라 장담한다. 첫 번째 예언은 "여자가 낳은 자는 맥베스를 해치지 못하리라"(4.1.80-1)는 것이고, 두 번째 예언은 "버남의 대삼림이 던시네인의 높은 언덕까지 공격해 오지 않는 한"(4.1.93-94) 맥베스는 패배하지 않으리라는 것이다. 맥베스는 마녀들의 예언에 안도의 한숨을 내쉰다. 자연의 이치에 따라 그를 처벌하려면 자연의 이치를 거스르는 조건이 충족되어야 하는 것이다. 자연의 섭리를 거스르는 조건은 절대로 충족되지 않을 것이라 믿었기에 맥베스가 안도한 측면도 없지 않아 있었을 것이다.

하지만 관객들은 이러한 조건이 결국 충족될

것이라는 사실을 알고 있다. 맥베스는 이 예언을 '여자가 낳지 않은 자'만이 맥베스를 해칠 수 있다는 말로 이해했다. 하지만 '여자가 낳지 않은 자'에서 '낳지 않은 자'란 부분에 집중하여 예언을 해석해 보면 맥베스에게 다가올 위협의 모습이 자명해진다. 맥더프는 "달이 차기 전에 어머니 배를 가르고 나온"(5.8.15-16) 남자이기 때문이다. 즉 맥더프는 '자연의 이치에 따라' 태어난 자가 아니고, 제왕절개로 태어난 사람이다. 일단 '낳다'라는 말에 초점을 맞추어 예언을 해석하고 나면 '여자'라는 단어에도 재해석의 여지가 있다는 사실을 깨닫게 된다. 셰익스피어 시대에는 산파가 자연분만을 도왔다. 그러나 제왕절개 시술은 외과의만 할 수 있었다. 당시 외과의는 모두 남자였으니 분만 감독의 책임을 고려해 볼 때 맥더프는 분명 '여자'가 낳은 자도, 여자가 '낳은' 자도 아니다.

버남 숲이 던시네인의 높은 언덕으로 공격해 올 때까지 맥베스는 안전하다는 두 번째 예언의 수수께끼도 비슷한 맥락으로 풀 수 있다. 맥베스는 '나무'를 '숲'으로 오인한 것이다. 마녀는 'Birnam wood'라는 표현을 써서 예언을 한다. 'Birnam wood'는 '버남 숲'으로도 해석될 수 있고 '버남나무'로도 해석될 수 있다. 맥베스가 이해한 바와 달리 마녀가 의미한 것은 '숲'이 아닌 '나무'였다. 숲에서 꺾은 버남나무의 가지로도 맥베스를 폐위시킬 수 있는 것이다. 마녀들의 예언에 따라 맥베스를 패망의 길로 인도할 자는 '나무를 손에 든, 왕관을 쓴 아이' 이다. 〈맥베스〉의 등장인물 중에 이 '나무를 손에 든, 왕관을 쓴 아이'란 수식어가 가장 잘 어울리는 사람은 1막에 등장하는 컴벌랜드의 왕자 맬컴이다. 성 바깥에 대군을 운집시킨 맬컴은 병사들에게 나뭇가지로 몸을 가린 채 버남 숲에서 던시네인 언덕까지 진격하라 명한다. 군열을 갖추고 나뭇가지로 모습을 가린 군사들이 버남 숲에서 출발하여 진격하는 모습은 필시 움직이는 숲처럼 보였을 것이다.

문학에 등장하는 예언은 예상치 못한 방법으로 실현되긴 하지만, 반드시 실현된다. 문학에 등장하는 예언은 독자들을 향한 약속인 셈이다. 이 약속은 언제나 통쾌한 실현을 통해 지켜진다. 하지만 현실 세계의 예언은 그렇지 않다.

형사 전문 변호사이자 법학 교수인 앨런 더쇼비츠는 1996년에 발간된 그의 주목할 만한 수필집에서 '삶은 극적인 서사가 아니다.'라고 단언했다. 그는 먼저 '첫 번째 장에서 벽에 총이 걸려 있다고 설명했다면, 두 번째 장이나 세 번째 장에서는 반드시 총이 발포되어야 한다'란 안톤 체호프의 말부터 소개했다. 체호프가 작가들에게 했던 말이다. 더쇼비츠는 체호프의 말에서 알 수 있듯 문학적 서사는 우리가 분명한 목적을 갖고 있는 세계를 살고 있다는 전제를 바탕으로 하고 있다고 주장했다. 이 문학적 서사의 세계에서는, '가슴 통증이 있은 다음에는 심장 발작이, 기침을 한 다음에는 폐결핵 증상이, 생명보험을 든 뒤에는 살인이, 전화 벨소리에는 극적인 소식이 뒤따른다'는 것이다. 그러나 현실 세계에서는 가슴 통증 뒤에 소화불량이 찾아오고, 기침을 하면 감기에 걸린 것이고, 생명보험을 들면 지긋지긋한 보험료 납입이 따

라올 뿐이다. 아, 그리고 전화벨 소리가 울리면 마케팅 서비스 업체 직원의 목소리를 들을 수 있다.

더쇼비츠는 '문학 세계의 서사에 적용되는 목적론적 규칙과 실제 현실에 적용되는 목적과 관계없는 무작위적 규칙 사이의 간극은 우리 법체계에 시사하는 바가 큰 논점이다.'란 주장을 하기도 했다. 형사 전문 변호사이니만큼 더쇼비츠는 벽에 총이 걸려 있었다는 사실을 알게 된 배심원들은 그 총이 분명 발포되었을 것이라는 생각을 반사적으로 한다는 사실에 관심을 가졌다. 하지만 그가 말하고자 했던 더 포괄적인 논점은 우리가 모든 것에 이유가 있는 세계에 살고 있다는 생각에서 자유로워져야 한다는 것이다. 이 생각을 떨쳐 버리지 않는 한 우리는 정의의 사도가 되기 힘들다. 오히려 불의의 하수인이 될 확률이 더 크다.

이것이 바로 '순리적 정의'가 파놓은 위험한 함정이다. 〈맥베스〉와 같은 예술 작품에서 정의는 우주의 자연스러운 섭리를 표현한 것이다. 하지만 이러한 몽상적 가정을 우리 현실에 적용하는 것은 자기만족에 지나지 않는다. 정의가 언젠가는 저절로 바로 서게 될 것이라고 믿어 버리는 것은 더 이상 현실적인 조치를 하지 않게 되는 것을 의미한다.

이런 상황을 염려한 말 중에서 인권 변호사인 내가 가장 좋아하는 것은, 현직 미국 대통령이 한 말이다. 마틴 루서 킹 목사 기념행사에서, 오바마 대통령은 마틴 루서 킹 목사가 남긴 유명한 문구를 언급했다.

"절망의 구름이 우리의 삶을 날로 끔찍하게 만들고, 우리의 밤이

칠흑 같은 수천 개의 밤보다 더욱 캄캄해질 때, 우리의 세계에 분명 창조적인 힘이 존재한다는 사실을 기억합시다. 거대한 악의 산을 무너뜨리는 힘, 길이 없는 곳에서 길을 만드는 힘, 어두운 어제를 밝은 내일로 바꾸는 힘. 도덕적 세계는 분명 멀리 있지만, 분명 정의를 향하고 있다는 점을 잊지 맙시다."

이 문구는 "아무리 긴 밤이라도 밝을 날은 있소."(4.3.240)란 맬컴의 대사와 정확하게 일맥상통한다. 마틴 루서 킹 목사가 말로 그린 이상의 세계는 분명 자연과 관련이 있다. '악의 산'은 침식되어 무너져 내리고 '어제의 어둠'은 '밝은 내일'로 바뀐다. 자연의 이치에 따르는 '순리적 정의'에 대한 직접적 언급은 없으나, 이 자연을 빗댄 표현들은 분명 '순리적 정의'가 실현된다는 것을 암시하고 있는 것이다.

오바마 대통령은 마틴 루서 킹 목사의 말에 다음과 같은 주석을 달았다. 세계가 물리학의 법칙과 같은 절대불변의 도덕 법칙으로 작동되고 있다고 믿어서는 안 된다는 것이다.

"킹 목사는 도덕적 세계는 멀리 있지만, 정의를 향해 있다고 말했습니다. 정의를 향해 있는 것만은 사실이지만 여기 우리가 주목해야 할 문제가 있습니다. 제 발로 정의를 향하는 것은 아니라는 점입니다. 이 도덕 세계가 정의를 향해 갈 수 있는 것은, 우리 각자가, 직접, 그 도덕 세계에 손을 얹고 힘껏 방향을 틀어, 계속 정의의 방향으로 끌어가기 때문입니다."

오바마 대통령은 우리의 세계는 악을 스스로 자정하는 도덕적 세계가 아님을 강조하면서 '순리적 정의'의 세계가 갖는 오류에 대해 경고했다.

〈맥베스〉에 등장하는 헤커티는 '불운'한 인물이다. 심지어 원전에는 등장하지 않았던 인물이라는 이야기도 들린다. 하지만 그녀는 '순리적 정의'의 오류가 모두의 이성을 압도해 버린 〈맥베스〉에서 드물게 진실을 말하는 자다. 그녀는 마녀들에게 옴짝달싹하지 않는 인간의 게으름을 이용하라 가르친다. 세계가 정의를 향해 나아간다는 순진한 믿음에 홀려 아무것도 하지 않는 인간의 무지몽매한 침묵 말이다. 헤커티는 정신이 번쩍 들 만한 말을 하며 아둔한 인간을 비웃는다. "너희들도 알다시피 방심은 인간의 가장 큰 적이니라."(3. 5. 32-33)

완벽한 정의 실현을 꿈꾼 지식인

햄릿 **Hamlet**

Chapter 07

지식인들은 마땅히 기뻐해야 한다. 영미 문학의 금자탑을 쌓은 작품이 지식인 청년을 주인공으로 간택했으니까. 바로 햄릿 왕자 말이다. 그는 여지없는 지식인이다. 비텐베르크 대학에 다니고 있는 학생의 "잉크색 외투"(1.2.77)는 구태여 한숨짓는 수심 외에도 "말, 말, 말"(2.2.189)을 품고 있으니 말이다. 이 우울한 왕자가 지식인이었다는 사실이 정의 구현에는 별로 보탬이 되지 않았다고 믿는 이들이 많다. 이는 틀린 말만은 아니다.

도대체 아버지를 살해한 남자에게 복수하는 데 왜 그렇게 오랜 시간이 걸렸던 것일까? 왜 햄릿 왕자는 그토록 뜸을 들였을까? 누구나 한번쯤은 이런 생각을 해 보았으리라. 당연히 수많은 심리분석가, 문학평론가, 철학가들이 나름의 분석을 내놓았다. 대부분이 닥친 일을 뒤로 미루고 싶어 하는 인간 본성 때문이라 결론지었다. 그중 내 마음에 가장 와 닿았던 것은 법학자들의 주장이었다. 햄릿은 완벽한 정의를 꿈꾸는 지식인의 결벽 때문에 쉽사리 행동에 나설 수 없었을 것이라는 분석 말이다. 역시 직업은 속일 수 없나 보다.

차마 용서할 수 없는 불의에 피눈물을 흘리던 왕자는 자신의 손으로 직접 정의를 실현하기로 결심한다. 〈티투스 안드로니쿠스〉에서처럼 불의를 저지른 자가 집권 세력으로 등극했기 때문에 자력구제하는 방법 외에는 딱히 뾰족한 수도 없다. 하지만 햄릿이 마음만 먹었다면 조속히 정의를 회복하는 것은 일도 아니었을 테다. 왕자에게 그 정도 지모는 있었다. 하지만 그는 우울한 말만 주워섬기면서 시간을 허비해 버린다. 그가 그저 그런 '정의'가 아니라 '몽상적 정의', 완벽한 이상적 정의의 구현을 꿈꿨기 때문이다. 클로디어스의 경우만 놓고 보자면, 왕자가 몽상적 정의를 끝내 실현했다고 할 수도 있다. 하지만 그의 결벽적인 복수는 너무 많은 피해를 낳았다. 왕자의 백일몽은 총체적인 관점에서 그다지 이상적이지 못한 결과를 낳은 것이다.

〈햄릿〉을 통해 우리는 왜 현실 사회의 정의 구현에 매진하는 사람들이 때로 지식인들을 탐탁지 않아 하는지 그 이유를 깨닫게 된다. 현실 사회를 관조하는 지식인들 덕에 이상적인 정의에 대해 숙고해 볼 기회가 생기는 것만은 사실이다. 하지만 이상에만 얽매인 사고로는 현실을 담보할 수 없다. 우리는 이미 〈맥베스〉에서 '몽상적 정의'가 자연의 이치에 따라 절로 구현되는 것이 아니라는 논의를 살펴보았다. 셰익스피어는 여기서 한발 더 나아가 〈햄릿〉에서는 '몽상적 정의'에 대한 한층 더 고차원적인 시각을 피력한다. 바로 완벽한 정의만을 고집하는 반대자가 사회에 막대한 해를 입힐 수도 있다는 역설 말이다. 서정적인 복수 비극 〈햄릿〉의 이면에는 현실과 유리된 몽상가들의 위험성에 대한 엄중한 경고가 숨어 있다.

〈햄릿〉은 13세기 인물인 데인 삭소 그라마티쿠스가 쓴 복수 비극을 토대로 쓴 희곡이다. 셰익스피어 이전에도 많은 사람들이 이 비극에서 영감을 받았다. 그라마티쿠스의 비극은 1580년에는 프랑스 작가인 프랑수아 드 벨포레가 개작을 했고, 1590년에는 영국에서 연극으로 공연되기도 했다. 사람들이 〈원(原)햄릿〉이라 이른 이 연극의 희곡을 누가 쓴 것인지 밝혀지지 않았으나, 셰익스피어였을 것이라 추측하는 사람들도 있다. 어쨌든 셰익스피어판 〈햄릿〉은 위대한 아버지의 죽음을 애도하는 덴마크의 왕자 햄릿의 비통한 모습부터 보여 준다. 살해된 왕의 이름도 햄릿이다. 햄릿 왕은 궁궐 정원에서 잠을 자다 독사에 물려 목숨을 잃었다. 아버지를 잃은 슬픔이 가시기도 전에 햄릿 왕자는 못 볼 꼴을 보게 된다. 왕이 서거한 지 채 두 달도 지나지 않은 시점에 삼촌 클로디어스와 햄릿의 어머니 거트루드 왕비가 혼례를 치른 것이다. 어머니와 함께 햄릿 왕자의 머리 위에 씌워졌어야 했던 왕관도 배은망덕한 삼촌의 손아귀에 들어가 버렸다. 죽은 햄릿 왕을 닮은 유령이 햄릿 왕자와 그의 친구 허레이쇼 앞에 나타난다. 아직 〈햄릿〉의 초반부다. 클로디어스가 자신을 살해했다고 고해바친 유령은 햄릿 왕자에게 자기를 위해 복수하라 명한다.

피 끓는 분노를 느낀 햄릿 왕자는 처음엔 순순히 복수를 다짐한다. 하지만 이내 그 유령이 진정 아버지의 혼령인지, 아니면 자기를 악의 구렁텅이로 유혹하려고 나타난 지옥의 사자인지 의심한다. 고심 끝에 왕자는 클로디어스가 저지른 살인을 똑같이 재현하는 연극을 왕과 왕비 앞에서 상연하기로 결심한다. 클로디어스의 반응으로 유무죄를 판단하겠다는 것이다. 그리고 햄릿은 이 '연극 안의 연극'에 '쥐덫The Mousetrap'이라는 제목을 붙인다. 연극을 보고 간담이 서늘해진 클로디어스는 공연장을 황급히 떠나 버리고, 이를 본 햄릿 왕자는 그의 유죄를 확신한다. 곧이어 햄릿은 홀로 성당에서 기도를 올리고 있는 클로디어스를 발견한다. 천재일우의 기회다. 하지만 햄릿은 클로디어스를 죽이지 않는다. 기도하다 클로디어스가 죽으면 이 불한당의 영혼이 곧바로 천국으로 갈 것이 걱정되었던 것이다. 분기탱천해 왕비의 내실로 간 햄릿은 어머니 거트루드와 소리 높여 언쟁한다. 폴로니어스가 커튼 뒤에 숨어 엿듣고 있다. 왕비 내실 커튼 뒤에서 인기척을 낼 작자는 클로디어스밖에 없다 확신한 왕자는 득달같이 칼을 뽑아 원수를 찌른다. 하지만 커튼 뒤에 서 있다 엉겁결에 목숨을 잃은 자는 클로디어스가 아니라 폴로니어스였다.

햄릿이 자신의 목숨을 노리고 있다는 사실을 알게 된 클로디어스는 로젠크란츠와 길덴스턴에게 왕자를 영국으로 호송하라 명한다. 그리고 햄릿의 죽마고우인 이 두 사내에게 왕자의 비밀스런 처형을 부탁하는 밀서를 쥐여 준다. 하지만 이들의 음모를 눈치챈 햄릿은 클로디어스의 친서를 로젠크란츠와 길덴스턴의 처형을 명하는 편지와 바꿔 치운다. 어제의 친구는 오늘의 적이 되고 말았다. 햄릿은 비장한 각오를 품고 덴마크로 돌아온다. 그사이 아버지 폴로니어스의 죽음에 충격을 받고 정신을 놓은 오필리아가 물에 빠져 죽었다. 마니리아재비, 실국화, 자란을 머리에 얹고 화사한 차림으로 저승길에 오른 이 비련의 여인은 햄릿의 옛 연인이다.

오필리아의 오빠 레어티스는 순식간에 생떼 같은 가족을 둘이나 잃었다. 격분한 청년은 시시비비를 제대로 가려 주지 않는 클로디어스에게 반기를 든다. 하지만 이에 당황할 클로디어스 왕이 아니다. 그는 간교한 말로 레어티스를 꾀어 그의 분노의 칼끝이 햄릿 왕자를 향하게 한다. 왕의 사탕발림에 깜박 넘어간 레어티스는 햄릿 왕자에게 펜싱 시합에서 실력을 겨루어 보자고 청한다. 속셈이 뻔히 보이는 계략이다. 이미 클로디어스와 레어티스는 운동경기를 빙자한 살인을 할 확정적 고의를 서로 확인했다. 시합 당일 클로디어스는 햄릿이 마실 음료에 독을 타고, 레어티스는 자신의 검에 독을 바른다.

시합 도중 무심결에 아들 햄릿의 음료를 마신 거트루드가 숨을 거둔다. 레어티스와 햄릿은 둘 다 독을 바른 검에 찔려 치명상을 입는다. 시합 중간에 칼이 한 번 바뀌었기 때문이다. 레어티스의 온 몸에도 급속도로 독이 퍼진다. 죽음을 눈앞에 두고서야 햄릿은 클로디어스를 죽인다. 영국에서 온 사신이 로젠크란츠와 길덴스턴이 처형되었다는 소식도 전해 준다. 햄릿이 바꿔 친 편지가 효력을 발휘한 것이다. 충직한 허레이쇼는 자결하여 햄릿 왕자의 뒤를 따르려 한다. 하지만 햄릿은 그에게 살아남아 자신의 이야기를 후대에 전해 달란 부탁을 남긴다. 노르웨이의 왕자 포르틴브라스가 왕국의 새로운 영도자가 되어 왕후장상의 피로 물든 덴마크의 질서를 바로 세운다. 덴마크는 새로운 왕과 국가의 독립을 맞바꾸었다.

햄릿은 왜 이토록 만사를 질질 끈 것일까? 문학 평론가 A.C. 브래들리는 이를 두고 한탄했다. "왜 햄릿이 단박에 유령의 말을 듣지 않았던 것일까? 그랬다면 죽은 8명 중 7명의 목숨은 구할 수 있었을 텐데." 죽은 순서대로 나열해 보자면, 폴로니어스, 오필리아, 로젠크란츠, 길덴스턴, 거트루드, 레어티스, 햄릿, 모두 일곱이나 되는 소중한 생명이 쓸데없이 목숨을 잃은 것이다. 정신분석학자인 어니스트 존스는 햄릿이 복수를 끝없이 뒤로 미룬 일을 놓고 '불가해한 문제를 내는 근대문학의 스핑크스'라 말하기도 했다.

많은 사람들이 이 수수께끼에 도전장을 내밀었다. 프로이트는 그 원인을 햄릿 왕자의 오이디푸스 콤플렉스에서 찾았다. '햄릿은 무엇이든지 할 수 있었다. 왕자였으니까. 아버지의 자리를 차지해 버린 그 남자를 죽이는 것만이 그가 할 수 없는 유일한 일이었다. 자신의 아버지를 죽이고, 어머니를 품에 안은 그 남자는 햄릿 왕자가 어릴 적부터 품어 왔던 금지된 욕망을 실현한 사람이었으니까.' 괴테는 햄릿의 유약한 성정을 이유로 꼽았다. '사랑스럽고 순수하고 도덕적인 햄릿이지만 영웅처럼 심지가 굳지는 못했다. 감당할 수 없는 짐을 지게 된 왕자는 그 생각을 끊임없이 떨쳐 버려야만 했을 것이다.' 니체는 햄릿이 허무주의자였기 때문에 그런 일이 일어났다고 말했다. '흥청망청 살아가는 디오니소스형[36] 인간과 햄릿은 닮은 점이 있다. 이 둘 모두 세상의 진리를 알고 있다는 점 말이다. 그들은 생각은 할 만큼 한다. 하지만 실행하길 싫어할 뿐이

---

36) 니체는 《비극의 탄생Die Geburt der Tragödie dem Geiste der Musik》이란 저서에서 디오니소스와 아폴론을 비교했다. 디오니소스를 맹목적이고 혼란스러운 충동으로, 아폴론을 논리적인 이성으로 대조한 것이다. 니체는 이러한 두 요소가 편중되지 않고 조화롭게 결합되어야만 훌륭한 예술 작품이 탄생할 수 있다고 주장했다. ─옮긴이

다. 그들이 어떤 행동을 하건 세상의 영속한 본질이 바뀔 리 없기 때문이다.'

마저리 가버의 말에 따르면 비평가들은 유독 〈햄릿〉을 파헤치길 좋아한다. 아마 비평가들 자신이 지식인이라 그런 것 같다. 지식인이라면 누구나 햄릿 왕자에게서 자신의 모습을 발견하고, 그가 말하는 이유를 자신이 한번쯤은 댈 만한 이유라 느낄 것이기 때문이다. 프로이트는 오이디푸스를 떠올렸고, 괴테는 슬픔으로 가득한 베르테르를 떠올렸다. 니체도 다르지 않았다. 그는 햄릿에게서 디오니소스형 인간과의 공통점을 끄집어냈다. 역사에 길이 남은 위인들도 이렇듯 자신의 연구와 작품에 비추어 햄릿을 파악했는데, 나라고 그렇게 하지 말아야 할 이유가 있겠는가? 그래서 나는 법학자들이 제시한 '완벽한 정의의 추구'라는 동기로 햄릿의 우유부단함을 설명하고자 한다. 나는 햄릿이 성적으로 왜곡되었기 때문에, 혹은 심약해서, 아니면 허무주의자여서 그토록 오래 어물어물했다고는 생각하지 않는다. 오히려 그가 한 점 오류도 없는 정의의 구현을 바랐기 때문에 한 발짝도 나아갈 수 없었던 것이라 생각한다.

햄릿은 복수의 실행을 두 번 뒤로 미룬다. 현대 재판과정에서 말하는 '유죄의 판정'과 '선고'를 하는 과정에서 두 번 복수를 연기한 것이다. 맨 처음에 햄릿은 클로디어스의 유죄에 대한 확증이 없다는 이유를 들어 복수를 연기한다. 처음 유령이 나타난 때부터 '연극 안의 연극'을 상연하기까지 걸린 시간은 대략

두 달이다. '쥐덫'이란 제목의 이 공연으로 유무죄의 판정 과정을 거친 뒤에야 햄릿은 클로디어스의 유죄를 확신한다. 다음으로 햄 릿은 홀로 성당에서 기도하는 클로디어스 왕을 죽일 수 있는 절호 의 기회를 날려 버린다. 결정적이고도 신속한 복수의 연기다. 햄릿 이 내린 두 번의 결정은 모두 '완벽한 정의'를 지향하는 햄릿의 성 벽으로 설명할 수 있다.

　모든 사건의 발단은 유령이다. "〈햄릿〉에 등장하는 유령은 독 보적인 존재다. 셰익스피어 작품에서만 그런 것이 아니라 모든 문학적 자료와 역사적인 자료를 통틀어 그렇다는 말이다. (중략) 이 유령은 대사도 많지 않다. 세 번 등장하는 것이 전부다. 그마저 도 한 번은 등장해서 아무 말도 하지 않는다. 그런데도 이 유령은 너무나 생생하고도 엄청난 불안감을 조성한다." 스티븐 그린블랫 의 말이다. 유령의 대사 몇 줄만 보아도 그린블랫의 말이 빈말이 아님을 알 수 있을 것이다. 다음은 유령이 처음으로 햄릿에게 하 는 대사다.

　　나는 네 아비의 혼령. 밤이면 잠시 지상에 나타나고,
　　낮에는 지옥 업화에 싸여 살아생전에 지은 죄가
　　죄다 불타 씻겨질 때까지 갇혀 있어야 할 운명.
　　그 황천의 비밀은 여기선 말할 수 없다.
　　말하면 그 한마디로 네 얼은 빠지고
　　네 젊은 피가 얼어붙을 것이며,
　　두 눈알은 유성같이 체자리를 튀어나오고,
　　그 엉클어진 머리카락은 고슴도치의 거센 침처럼

갈가리 곤두설 것이다.
그러나 이런 무한한 저승의 비밀을 이승 인간의 귀에는
전하지 못하게 되어 있느니라.

(1. 5. 9−22)

햄릿 왕의 유령은 지금 연옥에 머무르고 있다. 연옥은 천국으로
가기에는 자격이 부족한 자들이 '살아생전에 지은 죄'가 '죄다 불
타 씻겨질' 때까지 갇혀 있는 곳이다. 유령은 자신이 그곳에서 이
루 말할 수 없는 고통을 겪고 있다 토로한다. 구체적인 내용은 말
해 주지 않는 것을 보니 말할 수 없는 고통만은 맞는 것 같다.

하지만 유령은 고통을 홀로 겪고 있지만은 않는다. 이승에 홀연
히 모습을 드러낸 유령은 아들에게 고통의 전가를 명령한다. "들어
라, 제발 들어 다오. 네가 진정 이 아비를 생각한다면. 가장 추악하
고 자연의 섭리를 거스른, 이 비열무도한 살인의 원수를 갚아 다
오!"(1. 5. 23, 25) 요지가 그렇다는 것이다. 유령은 범행의 자세한 내
용과 그에 상응하는 처벌에 이르기까지, 세부사항을 일일이 열거
하며 아들에게 복수를 부탁한다.

언제나 하는 버릇,
그날도 난초와 함께 낮잠을 즐기는데,
너의 숙부, 그 녀석이 몰래 가까이와
병에 든 독약을 내 귀에다 부었다.
살을 썩히는 그 무서운 헤보나의 독약을.
이 독약은 사람 피에는 비상,

삽시간에 온몸의 대문과 골목길을 수은 돌듯 두루 돌아,
마치 우유에 초 한 방울을 떨어뜨리듯
별안간 정한 피가 얼어붙게 만들었다.
그리하여 보기에도 징그러운 문둥이처럼
전신에 부스럼이 솟아나고 말았구나.
이렇게 이 아비는 잠시 잠든 틈에 친아우 손에
목숨뿐이랴, 왕관과 왕비마저 고스란히 빼앗기고 말았다.
성찬도 임종의 도유도 받지 못하고 마지막 고해도 못한 채,
살아생전의 모든 죄를 지녀, 깨끗지 못한 몸 그대로
저승길에 끌려나오게 되었다.
아, 두렵고 무서운 노릇이로구나.
네게 만일 효심이 있거든 내 원한을 풀어다오.
덴마크 왕의 침상을 패륜 음락의 자리로 만들지 말아 다오.
하나 한 가지 명심해 둘 것은,
비록 일은 서둘지언정 행여 마음이 흐려져서
네 어미를 해치는 일은 말아 다오.
하늘의 뜻에 맡겨 마음속 가시에
스스로 가책 받게끔 내버려 두어라.
자, 그만 가야겠다. 날이 새는 모양,
저 반딧불도 희미해진다.
그러면 잘 있거라, 햄릿.
부디 이 아비를 잊지 마라.

(1. 5. 59-91)

유령은 글로디어스가 자기 귀에 독약을 부어 국왕의 정결한 피
를 얼어붙게 만들었다고 말한다. 귀를 타고 들어오는 그의 음산한

탄원에 우리의 피도 얼어붙는 것만 같다. 유령이 "삽시간에 독약이 온몸의 대문과 골목길을 수은 돌듯 두루 돌았다"는 이야기를 할 때부터 등골이 서늘해진다. 왕의 신체와 국가의 정체를 연관 짓는 표현은 셰익스피어 작품에 자주 등장한다. 여기서도 셰익스피어는 왕의 혈관과 판막을 나라의 "대문과 골목길"에 비유한다. 왕의 몸에 독이 퍼진 것을 "이 나라 덴마크 어딘가가 썩어 든 징조"(1.4.90)라 받아들이는 것도 이런 맥락에서 이해할 수 있다. 하지만 독살당한 육체의 고통은 종교적인 이유로 왕의 영혼이 겪고 있는 고통에 비하면 아무것도 아니다. 왕의 유령은 "성찬도 임종의 도유도 받지 못하고 마지막 고해도 못한 채" 연옥으로 끌려오게 되었음을 통탄한다. 종부성사를 받을 기회를 영영 잃어 "살아생전의 모든 죄를 지닌 깨끗지 못한 몸 그대로 저승길에 끌려나오게 되었다"는 것이다. 구원 받지 못한 영혼의 죄악은 육체에 증거를 남긴다. 죄를 씻지 못한 왕의 몸은 흉물스럽게 변해 버린다. "그리하여 보기에도 징그러운 문둥이처럼 전신에 부스럼이 솟아나고 말았구나."

왕의 유령은 아들에게 세 가지 부탁을 한다. 첫 번째 부탁은 "덴마크 왕의 침상을 패륜 음락의 자리로" 만들지 말아 달라는 것이다. 햄릿 왕자는 클로디어스를 죽여야만 한다. 다음 부탁은 "비록 일은 서둘지언정 행여 마음이 흐려져서 네 어미를 해치는 일은 말아"달라는 것이다. 마지막으로 자신을 잊지 말라 당부한다. "그러면 잘 있거라, 햄릿. 부디 이 아비를 잊지 마라." 유령이 작별을 고하기가 무섭게 햄릿 왕자는 펄펄 뛰며 복수를 다짐한다. 자신의 기억을 모두 비우고 복수의 명령만을 뇌수에 아로새기게 해 달라 일월성신에 빌기까지 한다.

하지만 마음을 가다듬고 생각해 보니 미심쩍은 구석이 한두 군데가 아니다. 지식인인 왕자는 일단 복수를 클로디어스의 유무죄 판정 이후로 미루기로 결심한다. 사실 당시의 사회적 배경을 보려 하면 햄릿 왕자가 유령의 출현에 의심을 품은 것은 당연한 일이다. 셰익스피어 시대 사람들은 유령을 선량한 사람을 파멸시키는 악마의 수족쯤으로 여겼다. 토머스 브라운 경은 《의사의 종교^{Religio} ^{Medici}》(1643)에서 "죽은 사람들의 혼백이나 유령은 이승을 헤매는 사람의 영혼이 아니다. 그것들은 우리를 방종과, 악행, 피의 구렁텅이로 유인하려는 악마의 조용한 발걸음에 지나지 않는다."라 말하기도 했다. 게다가 허레이쇼와 햄릿은 비텐베르크에서 공부한 동문이다. 비텐베르크는 종교개혁의 불씨를 지핀 개신교의 성인 마르틴 루터를 품었던 도시다. 그리고 연옥은 구교인 가톨릭 교리에 등장하는 개념이다. 개신교의 새로운 바람을 맛본 이들이 연옥에서 돌아왔다고 주장하는 유령의 존재에 의심을 품은 것은 아주 자연스러운 일이었던 것이다. 허레이쇼는 유령이 "갑작스레 무서운 괴물로 둔갑하여 왕자님 정신을 앗아 가면 어떻게 하느냐"(1.4.74)며 왕자의 안위를 걱정한다. 유령의 호소에 피가 끓어 앞뒤 재지 않고 복수를 다짐했던 순간에도 햄릿 왕자는 유령의 존재에 대한 의심을 지우지 못한다. "오, 천지신명이시여! (중략) 내가 지옥의 하수인이라도 되어야 하는 것일까?"(1.5.92-93) 흥분을 가라앉히고 사태 파악에 들어간 뒤에는 햄릿 왕의 유령이 악령일 가능성을 좀 더 면밀히 검토한다. "저번의 망령, 그게 마귀의 짓인지도 몰라. 마

귀란 어떤 형용이건 마음대로 할 수 있다니까!"(2. 2. 533-535)

클로디어스가 국외에서 상당한 존경을 받는 인사라는 사실도 햄릿의 의심을 깊게 한다. 클로디어스가 햄릿 왕을 살해했다는 물증은 어디에도 없다. 햄릿의 귓가에 맴도는 유령의 허망한 탄식만 남았을 뿐이다. 게다가 정치 9단인 클로디어스는 법을 자유자재로 다룰 줄 아는 사람이다. 허레이쇼는 극 초반에 햄릿 왕과 노르웨이의 포르틴브라스 왕이 영토를 두고 벌인 다툼에 대해 이야기한다. 클로디어스는 아직 등장조차 하지 않았다. 승기는 용맹한 햄릿 왕의 것이 되고, 포르틴브라스 왕은 자신의 영토와 목숨을 모조리 햄릿 왕에게 빼앗기고 만다. 영토가 미리 "뚜렷이 박아 놓은 약조에 따라" 덴마크 왕의 "손아귀로"(1. 1. 85-86) 들어온 것이다. 이어 허레이쇼는 죽은 포르틴브라스가 동명의 아들 포르틴브라스가 땅을 되찾을 엉뚱한 수작을 꾸미고 있다고 말한다. 그리고 그가 "노르웨이 변방에 출몰하면서 하루 세 끼 창자만 채울 수 있다면 마구 덤벼드는 무뢰배들"을 그러모으는(1. 1. 97) 사실도 알려 준다. 사실 근원적인 책임은 새로 즉위한 노르웨이 왕에게 있다. 포르틴브라스 왕자를 제대로 살피는 것은 그의 책임이니 말이다. 노르웨이의 새 왕은 포르틴브라스 왕의 동생이다. 노르웨이에서도 왕세자 대신 왕의 동생이 왕위를 계승한 것이다. 클로디어스나 노르웨이의 새 왕이나 도진개진이다.

하지만 클로디어스는 현명한 군주 특유의 유능함을 뽐내며 자신의 상대적 우위를 입증한다. 그는 아들 포르틴브라스가 "일찍이 그의 아비가 엄연히 약조에 따라 용맹무쌍한 선왕께 양도한 바 있는 옛 영토를 다시 돌려내라고 귀찮게 굴고 있다"(1.2.23-25)고 말한다. 영토 수복을 꿈꾸는 포르틴브라스 왕자를 막무가내로 불법적인 요구를 하는 떼쟁이로 표현해, 요구의 정당성을 일축한 것이다. 이어 그는 와병 중인 노쇠한 왕에게 조카의 흉계를 알리는 친서를 보낸다. 그리고 친서를 가지고 가는 사신들에게 "상대 왕과의 절충은 여기 명시되어 있는 조항에 따라 행할 것, 그 이상의 권한은 부여되지 않았으니 명념할 것"(1.2.38)이라 말한다. 한정적인 권한만을 부여하는 것이란 사실을 대신들에게 못 박은 것이다. 클로디어스의 똑 떨어지는 유능함에 혀를 내두르게 하는 장면이다. 합법적인 결과를 뒤집으려는 포르틴브라스 왕자의 도발에도 노련한 클로디어스는 결코 흥분하지 않는다. 그는 차분한 태도로 일관하며 노르웨이 왕에게 조카의 불법적인 처신을 고지하는 친서를 보내 경고할 뿐이다. 아울러 친서를 전달하는 사신들에게도 불법적 처신을 조심하라 당부한다. 성군의 재목이라 아니 할 수 없는 일처리 솜씨다.

하지만 아무리 왕의 기틀을 갖추었다 한들 햄릿에게 클로디어스는 패륜을 저지른 몹쓸 인간일 뿐이다. 누가 뭐래도 햄릿만큼은 새 왕에게 할 말이 많은 셈이다. 어머니 거트루드와 '경솔'하고도 '근친상간'이나 다름없는 결혼을 한 것만 보아도 그렇다. 하지만 법적인 측면에서 보자면 이들이 그토록 황급히 결혼한 데는 납득할 만한 이유가 있다. 법학자인 J. 앤서니 버튼도 거트루드에게는 '빛의 속도'로 결혼해야만 하는 분명한 이유가 있었다고 지적했다. 당시 법에 따르면 아내는 사망한 남편이 소유한 부동산의 3분의 1에 해당하는 재산을 상속받을 수 있었다. 이 재산은 아내가 사망할 때까지 그녀에게 속하고, 사망 이후에는 그녀의 남성 후계자 것이 된다. 남편이 사망하면 그 아내에게는 '과부체재권(寡婦滯在權)'이라는 권리가 주어졌다. '과부체재권'은 아내가 남편 사후에 자신의 재산이 된 3분의 1의 부동산에 정착할 때까지, 고인이 된 남편의 부동산에 40일 동안 체류할 수 있는 권리다. 근대 영국법에 따르면, 햄릿은 햄릿 왕 사망으로 아버지 땅의 3분의 2를 상속받게 된다. 하지만 '과부체재권'이 발동되는 40일 동안 거트루드가 재혼을 할 경우, 거트루드 왕비는 죽은 남편의 전 영지를 한 뼘도 빼앗기지 않고 새 남편과 함께 공유할 수 있게 된다.

그렇다면 과연 〈햄릿〉에서 거트루드 왕비는 이 40일 안에 재혼했을까? 이 재바른 한 쌍은 물론 그렇게 했다. 그래서 그토록 결혼을 서둘렀던 것이다. 처음에 햄릿은 "아버지가 돌아가신 지 겨우 두 달"(1.2.138)된 시점에 어머니가 재혼을 한다고 투덜거린다. 하지만 곧바로 그 기간을 정정한다. 그리고 그 후에는 채 한 달도 되지 않아 어머니가 재혼했다고 몇 번이나 말한다. "아니 미처 두 달도 못 되었어."(1.2.138), "한 달도 채 못 되어."(1.2.145), "한 달도 못 돼서"(1.2.147), "한 달 만에"(1.2.153) 등 이를 강조하는 대사가 여러 차례 등장한다. 한 달이 되지 않았다니 40일은 당연히 넘기지 않은 것이다.

정황상 클로디어스에게 햄릿의 자리를 빼앗을 악의적 목적으로 법을 악용했다는 혐의를 씌울 수도 있다. 하지만 클로디어스는 정말 순수하게 거트루드 왕비를 사랑했던 것 같다. 그는 레어티스에게 자신은 "몸과 마음이 다 같이 왕비에 빠져 있는 처지"(4.7.15)란 고백을 한다. 몇몇 심술궂은 학자들은 클로디어스와 거트루드의 결혼이 셰익스피어 작품에 등장하는 몇 안 되는 행복한 결합 중 하나라 말하기도 한다. 클로디어스의 말처럼 거트루드와 그가 열렬히 사랑했다면 결혼하는 것은 이치에 맞는 일이다. 이왕지사 결혼을 할 것이라면 꿩 먹고 알도 챙겨 먹을 수 있는 선택을 마다할 이유가 없었던 것이다. 40일의 기간 내에 결혼을 하면 왕의 모든 영토도 상속받을 수 있고, 꺼림한 왕위 계승에 따른 클로디어스의 부실한 기반을 강화할 수도 있었을 테니 말이다. 이는 비단 클로디어스 개인만을 위한 조치는 아니었다. 그 반대로 덴마크 전체를 위한 선택이었다고 평할 수 있다. 〈햄릿〉에서 셰익스피어는 군주는 개인과 처신을 달리해야 한다는 사실을 거듭 강조한다. "국왕의 탄식은 곧 만백성의 신음소리인가 합니다."(3.3.22-23)란 로젠크란츠의 말만 보아도 알 수 있다.

진정한 성군이라면 어미의 조급한 재혼에 상처 입은 햄릿을 보듬을 줄도 알아야 한다. 아닌 게 아니라 클로디어스는 여러 번 그러한 시도를 한다. 햄릿을 "햄릿! 내 조카요, 이젠 내 아들."(1.2.64)이라 부르는 것에 이어, "천하에 공포하거니와, 그대는 왕위를 이어받을 왕자."(1.2.108-109)란 말로 햄릿이 명실상부한 왕국의 후계자임을 공공연히 선언한다. 햄릿 왕자가 "실은 출세를 못 해서 그러네."란 실없는 소리를 하자 로젠크란츠가 한 대답에서 이를 다시 확인할 수 있다. "원, 별말씀도. 국왕께서 손수 덴마크 왕위 계승자로 왕자님을 책봉하지 않으셨습니까."(3.2.332-334)

아무리 자신을 위한다 한들 햄릿의 눈에 죽은 형의 아내와 결혼한 삼촌이 곱게 보일 리 없다. 이것은 제아무리 노련한 클로디어스라 할지라도 쉽사리 비난을 피해 갈 수 없을 정도의 패륜이다. 셰익스피어 시대에 이런 근친결혼은 논란의 핵심에 서 있는 문제였다. 헨리 8세는 형 아서의 아내인 아라곤의 캐서린과 결혼했다. 신약에는 근친결혼을 금지하는 구절이 등장한다. '너는 형제의 아내의 하체를 범하지 말라. 이는 네 형제의 하체니라.'(레위기 18장 16절) 이보다 더 무시무시한 구절도 있다. '누구든지 그의 형제의 아내를 데리고 살면 더러운 일이라 그가 그의 형제의 하체를 범함이니 그들에게 자식이 없으리라.'(레위기 20장 21절) 성경의 내용에서 알 수 있듯이 당시 교회의 율법은 형제의 아내와 결혼하는 것을 반인륜적인 결혼으로 여겨 금지했다. 하지만 구약에는 이와 정면으로 반하는 구절이 있었다. 바로 '형제가 동거하는데 그중 하나가 죽고 아들이 없거든 그 죽은 자의 아내는 나가서 타인에게 시집가지 말 것이요. 그 남편의 형제가 그에게로 들어가서 그를 취하여 아내를 삼아 그의 남편의 형제된 의무를 그에게 다 행할 것이요.'라는 신명기 25장 5절 말씀이다. 캐서린과 죽은 아서 사이에는 아이가 없었다. 이 때문에 레위기에 금지된 '역연혼(逆緣婚)'[37]의 유일한 예외 사항이라 할 수 있는 신명기 말씀을 근거로 들어 헨리 8세는 형수 캐서린과의 결혼에 대한 교황 율리오 2세의 허락을 힘들지 않게 받아 낼 수 있었던 것이다.

---

37) 죽은 자의 형이나 아우가 그 아내와 결혼하는 관습 –옮긴이

하지만 앤 불린과 사랑에 빠진 헨리 8세는 교황 클레멘스 7세에게 자신과 캐서린의 결혼이 레위기 말씀에 반하는 결혼이니 혼인을 무효화해 달라는 청원을 한다. 그는 구약의 신명기에 근거한 결혼 허가를 받았기 때문이 아니라, 모세의 율법에 정해진 역연혼이란 것을 강요받았기 때문에 캐서린과 결혼하게 된 것이라고 우겼다.

하지만 클로디어스는 헨리 8세와 같은 이유를 대며 결혼을 정당화할 수도 없다. 클로디어스의 형이 햄릿 왕자라는 분명한 남성 후계자를 남기고 세상을 떠났기 때문이다. 신명기의 예외를 거론할 수 없는 상황인 것이다. 법학자인 제이슨 로젠블랫은 결혼을 정당화하려는 클로디어스의 시도 때문에 햄릿이 더 절망한 측면도 있다는 분석을 내놓았다. 클로디어스의 결혼이 정당한 것이 되려면 햄릿의 존재 자체가 사라져야 하기 때문에 햄릿이 한층 더 괴로워했다는 것이다.

하지만 그렇다고 해서 클로디어스가 합법의 울타리를 넘어 버린 것은 아니었다. 햄릿은 〈햄릿〉에서 네 번이나 클로디어스와 거트루드가 '근친상간'을 저질렀다고 주장한다. 하지만 교회 율법의 금지와 달리 실정법에서 금지하는 근친상간은 직접적으로 피가 섞인 혈족 간의 간음만을 지칭하는 것이었다.[38] 결혼을 통해 가족이 된 인척 간의 간음은 실정법으로 금지되는 근친상간에 해당되지 않았던 것이다. 클로디어스는 근친상간과 그에 따르는 벌에는

---

38) '혈족'은 사실상 자연 혈연관계가 있는 자연혈족을 말하는 것이고, '인척'은 어떤 사람과 그 사람의 혈족의 배우자, 배우자의 혈족, 배우자의 혈족의 배우자 사이의 신분 관계를 말하는 것이다. -옮긴이

사실 신경도 쓰지 않았을지 모른다. 성경 말씀에 따르면 근친상간을 저지른 자는 자식을 갖지 못한다. 여기서 '자식을 갖지 못한다'는 것은 꼭 물리적으로 자녀를 잉태하지 못하게 되는 것만을 뜻하는 것은 아니었다. 일반적으로 근친상간으로 생겨난 아이는 사생아가 되거나 상속을 받을 수 없는 아이가 된다. 레위기의 말씀은 이런 상황을 은유적으로 표현한 것이라고도 할 수 있다. 클로디어스는 아이를 가질 수 없게 된다는 것에 대해서는 확실히 마음을 비우고 있었던 것 같다. 거트루드 왕비는 이미 가임 연령을 지난 나이였을 테니 말이다. 게다가 그는 햄릿 왕자를 자신의 아들이자 후계자로 공공연히 선언하고 포용하였다. 그런 그이니 십분 양보하여 '근친상간'을 저질렀다 인정한들 무엇이 그리 대수였겠느냐는 말이다.

현실적으로 보자면 정체불명의 유령이 법을 한 번 어긴 일도 없어 뵈는 성군 클로디어스에게 혐의가 있다고 주장하고 있는 상황인 것이다. 확증도 없는 상황에서 햄릿은 아무래도 클로디어스의 유죄를 확신할 수가 없다. 별 생각이 다 드는지 왕자는 악마가 유령을 보내 심약한 자신을 이용하려 하고 있는 것일지도 모른다는 걱정까지 한다. "내 기가 허하고 내게 우울한 감상이 있는 틈을 타, 나를 망치려 드는 수작일지도 모르지. 이럴 때는 마귀에게 넘어가기 쉽거든."(2. 2. 535-538) 만사에 회의적인 태도를 보이는 것은 햄릿, 아니 지식인의 본성이다. 이를 두고 셰익스피어를 연구하는 학자들은 '햄릿과 오셀로가 바뀌었다면 이 두 걸출한 비극은 탄생조차 할 수 없었을 것'이라는 말을 하기도 했다. 지식인 햄릿은 이아고의 계략을 한눈에 꿰뚫어보았을 것이고, 말보다 행동이 앞서는 남자 오셀로는 막이 오르자마자 클로디어스를 단칼에 죽여 버렸을 테니 말이다. 문학비평가인 메이너드 맥도 "햄릿 대신 오셀로가 복수를 했다면 아무런 문제도 없었을 것이란 이야기를 우리끼리 하곤 하죠." 했다. 하지만 이 말이 꼭 햄릿만 싸잡아 비난하는 이야기는 아니다. 오셀로가 더 나을 것도 없으니 말이다. 이 용맹한 사내는 자신의 성미를 이기지 못해 악마 같은 인간의 말만 믿고 죄 없는 사람을 죽였으니 말이다.

햄릿은 유령의 말만 믿고 복수를 할 순 없다는 결론을 내린다. 그리고 클로디어스의 유무죄 판단을 위한 장치를 마련하기로 결심한다. 구체적인 수단을 마련하자니 시간이 걸린다. 하릴없이 시간을 보내며 고심하던 왕자는 왕궁에 찾아온 유랑 극단을 보고 이들을 이용해 클로디어스의 속내를 떠보기로 한다.

> 죄진 놈이 연극을 보다가, 하도 근사하게 꾸며졌기에
> 그만 감동해 제 죄상을 다 털어놓은 일이 있다지.
> 흔히 있는 이야기지.
> 살인의 죄는 입이 없어도 스스로 실토하기 마련이라거든.
> 신기한 노릇. 아무튼 그 배우들을 시켜, 숙부 앞에서
> 아버님 살해 장면 비슷한 것을 하게 해야겠다.
> 그때 눈치를 살펴서 급소를 영락없이 찔러 보아야겠어.
> 그래서 움찔이라도 한다면 더 주저할 것 없지.
>
> (2. 2. 523−533)

햄릿이 유령을 믿지 않는다는 것은 "살인의 죄는 입이 없다"란 그의 대사에서도 드러난다. 살인의 죄가 입이 없어 말을 할 수 없다면 홀연히 나타나 현왕의 죄상을 일러바치는 유령은 과연 무엇이란 말인가? 햄릿은 자신이 마련한 장치를 가지고 클로디어스의 유무죄를 판단해 유령이란 가공의 존재가 하는 증언이 내포하고 있는 흠결을 보완하고자 했던 것이다. 불가사의한 존재의 증언에 무임승차하는 대신, 햄릿 왕자는 인간 본연의 심리를 관찰해 증거를 찾아내기로 한다. 햄릿은 클로디어스에게 사실상의 자백을 공공연히 받아 내고 싶은 것이다. "연극이 안성맞춤, 기어이 왕의 본성을 들춰 내고야 말겠어."(2. 2. 539-540)

햄릿의 계획은 대성공이었다. 연극 '쥐덫'으로 그는 소기의 성과를 거둔다. 햄릿은 공연이 상연되는 내내 클로디어스가 혹시라도 "움찔"하는지 숨죽인 채 관찰한다. 왕의 반응은 흠칫 놀라는 정도가 아니다. 배우들이 대사를 몇 줄 외지도 않았는데 신경이 곤두선 채로 자리에서 일어선다. 이어 "불을 비춰라. 들어가겠다."(3. 2. 261)라 말하며 "자리를 뜬다."(3. 2. 258) 물증을 포착한 햄릿은 득의양양해한다. 하지만 허레이쇼는 '쥐덫' 공연으로 클로디어스 왕의 혐의가 확인된 것인지가 알쏭달쏭하다. 아마 리처드 포스너 판사의 말처럼 햄릿이 '쥐덫'에서 등장하는 살인자는 왕의 조카라는 사실을 공연 전에 모두에게 밝혔기 때문일 것이다. 그러니 살인 장면에서 놀랐다 해도 클로디어스 왕이 꼭 자신과 등장인물을 동일시하여 충격을 받은 것은 아닐 가능성도 있는 것이다. 물론 이 연극을 보고 "미친" 조카가 자신을 죽일 수도 있다는 생각에 간담이 서늘해졌을 수는 있다. 우유부단한 지식인의 표상이라 할 수 있는 햄릿이지만, 이때부터는 연극이 끝날 때까지 단 한 차례도 클로디어스의 유죄에 대한 확신을 거두지 않는다. 유무죄의 판정을 마친 왕자는 이제 자기 손으로 고안해 낸 재판의 선고 단계로 들어간다. 지금부터 그는 클로디어스를 처형할 마땅한 때만 고르면 되는 것이다.

처형의 기회는 눈 깜짝할 새에 코앞으로 다가온다. '쥐덫' 공연이 끝난 직후, 클로디어스는 기도를 올리러 성당으로 향한다. 그리고 햄릿 왕자가 성당에 홀로 있는 클로디어스를 발견한다. 게다가 그는 무기도 지니고 있지 않다. 햄릿이 성당 안으로 들어서기 전 클로디어스는 자신의 죄를 고백한다. "이 더러운 죄악, 그 악취가 하늘을 찌르는구나. 인간 최초의 저주, 형제를 죽인 죄."(3.3.36-38) 이 성당 고백 장면은 〈햄릿〉에서 매우 중요하다. 클로디어스가 그 누구의 강요도 없는 상황에서 범행 일체를 자백하고 있으니 말이다. 연극의 관객들, 그리고 희곡의 독자들이 처음으로 살인의 "결정적 증거"를 마주하게 되었다. 햄릿이 정황증거를 토대로 내린 결론이 옳았다는 사실이 증명된 것이다.

살인죄를 자백하면서 클로디어스는 동생 아벨을 살해한 카인에게 내려진 저주를 연상시키는 말을 한다. 이외에도 창세기를 떠올리게 하는 대목은 또 있다. 햄릿 왕이 왕궁 정원에서 느긋하게 낮잠을 즐기다 '뱀'에 물렸다는 사실도 에덴동산을 떠올리게 한다. 씻을 수 없는 죄업 때문에 괴로워하던 클로디어스는 세속적 정의와 신성한 세계의 정의를 대조하기 시작한다. 일단 클로디어스는 "이 부패한 말세에선 죄로 더러워진 손이라도 금칠을 하면 정의를 밀어제칠 수 있고, 부정한 축재가 국법도 매수할 수 있다"(3.3.57-60)는 점을 시인한다. 경험에서 우러나오는 말이다. 자신도 형제의 피가 묻은 두 손으로 왕관을 탈취했으니 말이다. 그가 쟁취한 '왕관' 덕분에 그는 법적인 책임도 질 필요가 없다. 연극의 후반부에서, 철면피 같은 클로디어스는 아비의 억울한 죽음에 격분하여 폭도들을 이끌고 자신을 찾아온 레어티스에게 다음과 같은 말을 한다. "왕은 신의 보살핌을 받는 법, 내게는 손끝 하나 댈 수 없다오."(4.5.123-124) 방법이야 어찌되었든 왕관을 쟁취하기만 하면 면책특권이 저절로 생긴다는 논리다.

하지만 낯짝 두꺼운 클로디어스도 사후 세계의 일만은 두려웠던 것 같다. "하지만 저승에서는 그렇게 안 돼. 속임수가 통할 리 없지. 어떤 죄행이건 본성을 드러내고 자기가 저지른 죄상은 일일이 증거를 실토해야만 돼."(3.3.61-64) 불리한 진술을 강요받지 않을 권리란 개념은 셰익스피어 시대에 이미 있었다. 단 이 권리를 법원이 명시적으로 보장하지 않았을 뿐이다. 클로디어스는 하느님 앞에서는 불리한 진술을 강요받지 않을 권리 같은 것은 아무 짝에도 쓸모없다는 것을 누구보다 잘 알고 있었다.

클로디어스가 괴로워하는 것은 비단 사후 세계에 대한 두려움 때문만은 아니었다. 그는 방금 자신에게 일어난 일이 의미하는 바를 직감했던 것이다. '쥐덫' 공연을 무기로 햄릿은 그에게 범죄의 '증거'를 제출하도록 '강요'한 것이다. 그리고 이를 더 거시적인 측면으로 해석해 보면 햄릿은 세속의 정의로 클로디어스를 심판하고자 하는 것이 아니라는 것을 알 수 있다. 햄릿은 클로디어스가 '하늘의 심판'을 받게 하고 싶은 것이다. 우연히 기도하는 클로디어스를 발견한 햄릿의 반응을 보면 이는 불 보듯 뻔하다. 원수를 향해 칼을 뽑아 든 왕자는 잠깐 망설이다 복수를 뒤로 미룬다.

> 하려면 지금 기도를 하는 중
> 자, 해치워 버리자!
> (칼을 뽑는다.)
> 아니, 그러면 천당엘 가지.
> 난 원수를 갚게 된다.
> 가만 있어, 이건 생각해 볼 일.
> 아버님을 죽인 놈은 천하의 악당,
> 그 악당을 오직 하나 남은 자식인 내가
> 보복으로 천당엔 보내 준다?
> 그건 복수가 아니라 보은이라 할 짓.
> 아버님은 이승의 업욕을 지닌 채
> 온갖 죄악이 봄꽃처럼 한창일 때,
> 느닷없이 저놈 손에 걸렸지.
> 하늘의 심판이 어떠할지 누가 알랴만
> 아무리 생각해도 가벼울 수는 없을 터.
> 그런데 이놈은 영혼을 말끔하게 씻어
> 승천 준비에 한창일 때 죽인다?
> 그게 무슨 복수람. 안 될 일이지.
> (칼을 칼집에 집어넣는다.)
> 이 칼은 다시 집에.

좀 더 끔찍스런 때를 기다리자.
취해서 곤드라질 때거나
화를 내어 발광할 적이거나
자리 속에서 음란을 탐하거나
노름, 악담, 그 밖의 뭣이든 좋다.
구원 없는 악행에 빠져 있을 때,
그때는 지체 없이 처치하리라.
그러면 발끝에 천당길이 채여서
저놈의 영혼은 검게 물들어
시커먼 지옥으로 곤두박질할 테지.
어머니가 기다리시겠다.
너의 그 기도는 필경
네 고통을 끌어갈 뿐인 줄 알아라.

(3. 3. 73-95)

햄릿은 뽑았던 칼을 칼자루에 다시 넣는다. 기도로 용서를 구하는 도중에 죽은 사람은 곧바로 천국에 간다는 믿음 때문이다. 오셀로와 정확히 반대되는 선택이다. 오셀로는 데스데모나를 죽이기 직전 종부성사를 할 기회를 허락해 주는 데 그치지 않고, 오히려 종부성사를 하라 닦달하기까지 한다. "각오 없는 자를 죽이고 싶지는 않소. 그건 안 되지. 당신의 영혼을 죽이고 싶지는 않소."(〈오셀로〉, 5. 2. 31-32) 햄릿은 오셀로보다 더 비정하다. 그는 클로디어스의 목숨을 빼앗는 것으로는 성에 차지 않는다. 그는 기어코 원수를 지옥문까지 데리고 가고자 한다.

이를 두고 햄릿의 성품이 너무 야만적이라고 말하는 비평가들도 있었다. 새뮤얼 존슨은 방금 전 살펴본 햄릿의 대사가 "너무 끔찍해서 읽기도 말하기도 거북하다."고 했다. 하지만 우리는 지금 햄릿 왕자의 당면과제는 '몽상적 정의'뿐이라는 사실을 염두에 두고 〈햄릿〉을 관람해야 한다. 극 전반에서 햄릿은 현세의 삶과 내세의 영혼을 칼같이 구분한다. 그는 초개 같은 목숨 따위는 언제라도 버릴 수 있다 생각한다. 유령을 경계하라는 친구의 말에 햄릿은 답한다. "무서울 것이 뭐냐? 바늘만큼도 소중할 것 없는 이 목숨. 영혼이야 어차피 내 영혼도 불멸, 저것이 무슨 해를 끼치겠는가?" (1.4.64–67) 햄릿이 목숨을 빼앗는 것으로 복수가 끝나는 것이 아니라고 생각한 것은 어찌 보면 당연하다고 할 수 있다. 완벽한 정의의 관점에서 보자면 목숨과 영혼, 두 번의 빚을 진 사람이 목숨만으로 빚을 갚을 수는 없는 것이다. 영혼을 앗은 자 영혼으로 갚아야 한다. 이에 대한 그의 확신은 '쥐덫' 공연 후 더 강해졌다. 당황한 왕의 기색을 발견한 왕자가 이제 유령의 말을 곧이곧대로 믿기 시작했기 때문이다. 앞서 유령은 클로디어스가 "성찬도 임종의 도유도 받지 못하고 마지막 고해도 못한" 자신의 목숨을 빼앗았기 때문에 겪고 있는 엄청난 고통을 왕자에게 눈물로 호소했다. 유령이 아비의 한 서린 혼령임을 확신한 햄릿은 아버지가 "이승의 업욕을 지닌 채 온갖 죄악이 봄꽃처럼 한창일 때, 느닷없이 저놈 손에 목숨을 잃었다."며 통곡한다. 이제 클로디어스에게 똑같이 되갚아 주는 일만 남았다.

햄릿은 결단력이 부족해서 기회를 놓친 것이 아니다. 성당에서 기도하는 클로디어스에게는 꼭 같은 양의 고통을 안겨 줄 수 없었기 때문에, 복수를 뒤로 미룬 것이다. 이를 반증하듯 햄릿은 완벽한 복수를 할 수 있는 기회를 만나자마자 지체 없이 행동을 취한다. 성당에서 나온 햄릿은 어머니 거트루드의 침실로 간다. 화려하게 수놓아진 거트루드의 침실 커튼 뒤에는 폴로니어스가 숨어 있다. 왕비와 햄릿의 대화를 엿들으려는 것이다. 햄릿은 분노로 시야가 흐려진 순간에도 어머니를 해치지 말라던 유령의 당부를 되새긴다. 그리고 "비수 같은 말로 어머니의 가슴을 찌르는 일이 있더라도, 실제로 쓰지는 말아야 한다."(3. 2. 386)고 스스로를 타이른다. 하지만 솟구치는 감정은 주체할 길이 없다. 납처럼 굳은 얼굴로 자기 앞에 선 장승 같은 아들에 겁먹은 어미는 살려 달라 고함을 지르기 시작한다. 소스라치게 놀란 폴로니어스는 자신도 모르게 인기척을 내고 햄릿의 성난 칼끝이 번뜩인다. 폴로니어스는 허무하게 이승을 하직한다.

대상을 오인한 햄릿의 살육을 두고 무모하다고 평하는 사람들이 많다. "햄릿은 상황을 철저히 분석하고 오랫동안 고심한 후에 계획을 행동에 옮긴 것이 아니다. 급작스럽게 치밀어 오르는 분노 때문에 생각이 정지하고 머릿속이 백짓장처럼 하얘진 상태에서 충동적으로 살인을 저지른 것이다." 브래들리의 평이다. 그는 햄릿의 무모한 행동만을 비난하고 있는 것이 아니다. 언중유골이라고, 그는 햄릿의 사고방식까지 한데 싸잡아 비난하고 있다. 쉽게 말해 브래들리는 지식인인 햄릿은 생각이 정지해야만 행동에 나설 수 있다는 겁쟁이라는 말을 하고 있는 것이다. 그의 말에 따르면 햄릿은 말보다 행동이 앞서는 사람이 아니라 말도 행동도, 그 어떤 것도 하지 않는 사람인 것이다.

하지만 브래들리가 놓친 사실이 있다. 폴로니어스를 살해한 순간에 정말로 햄릿이 아무런 생각을 하고 있지 않았을지도 모른다. 하지만 그는 이미 한 차례 뼈아픈 숙고를 했고, 그때 한 결심을 그대로 실천하고 있다는 사실 말이다. 성당에서 햄릿은 클로디어스가 '구원 없는 악행에 빠져 있을 때, 그때는 지체 없이 처치'하겠다고 이를 앙다물고 맹세한다. 그는 이 맹세를 지키려 했던 것이다. 사건이 터진 장소가 왕비의 침실이었으니 커튼 뒤에 숨어 있는 폴로니어스를 클로디어스로 오인할 만도 하다. 생각지도 않았던 폴로니어스의 시체를 발견한 햄릿은 안타까워하며 "이젠 이승 하직이다. 난 네 상전인 줄 알았지."(3.4.30)라고 말한다. 어쨌거나 햄릿은 성당에서 한 맹세를 지킨 것이다. 범행 대상을 착오했다는 것이 문제일 뿐이다.

햄릿은 저지른 죄에 완벽하게 상응하는 형벌을 가할 때는 거침이 없다. 사실 거침이 없는 정도가 아니라 처벌의 기쁨을 음미한다고 해야 할 것 같다. 폴로니어스를 죽인 뒤 햄릿은 거트루드에게 클로디어스의 음모를 알고 있다고 말한다. 바로 로젠크란츠와 길덴스턴을 미끼로 햄릿을 영국, 아니 사지로 유인하려는 계략 말이다. 햄릿은 이런 클로디어스의 음모를 역이용해서 앙갚음하겠다고 호언장담하며 이 상황 자체를 즐긴다.

세 손으로 묻는 시퇴에 설려 중선으로
솟아 터지는 것도 단단한 구경거리일 테니까.

녀석들도 곧잘 할 테지만, 저는 그 석자 아래를 파서

놈들을 달나라로 날려 보내죠.

원수끼리 외나무다리에서 만난다는 격으로

맞부딪히면 이거 재미있겠는데.

(3. 4. 204-208)

그는 클로디어스를 제 손으로 묻는 지뢰에 걸려 중천으로 솟아
터지는 지뢰매설 전문가에 비유한다. 몽상적 정의를 실현할 단꿈
에 젖은 햄릿은 자신의 계획을 차질 없이 수행해 나간다. 로젠크란
츠와 길덴스턴은 햄릿을 죽이라는 덴마크 왕의 친서를 영국 왕에
게 전해야 한다. 햄릿은 이들이 전달할 친서의 내용을 위조한다.
위조된 친서에는 이 편지를 지참한 자들을 지체 없이 처형하라는
내용이 쓰여 있다. 쓸데없는 배신으로 햄릿의 옛 친구들은 하릴없
이 목숨을 잃는다.

〈햄릿〉의 마지막 막인 5막에 가서야 햄릿은 완벽한 복수를 하는
데 성공한다. 하지만 너무 큰 대가를 치러야만 했다. 극이 막바지
로 향하면서 수많은 사람들이 추풍낙엽처럼 줄줄이 목숨을 잃었
다. 거트루드는 햄릿의 잔에 든 독주을 마시고 죽는다. 레어티스와
햄릿은 독이 발린 검으로 서로를 상처 입힌다. 둘 다 살 가망이 없
을 거라 직감한 레어티스는 왕자에게 자신이 제 발등을 찍었음을
고백한다. "역적질을 한 탓에 천벌을 받은 것이오."(5. 2. 292)라 한
탄한 그는 햄릿에게 "왕자님도 목숨을 반 시간을 부지 못하십니
다."(5. 2. 300)라고 말한다. 그러고는 악에 받친 외침으로 클로디어

스에게 모든 책임을 돌린다. "저 왕, 저 왕이 장본인이오."(5.2.305)

햄릿은 자신이 당한 것과 흡사한 방법으로 클로디어스의 명줄을 끊어 버린다. 그는 독이 발린 검으로 왕을 찌르고는 독이 제 몫을 다해 이 몹쓸 인간의 숨통을 틀어막을 거라 확신한다. 충격에 휩싸인 왕은 고래고래 소리를 지른다. "반역이다!"(5.2.307) 하지만 이미 손쓸 방도가 없다. 게다가 햄릿의 생명도 경각에 달렸다. 클로디어스 왕의 비굴함은 끝날 줄을 모른다. "오, 날 살려 다오. 상처는 대단치 않다."(5.2.308) 하지만 햄릿이 수치스러운 한 인간의 인생에 억지로 종지부를 찍어 버린다. "이 천하에 둘도 없는 살인 강간자. 이 무도한 덴마크 왕아! 옜다, 이 독약까지 마셔라! 네 진주알이 여기 들어 있느냐? 내 어머니의 뒤를 따라라."(5.2.309–311) 햄릿이 독배를 왕의 입에 억지로 들이붓고 마침내 클로디어스가 생을 마감한다.

왕에게 독배를 억지로 먹이는 행동이야말로 햄릿의 복수를 완성하는 방점이다. 이미 햄릿은 자기가 입힌 상처 때문에 왕이 죽게 될 것을 확신하고 있다. 시합이 시작되기 전에 왕은 햄릿을 위해 그의 술잔에 진주를 넣겠다고 공언했다. 그리고 진주와 함께 독을 넣었다. 레어티스의 독을 바른 검이 반드시 햄릿의 목숨을 빼앗겠지만, 혹시 모를 경우를 대비해서 말이다. 하지만 클로디어스 왕이 준비한 이 배수의 진을 이용하게 되는 것은 다름 아닌 햄릿이다. 그는 왕이 분명 죽겠지만 만일을 대비해 그의 입에 진주가 들어 있는 독배를 부어 버린다. 그리고 곧바로 "내 어머니의 뒤를 따라라!"고 외쳐 이미 이승을 떠난 어머니에게도 상징적 심판을 가한다. 이 말끔한 끝마무리에는 사실 상당히 중요한 의미가 있다. 독배로 클로디어스의 말문을 막아 버렸다는 것은 클로디어스가 죄사함을 받을 기회를 영원히 잃어버렸다는 것을 의미한다. 햄릿의 아버지처럼 말이다. 복수를 마친 햄릿도 죄를 고백하지 못한 것은 피차일반이다. 햄릿은 이제 삶과 죽음의 중간지대에서 아버지와 눈물의 상봉을 하게 되었다. 사느냐 죽느냐를 고민하던 햄릿은 이제 아버지와 함께 산자도 죽은 자도 아닌 그 무엇이 되어 구천을 떠돌게 되었다.

어느 모로 보아도 햄릿이 복수를 통해 '몽상적 정의'를 실현한 것만은 사실이다. 그렇기 때문에 나는 해즐릿의 말은 옳지 않다고 생각한다. 해즐릿은 지식인인 햄릿이 자신이 염원하는 고차원적인 이상을 달성하는 복수를 할 수 없다고 판단했기 때문에, 복수 자체를 포기했다고 평했다. 하지만 클로디어스의 죽음에 대해 레어티스가 한 말처럼 클로디어스는 "제 손으로 탄 독을 제가 마셨으니 천벌"(5.2.311-312)을 받은 것이다. '몽상적 정의'가 신의 섭리대로 구현된 것이다. 자연의 순리를 광적으로 숭배한 맥베스는 이런 말을 남겼다. "그리하여 공정한 정의의 신은, 독배를 부은 자의 입에 되부어 주게 하는 것이다."(〈맥베스〉, 1.7.10-12) 그의 말은 〈햄릿〉에서 말 그대로 실현되었다.

세계 역사에 거대한 흔적을 남긴 위인들의 주장을, 그것도 한 명도 아니라 세 명의 주장을 일거에 반박하는 것은 그리 현명한 행동은 아닌 것 같다. 하지만 복수를 계속해서 미루는 햄릿의 심리에 대한 프로이트, 괴테, 니체의 분석이 전부 다 억지스럽게 느껴지는 것만은 어쩔 수가 없다. 프로이트의 주장과 달리 나는 햄릿에게서 오이디푸스 콤플렉스의 두드러진 징후를 발견하지 못했다. 클로디어스는 형의 아내와 결혼했다는 것 때문에 "근친상간"을 한 사람으로 간주된다. 연극 전반에 근친상간이란 표현이 넘쳐난다. 하지만 〈햄릿〉에 등장하는 근친상간은 형제와 그 배우자와 관련이 있을 뿐이다. 오이디푸스 콤플렉스와 관련이 있는 부모 자식 간 근친상간은 〈햄릿〉에 등장하지도 않는다는 말이다.

게다가 햄릿이 심약한 허무주의자라는 의견에는 도무지 찬성할 수가 없다. 그가 그토록 나약한 인간이었다면 어떻게 폴로니어스를 찌르고, 레어티스에 대적하고, 클로디어스를 살해할 수 있었겠는가? 여담이지만 영국으로 가는 여정에서 햄릿은 칼싸움과 모험담이 넘쳐나는 해적선에도 승선한다. 그리고 햄릿이 진정 허무주의자였다면 영국에서 모든 것을 잊고 처형당하는 선택을 했어야 한다. 극 초반에 햄릿은 "차라리 자살을 극죄로 마련한 하늘의 계명이나 없었으면"(1. 2. 132) 자살이라도 할 수 있었을 거라는 말을 뱉는다. 이 말이 진심이었다면 아마 햄릿은 자살 금지의 종교 계율을 위반하지 않고 모든 것을 한 번에 끝낼 절호의 기회를 마다하지 않았을 것이다. 하지만 그는 대신 친구들을 사지로 몰아넣는다. 자살을 떠올린 것은 한때의 감상에 불과했던 것이다.

거듭 말하지만 햄릿이 복수를 미룬 것은 그가 '몽상적 정의'를 오롯이 구현하고 싶어 했기 때문이라고 설명하는 것이 훨씬 그럴듯하다. 맨 처음에 햄릿은 클로디어스의 유무죄를 확정하기 위해 복수를 뒤로 미룬다. 그 다음에는 완전한 복수를 하기 위해 기회를 기다린다. 이 정도면 이상적 정의 구현에 대한 불굴의 의지를 지닌 의지의 덴마크인이라고 불러도 될 정도다. 의지박약이 아니란 말이다.

하지만 나도 햄릿의 행보를 마냥 칭송하고 싶은 것은 아니다. 햄릿은 자신의 이상만을 좇는 여느 지식인과 다를 바 없이 다른 이들에게 미칠 엄청난 파급효과는 전혀 염두에 두고 있지 않았다. 사망자가 전부 합해 일곱에 이르렀다는 사실 때문에 이런 말을 하는 것은 아니다. 햄릿이 끼친 어마어마한 피해에 비하면 이들의 죽음은 오히려 아무것도 아니다. 가장 큰 피해자를 꼽으라면 단연 오필리아다. 그래도 옛정이 있었던지 적어도 그녀의 죽음을 마주했을 때에 햄릿은 무덤가에서 눈물을 흘리는 정도의 온정은 보인다. 하지만 로젠크란츠와 길덴스턴의 죽음에 대해서는 한 치의 거리낌도 없다. 그는 허레이쇼에게 "나로서는 지금도 양심의 가책을 느끼지 않아."(5. 2. 57)라고 한다. 폴로니어스를 살해할 때만 놓고 보면 사이코패스가 따로 없다. 그는 칼에 찔린 폴로니어스가 왕비의 침실 바닥에 쓰러져 피를 흘리고 있는데도 거들떠보기는커녕 거트루드 왕비와 설전을 벌이기에 여념이 없다. 어디에 폴로니어스의 시체를 버렸느냐는 왕의 질문에 그는 폴로니어스는 식사 중이라는 농담까지 한다. 죽은 자가 식사를 하고 있느냐고 되묻는 왕에게 햄릿은 이렇게 대답한다. "아니, 먹는 것이 아니라, 먹히고 있는 중입니다. 정치 구더기들이 모여 한창 연회를 베풀고 있는 참이죠." (4. 3. 19-20) 그의 이런 타인에 대한 무감함은 끝내 덴마크의 운명마저 바꾸어 놓는다. 햄릿의 몽상적 행보 탓에 덴마크가 독립을 잃게 된 것이다. 햄릿은 죽기 직전 침략자 노르웨이 왕에게 덴마크를 넙죽 바쳐 버린다. 티끌 한 점 없는 완벽한 도덕적 경지를 추구하는 햄릿의 선택이 역설적으로 어마어마한 피해를 부른 것이다.

곧 대법관이 될 벤저민 카도조는 1931년 발표한 〈법과 문학〉이란 제목의 논문에서 이상주의의 중요성과 이상에 치우침을 방지하는 것의 중요성을 공히 논했다. 카도조는 다수 의견보다 소수의 반대 의견이 더 이상주의적이란 점을 지적했다.

"다수의 의견은 기득권층의 권력에 그 기반을 두고 있는 경우가 많아, 당대의 호응에 만족하고 미래를 바라보지 않는 경향이 있다. 하지만 이의를 제기하는 사람은 미래에 대해 이야기한다. 그의 목소리는 앞으로 오랫동안 살아 숨 쉴 화두를 던진다. 위대한 반대자들의 의견, 예를 들어 드레드 스콧 대 샌드퍼드[Scott vs. Sandford] 판결에서 커티스 판사가 내놓은 의견 같은 것을 읽어 보면 한 세기가 다 지나가도록 때를 기다린 것이 전혀 아깝지 않은 것을 느낄 수 있다. 개선되는 시절 속에서 냉각기를 거친 고결한 정신은 오랜 기다림 끝에 화려하게 빛나는 믿음의 불꽃으로 활활 타오른다. 예언자와 순교자는 웅성거리는 군중을 향하지 않는다. 그들의 시선은 영원함에 꽂혀 있다."

카도조는 이의를 제기하는 사람들은 집권 세력과 직접적인 관계가 없기 때문에 더 이상주의적일 수 있다는 점을 지적했다. 권력 기반이 없는 반대자들은 맘 놓고 '영원'을 향한 이상적 정의를 울부짖을 수 있는 것이다.

반대로 권력이 치러야 하는 대가는 매사에 조심을 기울여야 한다는 것이다. "법원의 대변인은 구설에 오를 만한 말과 과격한 말을 삼가고 매사 신중을 기하다 못해 머뭇거린다. 그다지 존경 받을 수 없는 족적을 남기길 꿈꾸는 것이다."라고 카도조는 말했다. 말을 내뱉은 후에 불어닥치는 후폭풍 때문에 권력자들은 절로 말을 아끼게 된다. "결과가 그들의 말문을 막아 버리는 것이다. 오해의 위험성이 말하는 사람의 입에 재갈을 물리면 누구나 말하기가 두려워지는 법이다."

카도조는 여기서 권력과 이상의 관계를 적절하게 풀어냈다. 다수의 의견이 가진 가공할 강제력은 다수 의견을 말하는 자가 그들의 이상에 대한 지향을 숨기도록 유도한다. 반대로 이의를 제기하는 자는 그럴 필요가 전혀 없다. 오히려 그들은 더욱더 호전적인 태도로 열렬히 이상에 대한 지향을 강변해야 한다. 카도조는 이 둘 모두 중요한 가치가 있는 임무를 수행하고 있다고 평했다. 반대자는 법을 관장하는 이들에게 수정같이 맑고 순수한 이상적 정의를 구체적으로 설시한다는 데 그 의미가 있다. 미래의 다수 의견이 그들의 의견을 채택할 수도, 그렇지 않을 수도 있지만 말이다. 다수의 주장을 대변하는 자도 똑같이 중요하다. 그들은 허공에 떠다니는 이상을 우리가 살고 있는 현실 세계에 적절히 껴 맞추기 때문이다.

카도조는 이러한 역학 관계를 잘 설명해 주는 예를 보여 주었다. 바로 1857년에 있었던 드레드 스콧 대 샌드퍼드 사건이다. 이 사건에서 벤저민 커티스 판사는 흑인 노예의 자손은 연방 헌법상의 시민에 해당되지 않는다는 다수 의견을 신랄하게 비판하는 반대 의견을 내놓았다. 후에 이 반대 의견을 토대로 모든 미국인의 평등한 권리를 보장하는 미국 연방 수정 헌법 제14조가 제정되었다. 드레드 스콧 대 샌드퍼드 사건은 다수의 주장을 철저하게 배격하는 취지의 입법이었지만, 법조문에는 커티스 판사의 현란한 수사를 정제한 신중한 표현이 채택되었다.

카도조는 이 논문에서 지식인이라는 단어는 단 한 번도 언급하지 않는다. 그런데도 그는 이 탁월한 글에서 지식인들이 마땅히 귀 기울여야 할 중요한 진리를 설파하고 있다. 학계, 언론, 작가군 등 어느 부류에 속하건 간에 지식인들은 대다수가 반대자 쪽에 서게 될 공산이 크다. 지식인들은 결정을 내리는 역할보다는 내려진 결정에 반기를 드는 역할을 할 때가 많으니 말이다. 그 덕에 지식인들은 이상에 대한 지향을 맘껏 펼칠 자유를 누릴 수 있다. 다시 말해 지식인은 유토피아를 꿈꾸며 사회 정의를 논해도 되는 것이다.

꿈꾸는 것은 어디까지나 자유다. 하지만 이상은 이상에 불과하다는 사실을 망각할 때 위험이 싹튼다. 이상이 제대로 기능하기 위해서는, 이를 현실에 부합하게 해석하는 추가 작업이 반드시 필요하다. 지식인 자신, 아니면 그의 추종자들이 이 이상을 있는 그대로 현실 사회에 적용하겠다고 고집할 경우 대부분 그 결과는 참담하다. 토머스 모어의 《유토피아Utopia》, 에티엔 카베의 《이카리아 여행기Travels in Icaria》39) B. F. 스키너의 《월든 투Walden Two》40)가 남긴 교훈을 새겨 보아야 한다. 카베의 글에 감화된 프랑스 사회주의자들은 미국에 실제로 이카리아를 건설했다. 스키너의 이론에 고무

---

39) 프랑스의 공상적 사회주의자 에티엔 카베가 쓴 소설이다. 기독교와 자연법에 근간을 둔 이상적 공산주의 사회에 관한 글이다. ─옮긴이
40) 미국의 행동주의 심리학자인 벌허스 프레더릭 스키너는 행동주의적인 심리 통제술에 의해 실현할 수 있는 이상향에 대해 논했다. ─옮긴이

된 사람들은 멕시코, 버지니아, 미주리에 스키너의 이론에 기반을 둔 공동체 사회를 꾸렸다. 문학 평론가인 노스럽 프라이가 꼬집어 말했듯, "문학이나 이론에 등장하는 이상향인 유토피아를 말 그대로 현실에서 실현하려는 시도가 역사적으로 한두 번은 있었다. 하지만 이 시도의 결과물들은 덧없이 스러져 갔고, 이제 우리는 유토피아에 대한 글을 읽을 때나 아스라이 그들을 추억할 뿐이다."

이것이 바로 햄릿이 저지른 실수인 것이다. 그는 몽상적인 정의를 실현해야 한다는 꽉 막힌 서생 같은 태도로 일관하며 지식인의 몽상을 현실 세계에 그대로 적용하겠다 떼를 썼다. 클로디어스만 관련된 일이었다면 제멋대로 날뛰는 지식인 한 명 때문에 큰 문제가 일어나지야 않았을 것이다. 문제는 햄릿이 일국의 왕자라는 것이다. 고귀한 지식인의 꿈속의 선택 때문에 수많은 사람들이 엄청난 대가를 치르게 되었다. 그에게 조금의 현실감각이라도 있었더라면, 모르긴 몰라도 왕자는 클로디어스를 성당에서 해치웠던지, 아니면 레어티스처럼 국가를 전복하는 반란을 꾀했을 것이다. 하지만 햄릿은 반대자의 자유를 만끽하길 소원했다. 다수를 대변하는 자가 기해야 할 신중함은 햄릿의 성정에서 증발해 버린 지 오래였다. 그에게 복수를 질질 끈 것에 대한 합당한 이유는 있을지도 모른다. 하지만 질질 끈 복수를 통해 그가 달성하려 했던 목적에는 정당성이 결여되어 있다. 지식인들은 햄릿의 수포로 돌아간 '몽상적 정의'를 눈여겨보아야만 한다. '연극 밖의 연극'이 벌어지는 현실 세계에서 지식인들이 마땅히 새겨들어야 할 진리가 녹아 있으니 말이다.

정의의 한계와 죽음

리어 왕 ∣ King Lear

Chapter 08

이제 용맹무쌍한 리어 왕을 만나 볼 차례다. 광인에게서 정의를 배우자는 내 얘기에 난색을 표하는 이들도 분명 있을 것이다. 하지만 〈리어 왕〉은 보기와 달리 무척 심오한, 정의에 대한 고찰이 담겨 있는 희곡이다. 어쩌면 〈햄릿〉에서보다 더 중요한 이야기를 하고 있다고 할 수 있다. 바로 '정의의 한계'에 대한 담론 말이다. 〈리어 왕〉의 주인공은 퇴위한 뒤 형언할 수 없는 고통을 겪은 나머지 미쳐 버린 왕이다. 현실의 끈을 놓아 버린 뒤에야 리어 왕은 완벽하게 정제된 형태의 정의와 마주하게 된다. 순전한 정의의 세계에 도달한 왕은 다시는 '인간의 법'이 주재하는 정의의 세계로 돌아오지 않는다. 더 나아가 리어 왕은 법학 교수인 폴 칸의 말처럼 영원불멸의 완벽한 정의의 세계에 머무르는 것으로도 만족하지 못한다. 극의 말미에서 이 안쓰러운 왕은 완전무결한 정의를 사랑으로 승화시킨다. 극이 시작할 때만 해도 성질 나쁜 위정자 같게만 보이던 리어 왕은 극의 막바지로 치달으면서 그 누구도 알지 못하는 진리를 깨달은 현인으로 거듭난다. 짐작조차 하기 힘든 온전함의 세계로 홀연히 떠나 버린 것이다. 우리 모두를 무지의 황야에 버려 둔 채 말이다. 이만하면 내가 이 장에서 여러분과 함께 이 비극적 왕이 죽음의 순간 깨친 것이 과연 무엇이었는지 알아보고자 하는 이유는 충분하지 않은가?

〈리어 왕〉의 비극은 온전히 1막에서 딸들에게 거행한 '사랑 검정 시험'에서 비롯된다. 비평가들은 리어 왕이 이 시험과 관련해서 몇 가지 실수를 저질렀다 주장했다. 사후 상속 대신 생전 증여를 택해 딸들에게 나라를 나누어 준 것 하며, 자신을 가장 사랑하는 딸을 알아보지 못한 것 모두 리어 왕의 잘못이라는 것이다. 하지만 나는 리어 왕의 심정을 이해할 수 있을 것도 같다. 리어 왕은 법치주의의 원칙을 손상하지 않으면서 자신이 당면한 법적인 골칫거리를 일거에 해소하는 일망타진 전법을 구사하고자 했던 것이다. 일반적으로 사람들은 이 '사랑 검정 시험' 장면을 심리학적인 측면에서만 조명한다. 리어 왕이 빠져 있던 심각한 딜레마는 쏙 빼놓고 말이다.

모든 문제는 "근심과 국사를 전부 다 훌훌 털어 버리고 홀가분한 몸으로 죽을 때까지 여생을 보내고자 하는"(1.1.40) 리어 왕의 확고한 결심에서부터 시작된다. 이미 여든이 넘은 리어 왕은 군주 노릇이 영 힘에 부친다. 그는 "더 젊고 기운 있는 사람들"(1.1.39)에게 통치권을 넘겨 주고 싶다. 정권을 이양하는 '방식'과 '시점'은 굉장히 중요한 문제다. 나는 기력을 잃어 가는 노쇠한 리어 왕이 민주적 정권이양을 위해 내린 용단이 그릇된 판단이었다고 생각하지 않는다.

하지만 나라를 여러 딸들에게 분할해 나누어 주기로 한 그의 결심에 대해서는 좀 더 고찰해 볼 필요가 있다. 《바실리콘 도론》에서 제임스 1세는 아들인 왕세자에게 브리튼 섬의 세 왕국의 통치권을 절대 분할해서는 안 된다고 조언했다. 단, 왕세자가 이 세 왕국의 왕위를 모두 이어받는 행운아가 될 것이란 가정 하에서 말이다. 당시 브리튼 섬에는 잉글랜드, 아일랜드, 스코틀랜드 이렇게 세 왕국이 자리 잡고 있었다.

"신의 뜻으로 네가 이 세 왕국의 왕위를 모두 이어받는 상서로운 경사가 생기면, 너의 장자인 이삭에게 세 왕국의 통치권을 모두 남겨 주도록 하여라. 왕국을 분할하여 나누어 주는 것은 너의 후손들에게 골육상쟁의 씨앗을 선사하는 것이나 다름없느니라. 분할해서 왕국을 상속한다면 네 후손들은 일찍이 브루투스의 세 아들 로크린, 알버넥트, 캠버가 먼저 당도했던 막다른 골목으로 몰리고 말 것이다."

제임스 1세가 언급한 브루투스 왕은 영국 신화에 등장하는 인물이다. 이 영국 신화에 따르면 브루투스 왕은 브리튼 섬을 삼분하여 세 아들 로크린, 알버넥트, 캠버에게 나누어 주었다고 한다. 통일 브리튼 왕국을 건설한 전설 속의 인물 리어 왕의 이야기와 어쩐지 비슷한 데가 많다. 리어 왕은 기원전 9세기에 영국을 통치했던 실존 인물이다. 그리고 제임스 1세가 힘주어 말한 '장자상속제'는 1066년에 있었던 '노르만의 영국 정복' 이후에 영국으로 전래된 제도다. 즉 장자상속제도는 리어 왕이 집권했다는 시절보다 한참 후에 영국으로 편입된 제도란 말이다. 하지만 리어 왕이 고심 끝에 이런 기발한 장치를 마련한 것을 보면, 분쟁의 여지를 남기지 않는 상속제도에 대한 고민은 시대를 초월한 문제였던 것 같다. 문제는 분할 상속의 위험성에 대한 제임스 1세의 엄중한 경고를 듣고 보니 "딸이 각각 가질 결혼 재산을 발표"하는 것으로 "장래의 싸움을 지금 막으려"(1.1.42-44) 한다고 말하는 리어 왕이 세상 물정 모르는 노인네처럼 보인다는 것이다. 2막에서 우리는 "콘월 공작과 올버니 공작 사이에 쉬 전쟁이 날지 모른다는 소문"(2.1.11-12)이 돌고 있다는 이야기를 듣는다. 그리고 3막에선 글로스터가 "두 공작이 사이가 좋지 않다"(3.3.8-9)는 직설적인 표현으로 분쟁이 났음을 알린다. 리어 왕의 선택이 큰 효험을 보지 못한 것이다.

리어 왕 자신도 분할 상속이 최선의 선택이 아니란 것은 알고 있었을 것이다. 아마 그는 최선이 안 될 바에야 차악을 택하겠단 심정으로 '사랑 검정 시험'을 치른 것인지도 모른다. '장자상속제도'가 확립된 시절은 분명 아니었지만, 〈리어 왕〉에서도 상속의 우선권은 장자에게 있는 듯 보인다. '사랑 검정 시험'에서 리어 왕은 일단 딸들에게 태어난 순으로 발언권을 준다. "나의 맏딸인 고너릴, 먼저 대답하여라."(1.1.53-54)라 명해 맏딸의 이야기를 가장 먼저 경청한다. 당연히 마지막으로 "맨 끝으로 태어난 막내딸" (1.1.83) 코델리아의 이야기를 듣는다. 켄트 백작도 처음에는 리어 왕이 리건의 배우자보다 장녀 고너릴의 짝인 올버니 공작을 더 아낀다고 믿는다. 하지만 리어 왕이 딸들에게 나라를 삼분하여 분배할 결심을 하지 않았다면, 브리튼은 온전히 고너릴의 차지가 되었을 것이다. 하지만 리어 왕은 애초부터 그렇게 할 생각은 없었다. 〈리어 왕〉을 끝까지 읽어 본 사람이라면 누구나 알 수 있듯이, 그의 이 판단만큼은 정확했다.

리어 왕은 고너릴과 리건의 마음을 상하지 않게 하는 한에서, 코델리아에게 가능한 한 많은 영토를 물려주고 싶었던 것이다. 그의 속내는 "코델리아의 친절한 보호를 받으면서, 여생의 전부를 막내딸에게 의탁하려는"(1.1.123-124) 것이다. 모든 영토에는 고유성이 있어, 금전을 분배하는 것과 달리 꼭 같은 가치로 분할한다는 것은 원천적으로 불가능하다. 리어 왕에게는 다행인 일이다. 리어 왕은 말로는 자기 나라를 삼분해 주겠노라 딸들에게 약속한다. 하지만 고너릴과 리건이 갖게 될 땅의 가치는 얼추 비슷한 반면, 코델리아를 위해 마련해 놓은 땅은 언니들의 땅보다 훨씬 더 "비옥하다."(1.1.86) 코델리아가 갖게 될 땅의 가치를 설명하기에는 사실 이 비옥하단 표현도 부족하다. 올버니는 지금의 스코틀랜드에 해당하는 땅이고, 콘월은 영국 남서부와 웨일스에 해당하는 땅이다. 리어 왕은 브리튼 섬에서 이 두 지역을 제외한 모든 영토, 다시 말해 알짜배기 땅을 모조리 다 코델리아에게 물려주길 원했던 것이다.

과연 이러한 목적을 이루기 위해 '사랑 검정 시험'을 치르기로 한 리어 왕의 결정이 그릇된 것이었을까? 이에 대해 비평가들은 사랑을 '표현'한 강도에 비례하여 상속분을 지정하기로 한 것이 실수라고 지적한다. 노쇠해 판단이 흐려진 왕이 번지르르한 말로 꾸며 댄 효심을 진정한 사랑으로 착각했다는 것이다.

이제부터는 정치는 물론, 국토의 소유와
모든 국사에서 손을 떼려고 하느니만큼,

내 딸들아, 너희들 중에서 누가 나를 제일 사랑하는가
나에게 말을 해다오.
그러면 애정과 공로를 합해서
강하게 요구하는 사람에게 나는
제일 큰 재산을 주게 될 것이다.

(1. 1. 49−53)

하지만 리어 왕에게는 별다른 대안이 없었는지도 모른다. 일단
그는 태어난 순서에 따라 권리를 주는 장자상속 원칙을 따르지 않
기로 결심을 굳혔다. 그럼 남은 것은 '자연의 섭리'에 따르는 장자
상속 원칙의 파기를 상쇄시킬 만한 다른 기준을 마련하는 것이다.
즉 특별한 미덕을 지니고 있기 때문에 차녀나 삼녀도 상속을 받을
만한 자격이 있다는 식의 합리화 기재가 필요했던 것이다. 효심은
그 시절 딸들이 자신의 입지를 공고하게 하기 위해 내세울 수 있는
그나마 몇 안 되는 미덕 중 하나였다.

리어 왕이 애초에 의도했던 '사랑 검정 시험'은 다분히 형식적인
절차에 불과했다. 사실 '사랑 검정 시험'의 핵심은 요식행위로서
형식적으로 진행되어야 한다는 점이었는지도 모른다. 시험을 치르
기 전에 이미 리어 왕은 국토를 삼분해 놓았고 딸들이 한마디도 하
기 전에 각자에게 일정한 영토가 할당돼 있었다. 모든 실질적 준비
는 이미 완비돼 있었던 것이다. 〈리어 왕〉은 켄트 백작과 글로스터
의 대화로 시작한다. 이들은 리어 왕이 올버니 공작과 콘월 공작에
게 국토의 일정 부분을 분배하기로 했다는 사실을 이미 알고 있나.
단 아직 왕의 "한층 비밀스런 의도"(1. 1. 35)를 알아채지 못했을 뿐

이다. '사랑 검정 시험'을 치르기 직전 리어 왕은 이들에게, 올버니와 콘월에게 나누어 주는 영토를 제외한 브리튼 전체를 코델리아에게 물려주고 퇴위하고 싶다는 자신의 의중을 내비친다. 그리고 "알다시피 나는 내 국토를 삼분했는데"(1. 1. 36-37)란 말로 '사랑 검정 시험'을 시작한다.

〈리어 왕〉에 등장하는 '사랑 검정 시험'은 거액의 판돈이 걸린 '사랑 검정 시험' 치고는 증명해야 할 것이 많지 않은 시험이다. 어쩌면 영국 역사상 가장 경미한 수준의 사랑의 증명을 요하고 있다고 할 수 있다. 영토는 이미 분할돼 있고 각자의 할당량까지 정해져 있는 상황에서 말 한마디만 보태면 엄청난 재산이 하늘에서 뚝 떨어지는 상황인 것이다. 리어 왕의 딸들은 소유권 이전을 위한 공식적인 요식행위만 실수 없이 제대로 해 내면 된다. 얼굴을 비추고 소유권 이전 예식에 필요한 몇 마디 번지르르한 말만 주워섬기면 충분한 것이다. 물론 코델리아에게는 '맨 끝으로 태어난 막내딸'이 가장 '기름진' 땅을 차지하게 된 것을 정당화할 만한 근거를 제시해야 한다는 부담은 있다. 하지만 이 형식적인 통과의례에서 아버지가 안배한 상속 계획이 틀어질 가능성은 매우 적었다. 이 모든 것을 뒤엎을 만한 엄청난 잘못을 저지르지 않는다는 전제하에서 말이다.

많은 사람들은 리어 왕이 고너릴과 리건의 허울뿐인 사랑 고백에 속아 코델리아의 진심을 알아채지 못하는 우를 범했다고 말한다. 하지만 여기에도 다시 생각해 볼 여지가 있다. 딸들이 아버지인 리어 왕에게 사랑의 헌사를 바치는 것은 공식적인 예식의 한 절차였다. 이런 경우에는 으레 부풀린 사랑의 표현이 등장하기 마련이다. 부모의 정년퇴임식에 참석한 자식들의 경우를 떠올려 보면 쉽게 이해할 수 있을 것이다. 이런 예식의 관습을 존중하지 않는 것은 자기 부모를 존중하지 않는 것으로 비쳐질 수 있다. 그러니 아주 특이한 가정환경에서 자란 자식들이나 이런 행동을 서슴지 않고 할 수 있다. 아니면 독불장군 같은 기질을 갖고 있는 사람이거나.

코델리아는 이 두 가지 조건을 모두 갖추고 있다. 코델리아를 향한 리어 왕의 분노를 합리화하자면 코델리아를 악마 같은 딸로 묘사하는 수밖에 없다. 최근 상연된 〈리어 왕〉 중에는 코델리아를 엉덩이에 뿔이 난 막돼먹은 딸로 그린 작품도 몇 있었다. 하지만 그녀는 절대 그런 못난 종자가 아니다. 그녀는 자매들의 욕심 사나운 성정을 제대로 파악하고 있다. "언니들의 본심을 나는 알지마는, 세상에서 말하는 대로, 언니들의 결점을 동생으로서는 차마 말하기는 싫소."(1.1.271-273)란 그녀의 말에서 이를 확인할 수 있다. 그녀는 언니들과는 다른 사람으로 분류되길 바란다. 충분히 이해할 수 있는 바람이다. 언니들은 어떻게 든 사랑을 겉으로 드러내 생색을 내려 애쓴 반면 그녀는 표현 자체를 거부해 버린다. 않느니 죽겠다는 것이다.

리어 왕에게 바친 고너릴과 리건의 '사랑의 헌사'는 다시 한번 살펴볼 필요가 있다. 겉과 속이 다른 언니들의 입에서 나온 가당찮은 헌사가 코델리아의 말문을 막아 버리는 과정이 꽤 흥미로우니 말이다.

고너릴: 아버님, 저는 말로는 다 표현할 수 없을 만큼

아버님을 사랑하옵니다.

눈으로 보는 힘, 공간, 자유보다도 더 사랑하옵고,

값이 비싸거나 희귀해서, 사람이 소중히 여기는

그 무엇보다도 더 사랑하옵고, 깨끗하고 건강하고,

아름답고 영예스런 생활보다도 더 사랑하옵고,

자식된 이가 여태껏 받은 최대의 사랑을 가지고 사랑하옵고,

숨을 모자라게 하고, 말을 무력하게 만드는

그러한 사랑으로 사랑하옵고,

제가 아버님을 무한히 사랑하는 그 모든 정도를

훨씬 넘게 사랑하옵니다.

(1. 1. 55-61)

고너릴은 능수능란한 언변으로 '사랑 검정 시험'의 모범 답안을 내놓는다. 코델리아가 자신의 사랑을 표현할 길은 한층 더 요원해졌다. 언니가 뱉은 말은 토씨 하나도 따라 하길 원치 않으니 말이다. "코델리아는 무엇이라 말할꼬? 사랑한다고만 하고 잠자코 있지."(1. 1. 62)

코델리아가 고너릴이 한 말과 비슷한 말을 해도 문제될 것은 없었다. 그녀의 진심을 전하기만 하면 된다. 양심에 반하는 일을 하는 것이 아니었단 말이다. 고지식한 코델리아와는 달리 리건은 아주 말로 천 냥 빚을 값을 기세다. 당연히 양심의 가책 따위는 끼어들 자리도 없다.

리건: 아버님, 제 마음은 언니 마음과 같사옵고,

아버님에 대한 저 자신의 사랑도,

언니의 사랑과 같은 값을 가지고 있다고 생각하옵니다.

제 진정한 마음속을 들여다보니

언니가 말하는 것은 바로 제 가슴에 있는

아버님에 대한 저의 사랑이옵니다.

다만 언니의 사랑은 너무나 부족하옵니다.

그래서 저는 지극히 고상하고 완전한 감정이

가질 수 있는 모든 다른 기쁨은,

저 자신에 대한 원수로 생각하옵고,

오직 아버님에 대한 사랑 속에서만

참으로 행복을 느낀다고 말씀을 드리옵니다.

(1. 1. 69-76)

사랑의 헌사를 하는 척하며 리건은 교묘하게 언니에 대한 문제 제기를 한다. 언니의 사랑이 '흡족하게 충분하지' 않다고 꼬집은 것이다. '제 진정한 마음'이란 리건의 말은 '고너릴의 거짓된 마음'을 암묵적으로 암시하고 있다. 코델리아의 근심은 한층 깊어졌다. "그렇다면 코델리아가 가엾구나! 그러나 사랑이 빈약하지는 않지. 확실히 아버님을 향한 내 사랑은 내 혓바닥의 말보다는 더 풍부하지."(1. 1. 77-79)

그녀의 언니들이 "실행은 생각지 않고, 말만 하는"(1. 1. 227) 부류의 인간이라면, 그녀는 말은 하지 않고 실행하는 사람이다. 그런 그녀가 자신이 말할 차례에 "아무 할 말도 없나이다, 폐하."(1. 1. 89)라 대답한 것은 지극히 자연스러운 반응을 보인 것이라 할 수 있다. 아

무 말도 하지 않기로 결심하는 과정에서 그녀는 언니들의 헌사에 내포되어 있는 모순을 밝혀 낸다. 리어 왕을 향한 자신의 사랑이 이루 말할 수 없을 정도라 말하는 고너릴의 역설적 표현에는 '말뿐인 사랑'만 담겨 있다. 진정 형용할 수 없는 사랑은 번드르르한 말로 표현해 낼 수 없는 것이기 때문이다.

그렇다면 혹시 코델리아는 말로 사랑을 표현하지 않았을 때 불어닥칠 후폭풍을 알고 있었음에도 성질에 못 이겨 이런 '도박'을 한 것은 아닐까? 그렇지는 않았을 것이라고 생각한다. 언니들의 말을 듣고 있는 그녀의 대사에서는 자신의 사랑을 표현해 낼 말을 찾아낼 수 없다는 사실에 절망하는 코델리아의 두근거림이 전해져 온다. 셰익스피어 작품에는 자신은 달변가가 아니라고 손사래를 치다 갑작스레 엄청난 미사여구를 늘어놓는 인물들이 다수 등장한다. 오셀로처럼 말이다. 셰익스피어가 창조한 인물 중에 정말로 말주변이 없어, 자신의 모자란 언변을 자책한 이는 아마 코델리아가 유일할 것이다. 그녀는 "꼭 무슨 일을 하려고 하면, 말하기 전에 그것을 실행하는"(1. 227–228) 말보다 행동이 앞서는 사람이다. 〈리어 왕〉에서 코델리아의 대사는 다 합쳐 보아도 백여 개가 전부다. 하지만 A. C. 브래들리가 지적했듯 그녀는 이 몇 마디 되지 않는 말로 자신의 존재를 우리의 뇌리에 각인시켰다.

나는 코델리아의 진심어린 사랑을 알아보지 못한 리어 왕의 모자람을 덮어 주려는 것이 아니다. 나도 그의 어리석은 판단에는 후한 점수를 주고 싶지 않다. 단지 나는 〈리어 왕〉을 심리학적인 측면에서만 파악한다면, 정치적인 측면을 놓치게 된다는 말을 하고 싶은 것이다. 극의 이해를 돕는 면에서 비슷한 중요성을 갖는 관점임에도 말이다. '사랑 검정 시험'을 은유적인 법정 절차, 그러니까 말 그대로 사랑을 시험하는 상징적인 의례로만 받아들일 것이 아니라, 실제로 주권을 이양하기 위해 시행된 진정한 의미의 법정 절차로 해석해 보자는 것이다. 이런 관점에서 보면 리어 왕의 선택은 이해할 만한 구석이 많다.

나는 앞서 리어 왕이 생전에 딸들에게 정권을 이양하기로 한 결정에는 합당한 이유가 있다는 점을 지적했다. 그것은 오히려 슬기로운 결정이었다. 그리고 그는 자신이 가장 사랑하는 딸에게 가장 많은 영토를 물려주기를 소망한다. 불행히 그가 가장 아끼는 딸은 막내딸이었다. 그는 잡음 없이 막내딸에게 제일 큰 몫을 떼어 주기 위한 묘책이 필요했고, 고심 끝에 '사랑 검정 시험'이라는 희한한 방법을 고안해 낸 것이다. 그는 자신을 가장 사랑하는 딸이 누구인지 직감하고 있었다.

하지만 코델리아는 모두 앞에서 거행된 예식에서 정답을 말하지 않는다. 지극한 효성이란 그녀의 특출한 '미덕'을 증명하려 하지 않은 것이다. 막내딸이 과도한 상속분을 정당화할 근거 제시를 포기했으니 이제 리어 왕은 그녀에게 주려던 땅을 물려줄 수 없게 되었다. 그는 재빨리 대안을 찾아낸다. 그는 코델리아에게 주려던 영토를 고너릴과 리건의 남편들에게 나누어 준 뒤, 자기는 장녀와 차녀의 거처를 옮겨 다니며 여생을 보내겠다고 공언한다. 분노로 창백해진 이성의 반작용이다. 가장 사랑했던 딸에게 배신당했다 믿고 있는 아버지는 노여움으로 하얗게 질려 있다. 하지만 단순히 상처 입은 부성 때문에 격노한 것만은 아니다. 그보다는 코델리아의 침묵으로 군주로서의 위엄이 상처 입었기 때문이었다. 코델리아의 묵묵부답은 아버지의 마음만 갈기갈기 찢어 놓은 것이 아니었다. 그녀는 백주대낮에 온 영국의 아버지인 군주에게 모멸감을 안겨 준 것이다. 그 결과 영국은 고너릴과 리건의 것이 되고 말았다.

'사랑 검정 시험'의 예상치 못했던 결과를 리어 왕은 순순히 받아들인다. 법을 철석같이 준수하는 군주의 모범을 보인 것이다. 하지만 충신 켄트 백작은 이 결정을 어서 철회하라고 재촉한다. 하지만 그에 답하는 왕의 대사에서는 무슨 일이 있어도 법을 어길 수는 없다는 굳은 신념이 배어 나온다.

켄트 백작: 국왕폐하로서 항상 제가 공경하옵고,
아버님같이 사랑하옵고, 상관으로 모시옵고,
위대하신 저의 은인으로서,
기도할 때마다 잊지 않을 리어 왕 폐하시여.
리어 왕: 활을 굽혀 당겼으니, 쏘는 살에 맞지 않게 피하오.
켄트 백작: 두 갈래로 난 살촉이 제 심장에 침투한다 할지라도,
차라리 화살을 쏘소서. 리어 왕 폐하께서 정신이 혼란하실 때,
이 켄트 백작은 무엄하게 굴려 하옵니다.
폐하께서는 무엇을 하시려 하옵니까?
권력을 가지신 분이 아부에 굴복할 때, 책임 있는 자가,
말하는 것을 두려워한다고, 폐하께서는 생각하시나이까?
임금의 위엄이 어리석음에 농락당할 때,
명예는 정직에 따라야 하나이다, 폐하.
지금 하신 말씀을 철회하십시오.

매사에 신중하시어 경솔한 처사는 중지하십시오.
막내따님이 나지막한 목소리로 하는 말이 결코
공허하지 않은 것처럼 폐하에 대한 그녀의 사랑은
결코 부족한 게 아닙니다.

(1. 1. 140-154)

"막내따님이 나지막한 목소리로 하는 말이 결코 공허하지 않"기 때문에 "폐하에 대한 그녀의 사랑은 결코 부족한 게 아니"란 켄트 백작의 호소가 지당한 사실임에는 이론의 여지가 없다. 낯빛이 창백해질 만큼 격노했던 리어 왕마저도 5막에 이르러서는 코델리아의 '나직한' 목소리를 그리워한다. "코델리아의 목소리는 언제나 부드럽고 착하고 나직했는데, 그것이야말로 여자의 아름다운 특징이었지."(5. 3. 270-271)

아무리 그렇다 해도 리어 왕이 철회를 거부한 데는 그만한 이유가 있었다. 켄트 백작은 리어 왕에게 제발 마음을 바꾸라고 애원했다. "폐하, 제발 사물을 냉철하게 보십시오."(1. 1. 159) 켄트 백작은 〈리어 왕〉에서 중요한 상징적 의미가 있는 '시야'의 문제까지 거론하며 왕에게 훈계 비스름한 충고를 한 것이다. 하지만 여기서 중요한 것은 리어 왕의 결정이 옳으냐 그르냐의 문제가 아니다. 중요한 사실은 리어 왕이 이미 결정을 내렸다는 사실이다. 켄트 백작은 리어 왕이 법정의 공식적인 절차의 구속을 받고 있지 않은 상황에서 이러한 결정을 내린 경우에 할 수 있는 선택을 권한 것이다. 그는 국왕의 이름으로 공표된 말을 '철회하라'고 요구했다. 리어 왕의 국왕으로서의 권위에 도전하는 것을 넘어, 법치주의 자체를 위협한 것이라 할 수 있다. 리어 왕이 상상을 초월하는 모멸감을 느꼈으리라는 것은 쉽게 예상할 수 있다. 이어지는 리어 왕의 맹렬하고 호된 꾸짖음을 보라.

이 못된 놈아, 내 말을 들어라!
네게 충성된 마음이 있거든 내 말을 들어라!
너는 내 뜻을 거슬러서 내가 아직 깨어 본 적 없는
내 맹세를 깨뜨리려 하였고,
또 내 천성으로나 내 지위로써 참을 수 없을 만큼
내 결정과 권위를 범하려고 하였으니,
왕의 권위를 세우기 위하여서라도 너는 벌을 받아라.
이 세상의 번거로움을 네가 피할 수 있도록,
준비 기간으로서 너에게 닷새를 허락하니,
엿새째 되는 날에는 보기 싫은 너의 등을
내 국토에서 돌이켜라.
만약 그 다음 열흘째 되는 날에
추방된 네 몸뚱이가 이 영토 안에서 다시 보이면,
그 순간에 너는 죽을 것이다.
가라! 주피터 신께 맹세하건대
이 명령은 취소 못한다.

(1. 1. 168-180)

사물을 냉철하게 더 잘 "보라"는 켄트 백작의 말에 리어 왕은 더 잘 "들어라"는 싸늘한 말로 응수한다. "이 못된 놈아, 내 말을 들어라! 네게 충성된 마음이 있거든 내 말을 들어라!" 리어 왕은 켄트 백작이 국왕의 공식적인 선언을 듣지 않았다는 사실에 분통을 터뜨린다. 켄트 백작이 "왕의 뜻을 거슬러서 이제껏 한 번도 더럽혀 보려고도 해 본 적 없는 왕의 맹세를 깨뜨리려고" 한 것이다. 여기서 우리는 "더럽혀 보려고도 해 본 적 없다"는 표현에 주목해야 한다. 리어 왕은 맹세를 깨 본 적이 없는 정도가 아니라, 깨 보려는 시도를 '감히' 해 본 적도 없다 말한 것이다. 리어 왕은 왕도 '법'이라는 더 높은 권위의 구속을 받는 존재라는 사실을 믿어 의심치 않았다. 그랬기 때문에 굳이 딸들의 미덕을 공공연히 드러내 딸들에게 영토를 상속할 명분을 마련하고자 했던 것이다. 그의 바람과 달리 코델리아가 미덕의 과시를 거부했지만, 법치주의의 수호자인 그는 어쩔 수 없이 약속한 순서를 그대로 밟아 나가야 했던 것이다.

'왕의 결정과 권위'를 잇는 연계를 깨뜨리려는 시도, 다시 말해 왕이 내린 결정에 불복하는 행동은, 군주가 법에 의해 통치권을 부여 받는다는 사상 자체를 위협하는 것이라 할 수 있다. '빛이 있으라.'고 명했는데 빛이 모습을 드러내지 않는다면, 그 명령을 내린 이는 신이 아니다. "코델리아를 추방한다."라고 법정 절차에서 공언했는데 코델리아가 버젓이 영국 땅을 돌아다닌다면, 그런 명령을 내린 사람은 더 이상 군주가 아닌 것이다. 리어 왕은 영국 최고의 사법기관이다. 그는 "내 결정과 권위"를 침범하지 말라는 말을 켄트 백작에게 하기 이전에 이미 "용과 용의 분노를 가로막지 말라."(1.1.123)라는 비슷한 취지의 경고를 했다. 기독교가 세상에 전파되기 이전에 용은 영국을 상징하는 상서로운 동물로 여겨졌다. 리어는 켄트 백작에게 '늙어빠진' 켄트 백작의 눈앞에 서 있는 것은 리어 왕인 동시에 그가 세운 거대한 신화 속의 왕국임을 명심하라고 경고한 것이다. 사법부 수장의 결정에 불복한 데 대한 처벌은 추방이다. 적법한 결정에 항거하는 자들은 국왕이 관할하는 영토 밖으로 몰아내 법의 보호를 받지 못하는 사람으로 만들어 버리는 것이다. 마지막으로 리어 왕은 켄트 백작이 다시는 자신의 권위에 도전할 수 없도록 다시 한 번 못을 박는다. "이 명령은 취소 못한다."

이 장면에서 손바닥 뒤집듯 마음을 바꾸고 툭하면 성을 내는 리어 왕을 존경 어린 시선으로 바라볼 사람은 없을 것이다. 하지만 리어 왕이 적어도 법을 준수하는 왕인 것만은 확실하다. 리어 왕은 자신이 약속한 법정 절차를 준수했다. 비록 그런 자세가 스스로도 전혀 만족할 수 없는 엉뚱한 결과를 낳고 말았지만 말이다. 리어 왕은 법이 권력을 제한해야 한다는 진리를 수호하려 무진 애를 썼다. 문제는 불행히도 배은망덕한 딸내미들은 아비의 뜻을 한 치도 이해하지 못했다는 것이다. 아, 막내딸은 열외다.

리어 왕은 백여 명에 이르는 그의 친위대 문제를 놓고 딸들과 옥신각신하는 과정에서 고너릴과 리건의 진면목에 눈뜨게 된다. 당시에 왕의 친위대 인원은 열두 명 남짓인 것이 보통이었다. 하지만 셰익스피어는 리어 왕의 친위무사들의 수를 엄청나게 불려놓았다. 그 수가 엄청나 리어 왕을 위한 군대를 창설했다고 해도 믿을 정도였다. 이들을 먹이고 재우는 문제 때문에 골머리를 썩는 고너릴과 리건의 심정도 이해 못할 바는 아니다. 하지만 다시 강조하지만, 법적인 측면에서 살펴보면 리어 왕이 단순히 그 세를 과시하기 위해 백여 명에 이르는 기사들의 수행을 받는 것이 아니다. 백이란 숫자는 그 많은 수의 기사를 거느릴 수 있는 리어 왕의 법적인 자격을 상징했다.

리어 왕은 올버니 공작과 콘월 공작에게 자기 권력을 넘겨주지만 왕이라는 직위와 주요 수행원만은 포기하지 않았다.

> 나의 통치권과 최고의 지위는 물론,
> 왕위에 따르는 모든 예식 절차까지도
> 그대들에게 공동으로 넘겨주고
> 나는 그대들이 부양해 줄 내 백 명의 기사를
> 내 호위병으로 데리고,
> 한 달 걸려 적당하게 교대해 가면서
> 그대들의 주택에서 머무르려고 하오.
> 나는 오직 왕의 명의와 경칭만을 그대로 갖고,
> 통치권이나 국고 수입이나, 그 밖의 모든 실권 행사는,
> 사랑하는 사위인 그대들의 것이 될 터이니.
>
> (1. 1. 131−137)

이 대사에서 리어 왕은 물려줄 권리와 자신이 보유할 권리를 명확하게 구분해 말한다. 이언 매켈런이 주연한 〈리어 왕〉에는 이 대목에서 왕이 하는 말을 속사포 같은 속도로 하나도 빠짐없이 기록하는 속기사까지 등장한다. 이 대목에서 리어 왕은 퇴위 후에도 호위 무사 백 명을 둘 권리를 명시적으로 확인한 것이다.

기사 백 명을 거느린 리어 왕은 '사랑 검정 시험'으로 다친 쓰린 가슴을 안고 고너릴의 성으로 향한다. 얼마 지나지 않아 고너릴은 리어 왕의 "기사들이 점점 난폭해지고"(1.3.7) 있다고 불평한다. 그녀는 충직한 하인 오즈월드에게 기사들을 대놓고 무시하라고 지시한다. "잘못된다면 그 책임은 내가 질 테니까."(1.3.14)란 말도 덧붙인다. 그 말인즉슨 리어 왕을 도발하겠다는 뜻이다. 그녀의 바람은 곧바로 이루어진다. 왜 그렇게 퉁퉁 부어 있느냐는 리어 왕의 질문에 그녀는 대답한다. "아버님이 거느린 기사 백 명이 어찌나 난잡하고 방탕하고 무법한지"(1.4.233) 제 성은 "위엄 있는 저택이라기보다는 술집이나 갈봇집같이 되었습니다."(1.4.233) 딸의 이율배반적인 불평에 분개한 리어 왕은 반박한다. "이 흉악한 욕심쟁이야, 거짓말 마라! 내 시종들은 지극히 우수하고 드문 재질을 가졌을 뿐 아니라, 자기들의 의무를 세세한 점에 이르기까지 잘 알고 있는 자들이다."(1.4.254-256) 기사 백 명이 실제로 어떠했는지에 대한 언급은 어디에도 없다. 그들이 "난잡하고 방탕했는지" 아니면 "지극히 우수하고 드문 재질을 가졌는지" 확인할 길이 없는 것이다. 하지만 극을 연출하는 감독들은 어떤 식으로든 기사들을 묘사해 내야 했다. 피터 브룩은 기사들을 무법자로 묘사했다. 그들은 고너릴의 연회장을 온통 난장판으로 만들어 버리는 만행을 저질렀다. 하지만 대부분의 작품에서는 기사들의 존재는 거의 부각되지 않았다. 비중 있게 등장한 경우에도 고작 시시덕거리길 일삼는 졸자들로 묘사되기 일쑤였다.

하지만 이번에도 기사들이 실제로 불손한가 아닌가는 중요한 쟁점이 아니다. 중요한 점은 리어 왕이 이들을 거느릴 명백한 합법적 권리를 보유하고 있다는 사실이다. 왕의 합법적 권리를 부인하려 하는 고너릴과 리건의 태도에서 법을 대하는 그들의 자세를 짐작할 수 있다. 고너릴은 "단번에"(1. 4. 286) 리어 왕의 시종을 오십 명이나 줄여 버린다. 리어는 이 억울한 사정을 리건에게 하소연한다. 하지만 더하면 더하지 나을 것도 없는 리건의 대답에 아비는 애통할 따름이다. 리어는 이들에게 자신에게는 명백한 합법적 권리가 있다는 사실을 상기시킨다.

> **리어**: 너한테 모든 것을 주었는데.
> **리건**: 적당한 시기에 다 주셨습니다.
> **리어**: 너희들을 내 후견인으로 삼아,
> 너희들에게 모든 권력을 위임한 대신으로,
> 나는 시종 백 명만 갖는 권리를 가졌다.
> 그런데 무엇이 어째?
> 스물다섯 명만 데리고 오라고? 리건아, 네가 그렇게 말했느냐?
> **리건**: 네, 다시 말하겠습니다. 그 이상은 받지 못하겠어요.
> (2. 4. 439-449)

여기서 주목해야 할 점은 리건이 리어 왕이 보유한 법적 권리에 대해서는 이의를 제기하지 않는다는 점이다. 이의를 제기할 사유가 없었던 것이다. 그녀는 뻣뻣한 태도로 자기 의견만 반복해 말할 뿐이다. 동맹을 맺을 잔인한 필요를 느낀, 피도 눈물도 없는 자매는 힘을 합쳐 아버지의 친위대원 수를 대폭 줄여 버린다. 처음에는 오십 명으로 줄이더니, 그 다음에는 스물다섯 명으로, 또 그 다음에는 열 명으로, 또다시 다섯 명으로 줄여 버리고 끝내 친위대 자체를 없애 버린다. 리어 왕은 이제 '사랑 검정 시험'을 치러야 했던 극 도입부의 고너릴과 리건이나 다름없는 처지가 되었다. 그는 이제 측정할 수 없는 것의 양을 수량해 세상에 내보여야 하는 것이다.

〈리어 왕〉의 첫 장면에서와 마찬가지로 심리적 변화와 정치적 입지의 변화가 동시에 일어난다. 친위대를 잃은 것은 리어 왕이 군주로서 받아야 할 마땅한 존경을 잃은 것을 의미한다. 아울러 정권 이양 후에 설 자리를 잃은 법치주의도 상징한다. 리어 왕은 개인적으로 바라는 바에 합치하지는 않았지만, 법치주의 원칙에 입각해 고너릴과 리건에게 정권을 이양했다. 하지만 이런 그와 달리 파렴치한 딸들은 군주의 권능을 갖게 되자 아비인 선왕도 법치주의도 딱 잘라 외면해 버린다.

기사들 때문에 시작된 다툼 끝에 리어 왕은 그가 더 이상 권력에도 또 법에도 호소할 수 없다는 사실을 깨닫게 된다. 비분강개한 늙은 왕은 법 대신 정의에 호소하기로 한다. 속세의 법 대신 자연의 섭리에 기대기로 결심한 것이다. 고너릴이 맨 처음 그의 기사들을 내쫓으려 했을 때, 그는 딸에게 무시무시한 저주를 퍼붓는다. 어찌나 표독스럽게 말했던지 수많은 사람들이 그의 이 저주를 기억할 정도다.

대자연아, 들어라! 그리운 여신이여, 들으소서!

만약 이년의 몸에서 자식을 낳게 할 뜻을 가지셨다면,

그 의도를 중지하시고,

이년의 자궁 속 생식기관을 말려 버리시고,

저년의 타락한 육체에서 저년에게 명예가 될

아기가 결코 나지 않게 해 주소서.

만약 할 수 없이 애를 낳게 할 경우에는,

미움의 씨로 저년의 자식을 만들어,

그 자식이 살아서 저년에게

흉악한 패륜을 저지르게 하는 고통을 주게 하소서.

그 자식으로 해서,

저 젊은 이마에는 주름살 낙인이 찍히고,

흐르는 눈물은 두 뺨에 고랑을 파고,

어미로서 쏟은 모든 수고와 애정은,

조소와 멸시를 받게 되어,

부모의 은혜를 모르는 자식을 두는 것은,

독사의 이빨에 물리는 것보다

더 아프다는 것을 느끼게 해 주소서.

(1. 4. 267-281)

리어 왕은 대자연의 여신에게 고너릴이 꼭 자기만큼 배은망덕한 자식을 갖게 해 달라고 기도한다. 그가 구하는 '몽상적 정의'는 인간의 법정에서는 구현될 수 없는 것이다. 그가 자신의 여신이라 여기는 대자연의 여신에게 정의를 호소하고 있다는 점은, 권력 기반을 잃은 왕이 자신의 법적인 권위가 약화되고 있음을 인식하고 있다는 사실을 암시한다.

〈리어 왕〉에는 자연의 여신을 모시는 등장인물이 또 한 사람 등

장한다. 바로 에드먼드다. 글로스터의 사생아인 이 남자의 첫 대사
는 다음과 같다. "자연이여, 너는 내게 행운의 여신이다. 네 법칙에
나는 봉사할 작정이다."(1. 2. 1–2) 에드먼드는 "전통이란 이름의 역
병"(1. 2. 3)이 자신에게 이롭지 않기 때문에 자연의 순리를 따르기
로 결심한 것이다. 영국 보통법에서 사생아는 고아나 다름없는 존
재였다. 그들에겐 '아무도 아닌 아이'라는 뜻의 '필리어스 널리어
스'란 망측한 이름이 따라다녔다. 법의 인정은 받지 못했을지 모르
지만 이 사생아는 〈리어 왕〉에서는 꽤 비중 있는 배역을 차지한다.
그는 〈리어 왕〉에서 법질서를 부정하는 대표적인 인물이다. 리어
왕은 이제 1막에서 자신의 대척점에 서 있었던 인물과 비슷한 것
을 소원하는 처지로 전락한 것이다. 한때 리어 왕은 법치주의가 지
배하는 세상의 중심이었다. 법치주의의 가장자리에 위태롭게 서
있는 에드먼드와는 사뭇 다른 세계의 왕이었단 말이다.

　고너릴에게 저주를 퍼붓는 이때만 해도 리어 왕은 자연의 섭리
가 정의를 바로잡아 줄 것을 확신하고 있었다. 궁지에 몰린 왕은
리건에게 호소해 보기도 하고, 거친 맘씨의 자매에게 법적인 권리
를 주장해 보기도 한다. 하지만 인간의 도리를 저버린 자매는 힘을
모아 한층 더 거세게 반발하고 나선다. 목불인견은 이럴 때 쓰는
말이다. 참혹함에 치를 떨며 리어 왕은 인간 문명 전부에 등을 돌
려 버린다. 법이고 뭐고 더 이상 돌아볼 것도 없다. 그는 천둥과 함
께 황야로 떠난다. 이 장면의 무대효과와 대사의 완벽한 궁합은 셰
익스피어 작품에서도 둘째가라면 서러울 정도다.

이 짐승 같은 년들아!

나는 너희 두 년에게 복수할 테야.

세상이 다! 아, 그렇지. 나도 너희 두 년에게 복수할 테야.

나도 아직 어떤 복수를 할지는 모르겠다. 하지만 꼭 하고야 말리라.

세상이 다 놀라고야 말 것이다.

내가 울 줄 알았지?

아니, 나는 울지 않을 테다.

(폭풍우가 몰아친다.)

울어도 시원치 않지만, 우느니 차라리 이 심장을

천 갈래 만 갈래로 찢어 버릴 테다.

오 광대 바보야! 나는 미치겠다!

(리어, 글로스터, 켄트 백작, 광대 바보 퇴장)

리어 왕은 가슴 아플 정도로 유치한 말로 복수의 각오를 내보인
다. 딸들을 위협하는 그의 대사에는 그의 무력함과 위풍당당함이
묘하게 뒤섞여 얽혀 있다. 그는 어떤 복수를 할지는 아직 모르겠지
만, 반드시 지독한 복수를 하고 말겠다고 다짐한다. 그러고는 "나
는 울지 않을 테다."라면 이를 악문다. 이와 동시에 폭풍우가 몰아
친다. 리어 왕은 울지 않겠다고 했으니 자연이 대신 울어 주는 것
이다. 〈맥베스〉에서 덩컨 왕이 서거하자 온갖 기이한 변화로 사람
들의 마음을 어지럽혔던 대자연의 행보를 떠오르게 하는 대목이
다. 하지만 〈리어 왕〉에 등장하는 대자연의 전언은 〈맥베스〉에서
보다 훨씬 더 모호하다. 폭풍우로 고통을 겪는 쪽은 오히려 리어
왕이다. 폭풍우가 불어닥치자 리어 왕의 반대 세력들은 궐 안으로
대피한다. 문명의 세계로 몸을 숨긴 것이다. 반면 기사 백 명을 빼

앗긴 리어 왕은 폭풍우가 점령하고 있는 황야로 지친 몸과 마음을 끌고 간다. 그리고 황야는 광기를 불러일으킨다.

광기에 사로잡힌 채 황야에서 리어 왕은 비

로소 정의가 무엇인지 깨닫는다. 〈리어 왕〉 최고의 역설적 순간이다. 1막에서 켄트 백작이 이미 리어 왕이 '실성'한 것이 틀림없다는 견해를 내놓긴 했다. 하지만 우리가 보기엔 리어 왕에게 '광인'이란 수식어가 어울리기 시작한 것은 분명 이 시점부터다. '실성'이라는 것이 현실과 완벽한 이별을 뜻하는 말이라면. 이 대목에서 우리는 인간 사회에서는 영원히 정의가 구현될 수 없다는 사실에 분노한 나머지 실성해 버리는 리어 왕을 손 놓고 그저 지켜보아야 한다. 이제 그는 황야에서 홀로 세상의 종말을, 파멸을, 지구 종말을 초래할 대전쟁의 광경을 그리고 있다. 신들이 악인들을 하나도 빠짐없이 뽑아내 그 모든 죄를 벌하는 심판의 날을 말이다.

> 우리들 머리 위에서 이 무서운 혼란을
> 간수하시는 위대한 신들로 하여금,
> 그들의 원수를 지금 찾아내게 하라.
> 아직도 심판의 채찍을 받지 않은,
> 비밀의 죄악을 가슴에 품고 있는 악한아.
> 떨어라! 사람 손에 피를 묻힌 놈아,
> 숨어라! 위증하는 자여! 간음을 저지르고
> 정절을 가장하는 자여!

네 몸이 조각조각 나도록 떨어라!

몰래 그럴듯한 가면을 쓰고,

남을 죽이려던 악한아!

가슴속에 깊이 숨어 있는 죄악이여!

너희를 숨기고 있는 가슴을 쪼개어 열고,

이 무서운 호출자들에게 자비를 소리쳐 구하라!

내가 죄지은 것보다 사람들이 나에게

더 많이 죄를 지은 것이다.

(3. 2. 49-59)

리어 왕은 자신이 저지른 죄보다 남에게 입은 피해가 더 큰 사람
이라 할 수 있다. 감쪽같이 발톱을 숨기고 있던 큰딸과 둘째 딸에
게 뒤통수를 맞았으니 말이다. 그는 시치미를 뚝 떼고 있는 모든
악인들이 저지른 죄상이 낱낱이 백일하에 드러나는 그날을 꿈꾼
다. 이제까지 셰익스피어 희곡에서 살펴보았던 '한계가 분명한 정
의'와는 사뭇 다른 '완전한 정의'가 실현되는 세상을 염원한 것이
다. 안젤로는 〈자에는 자로〉에서 "법은 법에 걸린 자만 심판하는
것이오."(〈자에는 자로〉, 2. 1. 21)란 말로 법의 손으로 완성하는 불완
전한 정의에 대한 불신을 드러낸다. 급기야 "도둑이 도둑한테 선고
를 하더라도, 그것을 법이 알게 뭐요?"(〈자에는 자로〉, 2. 1. 22-23)란
말까지 한다. 하지만 리어 왕이 꿈꾸는 세상에서는 모든 죄는 정의
의 심판대에 올려지고, 전지전능한 신이 모든 죄인의 모가지를 틀
어쥐는 것이 순리다. 하지만 이런 완벽한 정의의 세계로 기려면 현
세에 등을 돌려야 한다. "신의 마음과 생각을 잘 모르는"(〈리어 왕〉,

1.1.294-295) 리어 왕조차 이 점은 분명히 알고 있다. 현실에 눈감은 꿈속에서 희망을 찾은 직후 리어 왕은 "이제야 내 정신이 돌기 시작하는구나."(3.2.67)란 서글픈 대사를 뱉는다.

한번 영원의 꿈속으로 떠난 리어 왕의 정신은 좀처럼 제자리로 돌아올 줄 모른다. 황야를 떠나 글로스터의 집으로 거처를 옮긴 후에도 왕의 영혼은 여전히 신들의 세상을 헤맨다. 글로스터의 집에 당도한 왕 앞에는 그를 위해 마련된 세간살이가 놓여 있다. 넋이 빠진 왕은 잠자코 있기만 한다. 애가 탄 켄트 백작이 "그렇게 놀라지 마세요. 드러누워서 자리에서 좀 쉬지 않으시겠어요?"(3.6.33)란 말을 건넨다. 하지만 자기만의 광기의 세계에 갇힌 왕은 속세의 안락에는 관심이 없다. 이윽고 리어 왕은 문학사 사상 가장 기괴한 재판을 하기 시작한다. 국왕과 엄정한 법의 문명사회로 귀환했음을 그렇게나마 알리려 한 것이다.

> **켄트 백작**: 어떻습니까? 그렇게 놀라지 마세요.
> 드러누워서, 자리에서 좀 쉬지 않으시겠어요?
> **리어**: 나는 우선 그년들의 재판을 볼 테야.
> 그러니 그년들의 증인을 불러와.
> (에드거에게)
> 법관복을 입은 재판관,
> 자리에 앉지요.
> (광대 바보에게)
> 또 너는 동료 재판관이니,
> 그 옆에 있는 걸상에 앉고.
> (켄트 백작에게)

너는 재판위원의 한 사람이니

너도 앉아라.

에드거: 우리 공평하게 취급합시다.

(3.6.33-40)

리어: 우선 저년부터 심문해. 저년은 고너릴이야.

이 존경하는 모임 앞에서 맹세합니다만,

저년은 자신의 부친 되는 불쌍한 왕을

발길로 찼습니다.

바보: 부인, 이리로 오시오. 당신 이름이 고너릴이요?

리어: 아니라고 못할 거야.

바보: 용서하오. 나는 당신을 소목장이가 만든 걸상으로 알았구료.

리어: 그리고 여기 또 한 년 있는데,

그 찌그러진 외양을 보면,

그 맘보가 어떻게 되어 있는지 알 수 있지.

저년을 못 가게 붙잡아. 무기, 무기를!

칼, 불을 가져와! 법정이 부패했어!

부정한 재판관아, 왜 저 계집을 달아나게 했어!

(3.6. 46-55)

마치 정신병동에 수감된 환자들 간의 대화처럼 들리는 재판 현장이다. 《이상한 나라의 앨리스》에 나오는 레드 퀸의 재판정을 방불케 한다.

하지만 미친 리어 왕의 법정에서도 적법절차의 원칙은 살아 있다. 1913년 출간된 《셰익스피어 작품에 대한 법적인 고찰Commentaries on the Law in Shakespeare》란 자신의 저서에서 에드워드 J. 화이트는 이 미친 사람들의 잔치에서도 적법절차는 철저히 준수되었다는 사실을 지적했다. 화이트는 먼저 서두에서 '보통 법에 따라, 정식기소장에 의한 소환을 하지 않고서는, 또 유무죄 여부에 대한 심문을 거치지 않고서는 그 누구에게도 그 죄책을 물을 수 없다'는 사실을 짚고 넘어갔다. 이 재판에서 바보는 고너릴에게 발언의 기회를 준다. 고너릴은 '사랑 검정 시험'을 볼 때 코델리아만큼 말이 없다. 소목장이가 만든 걸상에겐 입이 없으니 어쩔 수 없는 일이다. 리어왕의 법정에는 에드거란 이름의 판사도 있다. 이어 리어 왕은 바보를 '재판위원' 자리에 앉힌다. 화이트의 말에 따르면 보통 법에서는 '판사'란 용어는 판결석에 앉는 사람들을 총칭하는 단어였다. 그중 '재판위원'은 형평법 법원의 판결석[41]에 앉는 의장이나 판사와 비슷한 역할을 하는 법학자들이었다. 그리고 두 명 이상의 판사가 배석하여 함께 판결을 내리는 판결부는 '위원회Commission'라고 했다. 즉 이 광인과 바보의 재판에서 켄트 백작은 '위원회'의 일원이라는 말이다. 화이트는 마지막으로 다음과 같은 점을 지적했다. '기소 후 당면 과제는 증명력 있는 증거를 토대로 피고의 유무죄를 확정하는 것이다. 무죄 추정의 원칙에 따라, 유죄가 확정되기 전까지 모든 피고인은 무죄인 것으로 추정된다.' 이어 '미친 왕이 기소 후 증거 제출 요구에, 딸의 유죄를 입증할 증거를 제시하는

---

41) 형평법 재판소는 형평법의 체계와 그 고유한 소송절차에 따라 재판을 하는 법원을 말한다. 영미법에서 보통법과 형평법 법원은 별개의 사법기관이었다. 간혹 보통법과 형평법이 동일한 법원에서 운영되는 경우, 보통법 재판소로 운영되는 법정을 law side, 형평법 재판소로 운영되는 법정을 equity side라고 했다. '형평법 법원의 판결석'은 바로 이 equity side of the court를 가리키는 말이다. ―옮긴이

말을 한 것, 그 모든 것이 적법절차 원칙에 부합한다. 리어 왕은 법정 선서까지 마쳤으니 말이다.'

이 정신병자들의 놀음에는 세속의 법에 대한 리어 왕의 실망감이 그대로 스며 있다. 그는 이제 공상의 세계에서만 제대로 된 적법절차를 따를 수 있는 것이다. 하지만 백주의 몽상에서조차 정의는 실현되지 않는다. '글러먹은 심판관들' 탓에 리건을 놓쳐 버린 리어 왕은 망연자실해한다. 이 공상 속의 도주범 리건 때문에 재판은 엉망이 되어 버린다. 앞으로 이 앙큼한 범법자를 붙잡을 길이 요원해진 데다, 그녀가 법정을 어지럽힌 탓에 고너릴은 기소조차 하지 못했기 때문이다. 그가 황야에서 꿈꿨던 정의, 신들의 손으로 빚을 정의는 완전무결했다. 하지만 글로스터의 집에서 소환한 몽매한 인간의 법은 그렇지 못하다. 리어의 몸은 황야에서 글로스터의 집으로 옮겨 왔지만, 꿈속의 정의는 속세의 법으로 대신할 수 없다. 결국 소기의 목적을 달성할 수 없을 거란 사실에 낙심한 리어 왕은 재판이고 뭐고 다 집어치워 버린다. 이런 일은 다시 한 번 반복된다. 리어 왕은 에드거에게 "이봐, 나는 너를 내 백인 무사의 한 사람으로 내 옆에 둘 테야."(3.6.76)라고 말한다. 그에게 백인의 기사가 갖는 법적 권리의 일부를 주겠다는 뜻이다. 하지만 왕은 곧바로 이 작은 권리를 주는 것조차 부적절하다는 것을 깨닫는다. "다만 너의 옷 모양이 내 마음에 들지 않아. (중략) 그런 옷은 바꿔야 돼."(3.6.76-78)

하지만 법치주의에 대한 리어 왕의 깊은 불신은 섣부른 판단이었을 수도 있다. 법은 정의를 회복하기 위해 애쓰는 의로운 등장인물들 편에서도 맡은 바 임무를 다하니 말이다. "삼십오륙 명이 되는 왕의 기사들이"(3.7.15) 우여곡절 끝에 왕의 목숨을 구해 글로스터 백작의 집에서 도버까지 왕을 무사히 호송한다. 프랑스군을 이끌고 영국 땅에 당도한 코델리아는 도버의 들판으로 '백인대(白人隊)'를 내보낸다. 곡식이 높이 자란 밭을 샅샅이 뒤져서라도 리어왕을 눈앞에 모시고"(4.4.6) 오라는 것이다. 백인대는 백 명의 병사들로 구성된 부대를 말한다. 문학비평가인 R. A. 포크스는 코델리아가 불안증 때문에 이렇게 많은 수색대를 파견한 것이라고 했다. 하지만 나는 그렇게 생각하지 않는다. 의식적이었건 무의식적이었건 코델리아는 리어 왕이 빼앗긴 백 명의 친위대를 벌충할 백 명의 병사를 보내는 것으로, 국왕의 권위와 법치주의를 회복하려 했던 것이다. 법은 〈리어 왕〉에서 때로 악인들을 제어하는 장치가 되기도 한다. 글로스터에게 복수하기 위해 흉계를 꾸미던 콘월 공작은 "정식재판 없이 그놈에게 사형선고를 하는 것은 부당할 테지만"(3.7.24-25)이란 말로 글로스터의 목숨을 이유 없이 앗는 것이 법으로 금지되어 있다는 사실을 떠올린다.

하지만 이 모든 순기능에도 법치주의에 대한 리어 왕의 회의적인 시선을 너무하다 할 수 없다. 법에 의한 제약을 충분히 곱씹은 뒤인데도 콘월 공작은 "화나는 김에 내 권력을 행사한대도, 남들이 비난을 할지는 몰라도 막지는 못할 테지."(3.7.25-27)란 무도한 말을 지껄인다. 결국 콘월 공작은 글로스터의 두 눈을 뽑아 버린다. 무대에 올릴 수 없을 정도로 무자비한 행각이 용인되는 사회의 법을 그 누가 신뢰할 수 있겠는가.

흥미로운 사실은 무고한 사람을 고문해도 처벌 받지 않을 것이라는 콘월 공작의 어림짐작이 틀렸다는 것이다. 글로스터에게 고문을 하는 주인어른의 잔혹성에 분노한 한 하인이 콘월 공작을 살해한 것이다. 이 이름 없는 하인 손으로 신들의 세상에나 있는 '정의'가 구현된 것이다. 이번에도 '법'의 이름으로 해결된 것은 아무 것도 없다. 근대 초기에 하인이 주인에게 무력을 행사하는 것은 전형적인 불법행위였다. 콘월 공작의 피살 소식을 듣고 올버니 공작은 하늘의 심판으로 구현된 '정의'를 찬미한다. "하늘에 계신 심판관들이여, 속세의 죄악이 이렇게 빨리 벌을 받으니, 당신들께서 진실로 하늘에 계신 것을 알겠습니다."(4. 2. 79–81)

법이 권력의 하수인 노릇을 하는 예는 마지막 장에도 등장한다. 고너릴은 콘월 공작보다 한술 더 뜬다. 에드거가 결투 재판에서 에드먼드에게 치명상을 입히자 그녀는 이 결투 재판의 부당함을 주장하며 울부짖는다. "글로스터 님, 당신은 무사도에 의해서 정체불명의 상대자와 결투할 필요가 없는 거예요. 그러니까 당신은 진 것이 아니고, 모략에 걸려 속아서 목숨을 잃게 된 거예요." (5. 3. 150–152) 여기서 글로스터 님이란 에드먼드를 가리키는 말이다. 부정한 아내의 뻔뻔한 언사에 올버니 공작은 격분한다. 공작은 고너릴이 간통을 저지른 데 이어 에드먼드를 시켜 남편인 자신을 살해하려 했단 사실을 알고 있었으니 그럴 만도 하다. 이에 대한 고너릴의 대답은 참으로 가관이다. "법률은 내 편이지 당신 편이 아니에요. 누가 나를 비난해요?"(5. 3. 156–157) 맥베스 부인과 클로디어스가 주장했던 '군주의 면책특권'을 떠올리게 하는 대사다.

고너릴은 단 석 줄의 대사로 법을 자기가 아닌 남을 재단하는 도구
라 여기는 본심을 그대로 드러낸다. 자신은 군주이므로 언제나 처
벌을 면할 수 있지만, 에드거는 법의 심판을 받아야 한다는 식이
다. 황당무계한 논리를 펴는 고너릴에게 올버니 공작은 "참으로 망
측한 일이군!"(5. 3. 157)이라 답한다. 속이 다 시원하다. 그리고 이
런 지경이라면 법에 대한 신뢰를 잃는 것도 무리가 아니다.

   광기의 제물로 바쳐진 리어 왕에게 다행히 코델리아를 알아볼
한 줌의 이성은 남아 있다. 그렇다고 해도 그는 영원히 성과 속이
뒤엉킨 "현실 세계"로 돌아오지 못한다. 프랑스군이 패퇴한 후, 코
델리아는 언니들과 대면하길 청한다. 하지만 리어 왕은 원치 않는
다. 그는 막내딸에게 함께 감옥으로 갈 것을 권한다. 리어 왕은 이
대목에서 슬퍼하는 것인지 행복해하는 것인지 알기 어려운 분열적
인 정신세계를 선보인다.

> 아니, 아니, 아니, 아니! 자, 감옥으로 가자.
> 거기서 우리는 단둘이 새장 속에 든 새같이 노래를 하자.
> 네가 나보고 축복을 해 달라면,
> 나는 무릎을 꿇고 너의 용서를 청하련다.
> 그렇게 해서 우리는 날을 보내고,
> 기도하고, 노래하고, 옛이야기를 하고,
> 금빛 나비같이 화려한 궁중 사람들을 보고 웃고
> 그 가여운 자들이 궁중 소식을 이야기하는 것을 듣자꾸나.
> 그러고 나서는 누가 전쟁에 지고, 누가 이기고,
> 누가 세력을 얻고, 누가 세력을 잃는다고,
> 그들과 같이 우리도 이야기하면서,

마치 우리가 신의 정탐꾼인 양

인생의 신비를 아는 체하자꾸나.

그러면 우리는 사면을 벽으로 두른 옥 속에 있더라도,

달의 지배를 받아 들락날락하는 밀물 썰물과 같이,

흥망 무상한 거물들의 집단이나 당파보다도 오래 살 것이다.

(5. 3. 8. 19)

이제 코델리아만이 그가 알고 싶은 세상의 전부다. 사랑으로 가득 찬 세계, 온전히 아끼는 두 사람만의 천국을 그린 리어 왕의 이 가슴 아픈 대사는 황홀하고 애절하다. 이 순간만큼 비참하고도 행복한 아비의 광기는 축복이다.

〈리어 왕〉은 코델리아를 잃은 왕이 파란만장했던 삶을 마감하면서 막을 내린다. 가슴은 미어지지만, 평정심을 회복하여 살펴보면 리어 왕이 미쳐 버리긴 했지만 결국 정의는 구현된 셈이다. 하지만 코델리아가 목숨을 잃었다. 묵과할 수 없는 부당한 결과를 낳은 것이다. 결국 리어 왕은 자신을 파괴해 버린다. 왕의 죽음도 비극이지만, 그가 고마워하며 저승길에 올랐다는 사실은 충격을 더한다. 이 부분만큼은 홀린셰드의 《연대기》와 내용이 다르다. 홀린셰드의 작품에서는 코델리아가 리어 왕의 목숨을 구해 왕권을 되살려 준다. 리어 왕은 서거할 때까지 2년간 더 영국을 다스리고, 코델리아가 왕위를 이어받는다. 하지만 리건과 고너릴의 아들이 반란을 일으켜 왕위를 찬탈하고, 코델리아는 감옥에서 스스로 목매달아 자결한다. 그러니까 홀린셰드의 작품에서는 리어 왕과 코델리아는 이 모든 사건이 마무리되고 2년이란 시간을 함께 보낸 것이다. 코델리아의 죽음을 정의에 대한 도전으로 받아들였던 영국의 계관시인 네이홈 테이트는 코델리아가 죽지 않고 살아남아 에드거와 결혼하는 내용으로 〈리어 왕〉을 개작하기도 했다. 이 테이트판 〈리어 왕〉은 왕정복고 시대[42]부터 19세기에 이르기까지 큰 인기를 끌었다.

리어 왕에게 코델리아의 죽음은 감당할 수 없는 불의를 뜻했다. "너는 이 세상에 돌아오지 않을 것이다. 결코, 결코, 결코 돌아오지 않을 것이다."(5.3.306-307)란 늙은 왕의 절규가 가슴을 친다. 하지만 이내 그는 코델리아가 소생하고 있다고 믿는다. "이것이 보이니? 저 애를 봐라. 저 입술을. 저기를 봐, 저기를 봐.(리어 왕이 죽는다.)" 브래들리는 리어 왕이 코델리아의 희생 덕에 행복해하며 죽었다고 주장했다. 코델리아의 죽음이 갖고 있는 '구원'의 메시지에 주목해야 한다는 것이다. 하지만 이는 지나치게 감상적인 평이라고 생각한다.

나는 오히려 코델리아의 죽음은 셰익스피어가 필요 이상의 무의미한 살생을 하나 추가한 것이라는 존슨 박사의 견해에 더 공감한다. 하지만 개작이 이에 대한 적절한 해결책은 아니다. 반대로 왜 굳이 셰익스피어가 이런 식으로 〈리어 왕〉을 끝맺어 수많은 사람의 마음을 저리게 했는지, 그 이유를 곰곰이 생각해 보아야 한다고 생각한다.

---

42) 영국의 찰스 2세가 왕위를 되찾은 '왕정복고' 1660년 이후의 시대. —옮긴이

나는 셰익스피어가 그 누구도 피해 갈 수 없는 죽음의 속성, 절대로 납득할 수 없는 그 속성에 대한 이야기를 하려 했다고 생각한다. 코델리아는 이를 위해 희생된 것이다. 가장 순수하고 가장 고귀한 인물도 죽음은 피할 수 없다는 설정을 하는 것이 우리 모두가 필멸의 존재라는 지긋지긋한 이야기를 꺼내는 가장 손쉬운 방법이었던 것이다. 불의에 직면하지 않고 살 수 없듯이, 다가오는 죽음의 그림자도 피할 수 없다. 하지만 〈리어 왕〉에서 가장 의로운 인물의 죽음에는 부활과 구원의 메시지가 담겨 있다. 물론 여기 등장하는 소생은 기독교의 부활과는 거리가 멀다. 예수님은 리어 왕이 죽고 800년 지난 뒤에야 이 험한 세상으로 찾아오시니 기독교적 부활을 떠올리기에는 시기상조였던 모양이다. 하지만 코델리아를 안고 있는 리어 왕의 모습은 마리아와 리어 왕을 바꿔 놓은 피에타 같기도 하다. 이교도의 세상에서나 있을 법한 부활이 언급되었으니, 신실한 기독교도 테이트가 황급히 빨간 펜을 꺼내 든 것도 이해가 된다.

내게 〈리어 왕〉은 영원히 시들지 않을 금과옥조를 전해 주는 희곡이다. 이 숭고한 희곡은 영원히 풀 수 없는 죽음이란 숙제를 돌아보게 한다는 점에서 셰익스피어 최고의 작품이라 할 만하다. 프로이트는 인간이 산 채로만 죽음을 상상할 수 있기 때문에 절대로 죽음을 상상해 내는 데 성공할 수 없다고 단언했다. 나는 그의 이야기에 전적으로 동의한다. 하지만 〈리어 왕〉을 읽다 보면 이 불가능한 상상이 조금은 수월해지는 것처럼 느껴지는 것도 사실이다. 하나 확실한 점은 나는 세상과 작별하는 그 순간에 정의를 생각하고 싶지는 않을 것이란 사실이다.

리어 왕은 법에 등을 돌리고 신들에게서 정의를 구했다. 이 거래가 마지막인 것처럼 보이지만 이걸로 끝이 아니다. 모두 셰익스피어의 속임수에 넘어간 것이다. 우리가 주목해야 할 마지막 거래는 리어 왕이 이승에 작별을 고하는 순간 정의를 부르짖는 대신 사랑을 이야기했다는 것이다. '요단 강'을 건너는 순간 법도 정의도 우리의 곁을 떠난다. 다른 무엇보다 중요하다 한들, 정의는 살아 있는 자들의 가치다. 죽음의 침상에서 정의를 부르짖는 자를 과연 행복하다 할 수 있을까? 사랑을 저승길 노잣돈으로 삼는 이야말로 정녕 행복한 영혼인지도 모른다.

권력의 정점에서 은퇴를 선언하다

폭풍우 I The Tempest

Chapter 09

〈폭풍우〉에는 이제껏 본 적 없는 전지전능한 군주가 등장한다. 마법사 프로스페로는 그 어떤 현세의 국왕도 누려본 적 없는 무소불위의 권력을 휘두른다. 그는 자신이 다스리는 섬의 모든 것을 장악하고 있다. 이 섬에서 프로스페로는 조직적인 방식으로 자신만의 정의를 구현해 나간다. 영국의 역사학자 액턴 경이 1887년에 건넨 '절대 권력은 반드시 부패한다.'란 섬뜩한 경고가 절로 떠오를 정도다. 하지만 〈폭풍우〉에서 셰익스피어는 이 널리 알려진 경구로 대변되는 '모든 권력의 사악한 퇴행'에 반기를 든다. 권력의 정점에서 보란 듯이 은퇴를 선언하는 초인 프로스페로를 통해서.

〈폭풍우〉는 식민주의를 풍자한 우화라고도 할 수 있다. 〈폭풍우〉는 셰익스피어가 그의 시대에 불어닥친 식민주의 열풍에서 영감을 받아 쓴 희곡이라는 것이 학계의 정설이다. 특히 윌리엄 스트레이치의 편지가 그 주된 참고 자료였을 것이라고 추측하는 사람들이 많다. 16세기의 작가인 윌리엄 스트레이치는 한 영국 귀족 여성에게 자신이 탄 식민 개척선 '시벤처Sea Venture'호의 조난 상황을 상세하게 묘사한 편지를 보냈다. 그 편지에는 버지니아로 가던 중 폭풍을 만나 조난당한 시벤처호가 버뮤다 제도에 안착하는 과정이 상세하게 적혀 있었다. 영국의 대서양 군도 식민지 개척의 물꼬가 이 우연한 사건으로 트인 것이다. 그래서인지 많은 비평가들이 프로스페로가 식민주의자란 분석을 내놓았다. 다시 말해 프로스페로를 부정적인 인물로 평가했다는 말이다. 거시적인 관점에서 보면 그가 거대한 불의를 저질렀다는 것은 부정할 수 없다. 하지만 그는 유종의 미를 거두었다. 일말의 망설임도 없이 절대 권력을 내준 것이다. 그것도 자발적으로. 내가 이 장에서 논하고자 하는 것은 바로 이 도(道)의 길을 걸은 마법사의 심오한 행보다.

미국의 정부 체제는, 모든 개인은 반드시 자기 힘을 강화하고 이해를 높이는 방향으로 움직인다는 사고를 기반으로 한다. 견제와 균형을 중시하는 전형적인 매디슨주의 체제라 할 수 있다. 매디슨주의의 규범적 관료제 모형에서는 한 집단의 이해가 다른 집단의 이해를 조정한다. 이런 전제는 전반적으로는 매우 현명한 접근 방식이다. 하지만 이런 전제 자체에 예외가 있을 수 있다는 사실만은 우리 모두가 짚고 넘어가야 한다. 대의를 위해 자신의 권력을 초개같이 던져 버리는 이들은 분명 존재했다. 우리는 인간이기에 가끔은 진정한 의미의 자기 절제, '삼감의 미학'을 몸소 실천하기도 하는 것이다. 조지 워싱턴이 그랬다. 그는 매디슨주의에 입각한 헌법에 따라 선출된 미국 최초의 대통령이었다. 그런데도 이 위대한 지도자는 매디슨의 예상을 뒤엎는 고귀한 탈선을 거듭 감행했다. 〈폭풍우〉에는 정의가 때로 권력의 행사가 아닌 '삼감'에서 발원한다는 오묘한 철학이 담겨 있다. 경우에 따라서는 절대 권력도 부패하지 않을 수 있다는 사실을 기억하게 하는 것이다. 다만, 이 꿈같은 가능성을 오늘 실현시킬 이가 과연 누구인지 우리 스스로에게 물어보는 일만 남았을 뿐이다.

〈폭풍우〉는 폭풍우와 함께 시작된다. 불어닥치는 사나운 비바람에 난파된 배 한 척이 프로스페로와 그의 딸 미란다가 살고 있는 섬으로 떠내려온다. 이 배에는 이탈리아인 귀족들이 타고 있다. 프로스페로와 미란다는 이 섬에 12년째 살고 있다. 미란다는 자기가 탄 배가 난파되어 이 섬에서 살게 되었음을 알고 있다. 하지만 프로스페로가 그동안 섬에 정착하게 된 진짜 이유는 잘 모르고 있다. 프로스페로는 늘 딸에게 그 이야기를 시작했다가 그만두곤 했다. 이탈리아인들을 실어 나른 폭풍이 잠잠해지자, 프로스페로는 딸에게 그동안 못했던 이야기를 쏟아 놓는다.

요지는 프로스페로 자기가 당당한 군주인 밀라노의 공작이었는데, 동생 안토니오가 왕위를 찬탈했다는 것이다. 그는 쿠데타로 밀려나게 된 까닭이 학문에 탐닉했기 때문이라는 취지의 말을 여러 차례 반복한다. "프로스페로는 공작의 으뜸, 위엄이 당당한 데다 인문 예술에서 따를 자가 없었다."(1.2.73-74)는 말로 과거를 추억한 군주는 이내 유감을 표시한다. 이 영락한 군주는 "남몰래 연구에 몰두하고 있을 무렵, 난 인문 예술에만 전념하고 국세는 네 삼촌에게 맡겨 버렸기 때문에 나라 일에서 점점 멀어졌다."(1.2.74-77)는 말로 늦은 후회를 내비친다. 이어 "현세의 임무를 등한히 하고 들어앉아 수양을 쌓고만"(1.2.89-90) 있었기 때문이라 자책하기도

한다. 한마디로 그는 세상 권세에는 큰 욕심이 없었던 "서재 하나가 영토보다 크다고 생각하는 인물"(1.2.109-110)이었던 것이다.

그와 달리 동생 안토니오는 정치권력에 지대한 관심이 있는 인물이다. 그는 형 프로스페로를 "군주로서 통치력이 없는 인간"(1.2.110-111)이라 여겨 국가 전복을 획책한다. "권력에 굶주린"(1.2.112) 이 비정한 남자는 형을 몰아내기 위해 나폴리의 왕 알론소와 손을 잡는다. 원조의 대가는 밀라노가 나폴리의 속국이 되는 것이다. 동맹군이 밀라노의 성문을 열어젖히고, 프로스페로와 미란다는 칠흑 같은 밤중에 "조그만 썩은 배"(1.2.146)에 실려 망망대해로 쫓겨난다. 그리고 이 비운의 부녀는 "밧줄도 없고 돛도 돛대도 없는, 쥐들도 본능적으로 알아차리고 달아날 물건"(1.2.147-148)에 의지해 휘몰아치는 바람에 맞서 만경창파를 헤친 끝에 이 섬에 상륙하게 되었다.

다행히 인정 많은 귀족 곤잘로는 프로스페로가 "책을 사랑하는 줄 알고, 나라 땅보다도 소중히 여기는 책 여러 권을 서재에서 꺼내다 실어 놓았다."(1.2.166-168) 이 책들 덕에 프로스페로는 밀라노에서 시작한 비밀스러운 연구를 섬에서도 이어간다. 드디어 오랜 시간 공을 들인 연구가 완성되고 프로스페로는 마법사가 된다. 궁극의 지적 호기심 충족을 위해 시작한 연구에서 실용적인 성과를 낸 것이다. 마법 덕에 프로스페로는 이 낯선 섬의 지배자가 된다.

근대 초기의 관객들은 아마 이 프로스페로란 배역의 유형을 보자마자 파악했을 것이다. 당시 사람들은 마법사들은 마력을 상징하는 물건들을 지니고 있다고 생각했다. 마법의 가운, 지팡이, 마법 책 같은 물건들 말이다. 1620년에 출간된 크리스토퍼 말로의 《포스터스 박사의 비극The Tragicall History of Doctor Faustus》('Faustus'는 국내에 '파우스트'로 널리 소개되어 있다. ─옮긴이)의 표지에는 가운을 입은 채 손에 펼쳐 든 책의 내용을 참고하여, 오른손에 든 지팡이로 밀교의 원형을 그리고 있는 포스터스 박사의 그림이 실려 있다. 프로스페로도 포스터스 박사가 지니고 있던 세 가지 물건을 모두 다 지니고 있다. 그는 권좌를 떠나며 이 세 가지를 모두 버린다. "마법의 옷"(1. 2. 24)을 벗어 던지고 "지팡이"(5. 1. 54)를 부러뜨린다. "마법 책"(5. 1. 57)은 납덩이가 내려가 닿아 본 일도 없는 깊은 바닷속에 던져 버린다.

그는 자신이 터득한 마법을 이 섬에서 생존하는 데 필요한 만큼만 쓴다. 이 섬에는 원주민이 두 사람 살고 있다. 이미 세상을 떠난 마녀 시코락스의 아들 칼리반과, 시코락스가 소나무를 쪼개 그 틈 바구니에 가두어 버린 정령 아리엘이 그들이다. 프로스페로는 자기에게 봉사한다는 조건으로 아리엘을 구해 준다. 봉사할 기간은 밝히지 않는다. 그는 칼리반이 미란다를 겁탈하려 하기 전까지는 이 늙은 마녀의 새끼까지 "인간적으로 대해 줬다."(1. 2. 347)고 주장한다. 하지만 실상은 그렇지 않다. 프로스페로는 원주민들을 노예나 하인처럼 마구 부려 먹는다. 게다가 이 고압적인 마법사는 명령을 어기면 마법을 이용해 잊을 수 없는 고통을 맛보게 해 주겠다는 원색적인 협박까지 한다.

운명의 수레바퀴는 돌고 돌아 프로스페로의 적들을 그의 앞마당에 초대한다. 12년 만의 만남이다. 나폴리의 왕 알론소는 딸을 튀니스의 왕자에게 출가시켰다. 알론소를 비롯한 왕족들은 튀니스에서 열린 결혼식에 참석한 뒤 나폴리로 돌아가는 길에 조난을 당한 것이다. 그리고 운명의 여신은 이들을 프로스페로의 섬으로 이끌었다. 프로스페로는 이것이 자신의 운명을 되돌릴 마지막 기회라는 사실을 잘 알고 있다. "내 영광의 절정은 행운의 별 하나에 달려 있다는 걸 알고 있다. 이제 그 별의 힘을 소홀히 한다면 내 운명은 쇠퇴일로를 걷게 될 거야."(1.2.181~184) 프로스페로의 소원은 두 가지다. 첫 번째는 알론소의 아들 페르디난드와 딸 미란다를 결혼시키는 것이다. 그 누가 딸의 미래에 대한 아비의 조바심을 손가락질할 수 있겠는가? 두 번째 소원은 자신을 밀어낸 귀족들에게 복수하는 것이다. 결심이 선 그는 뇌성벽력을 동반한 폭풍우를 부른다. 그리고 아리엘에게 배에 탄 사람들 눈에 선체가 불덩어리가 되는 환영을 보여 주라고 명령한다. 임무를 완수한 아리엘은 배에 탄 사람들을 셋으로 나누어 놓았다고 보고한다. 이 정령의 말에 따르면 페르디난드 왕자가 제일 먼저 배에서 뛰어내려 홀로 상륙했고, 다른 수부들은 후미진 만에 정박해 놓은 배 아랫간에 잠들어 있다. 알론소와 그를 수행한 몇몇은 섬의 다른 곳에 머물고 있다.

프로스페로의 소원대로 페르디난드와 미란다는 사랑에 빠진다. 한눈에 사랑에 빠진 이 청춘 남녀에겐 마법의 도움은 필요하지 않았다. 프로스페로는 멍석을 깔아 주었을 뿐이다. 아리엘의 노랫소리로 프로스페로와 미란다가 있는 곳으로 페르디난드를 이끈 것이면 충분했다. 당당한 풍채의 젊은 왕자에게 홀딱 반한 미란다는 대번에 이렇게 말한다. "저이는 내가 세 번째 본 사람이야. 처음으로

그리워한 분이지."(1. 2. 445-447) 페르디난드도 이에 질세라 화답
한다. "아직 아무에게도 애정을 바치지 않은 처녀라면, 그대를 나
폴리 왕비로 맞겠소."(1. 2. 448-450) 어찌나 손발이 척척 맞는지 찰
떡궁합이 따로 없다. 순식간에 불타오른 이들의 사랑은 프로스페
로의 걱정을 산다. 사랑을 "너무 쉽게 손에 넣으면 소중히 여기지
않을"(1. 2. 452-453) 것이라 생각한 프로스페로는 자청하여 이들의
빠른 사랑길에 놓인 장애물이 되기로 한다. 셰익스피어 희곡에는
자녀의 사랑을 반대하는 아버지가 자주 등장한다. 〈오셀로〉의 브
라반시오나, 〈한여름 밤의 꿈〉의 이지어스, 〈아테네의 타이몬〉의
아테네인 노인 등이 그 예다.

프로스페로는 페르디난드에게 섬을 차지하려는 목적을 갖고 이
곳에 잠입한 간첩이 아니냐고 을러댄다. 궁지에 몰린 페르디난드
는 정당방위를 하기 위해 칼을 뽑아 든다. "천만에, 그런 대우는 안
받겠소. 호락호락하지는 않지."(1. 2. 466-467) 하지만 억울한 누명
을 벗겠다고 호기롭게 나선 이 왕자는 프로스페로의 마법에 걸려
꼼짝도 하지 못한다. 프로스페로가 기세 좋게 외친다. "이 지팡이
를 휘두르면 그 칼을 떨어뜨릴 수 있으니까."(1. 2. 473-474) 젊은
페르디난드의 패기와 프로스페로의 마법 간 힘겨루기는 거기서 일
단락된다. 마법의 지팡이가 칼을 잠재운 것이다.

프로스페로의 마법 망토에는 마법 책 못지않은 마력이 있는 듯
하다. 페르디난드의 역성을 들며 아버지의 옷깃을 붙잡는 딸에게
프로스페로는 이렇게 소리 지른다. "비켜, 옷을 붙잡지 말아."
(1.2.474) 하지만 미란다는 멈추지 않는다. 급기야 그는 애지중지하

는 딸의 손길마저 뿌리쳐 버린다. "잠자코 있어! 한마디만 더 하면 혼내 주겠다. 널 미워할 리야 없겠지만."(1. 2. 476–477) 프로스페로가 페르디난드를 핍박하는 극약 처방을 한 것은 순전히 딸을 위하는 부정 때문이다. 하지만 아무리 딸을 사랑해도 마력을 잃기는 싫었던 모양이다. 그가 극도로 흥분한 까닭은 딸의 손이 망토에 닿아 마력이 사라지는 것을 걱정한 때문이었다.

어쨌든 그의 작전은 통했다. 프로스페로의 명령에 따라 "수천 개의 통나무를 날라다가 쌓아 올리는"(3. 1. 9–10) 페르디난드의 모습은 미란다의 동정심을 자극한다. 그리고 사랑에 눈먼 딸은 아비에게 등을 돌린다. 페르디난드에게 이름을 가르쳐 준 것이다. 프로스페로는 앞서 그녀에게 왕자에게 이름을 알려 주지 말라고 신신당부했다. "아버님, 이름을 말하지 말라시던 분부를 어기고 말았어요. 용서하세요."(3. 1. 36–37) 미란다는 괴로워한다. 하지만 이 모든 것을 엿듣고 있던 프로스페로는 딸의 변심을 오히려 기꺼워한다. 얼마지 않아 미란다는 페르디난드에게 청혼을 하고, 페르디난드는 흔쾌히 수락한다.

첫 번째 소망이 실없이 이루어졌다면, 두 번째 소망을 이루는 길은 좀 더 험난하다. 왕위를 찬탈한 놈들을 혼쭐내는 거사 말이다. 하지만 프로스페로는 정치가 출신으로서는 보기 드물게 순수한 사람이다. 미란다에게 말했듯 안토니오는 그가 "이 세상에서 미란다 다음으로 아끼던"(1. 2. 68–69) 사람이다. 프로스페로는 국정을 놀보지 않은 자신의 게으름 때문에 "네 삼촌이 나쁜 마음을 먹게"(1. 2. 93) 된 것이라 말하며 안토니오의 잘못을 자기 탓으로 돌린다. 형으로 불리는 사람들이 늘 그렇듯 말이다. 안토니오가 뼛속까지 시커먼 악인이란 사실을 끝내 믿을 수 없던 프로스페로는 이 섬에서 동생에게 다시 한 번 기회를 주리라 결심한다. 안토니오는 지금 알론소와 그의 동생 세바스티안, 그리고 곤잘로를 포함한 여러 귀족들과 함께 외딴곳에 고립되어 있다. 아리엘은 장중한 음악을 연주해 안토니오와 세바스티안을 제외한 모든 사람들을 곯아떨어지게 만든다.

프로스페로가 안배한 마지막 시험에서 안토니오는 형의 실낱같은 기대를 무참히 저버린다. 모두가 곯아떨어지자 간악한 흉계가 왕위 찬탈 전문가 안토니오의 머릿속을 스쳐 지나간다. 그는 나폴리 왕 알론소와 호위 무사들이 모두 잠든 이때야말로 왕위를 찬탈할 천재일우의 기회라는 말로 알론소의 동생 세바스티안을 꼬드긴다. 세바스티안은 안토니오가 프로스페로의 왕좌를 어떻게 차지했는지 잘 알고 있다. "귀공은 형 프로스페로 왕의 자리를 꿰차지 않았소."(2.1.272) 이 막돼먹은 종자는 아아론이나 이아고만큼이나 후회가 없다. "내가 입으니 이 용포가 한층 더 돋보이는 것을 보시오. 내 형의 종복은 이제 모두 내 차지가 되었다오."(2.1.273–275) 뻔뻔한 그의 말에 세바스티안은 혹시라도 양심의 가책을 느끼지는 않느냐고 묻는다. 안토니오는 생기 넘치는 말투로 "양심이 스무 개라도"(2.1.279) 자기나 자기의 야망을 막을 수는 없다고 대답한다. 정말 예나 지금이나 변함없이 뼛속까지 시커먼 악인이다. 악마의 속삭임에 넘어간 세바스티안은 알론소를 죽이는 데 동의한다. 신이 난 안토니오는 곤잘로를 죽일 준비를 한다. 역사는 되풀이된다.

하지만 희망은 있다. 이번에 열쇠를 쥐고 있는 사람은 프로스페로다. 아리엘은 그의 "주인님이 마법으로 위험이 다가오고 있음을 예감했다."(2.1.298)며 노래로 곤잘로를 깨운다. 셰익스피어 희곡에서 음악은 항상 귀중한 손님 대우를 받았다. 음악의 나른한 흐름에 실으면 제아무리 끔찍한 대사도 꿈결같이 들리기 때문이다.

3막에는 삼엄한 혈투 장면이 등장한다. 이에 비하면 프로스페로의 마법 지팡이와 페르디난드의 검 대결은 예행연습 수준이었다. 얼굴과 몸은 여자이고, 새의 날개와 손톱이 달린 괴조 하피의 모습을 하고 나타난 아리엘은 12년 전에 일어난 밀라노 왕의 왕위찬탈 사건에 연루된 "죄 많은 세 인간"(3.3.53) 알론소, 세바스티안, 안토니오를 맹렬히 비난한다. 이 세 귀족이 칼을 뽑아 들자, 아리엘은 코웃음을 치며 힘을 과시하는 세 얼간이를 마음껏 비웃는다.

> 이 바보들아! 나나 내 동료들은 운명 신의 사자야.
> 쇠붙이로 만든 너희들 칼이 요란스런 바람에 상처를 내고,
> 상처를 입은 일 없는 바닷물을 찌를 수 없는 것처럼,
> 내 날개의 부드러운 깃털 하나 빼놓을 수 없을걸.
> 내 동료들은 불사신이야. 설사 너희들이 해칠 수 있다고 하더라도,
> 칼이 너무 무거워서 들어 올릴 수 없을 거야.
>
> (3.3.60-68)

이 세 사람은 꼼짝도 하지 못한다. 페르디난드가 그랬듯이. 미력한 인간의 무력행사를 조롱하며 아리엘은 이미 이 세 악인의 혼을 빼놓은 폭풍우 이야기를 다시 꺼낸다. 바람과 파도에 칼로 상처를

내려는 얼뜨기란 말로 세 귀족을 쥐락펴락한다.

이어 상황을 모두 다 장악한 아리엘은 알론소, 안토니오, 세바스
티안에게 다음과 같은 선고를 내린다.

하지만 잘 알아 둬.

너희 세 놈이 밀라노에서 착한 프로스페로를 추방했지.

내가 너희들에게 용무가 있는 건 바로 이거야.

너희는 프로스페로와 그 어린 딸을,

사나운 바다의 제물로 만들려고 했다.

이번의 조난은 그 보복이야. 그따위 흉악한 행동을

하늘이 용서하실 리 없지. 좀 늦어지기는 했지만,

잊지 않으시고 바다나 육지를 격분시키고,

일체의 생물을 격분시켜 너희들을 괴롭히게 하신 거야.

알론소여, 그대의 아들을 빼앗긴 것도 하늘이 하신 일이요.

제신은 나에게 분부하기를, 단번에 죽는 것보다도

더 참기 어려운 평생의 고통이 두고두고

그대를 따라다니게 하라고 하신 거요.

하늘의 노여움을 면하는 길은 이 황량한 고도에서,

진정한 참회와 앞으로의 깨끗한 생활을 하는 길밖에 없소.

응당 그대들 머리 위에 떨어질 천벌이지.

(3. 3. 68-82)

아리엘은 〈맥베스〉 식의 '순리적 정의'에 대한 이야기를 하는 것
같기도 하다. 그러고 보니 지금 상황은 〈맥베스〉에 나온 "하늘이
잊지 않으시고 바다나 육지를 격분시키고"란 그 대사 그대로다. 아

리엘은 '자연의 순리'에 어긋나는 죄를 저지른 이 세 악인에게 위대한 대자연이 벌을 내릴 것이라 말하고 있는 것이다. 하지만 이번에 폭풍우를 불러온 것은 자연의 섭리가 아니라 프로스페로의 마법이다.

아리엘의 청천벽력 같은 선고에 대한 대응에서 이 세 남자의 성격이 드러난다. 알론소는 바로 죄를 뉘우치고 저 납덩어리가 닿지 않는 바닷속으로라도 찾아 들어가, 아들과 함께 개흙에 묻히겠다고 맹세한다. 그는 아직 페르디난드가 살아 있다는 사실을 알지 못한다. 이와는 정반대로 세바스티안은 아리엘의 결정에 불복하여 다음과 같은 말을 내뱉는다. "일대일로 덤빈다면, 악마가 무더기로 덤벼도 싸워 보겠는데."(3.3.103–104) 일대일로만 싸울 수 있다면 악마와도 싸우겠다는데 그 누가 말릴 수 있겠는가. 안토니오가 재빨리 가세한다. "나도 거들겠소."(3.3.108) 악에 받친 두 남정네는 번개같이 뛰어나가 버리고, 노쇠한 곤잘로가 "다리가 성한 분들"이 빨리 쫓아가서 말려 달라고 간청한다. 곤잘로는 이 두 악인이 그동안 저지른 죄업이 양심을 물어뜯어 댄 나머지 그들이 미쳐 버렸다고 여긴다. 꿈보다 해몽이다.

아리엘은 이들을 프로스페로의 동굴 근처로 유인한다. 알론소 왕과 그 일행은 그곳에서 손가락 하나도 움직이지 못하고 얼어붙어 있다.

> 분부하신 대로 힌군데에 처박아 둔 그대로입니다.
> 저기 동굴을 가리고 있는 보리수 숲 속에다 잡아넣었습죠.

놓아주시기 전에는 꼼짝도 못 합니다.

왕과 그 동생, 주인님 동생, 셋이 미칠 지경에 있기 때문에,

다른 자들도 슬픔과 절망으로 울상이 되어 있죠.

누구보다도 선생님이 칭찬하시는 곤잘로라는 분은,

대나무 추녀에 매달린 고드름처럼 수염에 눈물을 떨어뜨리고 있습
니다.

마술의 효력이 너무 세어서,

그자들의 꼴을 보신다면 불쌍하게 생각하실 거예요.

(5. 1. 11-19)

아리엘의 보고를 들은 프로스페로는 아리엘에게 "정녕 그렇게
생각하니?"(5. 1. 19)라고 묻는다. 아리엘은 "제가 인간이라면 불쌍
하게 생각할 것 같아요."(5. 1. 20)라고 대답한다.

나는 〈폭풍우〉에서 아리엘의 이 대사를 제일 좋아한다. 사실 이
말에는 약간의 자기모순이 담겨 있다. 아리엘은 인간의 감정에 공
명하지 못한다. 그저 인간을 너무나 잘 알고 있어 그 감정을 상상
할 수 있을 따름이다. 그런 그가 자신이 만약 인간이라면 동정을
느낄 것 같다고 생각한 것이다. 가슴 따뜻한 정령의 마음 씀에 프
로스페로도 감동한다.

나도 그렇겠지. 하물며 한갓 공기에 지나지 않는 네가,

그자들의 고통을 보고 불쌍하게 느끼는데,

같은 인간으로서 그들과 같이 뼈아픈 슬픔을 느낄 수 있는 내가,

너보다도 동정심이 없을 수야 있겠느냐?

골수에 사무칠 정도로 나를 괴롭힌 자들이긴 하지만,

고귀한 내 이성이, 복수의 분노를 억제하련다.

원수를 덕으로 갚는 것이 훌륭하지.

그자들도 회개한 이상 더 괴롭힐 생각이 없어.

아리엘, 가서 풀어 주어라. 이제 술법을 풀어

제정신으로 돌아가도록 해 주지. 원상복구야.

(5. 1. 21−32)

적들의 숨통을 틀어쥔 바로 그 순간 프로스페로는 모든 것을 용서하기로 결심한다. 알론소를 용서하는 것까지는 이해할 수 있다. 일단 그는 죄를 뉘우치고 있는데다, 머지않아 사돈이 될 미란다의 시아버지 자리이니 말이다. 하지만 안토니오와 세바스티안은 모기 눈물만큼도 회개하는 기색이 없다. 그런데도 프로스페로는 용서하려 하는 것이다. 그는 티투스와 정반대의 길을 간다. 용서의 은총을 베풀어 복수의 뫼비우스 띠를 끊어 버린 것이다.

프로스페로의 마법은 예기치 않게 일어난 다른 사건도 거뜬히 처리해 낸다. 집사 스테파노와 광대 트린콜로는 칼리반과 함께 음모를 꾸민다. 신분이 낮은 놈들이나 높은 놈들이나 오십보백보다. 이들은 프로스페로를 죽여 섬을 차지하기로 한다. 스테파노는 "선원들이 내던진 술통"(2. 2. 119)을 타고 난파선에서 탈출했다. 칼리반은 스테파노의 탈출 도구였던 술통에서 꺼내 온 술을 담은 술병을 지니고 있다. 칼리반은 신들의 음료인 술을 지니고 있는 스테파노를 바커스 신이라 생각한다. "저것은 훌륭한 신이야. 하늘에서 만든 술을 가지고 있거든."(2. 2. 115) 칼리반은 스테파노에게 하인이 되게 해 달라고 애걸한다.

그가 갖고 있는 술 때문에 모두가 그를 추앙하고 있다는 사실을 알게 된 스테파노는 트린콜로와 칼리반에게 "이 성경에 입을 맞춰."(2.2.127, 139)란 말을 하며 술병을 내민다. 맹세를 한 자에게는 술을 나누어 준다. 군주에게 충성 서약을 할 때 성경에 입을 맞추는 것과 같은 의식이다. 맹세 한 번에 술 한 모금이다. 프로스페로처럼 스테파노도 마법 '책'이나 다름없는 '술'로 사람들을 조종할 수 있게 된 것이다. 들뜬 스테파노는 자신이 이 섬을 "차지할"(2.2.172) 수 있을 거라 생각한다. 그의 야망을 알아챈 칼리반은 이 섬의 지배자는 누추한 동굴의 주인 프로스페로이니, 이 섬을 갖고 싶다면 프로스페로가 잠든 사이 그의 목숨을 빼앗아야 한다고 말한다. 그리고 그러기 위해서 그의 '마법 책'부터 없애 버리자고 스테파노를 꼬드긴다.

> 지금 말씀드린 대로 그 녀석은 오후만 되면 잠자는 버릇이 있거든요.
> 그러니까 우선 그자의 마술 책을 뺏어 버리고
> 머리를 때려 부술 수 있단 말씀이에요.
> 나무토막으로 골통을 산산조각 낼 수도 있고,
> 막대기로 배때기를 찌를 수도 있죠.
> 칼로 모가지를 끊어 놓을 수도 있고요.
> 어쨌든 마술 책을 뺏는 걸 잊어버리면 안 되우.
> 책만 뺏으면 그놈도 나나 마찬가지로 바보니까.
> 요정 하나 맘대로 부리지 못하죠.
> 그것들도 나처럼 그 녀석을 지긋지긋하게 미워한다우.
> 그놈의 책을 태워 버려야 돼요.
>
> (3.2.87~95)

이 대사에서 칼리반은 프로스페로의 가공할 마력의 원천이 이 '마법 책'이라는 사실을 세 번이나 언급한다. 이 책과 마력의 연관성에 대한 이야기는 〈헨리 6세, 2부〉에도 나온다. 〈헨리 6세, 2부〉에서 폭도들은 "차탐Chartam의 서기"(〈헨리 6세, 2부〉, 4. 2. 78)가 "빨간 글씨가 쓰여 있는 책을 지니고 있다"(4. 2. 83)는 이유로 서기를 마법사로 본다. 문맹인 폭도들의 우두머리 잭 케이드는 이 책이 그가 "마법사"(4. 2. 84)란 명백한 증거라고 단언한다. 하지만 이 책은 달력이다. 날짜가 붉은색으로 쓰여 있을 뿐이다. 이런 마냥 우습지만 않은 해프닝은 가상의 세계에서만 일어나는 일이 아니었다. 스티븐 그린블랫의 말에 따르면 쇼모노 신부도 비슷한 일을 겪었다고 한다. 그는 1640년에 휴런Huron43)족들이 예수회 선교사들을 마법사라고 생각한다는 주장을 했다. "휴런족 사람들은 선교사들이 잉크병과 책에 사람의 목숨도 앗을 수 있는 치명적인 주문을 넣어 다닌다고 생각했다." 잉크병이나 책에 손댈 수조차 없었던 것은 물론이다. "책을 펼 수도 글씨를 쓸 수도 없었다. 독서나 필기는 몸을 숨긴 다음에야 가능했다."

프로스페로는 다시 한 번 음악을 무기로 악당들의 정치적 책략을 막아 낸다. 프로스페로의 명을 받은 아리엘은 소고로 이들을 유인한다. 아리엘의 북소리에 이끌린 흉악한 세 악한은 "가시 금작화에 제 살이 찢기는 것도 모르고"(4. 1. 180) 어미 소를 따르는 송아지처럼 순순히 "썩은 냄새가 나는 잡초로 덮인 연못"(4. 1. 182)으로 끌

---

43) 북미 인디언의 한 종족 −옮긴이

려간다. 프로스페로의 동굴가에 있는 연못이다. 이 빙충맞은 자들은 제 목숨이 경각에 달려 있는데도 술병 타령이다. 연못에 빠지는 통에 술병을 잃어버렸다는 것이다. 제 분수도 모르고 프로스페로의 '마법 책'을 없애 버리겠다고 큰소리치던 스테파노는 결국 자신에겐 '마법 책'이나 다름없는 '술병'을 잃어버리고 만 것이다.

5막에서 프로스페로는 거의 모든 바람을 다 이룬다. 그간 익힌 마법의 위력이 정말 대단하긴 한가 보다. 페르디난드와 미란다를 엮어 주었고, 안토니오와 세바스티안의 역모를 막아 냈고, 알론소가 지난날의 부역 행위를 후회하게 만들었다. 그리고 마지막으로 모자란 세 악당 칼리반, 스테파노, 트린콜로의 살해 음모도 저지한다. 하지만 그의 마법에도 한계는 있다. 안토니오와 세바스티안이 지난날의 과오를 후회하게 만들 수는 없었던 것이다. 페르디난드와 미란다를 사랑하는 사이로 만들어 줄 수 없었던 것처럼 말이다. 그는 그때도 사랑에 빠질 만한 여건을 조성해 주었을 뿐이다. 프로스페로는 차선책을 선택한다. 마법의 힘으로 얻은 정보를 가지고 안토니오와 세바스티안을 통제하기로 한 것이다. 〈폭풍우〉의 마지막 장면에서 프로스페로는 두 배신자에게 조용히 경고한다. 목소리는 나지막하지만 내용은 살벌하다. 또다시 알론소 왕을 시해할 음모를 꾸민다면 그간의 반역 행위를 빠짐없이 고해바치겠다는 것이다.

프로스페로와 알론소는 묵은 감정을 훌훌 털고 진정으로 화해한다. 프로스페로가 동굴 속의 커튼을 젖히고 '체스를 두고 있는 페르디난드와 미란다'를 알론소에게 보여 주었을 때 이들의 화해 분위기는 최고조에 이른다. 갑자기 나타난 나폴리 귀족들을 보고 놀란 미란다는 이렇게 말한다. "이상도 해라. 여러 훌륭한 분들이 여기 계시다니! 사람이란 정말 아름다워. 이렇게 많은 사람이 살고 있다니 신기하고 훌륭한 세상이로군요."(5. 1. 181-184) 프로스페로는 퉁명스런 말로 딸의 흥분을 가라앉힌다. "너에겐 신기하지."(5. 1. 184)

　두 연인의 체스 시합 장면은 가슴이 두근거릴 만큼 매혹적이다. 설레기만 한 것이라면 좋겠지만 한편으로 이 두근거림은 노파심 때문이기도 하다. 이 두 고귀한 젊은이들은 밀실의 침대에서 열락의 밤을 보내는 대신 점잖게 앉아 체스를 두고 있다. 참으로 보기 드문 청년들이다. 하지만 이 게임의 진행 상황은 다소 걱정스럽다. 체스란 게임은 같은 입지를 갖고 있는 두 왕국이 대결하여 승자를 가리는 놀이다. 한 왕국이 다른 왕국을 정복해야 끝이 나는 것이 게임의 규칙이다. 미란다는 게임을 하던 중 페르디난드에게 속임수를 썼다고 불평한다. 시치미를 딱 잡아떼는 페르디난드에게 미란다는 수많은 왕국을 차지하기 위해서 나하고 다툼을 한다면 그럴 땐 스무 번이라도 왕국을 양보할 수 있다고 말한다. 1막에서 프로스페로는 미란다에게 안토니오의 "가장 비천한 굴종"(1. 2. 116)에 대해서 분명히 말해 주었다. 안토니오가 프로스페로의 밀라노를 나폴리의 알론소 왕에게 떡 하니 갖다 바친 일 말이다. 밀라노는 왕좌에 눈이 먼 안토니오가 "알론소의 왕관 앞에 머리를 굽히"(1. 2. 114)기 전엔 엄연한 독립국이었다. 불쌍한 프로스페로. 체스판 위에서 벌어지는 상징적인 사건일지언정, 사랑에 눈먼 딸 탓에 프로스페로는 다시 그때와 똑같은 상황에 처하게 된 것이다. 특히나 미란다와 페르디난드의 결혼이 목전으로 다가온 이 순간에 말이다. 아비 품안에서 자라 아무것도 모르는 처녀의 순진한 발언을 문제 삼자는 것이 아니다. 그저 걱정이 될 뿐이다. 그녀가 지금 선망하고 있는 '여러 훌륭한 분들'이 12년 전 그녀를 살해하려 했던 바로 그 사람들이란 사실이 영 개운하지 않다.

프로스페로는 미란다가 세상물정 모르는 순진무구한 처녀라는 사실을 분명 알고 있었을 것이다. 그리고 안토니오와 세바스티안 같이 위험한 인물들이 아직 죄를 뉘우치지 않은 상태에서, 미란다가 위험에 처할 가능성은 늘 있다고 할 수 있다. 그런데도 프로스페로는 밀라노로 돌아가기도 전에 막강한 마법의 힘을 포기해 버린다. 그는 왜 이런 선택을 한 것일까? 마법 연구에 몰두한 나머지 밀려났던 과거를 반추한 선택이라는 설명은 너무 빤한 설명이다. 게다가 설득력도 없다. 프로스페로의 마법은 밀라노에 있었을 때와는 비교할 수 없을 정도로 일취월장했다. 그는 이제 위험을 미리 예견할 수도 있다. 안토니오와 세바스티안의 나폴리 왕 시해 음모를 밝혀 낸 것처럼 말이다. 그가 자신의 마법을 순순히 포기한 진짜 이유를 이해하기 위해서는 이 희곡을 좀 더 면밀히 살펴보아야 한다.

이름조차 밝혀지지 않은 미지의 섬은 모종의 위험을 내포하고 있는 공간이다. 이 전대 미답의 땅에 발을 디딘 자는 누구나 숨겨 온 정치적인 야망을 순결한 땅에 마음껏 펼쳐 보고 싶은 유혹에 사로잡히기 때문이다. 안토니오나 세바스티안 같은 악당들은 말할 것도 없고, 스테파노나 트린콜로 같은 무지렁이들도 빛나는 제국의 왕관을 상상했다. 심지어 너그럽고 현명한 원로 대신 곤잘로도 제왕적 나르시시즘의 늪에서 허우적거린다.

> 그 나라에선 뭣이든지 지금과는 반대로 하겠습니다.
> 어떠한 매매도 허가하지 않겠습니다.
> 관리도 없고, 문학도 모르고,
> 빈부도 없고, 주종 관계도 없습죠.
> 계약, 상속, 경계, 토지의 구획, 경작, 포도밭도 없고요.
> 금속, 곡물, 술, 기름도 없고, 직업도 없습니다.
> 남자들은 전부 놀죠. 여자들도 그렇습니다. 순진 결백하고
> 군주권이라는 것도 없습니다.
>
> (2. 1. 148-157)

곤잘로가 상상하는 유토피아는 몽테뉴의 《수상록Les Essais》 1부에 나오는 '식인종에 대하여'란 장의 내용을 그대로 빼다 박았다. 몽테뉴는 이 에세이에서 사람들이 그토록 비난하는 브라질의 '식인종'이 유럽인보다 문명화된 민족이라는 주장을 펼쳤다. 어쨌든 셰익스피어도 이 글을 읽었을 것이다. 1603년에 존 플로리오가 번역한 몽테뉴의 《수상록》이 영국에도 출간되었기 때문이다. 곤잘로의 유토피아는 법이 설 자리나 법이 존재할 필요가 전혀 없는 완벽한 복지 국가다. 언뜻 보기에는 인류가 도달하지 못한 이상향처럼 보이기까지 한다.

하지만 다른 많은 유토피아와 마찬가지로, 이 국가의 이상적 상

태는 '곤잘로'로 대변되는 설계자 단 한 사람의 판단에 의해 좌지
우지된다. 곤잘로가 자신의 유토피아에는 '군주권이라는 것도 없
습니다.'라고 말하자, 세바스티안이 "그런데도 왕이 되겠다는 거
지."(2.1.157)란 말로 맞받아친다. 이어 안토니오가 맞장구를 친다.
"군주권도 없으면서. 그 나라는 처음하고 끝이 일치하지 않는군."
(2.1.158-159) 이 악당들의 말이 맞다. 곤잘로는 군주가 없는 유토
피아의, 스스로를 왕으로 옹립한 모순 덩어리 왕인 것이다.

이 점에서는 프로스페로도 곤잘로와 다를 바 없다. 그는 자신의
섬에 자신만의 유토피아를 만들고자 한다. 다른 점이 있다면 프로
스페로에게는 그렇게 할 능력이 있다는 것이다. 사실 프로스페로를
제국주의자라고 생각하기는 쉽지 않다. 그가 정복자가 아닌 추방자
의 신분으로 이 섬에 도착했기 때문이다. 코르테스[44]보다는 로빈슨
크루소에 가깝다. 하지만 섬에 도착한 이 전직 군주는 본색을 드러
낸다. 추방당했다는 사실에 대한 분노가 양심을 잡아먹어 버린 탓
인지, 손톱만큼의 가책도 없이 섬에 살던 다른 이들을 핍박한다. 탐
욕에 눈이 먼 식민지 개척자들의 악랄한 행보와 조금도 다르지 않
다. 나는 프로스페로가 이 행보를 계속할 경우 머지않은 미래에 재
앙이 닥칠 것을 알았기 때문에 마법을 버린 것이라 생각한다.

아리엘은 프로스페로의 마법을 완성하는 최고의 조력자다. 칼리
반의 어미인 사악한 마녀 시코락스가 12년간이나 소나무에 가둬
두었던 아리엘은 프로스페로 덕분에 풀려난다. 해방의 대가는 프

---

44) 멕시코와 아즈텍을 점령한 스페인 정복자 -옮긴이

로스페로의 종복이 되는 것이다. 이 정령은 기간 제한도 없는 고용 계약에 서명한다. 1막에서 아리엘은 계약 내용의 변경을 주장한다. "기한을 일 년 줄여 주신다고 약속하셨죠."(1. 2. 249-250) 프로스페로는 이 계약 기간의 단축 사실 자체는 부정하지 않는다. 계약 내용의 변경이 확실하다면 아리엘은 이미 자유의 몸이 되었어야 한다. 하지만 프로스페로는 아리엘에게 은혜를 알라며 되려 큰소리친다. 자신이 구해 주기 전에 겪었던 그 끔찍한 고통을 벌써 잊었느냐는 식이다. 점입가경으로 그는 이 불쌍한 정령을 협박하기까지 한다. "또 뭐라고 투덜대면, 참나무를 쪼개고 마디 천지인 기둥 나무 속에 너를 끼워 놓고, 열두 해 겨울 동안 울부짖게 만들겠다."(1. 2. 294-296) 합법적인 권리 주장을 권력의 불법적 행사로 막아 버린 것이다.

칼리반에 대한 처사는 훨씬 더 가혹하다. 칼리반도 자신의 정당한 법적인 권리를 주장한다. 섬에 대한 소유권 주장 말이다. "이 섬은 내 섬이야. 우리 어머니 시코락스가 준 걸 당신이 빼앗았어."(1.2.332) 하지만 프로스페로는 이 섬이 '무주지(terra nullius)', 즉 법적으로 그 누구도 점유한 적이 없는 땅이라고 생각해 버린다. 참 편해서 좋다. 논평가들은 칼리반의 겉으로 드러나는 불법성, 그러니까 사악한 마녀의 자식이라는 사실 때문에 섬의 소유권 쟁탈에서 밀려난 건 아닌지 논의하기도 한다. 하지만 이것은 일고의 가치가 없는 이야기다. 칼리반은 프로스페로가 도착했을 때 섬에 살고 있던 유일한 인간이었다. 이 사실은 부모가 누구인지와 상관없이 그가 이 섬의 주인이라는 뜻이다. 안토니오가 프로스페로의 왕위를 빼앗았듯이, 프로스페로는 칼리반의 섬을 빼앗은 것이다. "처음엔 내가 왕 노릇을 했는데, 이제 와서는 나 혼자 하인 노릇을 도맡아 하게 되다니. 당신은 나를 이 딱딱한 바위 속에 처박아 놓고 섬을 몽땅 차지했겠다."(1. 2. 342-345)란 칼리반의 말이 괜한 불평이 아니란 말이다.

프로스페로는 자신이 칼리반을 "인간적으로 대해 주었다"(1. 2. 347)고 항변한다. 칼리반이 "딸에게 못된 짓을 하려고"(1. 2. 348-49) 하기 전까지 말이다. 하지만 이것은 칼리반의 소유권 주장에 대응하는 반박이 아니다. 그는 칼리반이 미란다를 강간하려 덤벼들기 전에도 섬에 대한 칼리반의 소유권을 인정하지 않았다. 강간 미수범인 칼리반이 응분의 벌을 받아야 하는 것은 당연하다. 하지만 섬이라는 사유지의 소유권 박탈은 범행에 상응하는 처벌이 아니다. 이보다 훨씬 가혹한 노예가 되게 하는 형벌은 말할 것도 없고 말이다. 설상가상으로 노예가 되게 하는 형벌은 육체적 고통을 매개로 집행된다. 프로스페로는 아리엘에게는 겁만 주었던 것과 달리 칼리반에게는 실제로 고통을 준다. 시종일관 유쾌하고 산뜻한 극의 전체적인 분위기에 속아 놓치기 일쑤지만, 그는 실제로 칼리반의 "온몸이 비틀리게 하고"(1. 2. 326) "옆구리를 쑤시고"(1. 2. 327) "벌집 쑤시듯 온몸을 쑤셔 댄다."(1. 2. 330) 한술 더 떠 칼리반 앞에 개를 풀어 놓기도 한다. 고문기술자가 따로 없다.

셰익스피어는 칼리반을 이상적인 인간으로 묘사하지는 않았다. 하지만 그가 '인간'이라는 사실은 극 전반에서 드러난다. 미란다는 칼리반이 배은망덕한 사람이라 질책한다. "지긋지긋한 놈, 못

된 짓은 뭣이든 다 배우면서, 좋은 인상은 눈곱만큼도 찾아볼 수
없군. 난 너를 측은히 여겨 말을 가르치느라고 수고를 하고, 시간
이고 뭣이고 가르쳐 줬다. 네 입으로 하는 말이 무슨 말인지도 모
르고, 짐승처럼 횡설수설했을 때도 말이다."(1.2.356-359) 미란다
는 그가 무슨 말을 하는지 도통 이해할 수 없다고 말하고 있다. 칼
리반이 반박한다. "네가 의사소통할 말을 가르쳐 주긴 했지. 덕분
에 욕하는 건 알지."(1.2.364-365) 칼리반은 욕만 잘하는 것이 아
니다. 칼리반이 주옥같은 대사로 스테파노와 트린콜로를 안심시키
는 대목에서 이를 확인할 수 있다. 그는 셰익스피어가 쓴 모든 대
사를 통틀어 가장 서정적인 표현을 한달음에 읊조린다.

> 겁낼 것 없어요. 이 섬엔 별별 소리가 다 나고,
> 아름다운 곡조가 들리지만, 기분이 좋을 뿐이지 해로울 건 없다우.
> 오만 가지 악기 소리가 내 귀 옆에서 소리를 내죠.
> 한숨 늘어지게 자고 난 뒤도, 또 졸린 목소리가 들리기도 해요.
> 그러다가 꿈을 꿀라치면 하늘이 활짝 열리는 것 같고,
> 온통 보물이 나한테 떨어질 것만 같단 말씀이야.
> 다음에 눈을 떴을 땐 다시 꿈을 꾸고 싶다고 소리친다니까요.
> (3. 2. 135-143)

'칼리반'이란 그의 이름에서 식인종이란 뜻의 '캐니블cannibal'
이란 단어가 연상된다. 몽테뉴 《수상록》과의 연관성이 다시 한번 확
인되는 대목이다. '야만인' 칼리반이 스테파노나 트린콜로보다 섬
세한, 아니 더 나아가 미란다보다 감미로운 화술을 선보인 것이다.

프로스페로가 자신을 변호하기 위해 할 수 있는 말이라곤 아리엘과 칼리반이 필요했다는 구차한 변명뿐이다. 프로스페로와 미란다는 이들의 도움이 있어야만 섬에서 살아갈 수 있다. 프로스페는 이 사실을 미란다에게 상기시키기도 한다. "하지만 지금 형편으로는 손이 아쉽다. 불을 때지, 나무를 해 오지, 이모저모로 부려 먹을 수 있거든."(1. 2. 312–314) 당연히 그의 필요는 원주민들에게 가한 고통을 상쇄할 만한 이유가 되지 못한다. 그리고 이마저도 성립치 않게 된 지금, 그러니까 그가 나폴리 귀족들과 함께 밀라노로 돌아갈 수 있게 된 시점에는 그들을 부려 먹을 불충분한 명분마저도 사라져 버렸다.

프로스페로가 마법 책을 버려야 하는 이유는 또 있었다. 꼭 극중 맡은 배역의 성격 때문에 그랬던 것은 아니란 말이다. 그것은 한 고귀한 관객 때문이었다. 제임스 1세는 1611년 〈폭풍우〉를 관람했다. 제임스 1세는 스스로 《악마 연구^{Daemonologie}》(1597) 란 책을 집필할 정도로 신비주의나 마법에 관심이 많았다. 그는 이 책에서 지식인들이 종종 "흔들리고 미끄러운 호기심의 사다리를" 밟고 올라간다고 경고했다. 경고의 내용은 다음과 같다. "그들은 결국 합법적인 수단과 과학이 미치지 않는 곳까지 끌려간다. 끝없는 호기심을 충족하기 위해서 마법이라는 불법적이고 어두운 과학의 힘을 빌리기에 이른다. 이 흑마술의 세계에 발을 들이는 학자들은 자기들이 신이라 믿는다. 하지만 그들이 흑마술로 얻는 것은 어두운 세계에 몸담은 것에 대한 형벌로 주어지는 지옥의 공포와 악에 대한 지식뿐이다. 선악과를 먹은 아담이 그리했던 것처럼 말이다."

셰익스피어의 동시대 사람들은 이 끝 모를 호기심 때문에 시작한 탐구의 여정을 떠난 자는 영원한 지옥에 떨어지게 된다는 사실을 잘 알고 있었다. 아담까지 떠올릴 필요도 없었다. 이런 '불법적인' 연구의 궤적에 대한 이야기는 수도 없이 많았으니 말이다. 실제로 일어난 일도 있었고, 순전히 지어낸 이야기도 있었다. 프로스페로의 실제 모델로 종종 거론되는 '존 디 이야기'도 유명하다. 디는 마법을 펼칠 때 주로 '우리엘'이란 이름의 정령에게 명령을 내렸다고 한다. 우리엘과 아리엘. 우연의 일치치고는 상당히 유사한 이름이다. 한때 엘리자베스 1세 여왕의 측근이기도 했던 이 박학다식한 학자는 마지막 10년 동안 신비주의와 마법 연구에 몰두했고, 1608년 숨을 거두는 것으로 말년의 불명예와 가난에 작별을 고한다. 그와 비슷한 길을 걸어간 인물 중에서 허구의 인물로 가장 유명한 사람은 크리스토퍼 말로가 창조한 '포스터스 박사'다. 지적인 의사인 포스터스 박사는 자신의 영혼을 팔아 마법의 힘을 얻는다. 지옥행 당첨이다. 프로스페로는 포스터스의 이탈리아 식 이름이다. 프로스페로나 포스터스나 다 '운이 좋은'이란 뜻을 갖고 있다. 프로스페로는 그와 비슷한 전철을 밟은 선배들과 달리 이름값을 톡톡히 해낸다.

《포스터스 박사의 비극》에서 포스터스 박사는 마지막 순간 악마에게 책을 불태울 테니 영혼을 돌려 달라 애걸한다. 하지만 영혼을 팔아 얻은 마법을 이미 오만 곳에 쓴 뒤다. 때는 늦었다. 이와는 대조적으로 프로스페로는 그의 힘이 극

강에 달했을 때 마법 책을 포기한다. 이 때문에 포스터스 박사와 달리 프로스페로에게는 구원의 여지가 있다. 프로스페로가 책을 불태우지 않고 수장하겠다고 한 것은 이를 염두에 두고 한 행동인지도 모른다.

  (마술 지팡이로 원을 그리며) 산과 시내와 잔잔한 호수와 숲의 요정들이여,

  밀려왔다 밀려가는 파도를 타고 모래밭 위에 발자국을 남기지 않는 요정들이여.

  암양도 뜯지 않는다는 쓰디쓴 둥그런 잔디밭을, 달밤에 만든다는 난쟁이 요정들이여.

  엄숙한 소등종(消燈種) 소리를 좋아하고,

  밤중에 버섯 기르는 것을 재미로 소일하는 요정들이여,

  너희들은 미미한 존재이긴 하나, 수년래 너희들의 도움을 받아,

  때로는 대낮의 태양을 어둡게 하고,

  때로는 포악한 바람을 일으켜,

  푸른 바다와 파란 하늘 사이에 진동하는 싸움을 일으킨 일도 있고,

  무시무시하게 으르렁대는 천둥에 불꽃을 주어,

  조브 신과 같이 단단한 참나무를 조브 신 자신의 벼락으로

  둘로 쪼개어 놓은 일도 있었지.

  반석의 바위로 된 기슭을 진동시킨 이도 있고,

  소나무와 삼나무를 뿌리째 뽑아 버린 일도 있어.

  내 명령 한마디에 수많은 무덤이 문을 열어,

  그 속에 잠자고 있는 송장들을 마술의 힘으로 끌어낸 일도 있단 말이야.

  그러나 무시무시하게 먹혀 드는 내 마술은 오늘이 마지막이야.

그래서 그자들에게 천상의 음악을 연주하게 한 후
사실 그것은 그들이 제정신으로 돌아가게 하려는 술법이지만,
나는 이 지팡이를 부러뜨리고 땅 속 깊이 묻어야지.
그리고 이 책은, 납덩이가 내려가 닿아 본 일이 없는,
깊은 바닷속에 넣어 버릴 생각이야.

(5. 1. 33-57)

　자신이 지닌 마법의 가공할 위력을 과시하는 프로스페로의 대사는 오비디우스의 《변신 이야기》에 등장하는 메디아가 했던 말과 놀랍도록 일치한다. 마녀의 원형이라 할 수 있는 고대 여인 메디아는 사랑에 빠져 조국을 배신하고 이아손을 따라나섰다가 그에게 버림받자 잔혹한 복수를 한다. 몇몇 공연이나 영화에서는 프로스페로가 마법을 사용한 것을 후회함을 암시하는 장면을 추가하기도 했다. 프로스페로가 "내 명령 한마디에, 수많은 무덤이 문을 열어, 그 속에 잠자고 있는 송장들을 마술의 힘으로 끌어낸 일도 있단 말이야."란 말을 뱉고 잠깐 주저주저하다가 "무시무시하게 먹혀 드는 내 마술"이라고 말하는 식이다. 프로스페로가 신과 자연의 질서를 어지럽힌 자신의 엄청난 과오를 되새긴다는 설정이다. 하지만 프로스페로는 자신의 힘을 과시하기 바빴던 메디아와는 다르다. 그는 그 엄청난 능력을 자기 손으로 없애 버리니 말이다.

　마법 포기 선언으로 프로스페로는 선량한 호감형 인간으로 거듭난다. 페르디난드도 아주 고상한 친구다. 여러분도 알다시피 그는 감옥에 갇혀서라도 미란다를 하루에 한 번만 볼 수 있다면, 기꺼이 강제 노역을 하겠다고 말했다. "하루 한 번 감옥 창살을 통해서 이

처녀를·볼 수만 있다면. 여기 말고 다른 세계는 어디든 맘대로 써라, 한 칸 감방이 넓은 천지니까."(1. 2. 492-494) 이 강직한 청년은 권력보다 사랑을 중시한다. 그런 그의 가치관은 아버지의 죽음을 대하는 자세에서도 드러난다. 그는 미란다에게 "미란다, 사실을 말한다면 나는 왕자요. 왕일지도 모르지.(왕이길 원치 않소!)"(3. 1. 59-61)라고 말한다. 페르디난드는 아버지가 돌아가시는 것보다는 왕이 되지 않는 것이 낫다고 생각한다.

아리엘은 아주 많은 미덕을 지닌 정령이다. 이 신묘한 정령의 최고 장점은 소박함이다. 인간보다 나은 이 정령은 '삼감의 미덕'이 무엇인지 알고 있다. 휘황찬란한 것을 원하는 법이 없다. 프로스페로를 위해 일하는 동안, 아리엘은 죽음의 위험을 무릅쓰고 엄청난 일들을 했다. 돛에 들러붙은 "무서운 불덩어리가 되어 사람들의 간을 서늘하게"(1. 2. 198) 하기도 했고, 하피의 모습으로 나타나 이탈리아에서 온 악당들을 공포의 도가니로 몰아넣기도 했다. 갓 결혼 약속을 한 페르디난드와 미란다의 미래를 축복하기 위해 천상의 여신들까지 불러냈다. 하지만 마침내 찾아온 해방의 순간에 이 귀여운 능력자는 수수한 소망을 드러낸다.

> 벌과 함께 나도 꿀을 빨고,
> 노란 구륜 앵초 꽃잎 속에 누워,
> 부엉이 우는 소리 들으리.
> 여름을 따라 즐겁게,
> 박쥐 등에 올라 날으리.
> 즐겁고 즐겁게 살고저,

가지에 매달린 꽃 밑에서.

(5. 1. 88~94)

벌이 빠는 꿀을 함께 빨고, 구륜 앵초 꽃잎 속에 눕고, 여름을 따라 즐겁게 박쥐 등에 올라 날고 싶다는 것이다. 이것이 무시무시한 정령 아리엘이 꿈꾸는 자유다. 이 몸을 낮춘 자만이 누릴 수 있는 자유의 공식은 기억 속에 담아 놓을 만하다. 타인의 자유를 속박하고 구속이 횡행하는 이 희곡에서, 아리엘이 부르는 자유의 노래는 꾸밈없는 소박함으로 쟁취한 자유를 상징하기 때문이다. 이 현명한 정령은 〈폭풍우〉를 엮고 있는 조밀한 억압의 거미줄을 끊지 않았다. 그저 슬그머니 미끄러져 나갔을 뿐이다. 아리엘의 소박한 꿈은 프로스페로의 애간장도 녹여 버렸다. "귀여운 아리엘! 네가 없으면 섭섭하겠지만 놓아주지.(아리엘이 옷 갈아입는 것을 거든다.)(5. 1. 95~96)

프로스페로는 칼리반도 풀어 준다. 그는 이탈리아 귀족들에게 칼리반을 이렇게 소개한다. "저 자는 제 것임을 인정합니다. 꼴도 그렇지만 행실도 좋지 못합니다."(5. 1. 275~276) 여기서 쓰인 "인정한다"라는 단어에는 사생아로 태어난 자신의 아이를 받아들인다는 것과 비슷한 의미가 담겨 있다. 〈리어 왕〉에서 글로스터가 부끄러워하며 에드워드를 "인정"했던 것처럼 말이다. 뿐만 아니라 식민지 개척자들이 자신의 악행을 '인정한다'는 의미도 담겨 있다. 프로스페로가 칼리반을 인정하시 않았나면, 칼리반은 세상 그 누구도 그의 존재를 알지 못하는 어둠의 자식이 되고 말았을 것이다.

자신의 모든 마법과 모든 권능을 훌훌 털어 버린 마법사는 후회하는 기색이다. 충분히 그럴 만하다. 그는 밀라노로 돌아가길 고대하며 "이제 죽는 날이나 기다리겠습니다."(5. 1. 312)란 약한 소리를 한다. 실제로 그는 "힘이 다 빠졌고, 그마저 남은 힘도 보잘것없다."(에필로그 3) 프로스페로가 뒤늦게 느끼는 이 비감이 놓아 버리기가 죽기보다 어려운 권력의 속성을 잘 설명한다. 쇠락과 죽음의 공포가 어찌 그를 잠식하지 않을 수 있었겠는가? 하지만 바로 이것이 그의 '떠남'이 그토록 아름다운 이유다.

〈폭풍우〉는 우리에게 단 한 번이라도 프로스페로 같은 지도자를 가져 본 적 있었느냐는 질문을 남긴다. 떠나는 뒷모습이 아름다운 지도자, 권력의 정점에서 자발적으로 자리를 내 준 사람이 실제로 존재했느냐는 말이다. 미국의 헌법을 제정한 건국의 아버지들은 이 문제를 진지하게 검토했다. 방식은 좀 달랐지만 말이다. 《연방주의자 논집The Federalist Papers》45)에서 제임스 매디슨은 다음과 같이 말했다. "만약 인간이 인간이 아니라 천사였다면, 정부는 필요하지도 않았을 것이다." 인간은 천사와 달리 자신의 힘과 이익을 높이기 위해 끊임없이 노력한다. 인간의 자제력은 모두를 순식간에 제국주의자로 만들어 버릴 수 있는 이런 야욕을 제어하기에는 역부족이다. 이런 이유로 매디슨은 정부는 한쪽의 이해가

---

45) 미국 헌법을 지지하는 85개의 논문 모음집을 말한다. 여러 뉴욕시의 매체에 알렉산더 해밀턴, 제임스 매디슨, 존 제이 등의 미연방 헌법 지지자들이 헌법 제정에 대한 지지를 이끌어 내기 위해 쓴 논문들을 모은 것이다. ─옮긴이

다른쪽의 이해를 상쇄할 수 있도록 구성되어야 한다고 주장했다. "야심은 야심과 대결하도록 해야 한다."란 그의 유명한 금언에는 이런 사상이 그대로 녹아 있다. 이런 사고를 토대로 매디슨은 견제와 균형의 정체(政體)를 설계했고, 이는 그대로 미국 연방 헌법에 반영되었다.

나는 그가 내놓은 천재적인 해결책에 물론 박수를 보낸다. 하지만 그의 말만 믿고 일말의 가능성을 부정하는 비관주의로 빠지지는 않았으면 하는 바람이 있다. 때로 인간도 천사가 될 수 있다. 새로운 헌법으로 탄생한 초대 미국 대통령은 극도의 청빈함으로 권력을 대했던 것 같다. 그는 끊임없이 자신이 행사할 수 있는 권리의 한계를 타진했으며, 자신의 권력을 포기하는 데도 거침이 없었다. 독립 전쟁 승리 후, 워싱턴은 총사령관직을 사직하고, 자신의 칼을 의회로 돌려보낸다. 전기 작가인 개리 윌스는 이 사건을 다음과 같이 묘사했다. "고대의 전설적인 장군 킨킨나투스의 현신을 보는 것만 같았다. 낙향하여 쟁기질을 하던 중 국가의 부름을 받고 돌아와, 로마를 구명한 후 다시 초야로 돌아간 현인 말이다. 그가 현대의 정계로 살아온 듯했다." 화가인 존 트럼불도 한 편지에서 그의 사임에서 비슷한 취지의 이야기를 했다. "그의 행보는 세상의 경탄과 경악을 동시에 이끌어 냈다. 그의 선택은 숭고할 뿐더러 감히 상상조차 할 수 없는 일이었다. 권력을 내놓는 것은 고사하고 더 많은 권력을 얻기 위해 국가 교란도 서슴지 않는 자들이 보기엔 더욱 말이다."

워싱턴 장군은 대통령의 모습으로 다시 대중들 앞에 섰다. 하지만 4년의 임기를 두 번, 그러니까 총 8년의 백악관 생활을 뒤로하고 버논 산으로 돌아가기 위해 사임해 버린다. 헌법사학자인 아킬 리드 아마르는 이 사건을 다음과 같이 평했다. "워싱턴은 그의 후임자들이 넘을 수 없는 충격적인 전례를 남긴 것이다. 8년에 이른, 그의 두 번째 임기가 끝난 1796년에 그는 재선을 위한 선거에 불참할 뜻을 밝혔다. 당선이 가장 유력한 후보였는데도 말이다." 워싱턴은 그가 백악관을 너무 오랫동안 차지하고 있으면, 모두의 꿈이 담긴, 아직은 허술한 신생 공화국이 군주정으로 변질될 것을 염려했다. 그의 뒤를 이은 대통령들은 이 초대 대통령의 전언을 찰떡같이 알아들었다. 제퍼슨 대통령은 "위대한 전임자가 남긴 건전한 선례"를 따르겠단 말로 3선 도전 제의를 고사했다. 매디슨과 먼로도 똑같은 패를 냈다. 이런 식으로 "전통이 탄생했다." 아마르의 표현이다. 이 8년의 전통을 깬 사람은 미국 역사상 프랭클린 델러노 루스벨트 대통령 단 하나다. 이 일로 의회는 2회 재임을 상한선으로 하는 법안을 제정하기에 이르렀고, 동 법안은 1951년에 비준되었다. 매디슨이 경고한 일이 결국 벌어진 것이다. 루스벨트 대통령의 사익이 그의 자제력을 마비시켰고, 그 결과 다른 이들의 이익이 침해된 것이다.

자, 이제 케케묵은 역사 이야기는 그만두고 오늘날을 돌아보자. 과연 우리 시대에 킨킨나투스, 프로스페로, 워싱턴의 현신이라고 이를 만한 사람이 존재하는가? 슬프게도 딱히 떠오르는 이가 없다. 〈폭풍우〉가 제국주의를 풍자한 우화라는 전제하에, 나는 식민지에서 독립한 나라들을 연구하고 있는 동료 학자들에게, 식민지 개척자가 자발적으로 식민지 통치권을 포기한 사례가 있는지 물었다. 독립 전쟁이나 조약 때문에 독립을 허여한 경우를 제외하고 말이다. 단 한 건도 없다는 놀라운 대답이 돌아왔다. 미국 국내 상황만 놓고 본다면, 헌법상의 제약이 대통령의 야망을 억제하는 구실을 하고 있기 때문에 자제심을 발휘할 필요도 기회도 없다. 하지만 그러한 제약이 없는 영역에서, 진정으로 이타적인 포기나 단념의 사례를 찾아보기란 쉽지 않은 일이었다. 요즘 세상에 권력자가 내뱉은 '이제 물러나 가족과 함께 지내고 싶습니다.'란 발언은 '직위를 위협하는 스캔들에 휘말렸습니다.'란 말의 에두른 표현일 공산이 크다. 우리가 살고 있는 시대의 초라한 단상이다.

내가 인류에게 너무 가혹한 잣대를 들이대고 있는지도 모른다. 정점에서 그만두기란 여간한 결심으로는 할 수 없는 일이니 말이다. 프로스페로도 그러했듯 이런 행보에는 무력함과 죽음에 대한 공포가 자연스레 따라온다. 이런 순서는 비단 정치에만 국한된 것이 아니다. 모든 것의 정점에서 내려오는 자는 이런 공포를 맛보게 되어 있다. 능가할 자 없는 천재 셰익스피어, 그마저도 그랬다.

전통적으로 셰익스피어를 연구한 학자들은 프로스페로가 셰익스피어의 분신일 것이라고 이야기했다. 물론 이 이론에 반론을 제기한 이도 많았지만, 여전히 유효한 가설이다. 이 연관 짓기의 주된 근거는 프로스페로의 고별사다. 프로스페로는 〈폭풍우〉에서 이별을 암시하는 말을 자주한다. 〈폭풍우〉는 셰익스피어가 홀로 쓴 마지막 작품으로 알려져 있다. 많은 비평가들이 셰익스피어가 〈폭풍우〉 이후에 집필한 희곡들은 공동 저작한 것이 틀림없다고 말한다. 하지만 작별 인사도 살아 있어야 할 수 있는 것이다. 가슴을 울리는 고별사를 준비하는 사람은 원고를 탈고하기도 전에 저승길에 오르는 일을 경계해야 한단 말이다.

희곡 전반에서 마법을 나타내는 단어는 '아트(art)'다. 정확히 말해 '매지컬 아트(magical art)' 그러니까 '마법 기술' 혹은 '마법 예술'이란 표현이 자주 사용되었다. '아트'는 '예술', '기술' 등의 다중적인 의미를 지닌 단어다. 셰익스피어 작품집인 《제1이절판First Foli》에서는 '아트'의 A를 대문자로 표기했다. 하지만 바로 다음 후속판부터는 '아트'의 a를 소문자로 표기하기 시작했다. 이는 매우 적절한 선택이었다고 생각한다. 소문자 a로 시작하는 '아트'란 단어에는 매우 총체적이고 복합적인 의미가 담겨 있기 때문이다. 게다가 〈폭풍우〉가 집필된 시대에는 여기에 '인문학'이나 '미학'을 포함하는 매우 광범위한 영역에 대한 의미까지 추가된 터였다.

〈폭풍우〉의 '마법 예술'과 '미(美)'는 분명 이질적인 것이다. 하지만 이 둘은 서로 연관되어 있다. 프로스페로의 마법은 지금껏 미의 추구로 달성한 모든 업적을 능가하는 위용을 과시한다. 프로스페로의 마법은 폭풍우를 일으키고 죽은 이들을 불러낸다. 죽은 이를 불러내는 이야기는 어디까지나 그의 주장이지만 말이다. 하지만 프로스페로는 마법으로 실제 현상을 바꾸지는 않는다. 그는 주로 마법을 사용하여 환영을 불러낸다. 미란다에게 그가 말했듯이 엄청난 기세로 맹위를 떨치는 폭풍우도 '진짜' 폭풍우가 아니라 폭풍우의 환영일 뿐이다. 그는 페르디난드에게도 이 사실을 말해 준다.

여흥은 이제 끝났어. 이미 내가 얘기했다만,

이 배우들은 모두 공기의 요정들인데,

공기 속으로, 그래 엷은 공기 속으로 용해되어 버린 거야.

그리고 이 주추도 없는 환영의 건물처럼,

저 구름 위에 솟은 탑과 웅장한 궁전과

엄숙한 신전과 이 커다란 지구도,

그래, 지구상의 삼라만상도 마침내 용해되어,

지금 사라져 버린 환영처럼, 흔적도 남기지 않는 거야.

우리도 꿈과 같은 물건이어서,

이 보잘것없는 인생은 잠으로 끝나는 거지.

(4. 1. 48-58)

프로스페로의 마법은 환영처럼 흔적을 남기지 않는 한낮의 꿈이란다. 이 또한 아름다움의 일종이라 할 수 있다. 미를 빚는다는 점에서는 마술사나 극작가나 다르지 않다. 프로스페로가 셰익스피어가 되지 못할 이유가 없다는 말이다.

이런 관점에서 보면 〈폭풍우〉는 셰익스피어의 작별의 변(辨)처럼 느껴진다. 5막에 등장하는 프로스페로의 그 유명한 고별사의 확장판 말이다. 고별사를 준비하는 셰익스피어의 귓바퀴엔 〈폭풍우〉를 제외한 다른 모든 작품들의 아우성이 울려 퍼졌을 것이다. 프로스페로는 〈폭풍우〉에서 비극적인 결말의 압박을 이기고 해피엔딩을 쟁취한다. 절대 권력을 포기한 끝에 가까스로 얻어 낸 성과다. 셰익스피어도 쉽사리 비극적 결말의 압박을 이겨 낼 수는 없었을 것이다. 온 영국인의 마음을 뒤흔들었던 걸출한 비극들이 말년만큼은 달콤한 낭만극의 세계에 안착하고픈 이 노작가의 앞길을 막아섰다. 〈맥베스〉의 국왕 시해를 없던 일로 되돌리고, 〈햄릿〉의 형제 간 골육상쟁을 말려야 할 판국이었다. 온 가족이 몰살하는 〈리어 왕〉의 줄거리도 다시 써야 함은 물론이고 말이다.

셰익스피어는 용단을 내린다. 그간 쌓은 모든 위업을 뒤로하고, 자신의 지팡이를 부러뜨리기로 한 것이다. 셰익스피어는 런던 생활을 접고 스트랫퍼드로 돌아간다. 그는 살아생전에 붓을 꺾은 흔치 않은 작가다. 스티븐 그린블랫은 셰익스피어의 말년작인 낭만극에 딸들이 자주 등장하는 것으로 보아, 셰익스피어는 딸 수전나와 함께 여생을 보내기 위해서 집필 활동을 그만두었을 거라는 추측을 내놓기도 했다. 예이츠는 이런 말을 했다. "사람의 지성은 삶의 완성과 일의 완성 중 하나를 선택하란 강요를 받는다." 셰익스피어는 일을 계속한다면 삶의 다른 면면을 누릴 기회를 박탈당할 것이라는 사실을 누구보다 잘 알고 있었을 것이다. 현자 프로스페로가 그랬듯이.

이 모든 추측이 사실에 기초하지 않은 가정에 불과하다고 반박할 수도 있을 것이다. 그러나 자신의 작품을 대하는 셰익스피어의 태도도 이러한 가정을 뒷받침한다. 그는 자신의 작품을 보존하는 데 거의 관심을 기울이지 않았다. 그는 자신의 책을 그저 그대로 세월에 실어 흘려보내고 싶어 했던 것 같다. 프로스페로를 떠올리게 하는 그의 이런 행보에 대해 해럴드 블룸은 "그것은 마치 프로이트의 《지그문트 프로이트 표준판 전집Standard edition of the complete psychological works of Sigmund Freud》을 출간 전에 시공간의 바다에 던져 버리는 것이나 마찬가지 행동이다."라고 말했다. 프로이트는 정신분 석학의 정복자로 역사에 이름을 새겼다. 하지만 셰익스피어는 문 학이란 세계의 제국주의자가 되고 싶지 않았던 것 같다. 또 다른 근거도 있다. 자신의 책을 태워 버린 포스터스 박사와 달리, 프로 스페스는 마법 책을 바다에 수장시킨다.

셰익스피어의 최초 작품집인 《제1이절판》은 그가 세상을 떠난 지 7년째 되던 해인 1623년에 존 헤밍과 헨리 콘델이 출간했다. 《제1이절판》에 첫 번째로 수록되어 있는 희곡이 바로 〈폭풍우〉다. 셰익스피어의 세계를 복원하는 작업에서 셰익스피어 작품 인생의 새로운 출발점이라 할 수 있는 이 희곡을 전면에 내세운 것은 적절 한 선택이었다. 《제1이절판》의 출간은 수장된 셰익스피어의 작품 세계 부활의 신호탄이었다. 문학으로 빚은 셰익스피어 제국이 말 끔하게 정리되고 통합되어 마침내 그 찬란한 위상을 세상에 드러 내게 된 것이다.

반면 생전에 출간된 〈소네트〉집에서 셰익스피어는 자기 과시적 인 제국주의적 자신감을 가감 없이 드러냈다. 말년의 태도와는 사 뭇 대조적이다. 자신의 작품은 미래에도 변치 않는 명성을 누릴 것 이라 자신한 것이다. "대리석도, 왕후를 위하여 세운 금빛 찬란한 기념비도, 이 시보다 오래 남지 못하리라."(소네트 55) 이 말로도 모 자랐던지 셰익스피어는 소네트 18을 다음과 같은 행으로 끝맺는 다. "인간이 숨을 쉬고 볼 수 있는 눈이 있는 한, 이 시는 살고 그대 에게 생명을 주리."(소네트 18) 나르시시즘의 궁극이라 할 수 있는 이 구절은 지금도 많은 사람들의 입에 오르내린다. 우리는 자신도 모르는 새에 셰익스피어의 작품을 살아 숨 쉬게 하는 강제 노역에 징발당한 것이다. 숨을 쉬고 볼 수 있는 눈이 있는 자라면 우리 말고 또 누가 있겠는가? 셰익스피어는 자신의 작품과 명성을 보존하라는 지상 과제를 우리에게 내린 것이다.

하지만 명령을 일삼던 문화 제국의 황제 셰익스피어도 〈폭풍우〉의 에필로그에서는 머뭇거리며 부탁하기 시작한다. 그 누구도 나이는 못 속인다. 자신이 내준 과제를 수행할지 말지는 독자나 관객이 결정하라는 식이다.

이제 제 마술은 그 힘이 다 빠졌습니다.
제게 남은 힘은 보잘것없습니다.
그러니 여러분이 저를 여기에 가두어 두시든지
나폴리로 보내 주시든지 맘대로 하십시오.
그러나 여러분의 마술로 저를 이 고도에 머물게 하시지는 말아 주십시오.
이제는 영토도 되돌려 받았고, 저를 속인 놈도 용서해 줬으니까요.
부디 박수 소리로 저를 동료 일당에게서 해방시켜 주십시오.
여러분의 부드러운 입김으로, 제 배 돛을 부풀게 해 주시기를.
그렇지 않으면 여러분을 기쁘게 해 드릴 제 계획이 수포로 돌아가고 맙니다.
이제는 부려 먹을 요정들도 없고 술법의 힘도 없습니다.
그러니 여러분의 기도로 구원을 받지 않는다면,
저의 최후는 절망밖에 없을 것입니다.
그 기도야말로 저 성스러운 대자비를 감동시켜,
모든 죄과를 용서해 주시도록 할 수 있는 기도인 것입니다.

436

여러분이 죄로부터 용서를 바라시는 것처럼,

저를 너그러이 놓아주시기 바랍니다.

(에필로그 1-20)

이 정도면 아부에 가깝다. 끝 모르는 자신감으로 일필휘지로 써
내려간 소네트의 명령은 온데간데없다. 독자를 배려한 탓인지 문
장도 한결 간결해졌다. 내용면에서도 과감한 변화가 있었다. 명령
대신 부탁을 하고 있는 것이다. 프로스페로의 입을 빌린 셰익스피
어가 우리에게 마지막 결정권을 넘겨준 것이다. 그토록 오랫동안
섬을, 아니 문학의 세계를 지배해 온 황제가 말이다.

셰익스피어의 문학 세계는 오랫동안 세계인의 정신을 지배해 왔
다. 아니 전 세계가 아니라 전 우주에 그 영향력을 끼쳤다고 해야
할 성싶다. 새로 발견된 행성에 이름을 붙이기 시작한 것은 19세기
중반 무렵이었다. 당시에 존재하던 행성의 이름은 그리스 로마 신
화의 주인공들의 이름을 따서 지은 것들이었다. 천문학자들은 종
래의 명명 방식에서 탈피하는 것에 합의했다. 고대인들이 미처 발
견하지 못한 별, 천왕성의 이름을 지어야 했기 때문이다. 좀 더 현
대적인 명칭을 원했던 그들은 천왕성의 위성에 셰익스피어 작품에
등장하는 인물들의 이름을 따다 붙이기로 했다. 스물일곱 개의 위
성 중 스물다섯 개의 위성이 셰익스피어 작품의 등장인물의 이름
을 본딴 신선한 이름을 갖게 되었다. 〈폭풍우〉의 주인공 이름을 딴
위성도 열 개나 되었다. 오랫동안 깊은 비닷속에 침잠해 있다 우리
의 시야로 헤엄쳐 온 용감한 신세계, 그 아름다운 작품 세계의 첫

장을 장식한 걸출한 희극에 합당한 대우다.

　나는 셰익스피어가 말년에 보인 이 같은 '삼감의 미학'이야말로 합법적인 권위의 핵심이라고 생각한다. 살아남을 가치가 있는 책은 다른 사람들의 눈에 띄기 마련이다. 아무리 깊은 바닷속에 수장시켜도 결국은 사람들이 끄집어내 탐독하고 기리게 되어 있단 말이다. 사람들은 힘과 법으로 세운 제국을 기억하지 않는다. 사람들은 삼감의 미학으로 세운 그곳을 찾아 헤맨다. 우리에겐 셰익스피어의 희곡을 집어 들 수도 내버릴 수도 있는 선택권이 있다. 하지만 이런 민주적인 검정을 시행해도 결과는 동일하다. 힘이 개입할 필요도 없다. 우린 작품 하나하나에 매료되었고, 설득당했으니까.

　'폭풍우'란 뜻의 단어 '템페스트(Tempest)'에는 숨은 뜻이 하나 있다. '템페스트'는 연금술사들이 쓰던 증류기 같은 정화 장치를 일컫는 단어였다. 연금술사들은 녹인 금속 찌꺼기를 이 장치로 정화하면 금이 될 것이라 믿었다. 하지만 여러분도 알다시피 단 한 명도 이에 성공하지 못했다. 하지만 이런 허황된 믿음으로 시작된 연금술은 현대 과학 발전에 엄청난 이바지를 했다. 변화를 꿈꾸는 것 자체는 우리를 변화시킨다. 말년의 셰익스피어가 '삼감의 미학'을 구현한 혁신적인 작품으로 절필한 것은 인간 승리라고 할 수 있다. 굳건한 믿음 없이 마법 책을 바다에 던져 넣을 수 있는 사람은 없다. 우린 지금껏 해 온 것처럼 이 마법 책을 대대손손 지켜 나가야 한다. 우리의 인생을 바꾸고 아름다움을 지켜 온 이 인류의 유산을 수호하는 것이 우리네 인생을 바꾸고 지켜 줄 테니 말이다.

에필로그

바사니오 님, 소녀는 여기 서 있는 보시는 바 그대로 저올시다.

저 스스로를 위해서라면 이 이상 더 좋아지려는 야심은 품지 않겠습니다.

그러나 당신을 위해선 스무 배를 세 갑절한 만큼 훌륭한 여자가 되고 싶고,

천 배나 더 아름다워지고 싶고, 만 배나 부자가 되고 싶습니다.

(〈베니스의 상인〉, 3. 2. 149-154)

위의 대사는 〈베니스의 상인〉에서 포샤가 연인 바사니오에게 바친 사랑의 헌사다. 내가 베니스의 상인을 살펴보는 내내 곱지 않은 시선으로 이 영악한 여인을 바라보았다는 것은 여러분이 누구보다 잘 알고 있을 것이다. 하지만 나도 이 대사만큼은 깎아내리고 싶지 않다. 이 대사에서 그녀는 우리 모두 한번쯤은 품어 보았을 숭고한 바람을 소망하기 때문이다. 사랑하는 사람을 위해 더 나은 사람이 되고 싶다는데 그 누가 아쉬운 소리를 할 수 있겠는가.

각설하고 나는 포샤의 존엄한 사랑 고백 중에서도 '천 배나 더 아름다워지고 싶다'는 부분에 주목하고자 한다. 포샤는 여기서

'fair'라는 단어를 사용했다.[46] 이 문구에서는 '아름답다'라는 의미로 쓰였지만, 'fair'에는 '공정하다'란 의미도 담겨 있다. 아직 애송이에 불과했던 청년 시절 누군가 나에게 무엇을 위해 사느냐고 물었다. 갑작스러운 질문에 나는 반사적으로 '미와 정의'라고 대답했다. 아직 진로도 정하지 못했던 때였다. 삶의 중요한 결정들이 내 앞에 산처럼 산적해 있던 시절이었다. 내게 그 시절로 돌아가 다시 대답할 기회를 준다 해도, 대답은 달라지지 않을 것이다. '미와 정의'는 여전한 내 삶의 목적이다. 하나 재미있는 것은, 피끓는 나이의 젊은이가 '사랑' 운운하지 않았다는 점이다. 내가 봐도 신기하다.

'미와 정의'의 관계는 천년을 이어온 인류의 영원한 화두다. 어떤 이들은 이 둘 사이에 본질적인 관련성이 있다고 믿었다. 아리스토텔레스는 정의를 정육면체에 비유했다. 또 현대의 문학비평가인 일레인 스케어리는 'fair'란 단어의 '공정하다'라는 의미는 '아름답다'라는 의미에서 도출된 것이란 사실을 우리에게 일깨워 주기도 했다. 이와는 정반대되는 견해를 내놓은 사람들도 있었다. 그들은 '미와 정의'는 본질적으로 상충하는 가치라고 여겼다. 고대에는 시인들이 정의를 해한다고 생각해 시인 추방론을 펼쳤던 플라톤이 있었다. 현대의 회의론자인 테리 이글턴은 나치의 강제 수용소에 근무했던 경비병들 대다수가 호주머니에 괴테 작품의 사본을

---

46) '천배나 더 아름다워지고 싶다'의 원문은 A thousand times more fair이다. 이 문구는 이 책의 영문 제목이기도 하다. ─옮긴이

넣고 다녔다는 사실을 지적하기도 했다. 좀 더 절충적인 의견을 내놓는 사람들도 있다. 문학이 도덕을 고양시킨다는 것만은 불변의 진리라는 주장이다. 그리고 우리는 왜 문학이 도덕을 고양시키는지 그 이유를 알아보아야 한다.

알다시피 나는 세 번째 의견에 동조하는 사람이다. 나는 '미와 정의'가 본질적인 연관이 있는 가치라고 생각하지는 않는다. 단지 우리가 노력하면 이 두 궁극의 가치를 연관 지을 수 있을 것이라 믿는 편이다. 셰익스피어의 동시대 사람이었던 필립 시드니 경도 비슷한 생각이었다. 그는 시인의 임무는 '사람들을 기쁘게 하고 계몽한다는 확실한 목적을 가지고, 말로 그림을 그리는 것'이라고 주장했다. 그의 말에 따르면 시인은 '모호한 이야기'를 늘어놓아서는 절대로 안 된다. 시인은 모름지기 '사람들의 기쁨을 얻어 낼 수 있도록 정확하게 조합된 언어'로 말해야 한다는 것이다. '아이들의 놀이를 멈추게 하고 난롯가의 노인을 불러들이는 그런 달콤한 언어' 말이다. 하지만 시드니는 아름다움을 빚는 예술이 예술 자체를 위해 존재하는 것은 아니라고 생각했다. 그는 시인은 어느 시점이 되면 '더 이상 아름다움을 가장할 필요가 없고' 진정으로 바라는 바, 말하자면 '사악한 유혹을 물리치는 선량한 정신의 세계'와 같은 것을 그려야 한다고 주장했다.

셰익스피어의 작품은 지금도 수많은 아이들의 놀이를 멈추게 하고 난롯가의 노인을 불러들인다. 기적과도 같은 일이다. 삼라만상을 모두 다루고 있는 이 복잡한 작품 세계는 모든 이의 공감을 불러일으키는 유일무이한 문학 작품이라 할 수 있다. 대적할 문헌이라고는 성경이 유일하다. 이렇듯 전 세계가 셰익스피어의 작품을 사랑해 마지않는다는 사실은 전 인류적 차원에서 매우 고무적인 일이다. 우리 내면에 아름다움에 대한 근원적인 갈구가 자리 잡고 있다는 사실의 반증이기 때문이다.

셰익스피어의 작품에서 배우는 정의. 경이로운 천재의 감미로운 유혹을 이보다 더 쓸 수 있을까? 오늘날 예술과 정의에 대한 담론은 주로 책이란 매개를 통해 일반에 전해진다. 나도 비슷한 의도에서 이 책을 썼다. 이런 시도들이 쌓여 언젠가는 더 심오한 지혜를 찾아 헤매는 정치학계의 난리법석이 종식되었으면 하는 바람도 있다. 나는 여러분의 바람도 이와 다르지 않다고 믿는다.

셰익스피어에게만 감사할 것이 아니라 우리 본연의 성품에도 감사 인사를 건네자. 이 긴 여정을 마친 것은 사실 여러분 내면에 뿌리내린 고귀한 성품 덕일 수도 있다. 하지만 사실 누구의 덕이라도 상관없다. 우리 모두는 그저 천 배 더 정의롭고 천 배 더 아름다워지고 싶을 따름이다. '미와 정의'의 부름. 우리는 인간이기에 이 부름에 응답해야 한다.

1. 원서에서 사용한 희곡 작품의 출처

- Shakespeare, William. *Antony and Cleopatra*. Edited by John Wilders. Arden Shakespeare, 3rd ser. London: Thomson Learning, 1995.
- ____. *The Comedy of Errors*. Edited by R. A. Foakes. Arden Shakespeare, 2nd ser. London: Thomson Learning, 1962.
- ____. *Hamlet*. Edited by Ann Thompson and Neil Taylor. Arden Shakespeare, 3rd ser. London: Thomson Learning, 2006.
- ____. *King Henry IV, Part 1*. Edited by David Scott Kastan. Arden Shakespeare, 3rd ser. London: Thomson Learning, 2002.
- ____. *King Henry IV, Part 2*. Edited by A. R. Humphreys. Arden Shakespeare, 2nd ser. London: Thomson Learning, 1981.
- ____. *King Henry V*. Edited by T. W. Craik. Arden Shakespeare, 3rd ser. London: Thomson Learning, 1995.
- ____. *King Henry IV, Part 2*. Edited by Ronald Knowles. Arden Shakespeare, 3rd ser. London: Thomson Learning, 1999.
- ____. *King Henry VI, Part 3*. Edited by John D. Cox and Eric Rasmussen. Arden Shakespeare, 3rd ser. London: Thomson Learning, 2001.
- ____. *King Henry VIII*. Edited by Gordon McMullan. Arden Shakespeare, 3rd ser. London: Thomson Learning, 2000.
- ____. *King Lear*. Edited by R. A. Foakes. Arden Shakespeare, 3rd ser.

London: Thomson Learning, 1997.

- Shakespeare, William. *Macbeth*. Edited by Kenneth Muir. Arden Shakespeare, 2nd ser. London: Thomson Learning, 1951.

- ____. *Measure for Measure*. Edited by J. W. Lever. Arden Shakespeare, 2nd ser. London: Thomson Learning, 1965.

- ____. *The Merchant of Venice*. Edited by John Russell Brown. Arden Shakespeare, 2nd ser. London: Thomson Learning, 1955.

- ____. *Othello*. Edited by E. A. J. Honigmann. Arden Shakespeare, 3rd ser. London: Thomson Learning, 1997.

- ____. *Richard II*. Edited by Charles R. Forker. Arden Shakespeare, 3rd ser. London: Thomson Learning, 2002.

- ____. *Shakespeare's Sonnets*. Edited by Katherine Duncan-Jones. Arden Shakespeare, 3rd ser. revised edition. London: Thomson Learning, 2010.

- ____. *The Tempest*. Edited by Virginia Mason Vaughan and Alden T. Vaughan. Arden Shakespeare, 3rd ser. London: Thomson Learning, 1999.

- ____. *Titus Andronicus*. Edited by Jonathan Bate. Arden Shakespeare, 3rd ser. London: Thomson Learning, 1995.

- ____. *The Winter's Tale*. Edited by John Pitcher. Arden Shakespeare, 3rd ser. London: Thomson Learning, 2010.

2. 참고 도서

- Amar, Akhil Reed. *America's Constitution: A Biography*. New York: Random House, 2005.
- Andrews, Mark Edwin. *Law Versus Equity in* The Merchant of Venice. Boulder: University of Colorado Press, 1965.
- Aristotle. *The Complete Works of Aristotle: The Revised Oxford Translation*. Edited by Jonathan Barnes. Princeton: Princeton University Press, 1984.
- Bacon, Sir Francis. *The Essays or Counsels Moral and Civil*. 1597. Edited by Brian Vickers. Oxford: Oxford University Press, 1999.
- Baker, J. H. *An Introduction to English Legal History*. 4th ed. Oxford: Oxford University Press, 2007.
- Bartlett, Robert. *Trial by Fire and Water: The Medieval Judicial Ordeal*. Oxford: Oxford University Press, 1986.
- Barton, Dunbar Plunket, and James Montgomery Beck. *Links Between Shakespeare and the Law*. London: Butler and Tanner, 1929.
- Blackstone, William. *Commentaries on the Laws of England*. 1765?9. Chicago: University of Chicago Press, 1979.
- Bloom, Harold. *Shakespeare: The Invention of the Human*. New York: Riverhead Books, 1998.
- Bonfil, Robert. *Jewish Life in Renaissance Italy*. Translated by Anthony Oldcorn. Los Angeles: University of California Press, 1994.
- Bowers, Fredson Thayer. *Elizabethan Revenge Tragedy* 1587–642. Princeton: Princeton University Press, 1967.
- Bradley, A. C. *Shakespearean Tragedy*. 1904. New York: Barnes and Noble, 2005.
- Brookhiser, Richard. *America's First Dynasty*. New York: Free Press,

2002.

- Brooks, Peter. *Troubling Confessions: Speaking Guilt in Law and Literature*. Chicago: University of Chicago Press, 2001.
- Browne, Sir Thomas. *Religio Medici in Religio Medici and Other Writings*. 1643.
- New York: E. P. Dutton, 1951.
- Browning, D. C., ed. *The Complete Dictionary of Shakespeare Quotations*. Poole, U.K.: New Orchard Editions, 1986.
- Bugliosi, Vincent. *Outrage: The Five Reasons Why O. J. Simpson Got Away with Murder*. New York: W. W. Norton, 1996.
- Bush, George W. *A Charge to Keep*. New York: HarperCollins, 1999.
- Cabet, Etienne. *Travels in Icaria*. Translated by Leslie Roberts. 1840. Syracuse, N.Y.: Syracuse University Press, 2003.
- Cardozo, Benjamin N. *Law and Literature and Other Essays and Addresses*. New York: Harcourt, Brace, 1931.
- Cochran, Johnnie L., Jr., with Tim Rutten. *Journey to Justice*. New York: One World, 1996.
- Coleridge, Samuel Taylor. *Lectures and Notes on Shakespe[a]re and Other English Poets*. Edited by T. Ashe. London: Bell, 1883.
- Coon, Dennis, and John Mitterer. *Introduction to Psychology: Gateways to Mind and Behavior*. Belmont, Calif.: Cengage Learning, 2008.
- Danson, Lawrence. *The Harmonies of* The Merchant of Venice. New Haven: Yale University Press, 1978.
- Dershowitz, Alan M. *Reasonable Doubts*. New York: Simon & Schuster, 1996.
- Dimont, Max I. *Jews, God, and History*. New York: Mentor, 1994.
- Eagleton, Terry. *Literary Theory: An Introduction*. Minneapolis:

University of Minnesota Press, 2008.

• Eagleton, Terry. *William Shakespeare*. Malden, Mass.: Blackwell Publishing, 1986.

• Earls, Irene. *Renaissance Art: A Topical Dictionary*. Westport, Conn.: Greenwood Publishing, 1987.

• Einstein, Albert. *Ideas and Opinions*. 1954. Edited by Carl Seelig. Translated by Sonja Bargmann. New York: Wing Books, 1988.

• Eliot, T. S. *Selected Essays*. 1932. New York: Harcourt Brace, 1964.

• Ellis, Havelock. *The Psychology of Sex*. 1910. Philadelphia: F. A. Davis Company, 1913.

• Fee, Christopher R., and David A. Leeming. *Gods, Heroes, and Kings: The Battle for Mythic Britain*. New York: Oxford University Press, 2001.

• Forster, E. M. *Aspects of the Novel*. Orlando, Fla.: Harcourt, 1927.

• Freud, Sigmund. *The Standard Edition of the Complete Psychological Works of Sigmund Freud*. Vol. 4, *The Interpretation of Dreams*. 1900. Vol. 8, *Jokes and Their Relation to the Unconscious*. 1905. Vol. 12, *The Theme of Three Caskets*. 1913. Vol. 14, Some *Character-Types Met with in Psychoanalytic Work*. 1916. Edited and translated by James Strachey. London: Hogarth Press, 1953–6.

• Frye, Northrop. *Northrop Frye on Shakespeare*. Edited by Robert Sandler. New Haven: Yale University Press, 1986.

• Galanter, Marc. *Lowering the Bar: Lawyer Jokes and Legal Culture*. Madison: University of Wisconsin Press, 2005.

• Garber, Marjorie. *Shakespeare After All*. New York: Pantheon, 2004.

• ____. *Shakespeare and Modern Culture*. New York: Pantheon, 2008.

• Gladwell, Malcolm. *The Tipping Point*. New York: Little, Brown, 2000.

- Goethe, Johann Wolfgang von. *Wilhelm Meister's Apprenticeship.* Translated by Thomas Carlyle. London: Oliver & Boyd, 1824.
- Graham, Winston. *The Spanish Armadas.* New York: Doubleday, 1972.
- Greenblatt, Stephen. *Hamlet in Purgatory.* Princeton: Princeton University Press, 2001.
- ____. *Learning to Curse.* Chicago: University of Chicago Press, 1991.
- ____. *Will in the World: How Shakespeare Became Shakespeare.* New York: W. W. Norton, 2004.
- Hall, Edith. *Inventing the Barbarian: Greek Self-Definition Through Tragedy.* Oxford: Oxford University Press, 1991.
- Hamilton, Alexander, James Madison, and John Jay. *The Federalist.* 1787–8. Edited by Robert A. Ferguson. New York: Barnes and Noble Classics, 2006.
- Haymes, Freeman Oliver. *Outlines of Equity: A Series of Elementary Lectures.* Philadelphia: T. and J. W. Johnson and Co., 1858.
- Hazlitt, William. *Hazlitt's Criticism of Shakespeare: A Selection.* Edited by R. S. White. Lewiston, N.Y.: Edward Mellen Press, 1996.
- Helmholz, R. H. *The Oxford History of the Laws of England.* Oxford: Oxford University Press, 2004.
- Herodotus. *The Histories.* Translated by G. C. Macaulay. Revised throughout by Donald Lateiner. New York: Barnes and Noble, 2004.
- Holden, William. *William Shakespeare: The Man Behind the Genius.* New York: Little, Brown, 2000.
- Holmes, Oliver Wendell, Jr. *The Common Law.* 1938. New York: Dover Publications, 1991.
- Holmes, Stephen. *The Matador's Cape: America's Reckless Response to Terror.* Cambridge: Cambridge University Press, 2007.

- Huggett, Richard. *Supernatural on Stage*. New York: Taplinger, 1975.
- Hutson, Lorna. *The Invention of Suspicion: Law and Mimesis in Shakespeare and Renaissance Drama*. Oxford and New York: Oxford University Press, 2007.
- Ihering, Rudolph von. *The Struggle for Law*. N.P., 1872.
- Jacob, P. L. *The Arts in the Middle Ages and the Renaissance*. New York: F. Ungar, 1964.
- Jacoby, Susan. *Wild Justice: The Evolution of Revenge*. New York: Harper and Row, 1983.
- King James VI and I. *Basilicon Doron. In Political Writings*. 1599. Edited by Johann P. Sommerville. Cambridge: Cambridge University Press, 1994.
- ____. *Daemonologie*. 1597. Edited by G. B. Harrison. San Diego: The Book Tree, 2002.
- ____. *The Political Works of James I*. Edited by Charles Howard McIlwain. Cambridge, Mass.: Harvard University Press, 1918.
- Jones, Ernest. *Hamlet and Oedipus*. 1949. New York: W. W. Norton, 1976.
- Joyce, James. *Ulysses*. 1925. New York: Random House, 1986.
- Kahn, Paul W. *Law and Love: The Trials of King Lear*. New Haven: Yale University Press, 2000.
- Kantorowicz, Ernst. *The King's Two Bodies: A Study in Mediaeval Political Theology*. Princeton: Princeton University Press, 1957.
- Kelly, Henry Ansgar. *The Matrimonial Trials of Henry VIII*. Palo Alto, Calif.: Stanford University Press, 1976.
- Kerferd, G. B. *The Sophistic Movement*. Cambridge: Cambridge University Press, 1981.
- Knight, G. Wilson. *The Wheel of Fire*. 1930. New York: Routledge

Classics, 2001.

• Korda, Natasha. *Shakespeare's Domestic Economies: Gender and Property in Early Modern England*. Philadelphia: University of Pennsylvania Press, 2006.

• Kornstein, Daniel J. *Kill All the Lawyers?: Shakespeare's Legal Appeal*. Lincoln: University of Nebraska Press, 2005.

• Kushner, Harold. *When Bad Things Happen to Good People*. New York: Random House, 1981.

• Langbein, John H. *Torture and the Law of Proof: Europe and England in the Ancien Regime*. 1976. Chicago: University of Chicago Press, 2006.

• Langbein, John H., Renee Lettow Lerner, and Bruce P. Smith. *History of the Common Law: The Development of Anglo-American Legal Institutions*. New York: Aspen Publishers, 2009.

• Levy, Leonard W. *The Palladium of Justice: Origins of Trial by Jury*. Chicago: Ivan Dee Press, 1999.

• Machiavelli, Niccolo. *The Prince*. 1515. Edited by Quentin Skinner and Russell Price. Cambridge: Cambridge University Press, 1988.

• Mack, Maynard. *Everybody's Shakespeare*. Lincoln: University of Nebraska Press, 1993.

• Meron, Theodor. *Henry's Wars and Shakespeare's Laws: Perspectives on the Law of War in the Later Middle Ages*. New York: Oxford University Press, 1993.

• Miller, William Ian. *Bloodtaking and Peacemaking: Feud, Law, and Society in Saga Iceland*. Chicago: University of Chicago, 1990.

• Milton, John. *Paradise Lost*. 1667. Edited by David Scott Kastan. Indianapolis, Ind.: Hackett, 2005.

• Minutaglio, Bill. *First Son: George W. Bush and the Bush Family*

Dynasty. New York: Three Rivers Press, 1999.

- Montaigne, Michel de. *The Essays of Montaigne*. 1580. Translated by M. A. Screech. London: Penguin, 1991.

- More, Sir Thomas. *Utopia*. 1516. Translated by Clarence H. Miller. New Haven: Yale University Press, 2001.

- Nietzsche, Friedrich. *The Birth of Tragedy*. 1871. Stilwell, Kans.: Digireads Publishing, 2007.

- Nuttall, A. D. *Shakespeare the Thinker*. New Haven: Yale University Press, 2007.

- O'Brien, Michael. *John F. Kennedy*. New York: St. Martin's, 2005.

- Ovid. *The Metamorphoses*. Edited and translated by Allen Mandelbaum. New York: Harcourt, 1993.

- Plato. *The Republic of Plato*. Edited and translated by Allan Bloom. New York: Basic Books, 1991.

- Posner, Richard A. *Law and Literature: A Misunderstood Relation*. Cambridge, Mass.: Harvard University Press, 1988.

- ____. *Law and Literature*. Rev. ed. Cambridge, Mass.: Harvard University Press, 2002.

- ____. *Law and Literature*. 3rd ed. Cambridge, Mass.: Harvard University Press, 2009.

- Rymer, Thomas. *A Short View of Tragedy*. 1693. Reproduced in Othello: A Sourcebook. Edited by Andrew Hadfield. New York: Routledge, 2003.

- Scarry, Elaine. *On Beauty and Being Just*. Princeton: Princeton University Press, 1999.

- Schiller, Lawrence, and James Willwerth. *American Tragedy: The Uncensored Story of the Simpson Case*. New York: Random House, 1996.

- Seneca. *Thyestes*. Edited by Joost Daalder. Translated by Jasper Heywood. New York: W. W. Norton, 1982.
- Shapiro, Barbara J. *A Culture of Fact: England, 1550–720*. Ithaca, N.Y.: Cornell University Press, 2000.
- Sidney, Sir Philip. *An Apology for Poetry*. Edited by Geoffrey Shepherd. Manchester: Manchester University Press, 1973.
- Skinner, B. F. *Walden Two*. Indianapolis, Ind.: Hackett, 1948.
- Sokol, B. J., and Mary Sokol. *Shakespeare, Law, and Marriage*. Cambridge: Cambridge University Press, 2003.
- Sontag, Susan. *Illness as Metaphor*. New York: Farrar, Straus and Giroux, 1978.
- Sophocles. Antigone. *In Antigone; Oedipus the King; Electra*. Edited by Edith Hall.
- Translated by Humphrey Davy Findley Kitto. Oxford: Oxford University Press, 1998.
- *The Starr Report: The Findings of Independent Counsel Kenneth W. Starr on President Clinton and the Lewinsky Affair*. New York: Public Affairs, 1998.
- Stewart, Alan. *The Cradle King: The Life of James V & I, the First Monarch of a United Great Britain*. New York: St. Martin's Press, 2007.
- Stone, Lawrence. *The Crisis of the Aristocracy 1558–641*. Oxford: Clarendon Press, 1965.
- Stretton, Tim. *Women Waging War in Elizabethan England*. Cambridge: Cambridge University Press, 1998.
- Toobin, Jeffrey. *The Run of His Life: The People v. O. J. Simpson*. New York: Random House, 1996.
- Weber, Max. *The Vocation Lectures*. Edited by David Owen and Tracy

B. Strong. Translated by Rodney Livingstone. Indianapolis, Ind.: Hackett, 2004.

- Weisberg, Jacob. *George W. Bushisms: The Slate Book of Accidental Wit and Wisdom of Our 43rd President*. New York: Fireside, 2001.
- White, Edward J. *Commentaries on the Law in Shakespeare*. St. Louis, Mo.: F. H. Thomas Law Books Co., 1913.
- Whitman, James Q. *Origins of Reasonable Doubt*. New Haven: Yale University Press, 2007.
- Wills, Garry. *Cincinnatus: George Washington and the Enlightenment*. New York: Doubleday, 1984.
- Woodward, Bob. *State of Denial*. New York: Simon & Schuster, 2006.
- Yeats, William Butler. *The Yeats Reader*. New York: Scribner, 1997.

3. 학술지 기사

- Altus, Deborah E., and Edward K. Morris. "B. F. Skinner's Utopian Vision: Behind and Beyond *Walden Two*." *Contemporary Justice Review* 267 (2004): 272.
- Bate, Jonathan. "Introduction." In *The Most Lamentable Romaine Tragedie of Titus Andronicus*, by William Shakespeare. Edited by Jonathan Bate. London: Arden Shakespeare, 2006.
- Beran, Michael Knox. "Lincoln, Macbeth, and the Moral Imagination." *Humanitas* 2, no. 2 (1998): 4–1.
- Berger, Harry, Jr. "Marriage and Mercifixion in *The Merchant of Venice*: The Casket Scene Revisited." *Shakespeare Quarterly* 32, no. 2 (1981): 155–2.
- Bevington, David. "Shakespeare's Sources." In Macbeth, by William Shakespeare.
- Edited by David Bevington. New York: Random House, 1988.
- ＿＿. "Shakespeare's Sources." In *King Lear*, by William Shakespeare. Edited by David Bevington. New York: Bantam Books, 1988.
- Boswell, Jackson Campbell. "Shylock's Turquoise Ring." *Shakespeare Quarterly* 14, no. 4 (1963): 481–3.
- Burton, J. Anthony. "An Unrecognized Theme in *Hamlet*: Lost Inheritance and Claudius's Marriage to Gertrude." *The Shakespeare Newsletter* 50 (2000~2001): 71–2.
- Butler, Paul. "Racially Based Jury Nullification: Black Power in the Criminal Justice System." *Yale Law Journal* 105 (1995): 677–25.
- Cole, Simon A., and Rachel Dioso-Villa. "Investigating the '*CSI Effect*' Effect: Media and Litigation Crisis in Criminal Law." *Stanford Law Review* 61(2009): 1335–3.

- Cover, Robert M. "Nomos and Narrative." *Harvard Law Review* 97 (1983): 4-8.
- Dershowitz, Alan M. "Life Is Not a Dramatic Narrative." In *Law's Stories: Narrative and Rhetoric in the Law*. Edited by Peter Brooks and Paul Gewirtz. New Haven: Yale University Press, 1996, 99-05.
- Dolven, Jeff. "Spenser's Sense of Poetic Justice." *Raritan* 21, no. 1 (2001): 127-0.
- Egan, Gabriel. "The Early Seventeenth-Century Origin of the Macbeth Superstition." *Notes and Queries* 49 (2002): 236-7.
- Elon, Menachem. "Law, Truth, and Peace: The Three Pillars of the World." *New York University Journal of International Law Politics* 29 (1996): 439-2.
- Elster, Jon. "Norms of Revenge." Ethics 100 (1990): 862-5.
- Finnis, John. "Natural Law." In *Routledge Encyclopedia of Philosophy*, vol. 6. Edited by Edward Craig. London: Routledge, 1998, 685.
- Fish, Morris, J. "An Eye for an Eye: Proportionality as a Moral Principle of Punishment." *Oxford Journal of Legal Studies* 28 (2008): 57-1.
- Fisher, George. "The Jury's Rise as Lie Detector." *Yale Law Journal* 107 (1997): 575?13.
- ____. "The O. J. Simpson Corpus." *Stanford Law Review* 49 (1996-7): 973-1019.
- Frye, Northrop. "Varieties of Literary Utopias." In *Utopias and Utopian Thought*. Edited by Frank E. Manuel. Boston: Beacon Press, 1965, 25-9.
- Gohn, Jack Benoit. "*Richard II*: Shakespeare's Legal Brief on the Royal Prerogative and the Succession to the Throne." Georgetown

Law Journal 70(1982): 943-3.

- Greenblatt, Stephen. "Invisible Bullets." In *Political Shakespeare: Essays in Cultural Materialism*. Edited by Jonathan Dollimore and Alan Sinfield. Manchester: Manchester University Press, 1994, 18-7.

- Henderson, Edith G. "Relief from Bonds in the English Chancery: Mid-Sixteenth Century." *American Journal of Legal History* 18, no. 4 (1974): 298-306.

- Hughes, Alan. "Introduction." In *Titus Andronicus*, by William Shakespeare. Edited by Alan Hughes. New York: Cambridge University Press, 2006.

- Kastan, David Scott. "Introduction." In *The First Part of King Henry the Fourth*, by William Shakespeare. Edited David Scott Kastan. London: Arden Shakespeare, 2007, 1-31.

- Kerr, Margaret H., Richard D. Forsyth, and Michael J. Plyley. "Cold Water and Hot Iron: Trial by Ordeal in England." *Journal of Interdisciplinary History* 22, no. 4 (1992): 573-5.

- Kerrigan, John. "Shakespeare's Poems." In *The Cambridge Companion to Shakespeare*. Edited by Margreta De Grazia and Stanley W. Wells. Cambridge: Cambridge University Press, 2001.

- Kolin, Philip C. "*Titus Andronicus* and the Critical Legacy." In *Titus Andronicus: Critical Essays*. Edited by Philip C. Kolin. New York: Garland, 1995.

- Lynch, Jack. "The Politics of Shakespeare, the Shakespeare of Politics." Paper presented at the English Speaking Union of Monmouth County, Rumson, New Jersey, February 17, 2008.

- Midgley, G. "The Merchant of Venice: A Reconsideration." *Essays in Criticism* 10, no. 2 (1960): 119-3.

- Morgan, Edmund. "The Puritans and Sex." *The New England*

Quarterly 15, no. 4 (1942): 591–07.

- Muir, Kenneth. "Introduction." In *Macbeth*, by William Shakespeare. Edited by Kenneth Muir. London: Arden Shakespeare, 2005, xiii–xv.
- Podlas, Kimberlianne. " 'The CSI Effect': Exposing the Media Myth." *Fordham Intellectual Property Media and Entertainment Law Journal* 6(2006): 429–5.
- Posner, Richard. "The Ethical Significance of Free Choice: A Reply to Professor West," *Harvard Law Review* 99 (1986): 1433.
- Raffield, Paul " 'Terras Astraea reliquit' : Titus Andronicus and the Loss of Justice." In *Shakespeare and the Law*. Edited by Paul Raffield and Gary Watt. Oxford: Hart Publishing, 2008, 203–0.
- Ravid, Benjamin. "From Yellow to Red: On the Distinguishing Head-Covering of the Jews of Venice." *Jewish History* 6, no. 1 (1992): 179–10.
- Rosenblatt, Jason P. "Aspects of the Incest Problem in *Hamlet*." *Shakespeare Quarterly* 29 (1978): 349–4.
- Shelton, Donald E., Young S. Kim, and Gregg Barak. "A Study of Juror Expectations and Demands Concerning Scientific Evidence: Does the 'CSI Effect' Exist?" *Vanderbilt Journal of Entertainment and Technology* 9 (Winter 2006): 331–8.
- ____ . "An Indirect-Effects Model of Mediated Adjudication: The CSI Myth, the Tech Effect, and Metropolitan Jurors' Expectations for Scientific Evidence." *Vanderbilt Journal of Entertainment and Technology* 12 (Fall 2009): 1–3.
- Stevens, John Paul. "The Shakespeare Canon of Statutory Construction." *University of Pennsylvania Law Review* 140 (1992): 1372–7.
- Sunderland, Edson. "Verdicts, General and Special." *Yale Law Journal* 29(1920): 253–7.
- Thompson, Ann, and Neil Taylor. "Notes." In *Hamlet*, by William

Shakespeare.

- Edited by Ann Thompson and Neil Taylor. London: Arden Shakespeare, 2006.
- Tyler, Tom R. "Viewing *CSI* and the Threshold of Guilt: Managing Truth and Justice in Reality and Fiction." *Yale Law Journal* 115 (2006): 1050–5.
- Vaughan, Virginia Mason, and Alden T. Vaughan. "Introduction." In *The Tempest*, by William Shakespeare. London: Arden Shakespeare, 1999, 1–38.
- Zabel, William D. "Interracial Marriage and the Law." In *Interracialism: Black-White Intermarriage in American History, Literature and Law*. Edited by Werner Sollors. New York: Oxford University Press, 2000, 54–1.

4. 잡지, 신문, 웹 블로그 기사

- "9/11 by the Numbers." *New York Magazine*, September 16, 2002, http://nymag.com/news/articles/wtc/1year/numbers.htm(accessed June 26, 2010).
- Adelman, Ken. "Not Lady Macbeth." *Washingtonian Magazine*, November 1, 1999.
- Althouse, Ann. "When is it considered socially acceptable to joke to a stranger that people like you should all be dead?" Althouse blog, posted December 21, 2004, http://althouse.blogspot.com/2004/12/when-is-itconsidered-socially.html(accessed June 26, 2010).
- Associated Press. "Expert: Shrinkage, Damage in Gloves." *Seattle*

Times, June 15, 1995.

- Benedetto, Richard. "Support for Bush, Military Action Remains Firm." *USA Today*, September 24, 2001.
- Bergman, Barry. " 'Who's going to believe us?' Richard Clarke faults Bush team's post?/11 policies." *U.C. Berkeley News*, September 8, 2004, http://berkeley.edu/news/media/releases/2004/09/08_clarke.shtml (accessed June 26, 2010).
- Borger, Julian. "The Making of a Dynasty." *The Guardian* (U.K.), October 31, 1998.
- Brantley, Ben. "Howl? Nay, Express His Lighter Purpose." *New York Times*, March 8, 2007.
- "Bush Faces New Round of Drug Questions." CNN, August 20, 1999, http://www.cnn.com/ALLPOLITICS/stories/1999/08/20/president.2000/bush.drug/ (accessed June 27, 2010).
- "Bush Rejects Taliban Offer to Hand Bin Laden Over." *The Guardian* (U.K.), October 14, 2001, http://www.guardian.co.uk/world/2001/oct/14/afghanistan.terrorism5 (accessed June 26, 2010).
- Dominguez, Robert. "Summer in the City 2003: One Thing's for Curtain, the Shows Go On." *New York Daily News*, May 23, 2003.
- Egan, Timothy. "The Simpson Case: The Jury: With Spotlight Shifted to Them, Some Simpson Jurors Talk Freely." *New York Times*, October 5, 1995.
- Espo, David. "White House Hopefuls Pay Tribute to King." *Seattle Times*, April 6, 2008.
- Foote, Donna, Mark Miller, and Tessa Namuth. "A Size Too Small." *Newsweek*, June 26, 1995.
- Hakim, Danny, and William K. Rashbaum. "Spitzer Is Linked to Prostitution Ring." *New York Times*, March 10, 2008.

- Hersh, Seymour M. "Torture at Abu Ghraib." *The New Yorker*, May 10, 2004.

- Holden, Stephen. "It's a Sort of Family Dinner, Your Majesty." *New York Times*, December 24, 1999.

- Ifill, Gwen. "The 1992 Campaign: New York; Clinton Admits Experiment with Marijuana in 1960's." *New York Times*, March 30, 1992.

- Ingrams, Richard. "Diary: Richard Ingrams' Week: Trial of King Tony: His Grounds for War Are Falling Apart, So Who Will Trust Blair on the Euro?" *The Observer* (London), May 18, 2003.

- Kane, Paul, and Chris Cillizza. "Sen. Ensign Acknowledges an Extramarital Affair." *Washington Post*, June 17, 2009.

- Kiely, Kathy, and Joan Biskupic. "Sotomayor's Remarks Cap Emotional Day." *USA Today*, July 13, 2009.

- Klein, Joe. "The Return of the Hot-Button Issues." *Time*, June 4, 2009.

- LaSalle, Mick. "Taymor's *Titus* Twisted and Terrific." *San Francisco Chronicle*, January 28, 2000.

- Lipkin, Michael. "Justice Breyer Speaks on Shakespeare and Law." *Chicago Maroon*, May 19, 2009, http://www.chicagomaroon.com/ 2009/5/19/justice-breyer-speaks-on-shakespeare-and-law.

- Lowry, Rich. "Magnificent: This Was Not a Foggy Bottom Speech." *National Review Online*, September 21, 2001, http://www.nationalreview. com/ lowry/lowry092101.shtml.

- Margolick, David. "O. J. Simpson Jury Revisits the Gloves, a Stitch at a Time." *New York Times*, September 13, 1995.

- Muskal, Michael. "Sotomayor, Senators Make Nice–or Now." *Los Angeles Times*, June 3, 2009.

- Newstok, Scott. " 'Step aside, I'll show thee a president': George W as

Henry V?" (2003), www.poppolitics. com/archives/2003/05/ George-W-as-Henry-V. "Obama's Remarks on the Resignation of Justice Souter." *New York Times*, May 1, 2009.

- O'Brian, John F. "Opportunity for All." New England School of Law History Project, http://www.nesl.edu/historyProject/(accessed June 26, 2010).
- Office of the Independent Counsel, Transcript of Testimony of William Jefferson Clinton, President of the United States, Before the Grand Jury Empanelled for Independent Counsel Kenneth Starr. August 17, 1998, http://jurist.law.pitt.edu/transcr.htm (accessed June 26, 2010).
- "Picture Emerges of Fallujah Siege." *BBC News*, April 23, 2004, http://news.bbc.co.uk/2/hi/middle_east/3653223.stm (accessed June 27, 2010).
- Raasch, Chuck. "Sotomayor Speech at Center of Court Nomination." *USA Today*, June 4, 2009.
- Rove, Karl. " 'Empathy' Is Code for Judicial Activism." *Wall Street Journal*, May 28, 2009.
- Savage, Charlie. "A Nominee on Display, but Not Her Views." *New York Times*, July 16, 2009.
- Segal, David. "Macshush! Theater Superstition Warns of Double Trouble if the Name Is Spoken." *Washington Post*, June 13, 2006.
- Sontag, Susan. "Regarding the Torture of Others." *New York Times*, May 23, 2004.
- Sotomayor, Sonya. "A Latina Judge's Voice." Address, University of California Berkeley School of Law Symposium: Raising the Bar, Berkeley, California, October 26, 2001.
- Statement of Senator Obama, *Congressional Record* 151 (September

22, 2005): S10365.

- Thompson, Bob. "The King and We: Henry V's War Cabinet." *Washington Post*, May 18, 2004.
- Vazsonyi, Balint. "From Henry V to Bush II." *Washington Times*, October 12, 2001.
- Weber, Bruce. "Umpires v. Judges." *New York Times*, July 12, 2009.
- Weigant, Chris. "Is the Media Misinterpreting Obama's 'Empathy' Dog Whistle?," *Huffington Post*, May 7, 2009, http://www.huffingtonpost. com/chris-weigant/is-the-media-misinterpret_b_198389.html Will, George F. "In 'Forgiveness Mode.'" Washington Post, September 16, 1998.

5. 판례

- *AT & T Corporation v. Hulteen*, 129 S. Ct. 1962, 1980 (2009).
- *Boumediene v. Bush*, 553 U.S. 723 (2008).
- *Dred Scott v. Sandford*, 60 U.S. 393 (1857).
- *Hamdan v. Rumsfeld*, 548 U.S. 557 (2006).
- *Hamdi v. Rumsfeld*, 542 U.S. 507 (2004).
- *J. E. B. v. Alabama ex rel*. T. B., 511 U.S. 127 (1994).
- *Krimstock v. Kelly*, 306 F.3d 40 (2d Cir. 2002).
- *Marbury v. Madison*, 5 U.S. (1 Cranch) 137, 163 (1803).
- *Parents Involved in Community Schools v. Seattle School Dist*. No. 1, 551 U.S. 701 (2007).
- *Rasul v. Bush*, 542 U.S. 466 (2004).

6. 헌법, 법칙, 법령 등

- *Acte Against Usurie*, 13 Eliz. I, c. 8 (1571).
- "Authorization for Use of Military Force Against Terrorists 2001." (P. L. 107-0), United States Statutes at Large, 115 Stat. 224.
- *Statute of Marlbridge*, 52 Hen. 3, c.6 (1257).
- U.S. Constitution, art. III; amends. VI, VII, XIV.

7. 다른 법적 자료들

- Closing Argument by Ms. Clark and Closing Argument by Mr. Darden at *36, Simpson (No. BA097211), available in 1995 WL 672671 (closing argument by Clark).
- "Excerpts from Closing Arguments on Murder Charges Against O. J. Simpson," *New York Times*, September 28, 1995.
- Senate Committee on the Judiciary, Confirmation Hearing on the Nomination of John G. Roberts, Jr., to be Chief Justice of the United States. S. Hrg. 109-58 sess., September 12-5, 2005.

8. 그 밖의 자료들

- Acton, Lord. Letter to Bishop Mandell, 1887.
- Falwell, Jerry. Interview, CNN, September 14, 2001, http://archives.cnn.com/2001/US/09/14/Falwell.apology/.

- *Henry V*, DVD, directed by Kenneth Branagh (1989; Hollywood, Calif.: MGM, 2000).
- *The Merchant of Venice*, DVD, directed by Michael Radford (2004; Sony Pictures Classics, 2005).
- Obama, Barack. Interview by Wolf Blitzer, *The Situation Room*, CNN, May 8, 2008.
- Stewart, Patrick. *Shylock: Shakespeare's Alien*. Leeds, England: 2001.
- Titus, DVD, directed by Julie Taymor (1999; Century City, Calif.: 20th Century Fox, 2006).